여러분의 합격을 응원하는
해커스공무원의 특별 혜택

FREE 공무원 영어 특강

해커스공무원(gosi.Hackers.com) 접속 후 로그인 ▶
상단의 [무료강좌] 클릭 ▶
[교재 무료특강] 클릭하여 이용

출제예상 핵심 어휘리스트 (PDF)

해커스공무원(gosi.Hackers.com) 접속 후 로그인 ▶
상단의 [교재·서점 → 무료 학습 자료] 클릭 ▶
본 교재의 [자료받기] 클릭

공무원 보카 어플 이용권

DAILYVOCA2

구글 플레이스토어/애플 앱스토어에서 '해커스공무원 기출보카' 검색 ▶
어플 설치 후 실행 ▶ '인증코드 입력하기' 클릭 ▶ 위 인증코드 입력

* 등록 후 30일간 사용 가능
* 해당 자료는 [해커스공무원 기출 보카 4000+] 교재 내용으로 제공되는 자료로, 공무원 시험 대비에 도움이 되는 유용한 자료입니다.

공무원 매일영어 학습

해커스공무원(gosi.Hackers.com) 접속 후 로그인 ▶ 상단의 [무료강좌] 클릭 ▶
[매일영어 학습] 클릭하여 이용

해커스공무원 온라인 단과강의 20% 할인쿠폰

439D7EE2A9BBC7CK

해커스공무원(gosi.Hackers.com) 접속 후 로그인 ▶ 상단의 [나의 강의실] 클릭 ▶
좌측의 [쿠폰등록] 클릭 ▶ 위 쿠폰번호 입력 후 이용

* 등록 후 7일간 사용 가능(ID당 1회에 한해 등록 가능)

합격예측 온라인 모의고사 응시권 + 해설강의 수강권

6A4BF8AAFC68AD9Y

해커스공무원(gosi.Hackers.com) 접속 후 로그인 ▶ 상단의 [나의 강의실] 클릭 ▶
좌측의 [쿠폰등록] 클릭 ▶ 위 쿠폰번호 입력 후 이용

* ID당 1회에 한해 등록 가능

쿠폰 이용 관련 문의 **1588-4055**

단기 합격을 위한 해커스공무원 커리큘럼

입문

탄탄한 기본기와 핵심 개념 완성!
누구나 이해하기 쉬운 개념 설명과 풍부한 예시로 부담없이 쌩기초 다지기
TIP 베이스가 있다면 **기본 단계**부터!

▼

기본+심화

필수 개념 학습으로 이론 완성!
반드시 알아야 할 기본 개념과 문제풀이 전략을 학습하고
심화 개념 학습으로 고득점을 위한 응용력 다지기

▼

기출+예상 문제풀이

문제풀이로 집중 학습하고 실력 업그레이드!
기출문제의 유형과 출제 의도를 이해하고 최신 출제 경향을 반영한
예상문제를 풀어보며 본인의 취약영역을 파악 및 보완하기

▼

동형문제풀이

동형모의고사로 실전력 강화!
실제 시험과 같은 형태의 실전모의고사를 풀어보며 실전감각 극대화

▼

최종 마무리

시험 직전 실전 시뮬레이션!
각 과목별 시험에 출제되는 내용들을 최종 점검하며 실전 완성

PASS

* 커리큘럼 및 세부 일정은 상이할 수 있으며,
자세한 사항은 해커스공무원 사이트에서 확인하세요.

단계별 교재 확인 및
수강신청은 여기서!

gosi.Hackers.com

2025 최신개정판

해커스공무원
매일
하프모의고사
영어 2

문제집

해커스공무원

해커스공무원
매일
하프모의고사
영어 2

문제집

해커스공무원

해커스공무원
gosi.Hackers.com

"매일 꾸준히 풀면서 실전 감각을 유지할 수 있는 교재가 없을까?"

"2025 출제 기조 변화가 완벽 반영된 모의고사로 실전에 대비하고 싶어."

해커스가 공무원 출제경향을 완벽 반영하여 만들었습니다.

매일 모의고사를 풀며 영어 실전 감각을 유지하고 싶지만 마땅한 문제 풀이 교재가 부족해 갈증을 느끼는 공무원 수험생 여러분을 위해, 공무원 영어 시험 출제경향을 완벽 반영한 하프모의고사 교재를 만들었습니다.

『해커스공무원 매일 하프모의고사 영어 2』를 통해
매일 10문제씩, 4주 만에 공무원 영어 실력을 완성할 수 있습니다.

실전 감각은 하루아침에 완성할 수 있는 것이 아닙니다. 공무원 출제경향이 반영된 문제를 많이 풀어 보면서 문제가 요구하는 바를 정확하게 파악하는 연습을 지속적으로 해야 합니다. 학습 플랜에 맞춰 매일 10문제씩, 하루 15분 학습을 꾸준히 반복하고, 본 교재가 제공하는 해설과 총평을 꼼꼼히 확인한다면, 4주 뒤 눈에 띄게 향상된 영어 실력을 발견할 수 있을 것입니다.

『해커스공무원 매일 하프모의고사 영어 2』는
2025 출제 기조 변화가 완벽하게 반영된 교재입니다.

해커스 공무원시험연구소에서 100% 자체 제작한 문제, 상세한 포인트 해설과 친절한 오답 분석, 해커스 공무원시험연구소가 제공하는 총평까지, 여러분을 위해 모두 담았습니다. 『해커스공무원 매일 하프모의고사 영어 2』는 오직 공무원 수험생 여러분의, 여러분에 의한, 여러분을 위한 교재입니다.

**공무원 시험 합격을 위한 여정,
해커스 공무원시험연구소가 여러분과 함께합니다.**

: 목차

이 책만의 특별한 구성   6
공무원 영어 최신 출제경향 및 합격 학습 전략   8
합격을 위한 학습 플랜   10

■ 문제는 half, 실력은 double! 문제집

DAY 01	하프모의고사 01회	14	**DAY 13**	하프모의고사 13회	62
DAY 02	하프모의고사 02회	18	**DAY 14**	하프모의고사 14회	66
DAY 03	하프모의고사 03회	22	**DAY 15**	하프모의고사 15회	70
DAY 04	하프모의고사 04회	26	**DAY 16**	하프모의고사 16회	74
DAY 05	하프모의고사 05회	30	**DAY 17**	하프모의고사 17회	78
DAY 06	하프모의고사 06회	34	**DAY 18**	하프모의고사 18회	82
DAY 07	하프모의고사 07회	38	**DAY 19**	하프모의고사 19회	86
DAY 08	하프모의고사 08회	42	**DAY 20**	하프모의고사 20회	90
DAY 09	하프모의고사 09회	46	**DAY 21**	하프모의고사 21회	94
DAY 10	하프모의고사 10회	50	**DAY 22**	하프모의고사 22회	98
DAY 11	하프모의고사 11회	54	**DAY 23**	하프모의고사 23회	102
DAY 12	하프모의고사 12회	58	**DAY 24**	하프모의고사 24회	106

무료 <출제예상 핵심 어휘리스트> PDF 제공

해커스공무원(gosi.Hackers.com) 접속 후 로그인 ▶ 사이트 상단의 [교재·서점 ▶ 무료 학습 자료]
클릭 ▶ 본 교재 우측의 [자료받기] 클릭하여 <출제예상 핵심 어휘리스트> PDF 다운로드
언제 어디서든 공무원 출제예상 핵심 어휘를 암기하세요!

■ 포인트만 쏙쏙, 실력 최종 완성! **해설집**

DAY 01 하프모의고사 01회 정답·해석·해설 2	**DAY 13** 하프모의고사 13회 정답·해석·해설 74
DAY 02 하프모의고사 02회 정답·해석·해설 8	**DAY 14** 하프모의고사 14회 정답·해석·해설 80
DAY 03 하프모의고사 03회 정답·해석·해설 14	**DAY 15** 하프모의고사 15회 정답·해석·해설 86
DAY 04 하프모의고사 04회 정답·해석·해설 20	**DAY 16** 하프모의고사 16회 정답·해석·해설 92
DAY 05 하프모의고사 05회 정답·해석·해설 26	**DAY 17** 하프모의고사 17회 정답·해석·해설 98
DAY 06 하프모의고사 06회 정답·해석·해설 32	**DAY 18** 하프모의고사 18회 정답·해석·해설 104
DAY 07 하프모의고사 07회 정답·해석·해설 38	**DAY 19** 하프모의고사 19회 정답·해석·해설 110
DAY 08 하프모의고사 08회 정답·해석·해설 44	**DAY 20** 하프모의고사 20회 정답·해석·해설 116
DAY 09 하프모의고사 09회 정답·해석·해설 50	**DAY 21** 하프모의고사 21회 정답·해석·해설 122
DAY 10 하프모의고사 10회 정답·해석·해설 56	**DAY 22** 하프모의고사 22회 정답·해석·해설 128
DAY 11 하프모의고사 11회 정답·해석·해설 62	**DAY 23** 하프모의고사 23회 정답·해석·해설 134
DAY 12 하프모의고사 12회 정답·해석·해설 68	**DAY 24** 하프모의고사 24회 정답·해석·해설 140

이 책만의 특별한 구성

■ 매일 15분으로 공무원 영어 실력을 완성하는 하프모의고사 24회분!

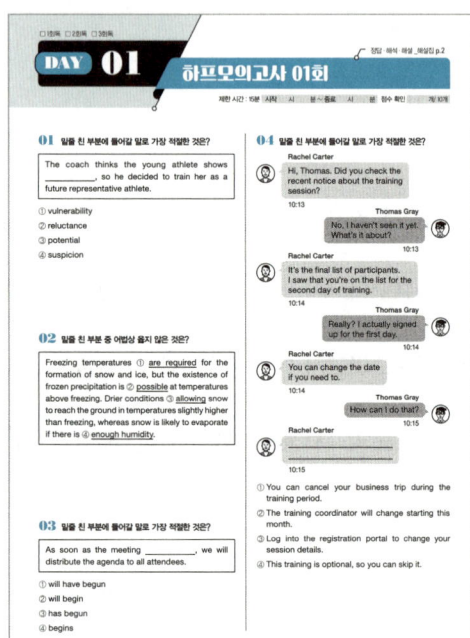

① 매일 15분 집중 학습으로 실전 감각 극대화
매일 15분, 하루 10문제씩 집중 학습을 총 4주간 꾸준히 반복하며 실전 대비와 문제 풀이 시간 관리를 동시에 할 수 있습니다.

② 공무원 출제경향 완벽 반영
실제 공무원 영어 시험과 가장 비슷한 난이도와 문제 유형으로 구성된 하프모의고사 24회분을 제공하여 탄탄한 공무원 영어 실력을 쌓을 수 있도록 하였습니다.

③ Self Check List를 통한 자기 점검
매회 하프모의고사가 끝나면 모의고사 진행 내용을 스스로 점검하여 개선점을 마련하고, 앞으로의 학습 계획을 세울 수 있도록 각 회차마다 Self Check List를 제공하였습니다.

■ 한 문제를 풀어도 진짜 실력이 되는 상세한 해설 제공!

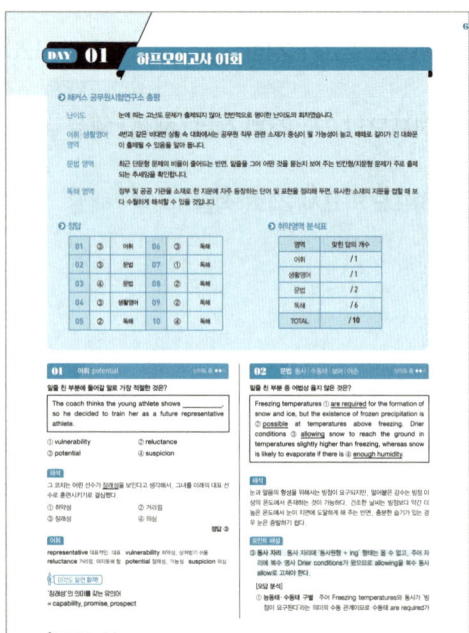

① 각 회차마다 총평 제공
해당 회차의 전반적인 난이도와 영역별 핵심 분석을 제공하는 해커스 공무원 시험연구소 총평을 통해 반드시 짚고 넘어가야 할 포인트와 앞으로의 학습 방향을 제시하였습니다.

② 취약영역 분석표
취약영역 분석표를 통해 자신의 취약영역을 스스로 확인할 수 있습니다.

③ 포인트 해설 & 오답 분석
문제에 대한 정확한 해석과 상세한 해설, 그리고 필수 학습 어휘를 제공하였습니다. 포인트 해설과 오답 분석을 통해 정답이 되는 이유와 오답이 되는 이유를 확실히 파악할 수 있습니다.

④ 이것도 알면 합격! & 구문 분석
해당 문제와 관련된 추가 어휘·표현과, 문법 이론, 구문 분석을 제공하여 심화 학습을 할 수 있도록 하였습니다.

■ 어휘 암기까지 확실하게 책임지는 학습 구성!

① 문제집 내 QR코드를 통해 핵심 어휘 확인
매회 문제 풀이를 끝낸 직후, 해당 하프모의고사에 나온 중요 어휘와 표현을 정리한 〈출제예상 핵심 어휘리스트〉를 바로 확인할 수 있도록 각 회차마다 QR코드를 삽입하였습니다.

② Quiz를 통한 학습 내용 확인
간단한 Quiz를 통해 〈출제예상 핵심 어휘리스트〉의 어휘와 표현을 확실히 암기했는지 확인할 수 있습니다.

■ 체계적 학습 계획으로 목표 점수 달성!

① 합격을 위한 학습 플랜 제공
총 24회분의 하프모의고사 풀이를 4주 안에 자율적으로 진행할 수 있도록 구성한 학습 플랜을 제공하였습니다.

② 학습 방법 제공
실력을 최종 점검하고 취약점을 보완해 목표 점수에 도달할 수 있도록 학습 플랜에 따라 적용할 수 있는 효과적인 학습 방법을 제공하였습니다.

공무원 영어 최신 출제경향 및 합격 학습 전략

■ 문법

문법 영역에서는 **어순과 특수 구문, 준동사구, 동사구**를 묻는 문제가 자주 출제되며, 세부 빈출 포인트로는 **병치·도치·강조 구문, 수 일치, 분사**가 있습니다. 최근에는 단문 형태의 보기에서 묻고 있는 문법 포인트에 밑줄이 적용되거나 한 문제의 모든 보기가 하나의 문법 포인트로 구성되는 등 다양한 형태의 문법 문제가 등장하고 있습니다.

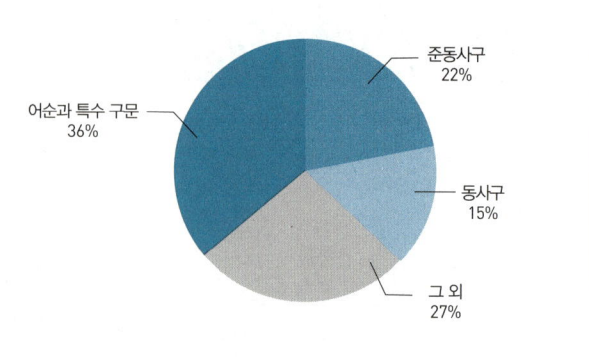

■ 독해

독해 영역에서는 **주제·제목·목적·요지 파악**과 **내용 일치·불일치 파악** 유형의 출제 빈도가 증가하고 있습니다. 한편, **빈칸 완성(단어·구·절)** 유형의 경우 항상 높은 출제 비중을 꾸준히 유지해 왔으며, '문단 순서 배열'을 비롯한 논리적 추론 파악 유형도 매시험 빠지지 않고 포함되었습니다.

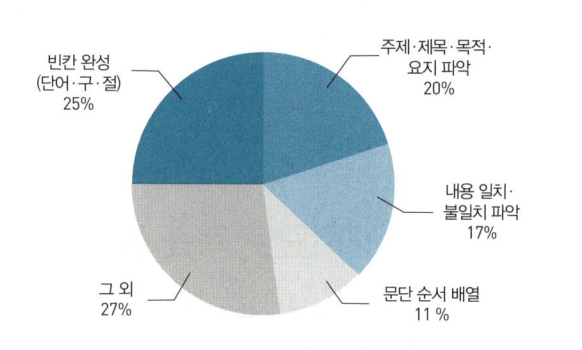

■ 어휘

어휘 영역에서는 **유의어 찾기** 유형의 비중이 가장 높으며, 최근에는 문맥 속에서 **빈칸에 들어갈 적절한 단어를 추론**하여 푸는 문제가 증가하고 있습니다. 생활영어 영역은 **실생활과 밀접한 주제**의 대화가 주로 출제되고, 때로는 **직무 관련 대화**도 출제됩니다.

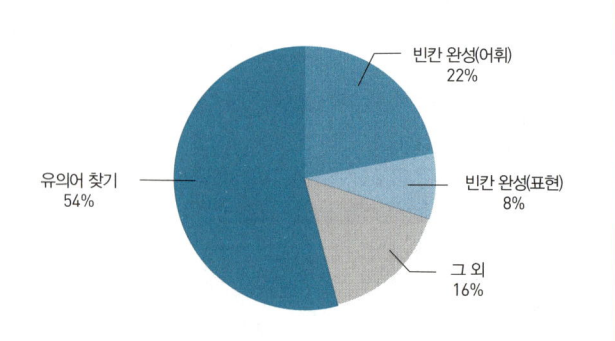

📁 2025년 대비 학습 전략

실생활에서 자주 쓰이는 활용도 높은 문법 포인트 위주로 반복 학습합니다.

- 기존에 출제되던 단문형 문제의 비율이 점차 줄어드는 대신, 묻는 문법 포인트가 명확한 지문형 또는 빈칸형 문제들이 출제될 수 있습니다.
- 기본 개념을 탄탄히 한 다음 세부적인 문법 요소를 학습해 나가며 실력을 쌓는 것이 중요합니다. 문법 영역은 이론을 알고 있더라도 실전에서 혼동하기 쉬우므로, 반복적인 문제풀이를 통해 빈출 포인트들을 확실하게 확인합니다.

📁 2025년 대비 학습 전략

기존 문제 유형들에 대한 감을 유지하면서 다문항·실용문 등의 신유형에 대비합니다.

- 문제 유형에는 변화가 거의 없지만, 한 지문에서 두 개의 문항이 출제되는 다문항과, 이메일·안내문·웹페이지 등 새로운 형태의 지문에 익숙해질 필요가 있습니다. 유형별 문제풀이 전략을 완벽하게 숙지하고, 실제 문제풀이에 전략을 적용해 보는 연습을 하는 것이 중요합니다.
- 특히 실용문에 대비하여 공무원 직무와 관련된 어휘를 학습하고, 정부 관련 정책들에 대해서도 알아 둡니다.

📁 2025년 대비 학습 전략

문맥을 통해 빈칸에 적절한 어휘 또는 대화를 추론하여 정답을 찾습니다.

- 정답에 대한 단서가 문맥 속에서 명확하게 주어지며, 난이도가 높지 않으면서 활용도 높은 어휘 위주의 출제가 예상됩니다.
- 비대면 의사소통 상황을 비롯한 직무 관련 내용의 대화가 출제되는 경우에 대비하여, 관련 상황 속에서 쓰일 수 있는 빈출 표현들을 미리 정리해 둡니다.

합격을 위한 학습 플랜

	1일	2일	3일	4일	5일	6일
1주차	**DAY 01** 하프모의고사 01회 풀이 및 해설 확인	**DAY 02** 하프모의고사 02회 풀이 및 해설 확인	**DAY 03** 하프모의고사 03회 풀이 및 해설 확인	**DAY 04** 하프모의고사 04회 풀이 및 해설 확인	**DAY 05** 하프모의고사 05회 풀이 및 해설 확인	**DAY 06** 하프모의고사 06회 풀이 및 해설 확인
	7일	8일	9일	10일	11일	12일
2주차	**DAY 07** 하프모의고사 07회 풀이 및 해설 확인	**DAY 08** 하프모의고사 08회 풀이 및 해설 확인	**DAY 09** 하프모의고사 09회 풀이 및 해설 확인	**DAY 10** 하프모의고사 10회 풀이 및 해설 확인	**DAY 11** 하프모의고사 11회 풀이 및 해설 확인	**DAY 12** 하프모의고사 12회 풀이 및 해설 확인
	13일	14일	15일	16일	17일	18일
3주차	**DAY 13** 하프모의고사 13회 풀이 및 해설 확인	**DAY 14** 하프모의고사 14회 풀이 및 해설 확인	**DAY 15** 하프모의고사 15회 풀이 및 해설 확인	**DAY 16** 하프모의고사 16회 풀이 및 해설 확인	**DAY 17** 하프모의고사 17회 풀이 및 해설 확인	**DAY 18** 하프모의고사 18회 풀이 및 해설 확인
	19일	20일	21일	22일	23일	24일
4주차	**DAY 19** 하프모의고사 19회 풀이 및 해설 확인	**DAY 20** 하프모의고사 20회 풀이 및 해설 확인	**DAY 21** 하프모의고사 21회 풀이 및 해설 확인	**DAY 22** 하프모의고사 22회 풀이 및 해설 확인	**DAY 23** 하프모의고사 23회 풀이 및 해설 확인	**DAY 24** 하프모의고사 24회 풀이 및 해설 확인

하프모의고사 학습 방법

01. 각 회차 하프모의고사를 풀고 <출제예상 핵심 어휘리스트> 암기하기

(1) 실제 시험처럼 제한 시간(15분)을 지키며 하프모의고사를 풉니다.
(2) 매회 제공되는 <출제예상 핵심 어휘리스트>를 통해 부족한 어휘를 암기하고, 잘 외워지지 않는 어휘는 체크하여 반복 학습합니다.

02. 취약점 보완하기

채점 후 틀린 문제를 중심으로 해설을 꼼꼼히 확인합니다. 해설을 확인할 때에는 틀린 문제에 쓰인 포인트를 정리하면서 '포인트를 몰라서' 틀린 것인지, 아니면 '아는 것이지만 실수로' 틀린 것인지를 확실하게 파악합니다. 하프모의고사는 회차를 거듭하면서 반복되는 실수와 틀리는 문제 수를 줄여 나가며 취약점을 완벽하게 극복하는 것이 중요합니다. 또한, '이것도 알면 합격'과 '구문 분석'에서 제공되는 심화 개념까지 빠짐없이 익혀 둡니다.

03. 하프모의고사 총정리하기

(1) 틀린 문제를 다시 풀어 보고, 계속해서 틀리는 문제가 있다면 포인트 해설을 몇 차례 반복하여 읽어 모르는 부분이 없을 때까지 확실하게 학습합니다.
(2) <출제예상 핵심 어휘리스트>에서 체크해 둔 어휘가 완벽하게 암기되었는지 최종 점검합니다.

■ 하프모의고사 회독별 학습 Tip!

1회독 [실전 문제 풀이 단계]	2회독 [영역별 심화학습 단계]	3회독 [취약점 보완 단계]
■ <학습 플랜>에 따라 매일 모의고사 1회분 집중 문제 풀이 ■ 포인트 해설, 오답 분석을 정독하여 틀린 이유 파악 ■ Self Check List 작성 ■ <출제예상 어휘 리스트> 암기 ■ 학습 기간: 24일	■ 매일 2회분 모의고사 반복 풀이 ■ '이것도 알면 합격'의 유의어 및 표현, 문법 이론 심화 학습 ■ '구문 분석'을 통해 공무원 영어 시험 필수구문 정리 ■ 학습 기간: 12일	■ 매일 4회분씩 1~2차 회독 시 틀린 문제 위주로 점검 ■ 시험 직전 최종 점검을 위한 본인만의 오답노트 정리 ■ <출제예상 어휘 리스트>에 수록된 모든 어휘를 완벽하게 암기했는지 최종 확인 ■ 학습 기간: 6일

*3회독을 진행하며 반복해서 틀리는 문제들은 반드시 별도로 표시해 두었다가 [해커스공무원 영어 기출 불편의 패턴], [해커스공무원 실전동형모의고사 영어] 교재를 통해 추가로 학습하여 실전에 대비할 수 있도록 합니다.

공무원 영어 직렬별 시험 출제 영역

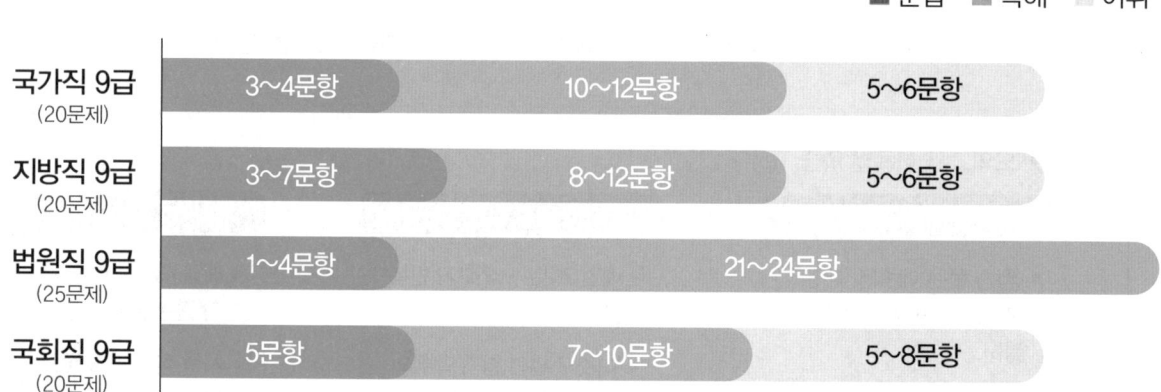

공무원 영어 시험은 직렬에 따라 20문항 또는 25문항으로 구성되며, 크게 문법/독해/어휘 3개의 영역으로 나눌 수 있습니다.

국가직·지방직·국회직 9급 영어 시험은 총 20문항이며, 독해 영역이 약 50%를 차지하고 나머지 50%는 문법과 어휘 영역으로 구성됩니다. 이때 어휘 영역의 경우 세부적으로 어휘 및 표현, 생활영어로 구분됩니다. (법원직의 경우 독해 약 80%, 문법 및 어휘 약 20%)

한편, 출제기조 전환은 2025년 국가직·지방직·지역인재 9급 공채 시험부터 적용되며, 개편 시험에 앞서 인사혁신처에서 공개한 예시문제는 문법 3문제, 독해 13문제, 어휘 4문제로 구성되어 있습니다.

공무원 영어 시험의 영역별 출제 문항 수는 변동이 적은 편이므로, 영역별 문항 수에 따라 풀이 시간을 적정하게 배분하는 연습을 할 수 있습니다.

DAY 01~24

하프모의고사 01~24회

잠깐! 하프모의고사 전 확인사항

하프모의고사도 실전처럼 문제를 푸는 연습이 필요합니다.
- ✔ 휴대전화는 전원을 꺼 주세요.
- ✔ 연필과 지우개를 준비하세요.
- ✔ 제한 시간 15분 내 최대한 많은 문제를 정확하게 풀어 보세요.

매 회 하프모의고사 전, 위 상황을 점검하고 시험에 임하세요.

DAY 01 하프모의고사 01회

01 밑줄 친 부분에 들어갈 말로 가장 적절한 것은?

The final cost of your home renovation will depend on several factors, but based on similar projects the interior company has completed, the company can give you a rough _____.

① material
② estimate
③ treatment
④ timeline

02 밑줄 친 부분에 들어갈 말로 가장 적절한 것은?

The discovery of antibiotics is known _____ _____ modern medicine, as it has saved countless lives from infectious diseases.

① to revolutionize
② that revolutionize
③ to have revolutionized
④ revolutionized

03 밑줄 친 부분 중 어법상 옳지 않은 것은?

In the 1960s, the city's population surge made the housing supply ① become overwhelmed. It was the newly built suburb ② to that many people moved at that period. ③ Despite longer commutes to the city center, this shift made ④ their daily lives more comfortable.

04 밑줄 친 부분에 들어갈 말로 가장 적절한 것은?

 Sam Hendrix
Where is next week's schedule? It's supposed to be posted already.
3:12 pm

Emily Anderson
Katie is working on it now.
3:15 pm

 Sam Hendrix
Why hasn't she finished it yet? We need to know when we'll work.
3:16 pm

Emily Anderson
She's had some setbacks this week. She missed a few days due to illness.
3:17 pm

 Sam Hendrix
Oh, I didn't know. If that's the case, _____.
3:17 pm

Emily Anderson
Let's reach out to her and ask how she's doing.
3:18 pm

① she tends to be absent quite often
② I have her contact information
③ she could use our support
④ you need to take over that task

05~06 다음 글을 읽고 물음에 답하시오.

National Space Agency Responsibilities
We conduct research to gather data on Earth's atmosphere, distant planets, and celestial phenomena, sharing our findings with international partners to advance the world's understanding of the universe. We also maintain satellite systems to enable accurate weather forecasting, efficient disaster response, and reliable navigation services.

Objectives
We strive to continue our investigations into the unknown aspects of the universe and to one day establish humanity's presence in space for broad exploration. To make this objective possible, we are committed to advancing currently available technologies, as well as to developing new ones.

Guiding Principles
- Innovation: We harness technologies to allow for the growth of space science.
- Collaboration: We work with other government agencies and private industries to achieve our goals.

05 윗글에서 National Space Agency에 관한 내용과 일치하는 것은?

① It ensures that the data it collects remains within the agency.
② It regularly launches new satellites into space.
③ It is improving existing technologies to enable space exploration.
④ It hopes to one day collaborate with private agencies.

06 밑줄 친 broad의 의미와 가장 가까운 것은?

① pioneering
② important
③ extensive
④ challenging

07 다음 글의 흐름상 어색한 문장은?

While French cuisine has influenced global dining for centuries, it only started becoming available in South Korea in the 1970s and 1980s. ① During this time, the first few French-style bakeries began opening in the country, serving a fusion of goods made with French baking techniques and local ingredients. ② Due to their popularity, these shops now number in the thousands, both domestically and internationally, and are well known not just for their unique items but also the excellent skill of their bakers. ③ Part of what attracted Korean customers to French cooking was its emphasis on healthy, savory dishes that contain many vegetables. ④ In fact, the team representing South Korea defeated France to win the 2016 Bakery World Cup, a renowned competition featuring the best bakers from around the globe.

08 다음 글의 목적으로 가장 적절한 것은?

To	members@sapphireair.com
From	support@sapphireair.com
Date	February 16
Subject	Online check-in

Dear Sapphire Air Members,

We know that waiting in line at the airport to check in can be inconvenient and take time. To make your travel experience as smooth as possible, we highly recommend checking in for your flight online starting 24 hours before your departure. Here's how to do that:

1. Sign in to Sapphire Air using your membership credentials, or open our mobile app.
2. Navigate to "My Trips" and select the flight you wish to check in for.
3. Review your seat selection, meal preference, and baggage information. Make updates or add extras if needed.
4. Download your boarding pass. Save it to your mobile device or print it out.
5. On the day of your flight, if you have any baggage to check, simply drop it off at the counter before heading to security with your boarding pass and ID.

We hope that this information will make your future trips a little easier. Thank you for choosing Sapphire Air.

Sincerely,
Sapphire Air Membership Support Team

① To outline the benefits of checking in for a flight online
② To outline how to check in for a flight online
③ To outline how to change pre-selected booking details
④ To outline how to print a boarding pass out at the airport

09 다음 글의 요지로 가장 적절한 것은?

Over the last decade, winter storms in the United States have grown more intense, with even southern cities experiencing record-breaking low temperatures and snowfall. Normally mild Waco, Texas, for instance, was recently exposed to sub-freezing temperatures for nine consecutive days. This has led some commenters to question the validity of global warming. However, climate scientists explain that these intense winter storms are only temporary weather events and that overall global temperatures are increasing dangerously fast. Further, they indicate that these storm events are becoming stronger and more frequent due to global warming. As the atmosphere warms, the air carries more water vapor, so when it comes into contact with colder temperatures, it drops more snow. Unfortunately, these larger winter storms cause people to use more energy to stay warm, resulting in more pollution, which, in turn, increases global warming.

① Residents of the American South should prepare for strong winter storms.
② The data supporting the theory of global warming contain some major errors.
③ Increased winter storm activity indicates that Earth may be cooling rather than heating up.
④ Colder winter temperatures and increased snowfall do not contradict the theory of global warming.

10 주어진 문장 다음에 이어질 글의 순서로 가장 적절한 것은?

In economics, a "bubble" is a rapid increase in the price of an asset that doesn't match its actual value.

(A) If the bubble that bursts is large enough, it can trigger a recession that spreads worldwide.
(B) These unjustified increases in value often occur when investors pay rising prices for an asset in hopes of future profit.
(C) As the prices rise, volatility enters the market, and eventually, demand for the asset begins to soften. This weakened demand causes prices to fall rapidly, and many investors lose money as the bubble "bursts."

① (A) – (C) – (B)
② (B) – (A) – (C)
③ (B) – (C) – (A)
④ (C) – (B) – (A)

Self Check List

이번 테스트는 어땠나요?
다음 체크리스트로 자신의 테스트 진행 내용을 점검해 볼까요?

01 나는 15분 동안 완전히 테스트에 집중하였다.
  ☐ YES   ☐ NO

02 나는 주어진 15분 동안 10문제를 모두 풀었다.
  ☐ YES   ☐ NO

03 유난히 어렵게 느껴지는 지문이 있었다.
  ☐ YES   ☐ NO

04 유난히 어렵게 느껴지는 문제가 있었다.
  ☐ YES   ☐ NO

05 모르는 어휘가 있었다.
  ☐ YES   ☐ NO

06 개선해야 할 점과 이를 위한 구체적인 학습 계획

_____
_____

정답·해석·해설 p. 2

하프모의고사 01회
출제예상 핵심 어휘리스트
바로 다운받기 (gosi.Hackers.com)

QR코드를 이용해 핵심 어휘리스트를 다운받아, 언제 어디서든 공무원 출제예상 어휘를 암기하세요!

DAY 02 하프모의고사 02회

01 밑줄 친 부분에 들어갈 말로 가장 적절한 것은?

With a snowstorm approaching, the hikers decided to _____ the hazardous peak and take a more indirect but safer path around the base of the mountain.

① challenge
② discard
③ ascend
④ bypass

02 밑줄 친 부분에 들어갈 말로 가장 적절한 것은?

If the weather improves tomorrow, we _____ paving the roads in the residential area.

① will have resumed
② have resumed
③ resume
④ will resume

03 밑줄 친 부분 중 어법상 옳지 않은 것은?

In the 18th century, the modern parachute was invented in the event ① that a hot air balloon malfunctioned and an emergency escape was needed. While safety parachutes are still common, especially for military use, parachutes have been ② increasingly becoming tools for entertainment. Those who crave a more thrilling rush ③ straps their parachutes on for skydiving from planes. To ensure proper opening, parachutes ④ have to be carefully folded and packed by certified professionals.

04 밑줄 친 부분에 들어갈 말로 가장 적절한 것은?

Rob Crane
Hey, Kate. I heard you're here to teach us how to use the new company software.
10:08 a.m.

Kate Moore
That's right. I just flew in from the Boston office last night and have been settling in.
10:12 a.m.

Rob Crane
_____
10:13 a.m.

Kate Moore
I think just until the end of the week.
10:13 a.m.

Rob Crane
That makes sense. It shouldn't take longer than that to train everyone on how to use it.
10:15 a.m.

Kate Moore
Yes, and I've prepared a user guide for reference after I leave.
10:19 a.m.

Rob Crane
That's really helpful of you. Thanks for thinking to do that.
10:19 a.m.

① Could you tell me the date of your arrival flight?
② Do you like the hotel where you're staying?
③ Will you be staying long?
④ Are we allowed to access the software from home?

05~06 다음 글을 읽고 물음에 답하시오.

To: City Assessor's Office
From: Elliott Murphy
Date: October 1
Subject: Property Dispute with Neighbor

Dear City Assessor,

I am writing because I am planning to build a fence around my backyard and need some clarification regarding where my property, located on 3282 Reynolds Road, starts and ends.

Last week, I marked where I planned to start building, but my neighbor expressed concern that my proposed construction actually encroaches on her land. While I believe she is mistaken, I would like to confirm the exact <u>line</u> to avoid any further disputes and get my project started.

Could you please provide me with documentation that clearly indicates the exact dimensions of my property? If you need any additional information, I am happy to provide it. Thank you for your attention to this matter, and I hope to hear from you soon.

Respectfully,
Elliott Murphy

05 윗글의 목적으로 가장 적절한 것은?

① 울타리 설치 허가를 신청하려고
② 피해를 주는 이웃에 대해 공식적인 불만을 제기하려고
③ 사유지에 무단으로 들어온 이웃을 신고하려고
④ 소유지 관련 정보를 담은 서류를 요청하려고

06 밑줄 친 "line"의 의미와 가장 가까운 것은?

① boundary
② row
③ procedure
④ attitude

07 다음 글의 제목으로 가장 적절한 것은?

Self-esteem, or how one views themselves, first begins to develop during childhood, with family and social environments playing the most important roles. Parents can foster high self-esteem by expressing verbal and physical affection to remind their children that they are loved. Also, family members should find appropriate opportunities to sincerely praise kids for giving a strong effort instead of focusing on the quality of the result. Meanwhile, at school, teachers can have a massive effect on a child's sense of self-worth. Learning new things and working toward a goal will make children feel good about themselves. Therefore, teachers should encourage their students to try to learn new skills in a positive environment free of harsh criticism.

① Goal-oriented Learning in the Classroom
② Reasons to Praise Children's Results
③ Positive Influences on Childhood Self-Esteem
④ Ways to Boost Children's Classroom Performance

08 주어진 문장이 들어갈 위치로 가장 적절한 것은?

In fact, it was later revealed that Marlowe collaborated with Shakespeare to such an extent that he is now officially credited as coauthor of three Shakespearean plays.

Though not nearly as famous, Christopher Marlowe (1564-1593) was considered a contemporary rival to William Shakespeare. After earning a master's degree at Corpus Christi College in Cambridge, Marlowe began his career as a poet and playwright at the young age of 23. (①) He wrote tragedies, comedies, and dramas that are still performed to this day. (②) In his time, his work gained notoriety for its use of blank verse, or unrhymed lines of poetry. (③) Afterwards, blank verse not only became prevalent during the Elizabethan era because of him but it also served as a heavy influence on Shakespeare. (④) Unfortunately for theater fans, Marlowe could only write seven plays because he died before the age of 30.

09 다음 글의 내용과 일치하지 않는 것은?

The Museum of Cultural History offers virtual tours through its website, with no special sign-up required. Users can enjoy a self-guided experience at their own pace, navigating throughout the museum and zooming in on exhibits using the online tour program's features. Virtual self-guided tours are available for all current and permanent exhibits, as well as a selection of past exhibits.

- **Information**: visit.culturalhistorymuseum/virtualtours

Narrated tours are also accessible for select exhibits of the Museum of Cultural History. These tours are presented as short videos and are not self-guided. Brief advertisements will play before each narrated tour.

- **CLOSED**: Last day of every other month for website maintenance

These tours have been tested on various devices to ensure proper functionality. For any issues or suggestions for improvements regarding the virtual tours, please call 1 (800) 920-3059.

① Users can take virtual tours without signing up on the website.
② Self-guided tours are available for all permanent exhibitions.
③ Narrated tours are preceded with a short advertisement.
④ The website is closed for maintenance on the last day of every month.

10 밑줄 친 부분에 들어갈 말로 가장 적절한 것은?

Yoga originated as a spiritual practice in India five thousand years ago, but now yoga _____. These days, increased demands on people's attention have lessened their ability to focus and increased their stress, driving them to adopt unhealthy lifestyles characterized by poor eating and sleeping habits, which lead to health problems. However, through yoga practice, participants are encouraged to stay in the moment and pay attention to their body movements and breathing, so that they can increase their levels of concentration. Furthermore, yoga has been proven to slow aging in the brain and offer non-chemical solutions to ailments such as insomnia, anxiety, and chronic stress. As an exercise, yoga may be a low-impact activity, but it strengthens muscles, stamina, and the overall immune system. Thanks to its benefits, yoga can help to address the issues that accompany a fast-paced modern life.

① applies modern concepts of healing to this ancient art
② relies entirely on certified instructors with medical training
③ provides peace to the body as well as the mind
④ aims to solve problems exclusive to mental health

DAY 03 하프모의고사 03회

01 밑줄 친 부분에 들어갈 말로 가장 적절한 것은?

Most polls showed that the governor's reelection was _____, so everyone was shocked when he lost.

① implausible
② controversial
③ assured
④ doubtful

02 밑줄 친 부분에 들어갈 말로 가장 적절한 것은?

He insists that she _____ the project within the coming month, as stakeholders expect updates and results by then.

① will complete
② completes
③ complete
④ has completed

03 밑줄 친 부분 중 어법상 옳지 않은 것은?

For a number of years, there has been a shift in higher education toward an emphasis on soft-skills training, ① supplanted an emphasis on facts and ② information. In many schools, due to the ready availability of information, students are being required to memorize large amounts of information less often, and most of class time ③ is devoted to ④ learning research skills and advanced critical thinking instead.

04 밑줄 친 부분에 들어갈 말로 가장 적절한 것은?

A: You always have so many things going on. How do you stay so calm?
B: Well, the key is to stay organized. If I have everything arranged in my head, I can do it.
A: I think that's my problem. I wish I knew how to properly plan everything in advance.
B: It's not as hard as you think. _____
A: Maybe I should start setting aside an hour to plan my day.
B: That sounds like a great start.

① That makes a lot of sense.
② You should look for people to help you.
③ It's just a matter of taking the time to do it.
④ Making a plan is really a way to save time.

05~06 다음 글을 읽고 물음에 답하시오.

_____(A)_____

Bees and butterflies are vanishing at alarming rates.

If they disappear forever, food crops that depend on pollination could face devastating declines. It's not too late to try to combat the problem, though.

By planting pollinator-friendly flowers and shrubs in your yard, you can create safe habitats that will help reverse the decline of these essential creatures. The Fort Lewis Environmental Agency has partnered with Barnett Nurseries to host a special event where pollinator-friendly plants will be offered at discounted prices.

Please support this good cause.

* **Location**: Barnett Nurseries
* **Hours of Operation**: Monday to Saturday, 8:00 a.m. – 5:00 p.m.
* **Dates**: April 1 – 15
* **Discount**: Up to 50 percent off (limit of five discounted plants per customer, per purchase)

For more information about the partnership, please visit www.fortlewis_ea.org/initiatives, and to pre-order plants, please contact Barnett Nurseries at (253) 992-0364.

05 (A)에 들어갈 윗글의 제목으로 가장 적절한 것은?

① Measures You Can Take to Promote Pollinator Awareness
② The Necessary Role Pollinators Play in Ecosystems
③ Reasons Pollinator Numbers Are Rapidly Declining
④ Something You Can Do to Prevent Pollinator Extinction

06 위 안내문의 내용과 일치하지 않는 것은?

① 수분 매개체들이 사라지면 작물 생산량이 감소할 수 있다.
② 특정 꽃과 관목을 심는 것은 벌과 나비의 개체 수를 보전할 것이다.
③ 구매 가능한 할인 식물의 개수에 제한이 있다.
④ 식물은 웹사이트를 통해 미리 주문할 수 있다.

07 밑줄 친 부분에 들어갈 말로 가장 적절한 것은?

Hearing a colleague talking about all the hard work he does, you quietly think to yourself that you do more than him. Listening to him toot his own horn is annoying, because everyone knows the truth. You put in a lot of effort and you're the hardest worker in the company; you're just too modest to say it. However, what you're thinking about yourself is probably the same as most of your other colleagues. In fact, psychologists have determined that most people think of themselves as the one carrying the most weight in comparison to their peers. This is because we only see a portion of what everyone else does, but all of what we do personally, so our view of who is accomplishing what is entirely _____.

① hostile
② legitimate
③ subjective
④ irrefutable

08 다음 글의 흐름상 어색한 문장은?

It may seem odd that the name most associated with peace today was once renowned for the invention of explosives, but this is the case with Alfred Nobel. ① Nobel invented dynamite in 1867, while working to find a safe substitute for using nitroglycerin as an explosive for mining. ② Nobel was forced to move his laboratory onto a barge on Lake Malar after Stockholm banned explosive experiments in the city. By mixing nitroglycerin with stabilizers, Alfred Nobel created an explosive that could be handled without fear of setting it off accidentally. ③ The mining industry embraced Nobel's explosive, and his fame and wealth soared. ④ Later in life, Nobel learned that some considered him a "merchant of death" for inventing the explosives that were also used by the military, so he decided to use his money to establish the Nobel Prizes. Today, these prizes are his greatest legacy but few know the role explosives played in their establishment.

09 Stay-K 앱에 관한 다음 글의 내용과 일치하지 않는 것은?

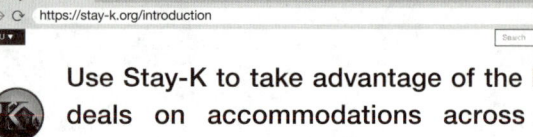

Use Stay-K to take advantage of the best deals on accommodations across the country.

Stay-K allows users to reserve hotels, guesthouses, and other lodging options around the country at competitive prices. With each booking, users earn points that can be redeemed for discounts on future stays or special rewards like free room upgrades and dining vouchers. The app also offers last-minute deals and includes a review system so users can share their experiences, provide ratings, and make recommendations. Currently, transactions require a Korean bank account, but more payment options will be added soon. Download the app today from your mobile device's online store to receive an exclusive new user discount of 10 percent off your first booking.

① It allows users to book various types of accommodations.
② Users can provide feedback on their experiences.
③ Payments through the app can be made using any international credit card.
④ The first booking will come with a discount for users.

10 밑줄 친 부분에 들어갈 말로 가장 적절한 것은?

Between the second and fourth centuries, the Hebrew language _____ in most everyday situations. Before this time, international languages, such as Aramaic and Greek, had been spoken alongside Hebrew, especially by societal elites and intellectuals, but over time, they overtook the original language of the region. Although Hebrew ceased to be spoken colloquially, it remained the language of Jewish religious rites and literature. Despite being considered a dead language for nearly two millennia, Hebrew was eventually revived by members of the Zionist movement, who sought a language that could unite Jewish settlers who had moved to Palestine from various other countries in the twentieth century. When the nation of Israel was later established, Hebrew was selected as its official language.

① fell out of use
② underwent several changes
③ was used only in secret rituals
④ was seen as an international language

DAY 04 하프모의고사 04회

01 밑줄 친 부분에 들어갈 말로 가장 적절한 것은?

In order to host the highly anticipated New Year's symphony concert, the venue managers ensured they had _____ seating for the audience.

① tight
② spacious
③ inadequate
④ finite

02 밑줄 친 부분에 들어갈 말로 가장 적절한 것은?

Sustainability involves practices that preserve natural resources for future generations who will inherit the planet or _____ environmental harm.

① will minimize
② minimizes
③ for minimizing
④ that minimize

03 밑줄 친 부분 중 어법상 옳지 않은 것은?

In recent months, the film industry ① has faced many challenges due to unforeseen circumstances. A number of the movies currently in theaters ② was delayed before being released. This has caused frustration among moviegoers who were eagerly anticipating ③ these films. To ease audience frustration as much as possible, studios have worked hard ④ to release the films with minimal changes to their original schedules.

04 밑줄 친 부분에 들어갈 말로 가장 적절한 것은?

A: John said that he'd cover my shift this weekend.
B: Did he? He's never offered to do that for me.
A: Well, I think he's decided that he owes me.
B: What do you mean? Why would he owe you?
A: I've been staying late at work to correct his errors. _____.
B: Ah, that makes sense. It's good of him to make an effort to pay back your hard work.

① I can't keep up with it
② It depends on whether he can get off work
③ We should extend the deadline for the project
④ He may be making up for the extra work

05~06 다음 글을 읽고 물음에 답하시오.

(A)

The Sustainable Life Coalition has partnered with Muna Home Improvement to deliver a special workshop, D-Item Project. D-Item Project is designed to teach you how to repair everyday items when they break instead of throwing them out and replacing them.

Details
- **Date:** Saturday, March 19
- **Time:** 10:00 a.m. – 4:00 p.m.
- **Locations:** Participating Muna Home Improvement stores across the city

Main Points
- **Hands-On Learning**
  Muna Home Improvement associates will guide you through repairing common household items, showing you how to properly use the necessary tools.
- **On-the-Spot Repairs**
  If you have a damaged item, bring it in and have it repaired free of charge. Items are limited to non-electronic household goods, such as chairs, tables, shelves, and picture frames.

For more details about the event and to see a full list of participating Muna Home Improvement locations, please visit www.suslc.org/fixitworkshops.

05 (A)에 들어갈 윗글의 제목으로 가장 적절한 것은?

① Shop for Must-Have Household Tools
② Learn How to Fix Things Yourself
③ Buy Sustainable Furniture
④ Transform Old Items into New Ones

06 D-Item Project에 관한 윗글의 내용과 일치하지 않는 것은?

① 여러 장소에서 열릴 것이다.
② 참가자들은 수리용 도구를 사용하는 법을 배울 수 있다.
③ 손상된 물품을 가져오면 무료로 수리받을 수 있다.
④ 소형 전자제품의 수리를 맡길 수 있다.

07 밑줄 친 부분에 들어갈 말로 가장 적절한 것은?

Many people feel a certain shame in admitting inadequacies, and due to our tendency to compare ourselves to others, this becomes doubly true in the company of those who are better than us at something. However, everyone was a beginner at one point, and we never move beyond that "beginner stage" without asking for help, guidance, and instruction. But doing so exposes our lack of knowledge, which we desperately try to avoid. As a result, we are too often paralyzed by the fear that others will learn that we're flawed. The simple truth is that in order to grow, _____.

① our past successes must be reflected on and celebrated
② mentors should seek us out and offer advice
③ time should be spent alone, focusing on our passions
④ we must accept our weaknesses and expose our limitations

08. National Fisheries Management Agency에 관한 다음 글의 내용과 일치하는 것은?

Role of the National Fisheries Management Agency (NFMA)

The National Fisheries Management Agency (NFMA) monitors marine ecosystems to protect endangered species and preserve biodiversity while also teaching coastal communities how to adopt sustainable aquaculture. The NFMA also regulates commercial and recreational fishing activities to prevent overfishing by setting quotas, which it determines by regularly taking stock of the size, health, and growth rate of various species. It has the authority to issue financial penalties, revoke fishing licenses, and confiscate fish when individuals and companies are found to be in violation of the regulations. Furthermore, when conflicts arise over who has the legal right to fish in certain areas, the NFMA considers the case of each group involved and intervenes to mediate a fair resolution.

① It funds aquaculture projects in coastal communities.
② It has the authority to regulate commercial fishing activities only.
③ It sets quotas based on the economic performance of the fishing industry.
④ It helps to resolve fishing-related disputes between groups.

09. 다음 글의 흐름상 어색한 문장은?

The framing effect is a psychological phenomenon that describes the bias people have toward information based on how it is presented. ① Research shows that the way a potential situation is framed will affect the risks that an individual is willing to take using that information. ② For example, in one study, participants were given a choice between two treatments for a fictional disease affecting six hundred people. ③ Statistically, communicable diseases kill millions of people across the world, affecting every country. ④ One of the options was framed as a treatment that would "save two hundred lives," while the other was framed as resulting in four hundred deaths. Respondents overwhelmingly chose the option that was framed positively, with 72 percent of people preferring this treatment over the other statistically equivalent option.

10 밑줄 친 부분에 들어갈 말로 가장 적절한 것은?

In 2020, Denmark passed an important law that should allow the country to overcome a major hurdle to adequately addressing climate change—the need for a lengthy, consistent effort. Due to the nature of democracies like Denmark, the time required to tackle the problem greatly exceeds the relatively short lifespan of most administrations, which generally experience turnover every few years. Because of these rotating governments, a new administration can undo or change _____. To combat this and keep each government on the same page, Denmark's new law requires each administration to receive yearly parliamentary approval on their progress toward reducing carbon emissions or be forced to step down.

① the political will of the government's constituency
② the focus of the previous government's policies
③ the need for continued governmental oversight
④ the scientific developments made to reach this goal

DAY 05 하프모의고사 05회

01 밑줄 친 부분에 들어갈 말로 가장 적절한 것은?

When the stress of work became too much to bear, the man escaped to the mountains for a weekend camping trip to leave behind the noise of urban living and immersed himself in the _____ of nature.

① serenity
② disorder
③ tolerance
④ selection

02 밑줄 친 부분에 들어갈 말로 가장 적절한 것은?

Hardly had she _____ sending the email when she received a reply.

① finish
② finishes
③ finished
④ been finished

03 밑줄 친 부분 중 어법상 옳지 않은 것은?

Most people around the world ① remember watching a puppet show in their youth. This is because, for thousands of years, puppet shows ② have been used to convey stories, share knowledge, and entertain globally, with different cultures ③ developing unique performance styles. In Indonesia, shadow puppet shows are popular, and their story lines cause tourists and locals ④ fall in love with the characters.

04 밑줄 친 부분에 들어갈 말로 가장 적절한 것은?

A: I just got back from the supermarket. I had to buy tomato sauce because I'm planning to make pasta for dinner tonight.
B: We have half a bottle already. Why didn't you check before you left for the store?
A: _____.
B: We keep the unopened bottles there, but we made pizza last week, remember? We put the rest of the sauce in the refrigerator to keep it fresh.
A: Oh, that's right. We can use that first then.

① I didn't have enough time, and I was hungry
② I was worried they would be sold out
③ I looked in the cupboard, but I didn't find anything
④ The supermarket closes early on the weekends

05~06 다음 글을 읽고 물음에 답하시오.

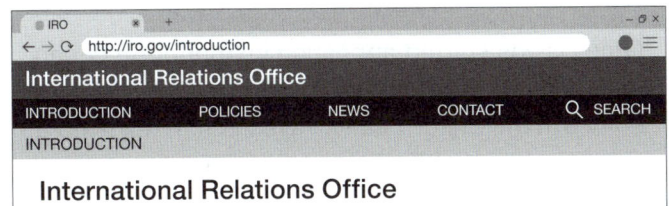

International Relations Office

Mission
We manage diplomatic relations, promote national interests abroad, and help citizens who reside or are visiting overseas. We also provide consular services to citizens, including the issuance and renewal of passports, assistance in the event of emergencies such as political instability or natural disasters, and legal representation in foreign countries.

Strategic Aim
We aim to strengthen our nation's standing on the global stage by building and maintaining productive and peaceful relationships with other countries. Through <u>active</u> diplomacy, cooperation, and compromise with other countries, we strive to cultivate a positive global image of our country.

Institutional Values
- Public Service and Commitment: We are committed to serving the needs of our citizens, both at home and abroad.
- Collaboration and Respect: We work closely with international allies to achieve shared global goals.

05 윗글에서 International Relations Office에 관한 내용과 일치하는 것은?

① It must secure permission from host countries to assist nationals residing abroad.
② It financially assists foreign allies affected by natural disasters.
③ It aims to strengthen the nation's standing by building productive international relations.
④ It invests in international projects in hopes of improving the country's image.

06 밑줄 친 active의 의미와 가장 가까운 것은?

① decisive
② strategic
③ formal
④ dynamic

07 주어진 글 다음에 이어질 글의 순서로 가장 적절한 것은?

Wildlife photography has the potential to help the nearly one-in-four animals that are in danger of going extinct. This is because photos of animals thriving in their natural environments raise awareness and support for ongoing conservation efforts.

(A) For example, photographers will often use food to attract wild animals or lure them into favorable, yet unnatural, locations to capture the most attractive photos.

(B) This animal feeding is problematic because it makes the animal more comfortable around humans, which increases the chances of a dangerous incident between the two and can lead to severe injuries.

(C) But when performed unethically, wildlife photography can bring harm and disruption to, and have disastrous effects on, animal habitats and their natural behavior.

① (A) – (B) – (C)
② (B) – (A) – (C)
③ (C) – (A) – (B)
④ (C) – (B) – (A)

08 다음 글의 내용과 일치하지 않는 것은?

The National Art Center is open daily from 10:00 a.m. to 6:00 p.m., with extended hours until 9:00 p.m. on Fridays. Admission to the permanent collection is free for all visitors, though donations are welcome. Tickets are required for special exhibits for all non-members and can be purchased in person at the center or through the official website.

The National Art Center offers a wide range of amenities for the convenience of visitors. A café located on the second floor provides light refreshments, while the gift shop near the main entrance on the ground floor offers a selection of art books, prints, and souvenirs. Coat check is available for $6 per item from November 1 to April 1.

Visitors are welcome to sketch the art pieces and take photographs of them unless a sign indicates otherwise.

For additional information, call 1 (800) 555-9578 or visit www.nationalartcenter.org.

① The National Art Center is open for longer on Fridays.
② All visitors should purchase a ticket for special exhibits.
③ The café and gift shop are on different floors.
④ Coat check is in operation for part of the year.

09 다음 글의 주제로 가장 적절한 것은?

Grass lawns started appearing in front of American residences in the 1870s, and now 80 percent of homes in the United States have them. What's more interesting is that in the last 50 years, lawns have become a status symbol. As watering, mowing, and cultivating a lawn takes time, money, and care, those who have well-manicured lawns are assumed to have the disposable income and extra time to maintain their own patch of grass. Also, in some residential communities, having an exquisite lawn may be mandatory. Neighborhoods that are overseen by a homeowners association, for example, fine those who fail to take care of their lawns properly.

① the things needed to keep lawns healthy
② the popularity of lawns in the United States
③ the design standards of residential neighborhoods
④ the prevalence of grass allergies in Americans

10 다음 글의 제목으로 가장 적절한 것은?

Finland's education system is considered one of the best in the world, with students boasting top scores in key subjects and having the highest rate of college attendance in Europe. This success has been achieved due to its holistic approach to education, which aims to limit stress on students. For starters, children in Finland don't begin school until the age of seven, giving them ample time to play and enjoy being a kid. Also, Finnish schools are relatively free from pressure caused by exams and assignments, as students are not required to take standardized tests until they're 16 years old and they receive the least amount of homework in the world.

① The Effects of Homework on Students in Europe
② The Best High Schools Found in Finland Today
③ The Impact of Traditional Education on Young Learners
④ The Features of Finland's Low-stress Education System

01 밑줄 친 부분의 의미와 가장 가까운 것은?

The mayor launched a campaign to enhance community safety by improving emergency response systems and increasing neighborhood patrols.

① paused
② advocated
③ targeted
④ initiated

02 밑줄 친 부분이 어법상 옳은 것은?

① She decided to attend in the meeting scheduled for next Monday.
② The guide explained to me that the museum closes early on weekends.
③ That movie will be released in theaters in next month.
④ In addition to doing passing exercises, the team practiced to make goals.

03 밑줄 친 부분 중 어법상 옳지 않은 것은?

In Louisiana, the area of "Cancer Alley" ① is known to be home to a large number of chemical processing plants. ② While these have provided jobs for local residents, they have also emitted massive amounts of contamination. Following an outcry from residents in the area in the 1980s, the plants were forced ③ to reduce the amount of pollutants they release, and air quality improved markedly. Unfortunately, in recent years, toxic pollution levels have begun ④ to raise again, sparking renewed concerns about environmental safety.

04 밑줄 친 부분에 들어갈 말로 가장 적절한 것은?

Emily
Have you found a new house yet?
4:59 p.m.

Ryan
I've narrowed it down to a few options based on size, cost, and location, but I haven't made a final decision.
5:00 p.m.

Emily
Those aren't the only things you should consider when looking for a house.
5:00 p.m.

Ryan
That's true. I need to find a place that works for my needs. _____?
5:01 p.m.

Emily
Well, the best way is to think about your lifestyle and what is most important to you in a home.
5:02 p.m.

Ryan
A bit of self-reflection is a good idea.
5:03 p.m.

① Would you buy this one
② Can I afford one
③ Is it really that important
④ How should I do that

05~06 다음 글을 읽고 물음에 답하시오.

To	services@printnow.com
From	Elaine Wynn
Date	February 9
Subject	Printing services

Dear Sir or Madam,

I am writing to inquire about your services for an upcoming event.

We are looking for a supplier of promotional materials for a one-day seminar in May. We would like to have 1,000 flyers and 200 posters ready for distribution by the end of March. For the day of the event, we would also like to order 100 program brochures. That day, we will need two banners: one for the main entrance and one for inside the conference room. These materials would need to be delivered to the seminar site on the morning of the event.

In addition, we are interested in ordering name tags for all the expected attendees. Could you send over some of your designs along with the pricing details?

Your prompt response would be appreciated.

Sincerely,
Elaine Wynn, Event Coordinator

05 위 이메일의 목적으로 가장 적절한 것은?

① 세미나에 솜씨 좋은 강연자를 초대하기 위해
② 행사에 쓰일 홍보 물품에 대한 정보를 얻기 위해
③ 원데이 세미나의 홍보 방법을 논의하기 위해
④ 인쇄 서비스 관련 배너의 설치 위치를 지정하기 위해

06 위 이메일의 내용과 일치하지 않는 것은?

① Flyers and posters are needed two months before the event.
② The program brochures will be passed out in March.
③ A banner will be placed at the main entrance.
④ Each of the attendees will receive a name tag.

07 다음 글의 내용과 일치하지 않는 것은?

Before the invention of the barcode, supermarket clerks had to manually enter the price of every single product into the cash register. This inefficient process made checking out time-consuming for customers and workers alike. So, in 1948, university lecturer Norman Woodland quit his job and focused on finding a solution to this issue. His initial idea was inspired by the dots and dashes of Morse code, and his original design was in the form of a circle. It took decades for the first barcode, now in a rectangular shape, to be scanned in a store, but the technology soon became popular because it sped up the checkout process and allowed fewer employees to serve more customers. In addition, the barcode made doing inventory easier, prevented theft, and provided real-time sales reports, all while limiting the risk of human error.

① In the past, checkers had to enter the prices of each item.
② The inventor of the barcode was influenced by Morse code.
③ The initial design of the barcode was round in shape.
④ The introduction of the barcode allowed for real-time theft prevention.

08 다음 글의 제목으로 가장 적절한 것은?

Loneliness is not just an emotional condition but one with physical consequences that, in some cases, could be fatal. For example, someone who is suffering from acute loneliness and social isolation is, according to some studies, 30 percent more likely to develop coronary artery disease, commonly known as heart disease. Partly, this may be due to the increase in unhealthy lifestyle choices among people when they are lonely, including the maintenance of a poor diet and increased alcohol, drug, and cigarette use. Thus, psychology experts emphasize that it is important for people experiencing loneliness to find ways to become more socially active because as they engage more with others, their spirits and health will both improve.

*coronary artery disease: 심장동맥병

① The Relation between Unhealthy Lifestyles and Heart Disease
② The Best Way to Avoid Heart Disease in Old Age
③ The Reasons Lonely People Need Medical Treatment
④ The Impact of Loneliness on Physical Health

09 밑줄 친 부분에 들어갈 말로 가장 적절한 것은?

With its magnificent natural beauty, stable economy, and relative safety, New Zealand has attracted a great deal of interest from international real estate investors. This has been incredibly beneficial for New Zealanders looking to sell their properties, as prices in the remote island nation have risen more than 60 percent—and even doubled in Auckland—over the span of a decade. But the inflation in the property values has not been matched by an increase in salaries, so locals looking for a home simply cannot compete in the market with wealthy foreign buyers. As a result, the country's parliament has banned non-resident foreigners from _____. The officials hope that this move will make property ownership available to the average New Zealand citizen.

① constructing new housing developments
② applying for visa extensions
③ investing in global ventures
④ purchasing existing homes in the country

10 주어진 문장이 들어갈 위치로 가장 적절한 것은?

Thus, when Britain passed a series of legal acts aimed at raising taxes to finance its growing war debt, the colonists were outraged.

In the early 17th century, Britain began sending settlers to colonize what is now the United States. (①) As time went by, these colonists developed a culture that was different from that of their homeland and unique to the new country. (②) Even though they were British citizens, with each successive generation born and raised in the colonies, people felt more disconnected from the crown and more loyal to America. (③) This shift in attitude led to resentment, as many colonists felt they were being exploited by Great Britain, which controlled trade with the colonies and required them to pay taxes. (④) Feeling these taxes were unfair, American colonists began to rebel against Britain, culminating in the country declaring its independence in 1776.

DAY 07 하프모의고사 07회

01 밑줄 친 부분에 들어갈 말로 가장 적절한 것은?

The teacher instructed the students to be _____ and follow directions carefully to promote readiness for potential risks and uncertainties during off-campus field trips.

① curious
② independent
③ generous
④ obedient

02 밑줄 친 부분에 들어갈 말로 가장 적절한 것은?

_____ the team will win the championship remains uncertain.

① If
② That
③ Whether
④ What

03 밑줄 친 부분 중 어법상 옳지 않은 것은?

She had spent hours ① studying for the exam, ② convinced that she understood all the material. Confident in her preparation, she quickly answered the questions and submitted her test without a second thought. Only when she saw the correct answers ③ she did realize her mistakes. She regretted rushing and promised ④ herself to take more time to double-check her answers, no matter how certain she felt.

04 밑줄 친 부분에 들어갈 말로 가장 적절한 것은?

Amelia Scott
Do you have the budget plan for next month's city festival?
14:20

Andrew Harris
My responsibilities were recently reassigned. The fall festival budget is now handled by Mr. Russell.
14:22

Amelia Scott
Oh, I see. I'll reach out to him then.
14:23

Andrew Harris
Wait a moment. _____ _____
14:23

Amelia Scott
Why?
14:24

Andrew Harris
Mr. Russell is on leave this week.
14:26

Amelia Scott
Thanks for letting me know.
14:27

① You could also try looking in the shared drive.
② You should contact his assistant, Mr. Hansen, instead.
③ Is there any specific information you're looking for?
④ Do you need me to help you get in touch with him?

05~06 다음 글을 읽고 물음에 답하시오.

To	National Communication Commission
From	Claire Evans
Date	October 14
Subject	Unwanted Telephone Calls

Dear Sir or Madam,

I hope you are well. Today, I am writing about a growing problem with unwanted telemarketing calls, specifically the automated recorded calls known as robocalls.

These calls seem to have become much more common lately. Every day, I receive at least three of them. I have signed up for the national "Do Not Call" list and have even changed my number, but the fake calls persist. It has become very annoying and a major waste of my time.

I would like you to look into regulations that could prevent these types of calls so that people are not disturbed by them all the time. I look forward to any solutions that you can come up with.

Respectfully,
Claire Evans

05 윗글의 목적으로 가장 적절한 것은?

① To ask about regulations regarding phone services
② To report a problem with a national database of phone numbers
③ To request that something be done about unwanted phone calls
④ To complain about being interrupted while on a telephone call

06 밑줄 친 "persist"의 의미와 가장 가까운 것은?

① insist
② extend
③ continue
④ maintain

07 X-Change 앱에 관한 다음 글의 내용과 일치하지 않는 것은?

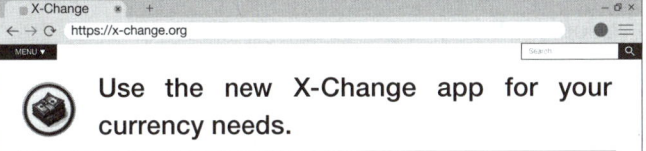

Use the new X-Change app for your currency needs.

Use the new X-Change app for your next international money transfer. The X-Change app provides real-time exchange rates for nearly 100 currencies. Users can send and receive money to and from over 150 countries, and, in most cases, payments are processed within 24 hours. The latest software update introduced the Entrepreneur Exchange feature. This service offers business owners reduced fees for frequent transactions with employees or suppliers abroad. To access the X-Change app, personal users can set up a free account with their name and bank information. Companies must pay a sign-up fee and provide their business license details. Confirmation of business details usually takes about a week.

① It allows money transfers to more than a hundred countries.
② Most payments are completed within a day.
③ Personal users can access the app for free.
④ Businesses can instantly use the app after paying a fee.

08 다음 글의 제목으로 가장 적절한 것은?

With widespread interest, two of the world's richest people blasted into space in 2021. It was the surest sign yet that space travel—once the pride of competing national powers—has become the province of the private sector. But the question remains: what will these billionaires do with their newfound mastery of space in the coming years? The optimists, of course, would argue that the extreme wealth and outsized ambitions of our new billionaire space explorers will finally succeed in colonizing space. They trust that the economic and technological benefits of their actions will eventually help the people on Earth. Skeptics, however, wonder if there's much reason to be hopeful. Even if the billionaire's "moon shots" pay dividends, the riches generated would likely remain in the hands of a select few, while the issues on our home planet remain unaddressed.

① Private Citizens in Space: A Historic Achievement
② Why Space Colonization is More Important Than Ever
③ Conflicting Perspectives on Private Space Travel
④ How Private Space Flight will Solve Problems on Earth

09 밑줄 친 부분에 들어갈 말로 가장 적절한 것은?

Collaborative editing has transformed the workplace over the last twenty years. While the first collaborative real-time editor debuted in 1968, technical limitations prevented widespread adoption until 2006, when Google released what would later be known as Google Docs. The product allows multiple users in different locations to edit text files, spreadsheets, and other documents with _____ that appear in real time and reflect edits instantly. Within a few years, a variety of competing technologies and open-source solutions hit the market, and iterative infrastructures began to be developed. Now, working together through collaboration software has become ubiquitous, with few offices working on local files or sending documents back and forth between employees.

① simultaneous changes
② cumulative questions
③ customized assignments
④ advanced searches

10 주어진 문장 다음에 이어질 글의 순서로 가장 적절한 것은?

Although the majority of Singaporeans are of Chinese ethnicity, the government of this city-state has embraced multilingualism.

(A) This shared usage of English is due to an education policy that has been in effect since 1960. All elementary and secondary students are taught in both English and one of the three other languages. This commitment to English has resulted in numerous advantages for the state, especially in terms of international business.

(B) With English as its primary language, Singapore has attracted a significant level of foreign investment and has become a global financial hub.

(C) The small island nation has four official languages—English, Malay, Mandarin, and Tamil—and most citizens are at least bilingual, with English being the most commonly spoken language among citizens.

① (B) – (A) – (C)
② (B) – (C) – (A)
③ (C) – (A) – (B)
④ (C) – (B) – (A)

DAY 08 하프모의고사 08회

01 밑줄 친 부분에 들어갈 말로 가장 적절한 것은?

Despite preparing for months, the student's entrance exam scores failed to meet the standard, and his application to the university was _____.

① suggested
② rejected
③ transmitted
④ modified

02 밑줄 친 부분에 들어갈 말로 가장 적절한 것은?

_____ the weather take a drastic turn, the outdoor event will be canceled.

① If
② That
③ When
④ Should

03 밑줄 친 부분 중 어법상 옳지 않은 것은?

Few ① inventions have impacted people's quality of sleep like the hammock. The first hammocks were created by tribes in Central America ② whom wanted to sleep above the ground, away from dangerous creatures. In no time, the use of hammocks spread to Europe because they helped ③ ease the burden of sea travel. With hammocks ④ installed on a ship, more sailors could sleep more comfortably in the confined space.

04 밑줄 친 부분에 들어갈 말로 가장 적절한 것은?

A: You'll never believe what happened!
B: What's that?
A: After months of waiting, I finally got that interview I was hoping for!
B: Congratulations! You must have written an outstanding resume.
A: Not quite. _____.
B: It was incredibly nice of him to say such kind things, but I'm sure you earned it.
A: Thanks. I'll definitely need to call and thank him.
B: That seems appropriate, since he's done so much for you.

① They were impressed by my time in the industry
② It was college transcripts that led me to the interview offer
③ My former boss's letter of reference convinced them
④ One of them had read a paper I published

05~06 다음 글을 읽고 물음에 답하시오.

Human Rights Council

Mission

We promote and protect the basic rights of all individuals in the country in keeping with international human rights standards. We also advocate for government regulations and practices that are consistent with human rights principles and investigate any violation of them by public or private entities.

Long-Term Goals

We aim to <u>foster</u> a society in which everyone can participate freely and equally, free from discrimination based on uncontrollable factors, such as social status, race, religion, gender, and national origin, and in which all members of society are respected for who they are.

Organization Values

1) We strive for all people to be treated justly and with respect.
2) We work to hold individuals and organizations accountable for human rights violations.

05 윗글에서 Human Rights Council에 관한 내용과 일치하는 것은?

① It follows globally recognized human rights standards.
② It enacts laws related to human rights.
③ It advocates for eliminating uncontrollable social factors.
④ It does not hold individuals accountable for human rights violations.

06 밑줄 친 foster의 의미와 가장 가까운 것은?

① adopt
② explain
③ generate
④ exemplify

07 다음 글의 내용과 일치하지 않는 것은?

To	Tenants@HortonArmsApts.com
From	Management@HortonArmsApts.com
Date	June 22
Subject	Heat wave

Dear Tenants,

As temperatures are expected to reach record highs during next week's heat wave, our tenants' safety and comfort are our top priorities. To help you stay safe and cool, here are five tips to manage the heat effectively:

1. Drink plenty of water to stay hydrated at all times.
2. Keep your home cool by blocking the sunlight with curtains and keeping fans running during the day.
3. Limit your outdoor activities during the hottest part of the day (10 a.m. – 4 p.m.).
4. Use the city's designated cooling centers if your apartment becomes too hot.
5. Check on your neighbors who may have trouble dealing with the heat, especially the elderly.

Following these simple tips can make sure that we all get through the heat wave. If you would like more information or need assistance, please contact the management office at any time.

Sincerely,
Horton Arms Apartments

① Record high temperatures may be observed next week.
② Keeping curtains closed during the day helps keep indoor temperatures down.
③ Avoiding outdoor activity from 10 a.m. to 4 p.m. is recommended.
④ The apartment management office has established places for people to stay cool.

08 다음 글의 주제로 가장 적절한 것은?

Psychologists estimate that we make 2,000 decisions per waking hour. Fortunately, the majority are made without conscious thought, like choosing between coffee or tea in the morning. But when faced with life-altering decisions, what's the best way to get through them? Psychologists say that the first thing you need to do is to manage your emotions. Anger and excitement can cause you to rush into a decision without considering the implications, while sadness can make you more likely to choose a less favorable option. To effectively modulate your emotions, you should try to identify your mood, understand why you're feeling that way, and then focus on the facts regarding the decision. With enough practice, emotions can become reliable allies when making difficult choices because your feelings articulate your physical and mental reactions to the pending decision.

① benefits of making smart choices
② the number of decisions made every day
③ emotion's role in decision-making
④ implications of life-changing decisions

09 밑줄 친 부분에 들어갈 말로 가장 적절한 것은?

Banks, companies, and even local communities created their own currencies to survive the cash shortage during the Great Depression. The most famous example was from Tenino, Washington, a town of only 1,000 citizens. Cash became completely unobtainable when Tenino's only bank closed down during the height of the Great Depression. In response, the town's chamber of commerce sought a cash substitute and asked the federal government for permission to print wooden money that was backed by funds in frozen bank accounts. The currency was used in stores throughout the town, with business owners able to _____ them for American dollars when cash became available again.

① utilize
② exchange
③ distinguish
④ abolish

10 주어진 글 다음에 이어질 글의 순서로 가장 적절한 것은?

Hyenas have long been known to live in large, highly structured groups with a distinct matriarchal hierarchy. But until recently, scientists were unsure if participation in these group dynamics was inherited genetically or if it was a learned behavior.

(A) What they noticed was that not only do hyena cubs follow their mothers everywhere, but in doing so, they emulate the rules, expectations, and manner that their mothers exhibit in social situations.
(B) Researchers combined an existing theoretical model of social networks in the animal kingdom with over a year's worth of wildlife observations to find out how these remarkable social structures formed in the first place.
(C) Therefore, hyena cubs will mimic and eventually adopt the behaviors associated with a hyena at the top of the hierarchy, thus giving the young animal a longer life expectancy and a better chance to reproduce.

*matriarchal: 모계 중심의

① (A) – (B) – (C)
② (B) – (A) – (C)
③ (B) – (C) – (A)
④ (C) – (B) – (A)

01 밑줄 친 부분에 들어갈 말로 가장 적절한 것은?

The inspector found _____ evidence that confirmed the suspect's involvement in the crime, leading to an immediate arrest.

① unreliable
② deficient
③ substantial
④ conflicting

02 밑줄 친 부분에 들어갈 말로 가장 적절한 것은?

He let his photographs _____ in an article about the city's historic district.

① included
② be included
③ include
④ to include

03 밑줄 친 부분 중 어법상 옳지 않은 것은?

There are two types of lighthouses, with those built on land being taller and ① more common than those found offshore. Both types tend ② to paint with unique shapes and designs so sailors can easily identify them. Though all boats, including small, private ones, ③ depend on some sort of GPS equipment nowadays, lighthouses ④ flashing near bodies of water are still in use because they provide points of navigational reference that can withstand any technological malfunction.

04 밑줄 친 부분에 들어갈 말로 가장 적절한 것은?

 Emily Carter
Are you planning to take part in the Excel online lecture this month?
10:15

Daniel Lee
I'm not sure. I have a submission that is nearing its deadline, so I might have to wait until the next session.
10:16

 Emily Carter
Oh, that's a shame. This lecture offers a certificate upon completion.
10:17

Daniel Lee
Really? In that case, I might need to find a way to make time for it.
10:18

 Emily Carter
You definitely should. The course materials will be provided for free, too.
10:18

Daniel Lee
Do you know how to register for it?
10:19

 Emily Carter
_____
10:20

① You could apply some of the lessons to your current project immediately.
② If you decide to take it, let's join the same lecture.
③ You could talk to your manager about adjusting your workload.
④ Just go to the training portal and fill out the registration form.

05~06 다음 글을 읽고 물음에 답하시오.

___(A)___

Are you aware of the growing threat invasive species pose to our local environment?

While some invasive species are already present and currently being controlled as much as possible by local conservation teams and trained volunteers, there are steps we can take to prevent the spread of others.

The McClure County Natural Resources Management Division will be hosting a public meeting detailing what you can do to stop invasive species from taking over our forests, rivers, and parks. County Commissioner Norah Liu will be in attendance to answer any questions you might have.

The best way to fight invasive species is to prevent them from occurring in the first place.

- Location: Waverly Park Environment Center, 358 Bradley Street
  (Please note: Parking is available two blocks away on Franco Avenue.)
- Date: Sunday, August 7
- Time: 3:00 p.m. – 5:00 p.m.

For more information, please visit www.mcclurenrmdivision.org or contact our office at (402) 558-3911.

05 (A)에 들어갈 윗글의 제목으로 가장 적절한 것은?

① Impact of Native Species Loss
② Natural Habitats in Need of Rehabilitation
③ Pollution in Forests, Rivers, and Parks
④ Invasive Species Can Be Stopped

06 위 안내문의 내용과 일치하지 않는 것은?

① Existing invasive species are currently being controlled.
② An official will attend the meeting to answer questions.
③ Attendees may park their cars at the meeting venue.
④ The meeting will take place on Sunday afternoon.

07 다음 글의 목적으로 가장 적절한 것은?

To: customers@herbaluck.com
From: marketing@herbaluck.com
Date: February 3
Subject: Exciting news!

Dear Valued Customers,

In today's competitive market, we know you have many choices when it comes to your wellness needs. To thank you for choosing us, we're thrilled to introduce our new referral program, designed to reward you for letting your friends and family know about Herbaluck. Follow these simple steps to get started:

[1] Once logged in to your account, go to the new "Referral Program" section in your My Page to find your unique referral link.
[2] Copy your referral link and share it with others by pasting it to social media or sending it via email or text message.
[3] When someone clicks your link and makes their first purchase, both you and your referral will receive $25 in credit to use on any Herbaluck purchase.
[4] The more people who use your referral link, the more credit you'll earn.

Start sharing today and reap the rewards! Thank you for being part of the Herbaluck community.

Sincerely,
The Herbaluck Marketing Team

① to offer customers $25 in credit for creating a Herbaluck account
② to provide instructions on how to review products
③ to encourage customers to follow Herbaluck on social media
④ to explain how to participate in a new program

08 다음 글의 주제로 가장 적절한 것은?

The Swedish word *fika* functions as both a noun and a verb and is often translated to English to mean "a break for coffee and cake." But in Sweden, *fika* is more than just a simple coffee break; it is an essential everyday ritual. In fact, most Swedish companies mandate two *fika* breaks per day, which provide opportunities for workers to slow down, ignore their phones and email accounts, and socialize with colleagues. The simple activity of chatting about something nonwork related while enjoying a warm drink and a tasty baked good not only refreshes the mind, but also strengthens relationships in the workplace, which ultimately leads to having happier and more productive employees.

① origin of the word *fika*
② benefits of ceremonies in the workplace
③ various snacks enjoyed in Sweden
④ the importance of breaks in the Swedish workday

09 다음 글의 흐름상 어색한 문장은?

Fifteen countries that have prominent elephant populations are in favor of keeping the ivory trade illegal and destroying, either by burning or crushing, stockpiles of seized ivory to keep it off the market. ① To back their position, these countries cite the fact that poachers kill 30,000 elephants every year to meet the demand of the ivory trade. ② In the wild, elephants have been observed mourning the death of a herd member for several days. ③ South Africa, Botswana, and Zimbabwe, on the other hand, believe that destroying ivory only lowers the supply, and thus increases the demand for it and the incentive for poachers to continue to hunt elephants. ④ Unique amongst this group, South Africa also favors legalizing the ivory trade, with the idea being that by permitting it, the sale of ivory can be regulated. However, this proposition has failed to gain support because officials from other countries consider the approach to be overly simplistic.

10 주어진 문장 다음에 이어질 글의 순서로 가장 적절한 것은?

In a study, children from ages four to ten were asked to rate different items—people, animals, and concepts—by how much they cared about them.

(A) However, children over the age of seven were more inclusive and caring, expressing their concern for more items, even those connected with abstract concepts.
(B) The youngest participants were the most exclusive in their ratings, limiting the number of items they cared about.
(C) They also showed the same low level of concern for tangible objects like shoes as they did for abstract concepts like the environment and sick people.

① (A) – (C) – (B)
② (B) – (A) – (C)
③ (B) – (C) – (A)
④ (C) – (A) – (B)

DAY 10 하프모의고사 10회

01 밑줄 친 부분에 들어갈 말로 가장 적절한 것은?

The large crowd that had amassed around the street musician _____ when she announced that her performance was over for the night.

① scattered
② conceded
③ assembled
④ flourished

02 밑줄 친 부분에 들어갈 말로 가장 적절한 것은?

The manager firmly demanded that the finalized report _____ by noon to ensure it could be included in the afternoon board meeting.

① is submitted
② submit
③ be submitted
④ submitted

03 밑줄 친 부분 중 어법상 옳지 않은 것은?

People living in gated communities expect their neighbors' homes to be as well maintained as ① theirs. One of the areas of focus is the front lawns, ② that need to be mowed weekly. However, while keeping the neighborhood tidy is important, having meaningful relationships is ③ what neighbors care about the most. For these relationships, the members of the community must all constantly commit to ④ being the best neighbor they can be.

04 두 사람의 대화 중 자연스럽지 않은 것은?

① A: I spent all weekend preparing for my school presentation.
   B: Then I'm sure you'll do a great job.
② A: I heard you're feeling down these days.
   B: It's because I had to take my kitten to the vet.
③ A: Can you believe he told them my secret?
   B: He is such a confident speaker.
④ A: What were you two talking about?
   B: My friend just asked me to help plan her birthday party.

05~06 다음 글을 읽고 물음에 답하시오.

To	Manager@PremiereEvents.com
From	WilliamBates@EvansvilleCity.com
Date	February 10
Subject	Planning services

Dear Sir or Madam,

I am writing to inquire about your services for an upcoming event at City Hall.

We are planning a party for the city's anniversary celebration in April. There will be approximately 200 guests attending the event. We will need to have food and beverage service for the guests, including both snacks and a sit-down meal. There also need to be some options available for people with dietary restrictions, such as vegans, vegetarians, and those with sensitivity to foods like gluten. In addition, we would like to arrange for a live band or singer for the evening.

Could you please create a plan for the event and let me know the approximate total cost? We will need to finalize the plan by March 1, so please forward this information to me as soon as possible.

I look forward to seeing what you can offer.

Respectfully,
William Bates, City Manager

05 위 이메일의 목적으로 가장 적절한 것은?

① 시청 행사에 수신인을 초대하려고
② 행사에 필요한 서비스와 견적을 문의하려고
③ 채식주의자들을 위한 대체 식단을 제안하려고
④ 저녁 행사를 위해 가수 섭외를 요청하려고

06 위 이메일의 내용과 일치하지 않는 것은?

① The party will be attended by 200 guests.
② Snacks and an actual meal are needed.
③ The menu should not include any meat.
④ The plan must be finished no later than March 1.

07 National Fisheries Commission에 관한 다음 글의 내용과 일치하는 것은?

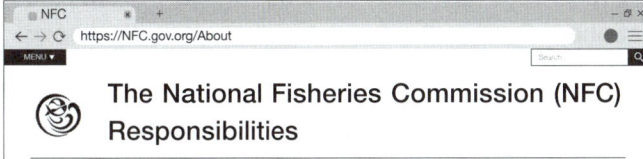

The National Fisheries Commission (NFC) Responsibilities

The NFC is the nation's highest-level agency for creating and protecting a sustainable fishing industry. The NFC works with environmental agencies to keep coastal waters clean and monitor the number of fish in them. In addition, the NFC sets annual quotas for the amount of each species that can be harvested so that the impact of the industry does not threaten the fish population or the marine ecosystem. It is the goal of the agency to not only increase the industry's revenue, but also the number of fish available. Fishing vessels found to be in violation of the commission's rules are subject to fines and confiscation of their catch.

① It focuses on the management of rivers flowing into the sea.
② It keeps track of how many fish are in the waters.
③ It establishes monthly allocations on how much seafood can be caught.
④ It can seize the boats of people who break its rules.

08 다음 글의 요지로 가장 적절한 것은?

Every year, millions of tons of dust from the Sahara Desert, the largest in the world, float over the Atlantic Ocean and settle in the Americas. For humans, the tiny rock particles in this dust can cause an array of respiratory conditions, but these dust plumes actually have a positive impact on the health of various ecosystems, and in particular, the Amazon Rainforest. Despite being home to the most biodiversity on the planet, the heavy rains and floods that occur in the Amazon have left the soil nutrient deficient. For thousands of years now, the South American rainforest has relied on Saharan dust clouds, which contain minerals like iron and phosphorus, to replenish the soil and help plant life prosper.

① Animals are struggling to cope with the side effects of dust inhalation.
② Ecosystems are in competition for nutrient-rich soil.
③ Plant growth in the Amazon depends on plumes of dust.
④ Soil in African rainforests requires high amounts of phosphorus.

09 주어진 문장 다음에 이어질 글의 순서로 가장 적절한 것은?

Partaking in and enjoying activities that bring negative sensations and emotions is known in psychology as benign masochism.

(A) By tricking the brain into sending out these hormones, we gain their benefit without the risk or exertion that usually triggers their release.
(B) Eventually, this ability to manipulate the body becomes addictive. That's why people continue to eat spicy food, watch scary movies, and ride roller coasters.
(C) This phenomenon occurs when people take minimal risks in safe environments. In these situations, the body produces endorphins and other chemicals that turn pain into pleasure.

① (A) – (B) – (C)
② (A) – (C) – (B)
③ (C) – (A) – (B)
④ (C) – (B) – (A)

10 밑줄 친 부분에 들어갈 말로 가장 적절한 것은?

Transhumanism is an ideology that advocates for humans to use technology to enhance their bodies and prolong their lives, perhaps to the point of immortality. While critics assert that such ambitious goals could only be achieved in a science fiction novel, transhumanists can point to existing technology as _____. Examples include artificial hip and knee joint replacements. These procedures were once considered to be major surgeries, but now they are routine and people are electing to get joint replacements at younger ages to improve their movement. In addition, those suffering from organ failure or heart disease have better chances of living longer lives thanks to organ transplants and pacemakers. And for people with disabilities, their quality of life has improved with advancements in communication aids and mobility solutions, which are now controlled by the brain.

① confirmation that doctors should work with engineers
② proof that artificial body parts will soon be developed
③ acknowledgement that treatments require more testing
④ evidence that these goals are in fact attainable

01. 밑줄 친 부분에 들어갈 말로 가장 적절한 것은?

Centuries of weathering made it impossible to _____ the inscription on the plaque, so it remains a mystery to this day.

① carve
② obscure
③ comprehend
④ renew

02. 밑줄 친 부분에 들어갈 말로 가장 적절한 것은?

Since the car's problem is beyond our expertise, I think it's no use _____ to fix it yourself or discussing it among ourselves.

① try
② trying
③ tried
④ to try

03. 밑줄 친 부분 중 어법상 옳지 않은 것은?

For most of history, the human lifespan was limited because people were ① vulnerable to viral and bacterial infections. However, a variety of options for preventing and treating infections ② were developed by researchers in the twentieth century. Advanced vaccines gave people immunity to many infections, and powerful antibiotics quickly healed those ③ affecting by bacterial infections, both of which made people more inclined ④ to live longer than previous generations.

04. 밑줄 친 부분에 들어갈 말로 가장 적절한 것은?

Anne Reardon: Hi. I'm preparing for a meeting and need to arrange some items. 11:05

Stationery Nest: Thank you for reaching out. We can help with various supplies, including tables, nameplates, and stationery. What exactly do you need? 11:07

Anne Reardon: I'll need two small tables for snacks and 30 nameplates for the attendees. 11:08

Stationery Nest: _____ 11:09

Anne Reardon: I don't think so. It seems like something we could do ourselves. 11:10

Stationery Nest: Okay. If you change your mind, it would only add about $10 to the cost of the merchandise. 11:11

① What is the date and time of your meeting?
② Do you require delivery and setup services?
③ Would you prefer to purchase or rent?
④ Are there any other items we can provide for you?

05~06 다음 글을 읽고 물음에 답하시오.

Office of Marine Science and Technology

Mandate
We create and oversee programs that use technology to foster marine industries, including aquaculture, fisheries, and tourism, as growth industries for the national economy. We also develop tools that make the maritime industries sustainable for the future, such as carbon production monitors, more efficient vessels, and marine navigation software.

Vision
We hope to play the role of trusted partner for industry actors to make local marine industries competitive with their <u>counterparts</u> abroad while helping citizens enjoy the benefits of the country's peninsular location and the bounty that it provides as a source of nourishment, entertainment, and natural beauty.

Core Values
- Innovation: We work hard to develop the most advanced tools for our partners.
- Cooperation: We work with assorted domestic and international governmental organizations to remain informed of industry changes.

05 윗글에서 Office of Marine Science and Technology에 관한 내용과 일치하는 것은?

① It selects the country's leading growth industries annually.
② It is meant to improve the industry worldwide.
③ It is committed to promoting the advantages of the nation being a peninsula.
④ It cooperates with the public to determine the future of the industry.

06 밑줄 친 counterparts의 의미와 가장 가까운 것은?

① participants
② performers
③ influencers
④ rivals

07 다음 글의 내용과 일치하지 않는 것은?

Silverpine National Park offers visitors the ability to camp in the park from March 1 to November 30. Campers must reserve a space at least one month in advance using the park's online reservation system. Once a campsite is reserved and paid for, the user will receive a confirmation email that must be printed out and presented when entering the park.

• **Online Reservations:**
www.SilverpineNationalPark.com/Camping

Silverpine National Park (a property of the National Park System) offers a variety of campsites. Full-service campsites provide full electrical and water hook-ups starting at $30 per night. Primitive campsites with no services start at $10 per night. Group campsites are available, with rates depending on the number of campers and tents.

• **Check-in time**: After 2:00 p.m.
• **Check-out time**: 11:00 a.m.

There is no park admission fee for up to two campers per reserved campsite.

For additional information, call 1 (800) 555-7275.

① The park does not allow camping from December through February.
② Campers must make online reservations in advance.
③ No electricity is available at campsites in the park.
④ Two campers per campsite can enter the park at no charge.

08 다음 글의 제목으로 가장 적절한 것은?

Over the last century, the amount of processed food consumed in the United States has risen drastically, and with this, so has the amount of sugar. Today, the average American consumes 22 teaspoons of added sugar a day. This has had a dramatic effect on our physical health, causing dangerous conditions like obesity and diabetes, but also on psychological health. Multiple studies have found that diets high in refined sugars correlate to an increase in mood disorders, such as depression. In addition, high blood sugar levels can affect the balance of hormones in the body like cortisol, which regulates stress. Unfortunately, this can reduce our ability to deal with stressful situations naturally and increase our overall anxiety level.

① Why Processed Food Consumption Has Increased
② The Connection between Sugar and Mental Health
③ The Key to Maintaining a Healthy Body Weight
④ How People Deal with Stress in Their Lives

09 밑줄 친 부분에 들어갈 말로 가장 적절한 것은?

Educators have embraced the use of technology in the classroom, which has greatly changed how lessons are presented to students today. In addition to allowing students to learn remotely, technology permits material to be presented in more dynamic ways, such as through AI digital textbooks, interactive virtual reality and augmented reality exercises, and the use of gamification platforms. But some question whether the ubiquity of technology is actually having a detrimental effect on the educational system. These naysayers worry that all of this technology _____.
With such a strong emphasis on digital devices, traditional assignments focused on book reading and note-taking may be abandoned, along with the essential skills they help develop.

① is tailored for only one purpose in the classroom
② makes educators less likely to put time into planning lessons
③ contributes to a decline in students' literacy levels
④ is not adapted for use by learners of various ages

10 주어진 문장이 들어갈 위치로 가장 적절한 것은?

These storage chambers gave the Maya access to clean freshwater throughout the rest of the year.

The ancient Maya thrived on Mexico's Yucatan Peninsula despite the region's lack of surface water. (①) The area is devoid of rivers, ponds, lakes, or other sources of freshwater and most of its annual precipitation occurs during the relatively short summer rainy season. (②) Archaeologists who study the civilization believe that the Maya's success was only possible due to the civilization's advanced aquatic engineering. (③) In order to survive through the dry season, the Maya built large underground reservoirs called *chultuns* that were filled by the abundant rainfall of the summer months. (④) They also constructed a system of underground aqueducts that allowed them to transport water to their farmland to irrigate the crops that sustained the large population.

DAY 12 하프모의고사 12회

01 밑줄 친 부분에 들어갈 말로 가장 적절한 것은?

Production at the factory was halted as the day's output was already more than _____.

① variable
② wholesome
③ abundant
④ accurate

02 밑줄 친 부분에 들어갈 말로 가장 적절한 것은?

Scarcely _____ when the power went out.

① the meeting began
② the meeting had begun
③ had the meeting begun
④ have the meeting begun

03 밑줄 친 부분 중 어법상 옳지 않은 것은?

Nowadays, teachers are relying more on gamification ① in order to enliven classroom lessons and inspire their pupils. Competitions devised to encourage participation ② are especially popular with students because they can gain privileges ③ that can be used in the classroom. In these contests, learners ④ are given to points when they answer a question correctly, and they can redeem these points for rewards, such as being able to wear a hat during class.

04 밑줄 친 부분에 들어갈 말로 가장 적절한 것은?

A: Excuse me. My computer isn't turning on.
B: I see. Did you reset the system?
A: I tried everything I could, but nothing seems to work.
B: In that case, it must be a hardware issue.
A: What should I do?
B: _____

① I guess I'll need to look for a newer model.
② There will be a software update soon.
③ You can probably continue using it as it is.
④ I'll have an IT technician diagnose the issue.

05~06 다음 글을 읽고 물음에 답하시오.

(A)

For the third consecutive summer, the Children's EduFair is returning for a weekend of fun and learning. You won't want to miss out on this event dedicated to teaching and entertaining the youngest in our community through interactive activities.

Details
- **Dates:** Saturday, July 7 – Sunday, July 8
- **Times:** 10:00 a.m. – 5:00 p.m. (Saturday)
  11:00 a.m. – 4:00 p.m. (Sunday)
- **Location:** Stewart Fairgrounds (In the event of cancelation due to rain, guests will receive a full refund.)

Main Attractions
- **Science Corner**
Take part in fascinating and fun experiments that will inspire children to want to discover more about science.
- **Mini Zoo**
Get the chance to interact with and learn about all kinds of interesting animals including goats, rabbits, and snakes.

To view the festival map of attractions or to purchase tickets to the event, please visit our website at www.stewartedufair.com.

05 (A)에 들어갈 윗글의 제목으로 가장 적절한 것은?

① Test Your Understanding of Science
② Gain Knowledge through Amusement
③ Have Fun on a Rainy Day
④ Spend a Summer Day at the Zoo

06 Children's EduFair에 관한 윗글의 내용과 일치하지 않는 것은?

① The Saturday event will end an hour later.
② It may be canceled due to the weather.
③ Viewing dangerous animals like snakes is prohibited.
④ Tickets can be bought online.

07 다음 글의 목적으로 가장 적절한 것은?

To	Users@DataPulse.net
From	CustomerService@DataPulse.net
Date	September 30
Subject	Important Warning

Dear DataPulse Customers,

Recently, many customers have fallen victim to online phishing scams. As your Internet service provider, we would like to help you avoid being preyed upon by cybercriminals. Here are some ways to protect yourself:

1) Verify the source of emails and ensure you're on official websites.
2) Don't click on files or links in emails from unknown senders.
3) Look for red flags such as generic greetings, spelling and grammar errors, or the use of unusual or personal email accounts for businesses.
4) Enable two-factor authentication for your accounts to increase their security if possible.
5) Update your device's software to remain protected against security breaches.

To learn more about staying safe online, visit our Cybersecurity Site. By taking a few precautions, you can greatly reduce your chances of being the victim of online crime.

Best regards,
DataPulse Internet

① to announce a new site dedicated to cybersecurity
② to suggest strategies to avoid becoming a victim of cyber scams
③ to explain the importance of regularly updating security software
④ to request more information about a recent cybercrime

08 다음 글의 요지로 가장 적절한 것은?

While other places around the world begin the new year with fireworks, parades, and parties, inhabitants of the Indonesian island of Bali celebrate *Nyepi*, a holiday reserved for self-reflection and cleansing. *Nyepi* marks the first day of the local calendar and is Indonesian for "Day of Silence." True to its name, people refrain from talking during the 24 hours in which the holiday is observed. Working, traveling, and other leisure activities are restricted by the local police as well, with devoted adherents going so far as to not eat or use electricity either. The Balinese believe that by abstaining from these activities for one whole day, their purity will be restored for the upcoming year.

① Balinese police are strict about enforcing regulations during *Nyepi*.
② *Nyepi* is a period of reflection at the start of a new year.
③ Inhabitants of Bali decrease their energy usage on *Nyepi*.
④ New year celebrations involve many activities in Bali.

09 다음 글의 흐름상 어색한 문장은?

Among predictable astronomical phenomena, a transit of Venus is one of the rarest, with pairs of transits roughly occurring every 120 years. ① This event is similar to a solar eclipse, but instead of the Moon, the planet Venus moves across the face of the Sun. ② During transit, Venus has a halo surrounding it, which scientists correctly concluded to be the planet's atmosphere. The tools and techniques used to examine transits of Venus are now being used to study exoplanets, planets outside the solar system. ③ The nearest planet to Venus is Mercury, the transits of which occur more frequently at about 13 times per century. ④ By analyzing the transits of exoplanets as they pass their parent star, astronomers can determine the planets' size, temperature, and atmosphere.

10 밑줄 친 부분에 들어갈 말로 가장 적절한 것은?

Agatha Christie was a British author who wrote more than 70 mystery and crime novels, many of which featured poison as an instrument of death. Unlike her novels' fictional characters and plots, the poisons she referenced were real. In fact, her descriptions of poisons were so accurate that multiple medical professionals have credited her books with helping them recognize poison symptoms in patients. Christie was able to gain such astute expertise because she volunteered as a pharmacist's assistant during both World Wars. While in that role, she passed a pharmacy exam, dispensed medicines, and acquired hands-on experience mixing different chemicals. She put what she learned to good use as her books have sold over two billion copies worldwide. Until her death, Christie was incredibly grateful for her time working at the pharmacy, admitting that without the knowledge she acquired there, _____.

① she never would have achieved the same level of success
② she might have pursued a career as a medical professional
③ she would have regretted participating in the war efforts
④ she never would have figured out how to plot a novel

01 밑줄 친 부분에 들어갈 말로 가장 적절한 것은?

In light of recent consumers' preference for electric SUVs, the company will _____ its production of gas-powered sedans.

① abide by
② set off
③ cut back
④ sort out

02 밑줄 친 부분에 들어갈 말로 가장 적절한 것은?

The project fell behind schedule, so the department manager was forced _____ additional employees to the team.

① to reassign
② reassigning
③ to be reassigned
④ to reassigning

03 밑줄 친 부분 중 어법상 옳지 않은 것은?

The Bill of Rights protects American citizens by listing the rights ① to which they are entitled. These include not only the freedoms of speech and religion ② but also the right to bear arms and to peacefully assemble. However, despite ③ being outlined in the founding documents, these rights are not absolute, and questions often arise about where the line between an allowable restriction and an unconstitutional overstep of authority ④ lays.

04 밑줄 친 부분에 들어갈 말로 가장 적절한 것은?

 Anna Lee
Are you planning to go to the job fair for public agencies next week?
11:00

Stanley Newman
I haven't even heard of it.
11:00

 Anna Lee
Oh, it's a great opportunity to learn about various public agencies and their job openings.
11:01

Stanley Newman
That sounds interesting! Who can attend?
11:01

Anna Lee
It's open to anyone looking for a job, but they have specific requirements for each agency.
11:02

Stanley Newman
Where can I check the requirements?
11:02

 Anna Lee
_____
_____
11:03

① You must pass the national exam to become a public servant.
② Make sure to bring several copies of your résumé.
③ The fair will offer both in-person and virtual options.
④ I'll forward you the email I received with the details.

05~06 다음 글을 읽고 물음에 답하시오.

To: datawise@infobank.com
From: emile.armand@clemens.org
Date: July 15
Subject: Information on minorities

Dear Sir or Madam:

I am writing to request information for a study the Clemens Research Institute is undertaking.

Our study involves the growth and development of minority groups in rural areas. We hope to use this data in designing assistance programs for these groups in the countryside. Therefore, we would very much appreciate it if you could provide us with details on the ethnicity of these groups, the languages they speak, their age range, their population growth over time, and their employment information.

In addition, if you have similar studies in your databank, we would like to have copies or links to these studies. Please let me know the cost of obtaining this information.

I look forward to hearing from you.

Yours truly,
Emile Armand, Research Head

05 위 이메일의 목적으로 가장 적절한 것은?

① 농촌 지원 프로그램을 설계하기 위해 조언을 요청하려고
② 지역 내 소수 집단의 인구 증감률을 확인하려고
③ 농촌에 사는 특정 사람들에 대한 자료 제공을 부탁하려고
④ 이전에 있었던 비슷한 연구의 총비용에 대해 문의하려고

06 위 이메일의 내용과 일치하지 않는 것은?

① The Clemens Research Institute is conducting the study.
② The institute provides minority groups with employment options.
③ Access to similar studies in the databank is also needed.
④ The Clemens Research Institute is willing to obtain paid information.

07 밑줄 친 (A), (B)에 들어갈 말로 가장 적절한 것은?

What you eat says a lot about your physical health, but can it tell more? According to new research, it can. A series of five studies conducted by North Dakota University show that people who have a sweet tooth may have kinder personalities. They found that those who enjoy sugary foods are more likely to display traits like agreeableness, helpfulness, and overall niceness. ____(A)____, enjoying spicy flavors like hot peppers correlates to a more adventurous character and more openness to try new things. While these may seem like random connections, researchers were able to find a logical explanation. ____(B)____, they found that the part of the brain that handles tastes and smells is also the area responsible for our personality and it develops at around the same time as our inclinations toward certain food.

	(A)	(B)
①	Consequently	Therefore
②	Likewise	Conversely
③	On the other hand	In fact
④	Moreover	For example

08 주어진 문장이 들어갈 위치로 가장 적절한 것은?

The physical activity of gardening provides a low-impact way to exercise that strengthens muscles and improves coordination and balance.

Throughout history, horticultural therapy has been used to ease the burden of those suffering from mental and physical ailments. (①) In ancient Egypt, doctors prescribed garden walks that allowed patients with mental illnesses to experience the peacefulness of nature. (②) Therapy gardens have also been in operation for centuries in Europe and the United States, with a rise in their use after the Second World War to help soldiers recover from post-traumatic stress disorder and physical injuries. (③) In these gardens, patients can cultivate plants and crops, which has many benefits. (④) In addition, scientific studies have shown that those who spend time gardening have a deeper sense of community, as working in a garden is a cooperative activity that builds social relationships among individuals with a shared interest.

09 YouReport 앱에 관한 다음 글의 내용과 일치하지 않는 것은?

Access the YouReport service when you discover safety issues.

Use the new YouReport service to notify emergency services about safety issues as they happen. The YouReport service allows users to send notices about dangers or crimes in a variety of formats, including photos, video, and in-app reporting. This gives responders accurate, detailed information about issues as they arise. The service also has a live, interactive map that shows users where reports have been received, helping them avoid affected areas and clearing the way for emergency personnel. To use YouReport, download the app to your mobile device or sign on to the web version. Although anyone can see posts, reporting requires registration.

① It allows people to send notices to emergency services.
② Reports can be made using video or photographs.
③ The service includes a map with the locations of reports.
④ Users must register to see alerts about problems.

10 주어진 문장 다음에 이어질 글의 순서로 가장 적절한 것은?

One of the rarest and most unusual natural disasters is a firestorm, which develops when conditions allow a fire's intensity to grow strong enough to generate a powerful wind system.

(A) This builds into a full wind system, eventually reaching storm-force strength, or speeds between 89 and 102 km/h. This violent wind system can result in fire tornadoes forming within the blaze.

(B) As a fire burns hotter and pushes air upward in a thermal column, air from outside the conflagration rushes in to replace the evacuated air.

(C) Additionally, the wind fans the flames of the fire and raises temperatures to extraordinary levels, enabling the radiant heat from these storms to melt asphalt and turn surrounding roads into scorching liquid.

*conflagration: 큰불

① (B) – (A) – (C)
② (B) – (C) – (A)
③ (C) – (A) – (B)
④ (C) – (B) – (A)

DAY 14 하프모의고사 14회

01 밑줄 친 부분에 들어갈 말로 가장 적절한 것은?

Even upon winning the Lifetime Achievement Award, the author maintained her _____ by diverting all the praise to her publisher and team of editors.

① integrity
② liberty
③ priority
④ modesty

02 밑줄 친 부분에 들어갈 말로 가장 적절한 것은?

The importance lies not in how we can maximize the resources at our disposal but _____ to achieve from the project.

① hope
② to hope
③ what we hope
④ in what we hope

03 밑줄 친 부분 중 어법상 옳지 않은 것은?

Employers ① have been working under the assumption that salary is the motivating factor for employees. However, a study ② where two groups built figures out of toy blocks showed that a job's meaningfulness may outweigh monetary gain. Both groups ③ were instructing to build figures from blocks. The first group earned ④ as much money as the second group per completed figure, but soon quit because their figures were taken apart at the end of the day.

04 밑줄 친 부분에 들어갈 말로 가장 적절한 것은?

A: How should we get to the seminar venue on the weekend?
B: Do you want to share a rental car? It'll save us money.
A: _____
B: Well, flying would be faster. But wouldn't driving together be much cheaper?
A: I already checked the flights. Tickets are only slightly more expensive than what we'd pay for gas.
B: Then, let's take a flight to save time.

① Are you sure we can get a rental car?
② Are there any alternatives?
③ Can we plan our budgets together?
④ Can you tell me how to get to the airport?

05~06 다음 글을 읽고 물음에 답하시오.

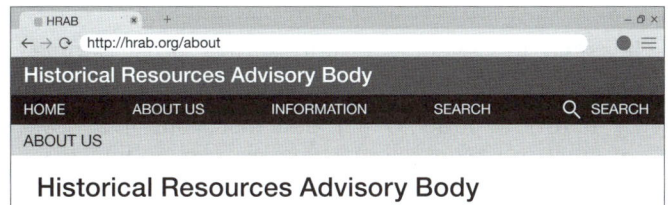

Historical Resources Advisory Body

Mission Statement
The HRAB promotes the preservation and sustainable use of the nation's diverse historic resources. We advise the President and Congress on policy when national historic resource preservation is involved.

Who is the HRAB
The Historical Resources Advisory Body is an independent national agency consisting of members from local government agencies, university faculty, and expert private citizens. Its main tasks are to carry out reviews of cases where historic preservation is warranted, to provide training in historic preservation law and property, and to conduct timely communication campaigns to let the public know about the importance of preserving historic sites.

Policy
The HRAB has issued several policy statements on historic preservation issues. These are designed to assist agencies, ethnic tribes, and organizations in maximizing the preservation of their locale's historic resources.

05 윗글에서 Historical Resources Advisory Body에 관한 내용과 일치하는 것은?

① It gives advice to the government on preserving historical resources.
② Its body is entirely composed of persons who are authorities in government.
③ It purchases historical properties and other resources to safeguard them.
④ It receives assistance from ethnic tribes to maximize the preservation of its historic resources.

06 밑줄 친 timely의 의미와 가장 가까운 것은?

① dependable   ② appealing
③ accurate   ④ expedient

07 다음 글의 내용과 일치하지 않는 것은?

The Centerville Living History Museum performs reenactments of life during the town's founding. Shows take place daily from March to October and on weekends from November to February. Attendees can walk through the historic district and stop at any of the homes to learn about the first family that inhabited it and see a demonstration of a particular aspect of life in early Centerville.

• **Tickets:** CentervilleLivingHistory.com/tickets

The Centerville Living History Museum is open from 8:00 a.m. to 6:00 p.m. and offers both self-led and guided tours. Self-led tours are included with the $5 admission fee. Guided tours are an additional $10 per person and require a group of at least 10 participants. (Additional fee is waived for school groups)

• **Holiday closures:**
Thanksgiving Day
Winter Break (December 23-January 3)

For more information, call 1 (877) 555-1598.

① 9월에는 평일 공연을 관람할 수 있다.
② 박물관은 저녁 6시에 문을 닫는다.
③ 셀프 투어를 원하는 방문객은 총 15달러를 내야 한다.
④ 학교 단체들은 가이드 투어에 대한 추가 요금이 없다.

08 밑줄 친 부분에 들어갈 말로 가장 적절한 것은?

In the classroom, traditional lesson plans are designed to teach multiple learning objectives over a long class time, often using books and other print materials. Unfortunately, this way of teaching is not well-suited to the current generation of learners who have shorter attention spans. That's why "bite-sized learning" is becoming a more prevalent education technique. Not only are these exclusively digital lessons short—usually less than 15 minutes—but they also focus on just one learning objective, so it's much easier for students to stay engaged. Ultimately, teaching methods need to adjust to the learners and not the other way around, and bite-sized learning offers one successful example of how _____.

① teachers have increased the number of learning objectives
② student have collaborated with their instructors
③ education has continued to evolve over time
④ generations manage to exceed educational expectations

09 다음 글의 주제로 가장 적절한 것은?

If asked to describe a stethoscope, most people would mention the two earpieces connected by a rubber tube to a metal disc, but this now ubiquitous instrument looks nothing like it did when it was first invented over 200 years ago. Before the stethoscope, doctors would place one of their ears directly on the chest of the patient. This was neither comfortable for the parties involved, nor did it produce strong enough sounds of the heart and lungs for the doctor to accurately determine if anything was wrong. Wanting to avoid this awkward interaction with female patients, René Laennec, a French doctor in the 19th century, invented the stethoscope. This first version of the tool was made of heavy wood and brass, and resembled a trumpet more than a piece of medical equipment. Despite having just one earpiece, the stethoscope proved to be far more effective than the previous ear-to-chest method.

*stethoscope: 청진기

① the numerous medical contributions made by French doctors
② the origin of one of the most common medical devices
③ the flaws with the ear-to-chest method of the 1800s
④ the materials used in making modern stethoscopes

10 주어진 문장이 들어갈 위치로 가장 적절한 것은?

The study also noted that having long-term relationships with the same industry professionals contributes to people paying for more expensive, but not objectively better, services.

When it comes to things like health, money, and home construction, people make decisions based on the advice of industry experts like doctors, financial advisors, and contractors. (①) Over time, however, as longstanding professional relationships develop, consumers can become too trusting of these experts and display an overreliance on their guidance. (②) To better understand this, researchers conducted a study to analyze the phenomenon in great detail. (③) Researchers found that people who rely on such experts are reluctant to seek a second opinion on a matter for fear of upsetting the goodwill they've cultivated in the existing relationship. (④) This suggests that some expert advisors take advantage of consumers' trust to propose ideas that benefit themselves but which come at a steep cost to their clients.

DAY 15 하프모의고사 15회

01 밑줄 친 부분에 들어갈 말로 가장 적절한 것은?

While many people choose to relax after a long day at the office, putting off other obligations, this can be _____ in the long term, as it can create a cycle of avoidance rather than resolution.

① feasible
② innovative
③ ineffective
④ strategic

02 밑줄 친 부분에 들어갈 말로 가장 적절한 것은?

Forty percent of the students _____ the seminar are preparing research papers on emerging technologies.

① are attending
② attending
③ attend
④ attended

03 밑줄 친 부분 중 어법상 옳지 않은 것은?

Over the weekend I completed a CPR training course at my local community college. ① The other participants in the class were either medical students or professionals in emergency care fields. Not only ② was I older than everyone else there, but I also was the only person ③ who career does not require CPR certification. However, the instructor commended me and informed the class ④ that with proper CPR training anyone can save a life.

04 밑줄 친 부분에 들어갈 말로 가장 적절한 것은?

 Jeff Baker
Hello. We're hosting a seminar on AI tools for public services. Do you have any programs you could offer?
2:15 pm

Olivia Grace
What area of AI are you interested in?
2:15 pm

 Jeff Baker
We are particularly interested in how AI can be used to improve public services and for data analysis.
2:16 pm

Olivia Grace
We have seven programs available.
_____
2:16 pm

 Jeff Baker
We are thinking of a maximum of three days of training, with a budget of up to 300,000 won per person.
2:17 pm

Olivia Grace
We have three programs that match those conditions, and all include practical training.
2:17 pm

 Jeff Baker
That sounds great. Is there a brochure with the details?
2:18 pm

① Are you looking for introductory-level programs?
② Do you have a timeframe and budget in mind?
③ How many participants do you expect to join the seminar?
④ What specific outcomes are you hoping to achieve?

05~06 다음 글을 읽고 물음에 답하시오.

Weather Event Preparedness

Proactive preparation for weather events is the number one goal of the Bureau of Meteorology and Climate (BMC). Weather events pose a threat to both individual citizens and society as a whole due to potentially devastating impacts on the economy, food and water supplies, and public health.

Extreme Weather Events

An extreme weather event (EWE) is an unusual weather occurrence that _____, such as a major hurricane, drought, or heatwave that has the potential to devastate the country due to its severity.

The BMC employs a team of meteorologists and climate scientists to analyze weather patterns and provide warnings before EWEs occur. When an alert is issued, the government is spurred into action, offering various ways for the public to deal with the EWE and remain safe.

05 윗글의 요지로 가장 적절한 것은?

① BMC's primary job is to educate people about the weather.
② BMC encourages people to store food and water in case of an EWE.
③ BMC prepares for and mitigates the impacts of EWEs.
④ BMC focuses on ensuring people are ready for weather events.

06 밑줄 친 부분에 들어갈 말로 가장 적절한 것은?

① follows meteorological precedent
② defies normal climate patterns
③ poses an insignificant threat
④ takes place far from a populated area

07 다음 글의 내용과 일치하지 않는 것은?

To	hhmembers@househardware.com
From	househardware@hhmail.com
Date	November 19
Subject	DIY Painting Tips

Dear Esteemed Members,

We know you are capable of accomplishing any DIY (Do it yourself) project, especially with some help from the experts at House Hardware. For those planning to paint their home walls, we have gathered a few useful tips to make sure your project is a success.

1. Calculate how much paint you need by using the paint calculator on our website.
2. Make sure you have all the right tools for the job.
3. Place a drop cloth on the floor and use plastic wrap to protect furniture.
4. Keep windows open to speed up the drying process and eliminate the smell of paint.
5. Once finished, remove excess paint from brushes and wash them with soapy water so you can reuse them for your next painting project.

If you have any questions, feel free to reach out to a House Hardware staff member in person or by phone regarding tools, techniques, or safety concerns.

Kind regards,
House Hardware

① Customers are encouraged to work on projects themselves.
② The House Hardware homepage has a paint calculator.
③ House Hardware recommends reusing cleaned brushes for other projects.
④ Customers with questions can contact staff members via email.

08 다음 글의 제목으로 가장 적절한 것은?

For thousands of years, philosophers have pondered why there is anything in the universe rather than nothing. Solutions to the question have been unsatisfactory, as they spark an endless chain of questions where the origin of each proposed cause must be explained. For example, in response to a solution presented by Stephen Hawking and physicists from Wuhan—determining that in a quantum vacuum state, particles will spontaneously come into being—some argued that the quantum state itself had not been explained. However, more recently, many philosophers contend that the question itself is flawed, as it is impossible to answer a question that is outside a material universe from within a material universe.

① Experiments to Determine Why Humans Exist
② Matter: How Can We Change It?
③ Answering Philosophical Questions Using Physics
④ Difficulties in Explaining the Existence of Matter

09 다음 글의 내용과 일치하지 않는 것은?

In most political cabinets, one of the most important roles is that of the communications director. The individual filling this role is vital not only during the campaign leading up to elections but also once a candidate is in office. They are tasked with overseeing any external communication, including directing the creation of speeches, advertisements, and press briefings, and shaping public perception of both the candidate and his or her actions. However, their role extends beyond simply writing speeches and crafting a cohesive message, as they are deeply involved with gauging the public's interest in specific issues and helping to craft policies that the people will perceive favorably. For candidates, selecting a skilled communications director is of the utmost importance and can be the difference between success and failure.

① External messaging decisions are made by the communications director.
② The communications director manages speeches given by a politician.
③ Policy decisions are frequently influenced by the communications director.
④ Communication directors choose candidates who are likely to succeed.

10 밑줄 친 부분에 들어갈 말로 가장 적절한 것은?

The hammer and sickle is a symbol that began with the Russian Revolution in 1917 and has since gone on to represent communist ideologies as a whole. The symbol features the silhouette of a hammer and a sickle with their handles crossed in the shape of the letter "X." Eventually, the outline became widespread enough to be adopted as a general symbol for labor, before being subsequently featured on the flag of the Soviet Union. Russian revolutionaries argued that the working class was oppressed by the upper-class bourgeoisie, and the only way to abolish this pattern was to join together for a common cause, overthrowing the system through spontaneous revolution. The symbol is meant to show the _____ of the exploited, with the hammer and sickle representing the working class and the farmers, respectively.

① diplomacy
② hardship
③ unity
④ autonomy

01 밑줄 친 부분에 들어갈 말로 가장 적절한 것은?

Those writing about scientific topics are advised to include examples _____ to the point they are trying to make in order to help readers understand.

① identical
② relevant
③ adjacent
④ opposed

02 밑줄 친 부분에 들어갈 말로 가장 적절한 것은?

The research facility is a place _____ groundbreaking discoveries in medicine are conducted on a regular basis.

① that
② at which
③ of which
④ what

03 밑줄 친 부분 중 어법상 옳지 않은 것은?

① Discovered in 1799, the Rosetta Stone proved to be the key to our understanding of an ancient culture that ② had evaded archaeologists and anthropologists for centuries. The stone carved in 196 BC ③ contains a royal decree issued by King Ptolemy V Epiphanes, the king of Egypt at the time. The declaration, which ④ is consisted of three different languages—ancient Greek, hieroglyphic, and Demotic scripts—enabled scholars to decipher the previously mysterious Egyptian writing systems.

04 밑줄 친 부분에 들어갈 말로 가장 적절한 것은?

A: Do you think the economic downturn will affect our construction project?
B: Unfortunately, it has already begun to.
A: Really? How so?
B: Material prices have gone up a lot. Our current budget has been overrun.
A: Oh, I see. _____
B: That would cause even greater losses. We have no choice but to deal with it.

① What other aspects of the project might be impacted?
② How much has the cost of materials increased?
③ Do you think it's better for us to abandon the project?
④ Is there a possibility of getting additional funding?

05~06 다음 글을 읽고 물음에 답하시오.

Fairfield Needs a Makeover

Have you noticed that Fairfield doesn't look as fair anymore?

Wherever you go, there seems to be trash, graffiti, and overgrown, untidy green spaces. While this is no one's fault, you can help be part of the solution.

Some residents want to put together a community beautification committee. Join us for our first meeting, where we will assign roles, suggest funding sources, and establish priority projects to make Fairfield more beautiful by cleaning up, adding public art, and revitalizing green spaces.

Together, we can make Fairfield look and feel better.

Hosted by the Fairfield Community Council

- Location: Fairfield City College, Humanities Building, Room 106
- Date: Saturday, February 9
- Time: 11:00 a.m.

To view the current list of proposed beautification projects and share your suggestions for community needs, please visit our website at www.fairfieldcommunity/beautification.com.

05 위 안내문의 내용과 일치하는 것은?

① Fairfield's untidiness is the fault of the beautification department.
② Committee members should make donations to increase funding.
③ The meeting will be held at a Fairfield City College building.
④ Participants can sign up for committee roles on the website.

06 밑줄 친 assign의 의미와 가장 가까운 것은?

① designate
② discuss
③ perform
④ strengthen

07 다음 글의 제목으로 가장 적절한 것은?

Nuclear Regulation Commission
A key function of the Nuclear Regulation Commission (NRC) is to pass judgments on matters presented to it in a fair manner. A thorough hearing process not only ensures that nuclear reactors comply with established policies but also addresses public concerns by demonstrating that these issues are being investigated properly.

The Hearing Process
Hearings are generally proposed by individuals, businesses, or citizen groups that reside near a nuclear facility who have reason to believe it poses environmental or safety risks.

The NRC's seven-member council considers risk assessments conducted by third-party research before reaching their decision. If a nuclear facility is found to be at fault, the NRC reserves the right to suspend its operations until the risk is mitigated, or even to impose sanctions on those violating regulations.

① The NRC is Evolving
② Appreciation of the Commission's Policies
③ An Overview of NRC Hearings
④ Broad Power of the NRC

08 다음 글의 요지로 가장 적절한 것은?

Physical contact may seem like a random occurrence in human relationships, but research shows that it actually serves several purposes. By cuddling a child, patting a colleague on the back, or running one's fingers through a lover's hair, we reinforce our social relationships and stimulate the release of chemicals in the brain. This social connection through touch can be traced back to our ancient ancestors and is akin to the grooming activities of our closest primate relatives. Both physical contact in humans and grooming in great apes activate the release of endorphins, which cause relaxation and a sense of connection. So important is this for building relationships that some scientists refer to the skin as a "social organ."

① Chemicals released in the brain compel humans to engage in social touch.
② Physical touch in different group settings strengthens social bonds.
③ Modern humans and our ancient ancestors have different reactions to touch.
④ Contact from someone outside an established social relationship can be perceived as a danger.

09 밑줄 친 부분에 들어갈 말로 가장 적절한 것은?

People who are able to perform many unrelated jobs at once are often praised for their ability to multitask. In fact, many HR executives say that the ability to multitask is one of the most important things they look for when hiring new employees. However, while this skill is seen as a great asset, researchers do not believe that the human brain is capable of multitasking. They believe that some people appear to be able to do it because they _____.
While it seems like they are taking care of everything at once, their brains are only working on one thing at a time. When they complete a task, or a portion of one, they simply move on to the next, which their brains then focus on.

① prioritize tasks and do them in quick succession
② develop extraordinary skills after years of practice
③ delegate responsibilities and jobs to others effectively
④ thoroughly prepare for each task before beginning

10 다음 글의 흐름상 어색한 문장은?

When people discuss the impact of glaciers, they often talk about sea levels and climate change, but this overlooks the influence mountain glaciers have on those who live near them. ① First of all, these ice masses create picturesque vistas that attract tourists who contribute greatly to local economies. ② Ski lodges and other resorts also attract visitors who enjoy outdoor sports to mountain regions. ③ Another important benefit is that they provide drinking water to areas that otherwise have little access to freshwater during certain periods of the year. Meltwater from Himalayan glaciers, for instance, supplies water to portions of India and China in late summer, when the region's snowmelt—a major source of freshwater—has dried up. ④ Glaciers can even provide renewable green power, as engineers have developed methods to create hydroelectric power by harnessing glacial meltwater.

01 밑줄 친 부분에 들어갈 말로 가장 적절한 것은?

The campaign manager was unsure if the candidate would ____(A)____ to the plan that involved insulting the opponent because it would undermine the candidate's ____(B)____.

	(A)	(B)
①	conclude	theory
②	consent	integrity
③	conclude	transparency
④	consent	appointment

02 밑줄 친 부분에 들어갈 말로 가장 적절한 것은?

_____ the new policy will improve employee productivity remains a matter of debate.

① Whom
② That
③ Which
④ What

03 밑줄 친 부분 중 어법상 옳지 않은 것은?

A number of beachgoers ① are deathly afraid of sharks, but their fears may stem from unfounded beliefs. ② As they are often depicted preying on other animals, sharks have the perception of being violent creatures, but a person has only a one in four million chance of ③ being attacked by one. Usually, sharks avoid humans because people pose a much greater threat to them. So, the next time you find yourself ④ hesitate to enter the water, just remember that sharks are more afraid of you than you are of them.

04 밑줄 친 부분에 들어갈 말로 가장 적절한 것은?

David
Can I rent an electric drill from the community center?
09:10

City Rentals
What do you need it for?
09:10

David
I need it to make some repairs at home.
09:11

City Rentals
Since it's for non-commercial purposes, we can lend it to you. _____
09:11

David
I have maintained my status as a qualified resident for two years.
09:11

City Rentals
Then there's no problem. You just need to make a reservation online and then come to the community center to pick it up.
09:12

David
What time do I need to visit?
09:12

City Rentals
Please come before 5 p.m.
09:13

① How long do you plan to keep the drill?
② We can provide additional tools with the drill.
③ Are you registered as a city resident?
④ Please provide a valid ID for confirmation.

05~06 다음 글을 읽고 물음에 답하시오.

TO	Department of Energy
FROM	Marc Jones
DATE	August 11
SUBJECT	Energy Prices

Dear Energy Commissioner

I hope you are well. I am writing today regarding my concerns about the spike in energy prices, especially the price of electricity, since last summer.

This summer, my electric bill has gone up drastically. In fact, my latest bill was over $700. This is more than five times the amount I usually pay in July. It seems that my electric company has raised rates when customers need electricity the most. Without fans and air conditioning, the summer heat can be deadly!

I would like you to investigate this matter and determine if the electric company is engaging in _____ business practices. I thank you for your time in reading my concerns and hope that you will address this matter promptly.

Warm regards,
Marc Jones

05 윗글의 목적으로 가장 적절한 것은?

① 다가오는 공공요금 인상에 대한 재고를 부탁하려고
② 계절별로 전기 요금이 차이 나는 이유를 문의하려고
③ 비정상적으로 청구된 공과금의 조사를 요청하려고
④ 전기 회사의 통계 조작 가능성을 고발하려고

06 밑줄 친 부분에 들어갈 말로 가장 적절한 것은?

① generous
② competitive
③ conservative
④ questionable

07 National Cybersecurity Summit에 관한 다음 글의 내용과 일치하는 것은?

National Cybersecurity Summit (NCS)
November 1 – November 5

Guidelines for registering for the event
- **Fee:** Free for non-profit, academic, and government employees; $100 for private sector participants
- **Registration website:** www.ncs.gov/join
- **Registration deadline:** October 10

All registrations must include a full name, contact information, and a brief description of the participant's role in the cybersecurity industry.

A confirmation email will be sent as soon as registration is approved. If you do not receive the confirmation email, please check whether the registered email address is correct and also check your spam folder.

Note: Due to venue limitations, space is only available for 1,000 participants, so early registration is encouraged.

① The event will take place on October 10.
② Corporate attendees must pay to attend.
③ A detailed résumé is required when registering.
④ Admission tickets will be emailed to participants.

08 주어진 글 다음에 이어질 글의 순서로 가장 적절한 것은?

During adolescence, teenagers begin to create their own identities and independent lives. In this search for individuality, they also become incredibly argumentative, much to the dismay of their parents.

(A) In fact, one study found that adolescents who argued with their parents were less responsive to negative peer pressure. In other words, they were more comfortable saying "no" to their friends when pushed to do something they didn't want to do.

(B) Besides, fostering healthy ways to argue has been proven to help teens become better critical thinkers who are more confident and capable of advocating their thoughts and beliefs.

(C) Psychologists, however, underscore the benefits of these verbal conflicts because they give teenagers opportunities to practice disagreeing, the techniques of which can later be used effectively with their peers.

① (A) – (B) – (C)
② (A) – (C) – (B)
③ (C) – (A) – (B)
④ (C) – (B) – (A)

09 다음 글의 요지로 가장 적절한 것은?

Due to severe constraints on trade during the Second World War, many traditional gift items could not be imported into the island nation of Iceland. But paper goods were free from such restrictions, so when Christmas approached in 1944, droves of Icelanders bought books as presents for their loved ones and then stayed up all night reading them together on Christmas night. And thus, the "Christmas Book Flood" was born. This special tradition has created a nation of passionate readers. Today, Icelanders purchase more books per capita than any other European country, with nearly all the sales occurring in the few months before Christmas. They prefer novels and biographies, 93 percent of which are bought in their hardcover editions. Despite the popularity and ease of e-books, Icelanders refuse to buy them because they don't make good gifts.

① Rationing is routinely implemented during times of war.
② Iceland celebrates Christmas with its own unique tradition.
③ More books are read in Iceland than in the rest of Europe.
④ Icelanders are slowly adapting to the use of e-books.

10 다음 글의 내용과 일치하지 않는 것은?

In addition to vision, smell, taste, touch, and hearing, humans have a mysterious sixth sense called proprioception, which is the ability to perceive the position and movement of the body. Not only does this sense allow humans to walk without looking at their feet, but it is also responsible for controlling the exact amount of force needed to accomplish a task, like when cracking an egg. While our current understanding of the proprioception process is limited, scientists have learned that the human body and brain are involved in a continuous feedback loop, in which sensors in the joints, muscles, and skin send signals to the brain, telling it where the limbs are in space. Scientists also know that proprioception can be diminished—like the other senses—by injury, illness, or old age. When this happens, people suffer from balance issues, uncoordinated movements, and overall clumsiness.

*proprioception: 고유 감각(고유 수용성 감각)

① Proprioception is the awareness of one's body in space.
② The sense of touch gauges how much strength to use for a task.
③ The brain receives information about the body's location.
④ Various factors can negatively influence one's proprioception abilities.

DAY 18 하프모의고사 18회

01 밑줄 친 부분의 의미와 가장 가까운 것은?

Although there are some exceptions, most countries adopt policies to curb underage smoking.

① restrict
② provoke
③ validate
④ affirm

02 밑줄 친 부분에 들어갈 말로 가장 적절한 것은?

The explorer is believed to _____ new lands during his journey, although many details of his voyage remain unclear.

① have been discovered
② have discovered
③ be discovered
④ discover

03 밑줄 친 부분 중 어법상 옳지 않은 것은?

It is well known ① that Napoleon Bonaparte won a series of military campaigns and gained control over most of Western Europe. Then in 1812, Napoleon set his sights on Russia, ② invading the country during the summer. Napoleon's plan was ③ to use his overwhelming numbers for a quick victory, but the Russian forces avoided direct combat. The longer the battle dragged on, the ④ weakest Napoleon's army grew, and he was forced to pull back.

04 밑줄 친 부분에 들어갈 말로 가장 적절한 것은?

A: I'm working this Friday, but I have an appointment that afternoon that I can't miss.
B: If you really need to go, then I can cover your shift for you.
A: Would you do that for me? That would be amazing.
B: Sure thing. You've helped me out plenty of times before.
A: Great. _____
B: Unless there's something unusual, he should approve it.

① Do I need to submit anything in writing for the shift change?
② It wasn't difficult because our tasks are similar.
③ Then I'll call the manager to see if we can switch shifts.
④ How do we usually confirm shift changes?

05~06 다음 글을 읽고 물음에 답하시오.

Office for Unity and Cooperation (OUC) Responsibilities

The OUC is the government's chief office for all matters related to unification with North Korea. The OUC <u>formulates</u> policies on the country's relations with the North, as well as those that create opportunities for cross-border cooperation and dialogue. In addition, the OUC sends humanitarian aid to ease the suffering during times of strife and educational support to ensure a smoother transition for North Korean residents when reunification does occur. The OUC also provides settlement support for refugees who flee North Korea, including free housing and employment assistance along with free university tuition and a dedicated staff to help them adjust to their new lives.

05 윗글에서 Office for Unity and Cooperation에 관한 내용과 일치하는 것은?

① It creates opportunities for people to travel across the border.
② It teaches students about future reunification.
③ It provides personnel to assist refugees with the transition.
④ It offers jobs to people who flee North Korea.

06 밑줄 친 formulates의 의미와 가장 가까운 것은?

① considers
② devises
③ classifies
④ articulates

07 다음 글의 요지로 가장 적절한 것은?

Consumer Data Rights
Protecting consumer data has been a top priority for the Digital Privacy Protection Agency (DPPA) since the dawn of the digital age. Lack of adequate protection for consumer data can lead to serious consequences such as identity theft and financial fraud.

Consumer Data Breaches
A consumer data breach is the unauthorized access, use, or disclosure of sensitive personal information. A consumer data breach can occur through various means such as cyberattacks, phishing scams, and insider threats.

Upon detection of a consumer data breach, the DPPA will launch an immediate investigation to identify its source and scope before implementing containment measures and notifying the public. Detection of a breach may arise as a result of unusual network activity, which the DPPA monitors continuously through advanced security systems.

① The DPPA's investigations into consumer data breaches are more necessary now than ever.
② The DPPA's main goal is to respond to and manage consumer data breaches.
③ The DPPA keeps the public informed of ongoing phishing scams.
④ The DPPA aims to advance the security of its monitoring systems.

08 밑줄 친 부분에 들어갈 말로 가장 적절한 것은?

Most sensible individuals assume that they would adjust their beliefs or opinions when presented with contradicting evidence. But as it turns out, because of a phenomenon known as the backfire effect, people who encounter new information that challenges what they think will—more often than not—reject the information and become more assured of their original _____. For example, a reader who initially liked and shared a politically-charged article will come to dismiss that same article if the information in it is later corrected in a way that refutes his beliefs. While the backfire effect inhibits thoughtful discussion and debate, there are techniques to get around it. One approach is to convey facts in a non-confrontational way that encourages a person to internalize the information so that they can reach their own conclusions themselves.

① objective
② communication
③ settlement
④ conviction

09 밑줄 친 (A), (B)에 들어갈 말로 가장 적절한 것은?

In traditional classrooms, teachers introduce information about a concept and then assign material that students take home and work on, so that they can master the concept on their own time. __(A)__, flipped classrooms invert this structure. Students watch short videos at home to preview the lessons, while class time is dedicated to activities designed to help pupils understand and reinforce the concepts that were introduced in the videos through interactive, hands-on, and group-based learning. This approach allows students to receive assistance from teachers or peers if they are confused about a topic. Additionally, students can be more flexible in their learning. They can watch the lectures when they have the most energy and they can pause, rewind, and take notes. So far, this teaching technique has proven popular among learners and faculty alike. __(B)__, flipped classrooms have their downsides as well, namely that students who don't have access to or can't afford the requisite technology will struggle to keep up.

	(A)	(B)
①	In contrast	Similarly
②	Therefore	Moreover
③	In contrast	Nevertheless
④	Therefore	However

10 다음 글의 내용과 일치하는 것은?

Researchers have noted that people consume more news than usual during crises because having access to up-to-date information provides a certain amount of control over the uncertainty of the situation. Regrettably, in the long term, watching too much news in times of tragedy has been linked with increased levels of anxiety and depression, with some people even exhibiting post-traumatic stress disorder symptoms. Therefore, experts recommend not only limiting our news intake but also monitoring our sources of information. Getting information from accurate, fact-based reporting instead of cable programs that sensationalize the news will help keep the viewer from being overwhelmed with fear. Also, checking the news every four or five hours for the latest update is proven to be better for our mental health than staying tuned in all day.

① 뉴스 소비량은 비상시에 지속적으로 떨어진다.
② 비극의 시기에는 잦은 뉴스 청취가 불안감 해소에 도움이 된다.
③ 케이블 뉴스 프로그램들은 가장 믿을 만한 정보들을 제공한다.
④ 뉴스를 이따금씩 청취하는 것이 권장된다.

DAY 19 하프모의고사 19회

01 밑줄 친 부분에 들어갈 말로 가장 적절한 것은?

With more online streaming platforms available, many people have decided to _____ their cable television service.

① subscribe
② utilize
③ discontinue
④ interrupt

02 밑줄 친 부분에 들어갈 말로 가장 적절한 것은?

As soon as the meeting _____, we will discuss the next steps for the project.

① ends
② has ended
③ will end
④ will have ended

03 밑줄 친 부분 중 어법상 옳지 않은 것은?

Tehching Hsieh ① is considered one of the masters of performance art due to his intense displays of endurance. For his first major performance art piece, Hsieh was confined to a cage with only enough room for a sink and a bed for a year and he did not permit ② himself to write, talk, or enjoy any type of entertainment. While most artists would have taken a break after ③ a such demanding performance, Hsieh ④ immediately moved on to a new challenge.

04 밑줄 친 부분에 들어갈 말로 가장 적절한 것은?

 Robert Wilson
Hi. Our copy machine is not printing properly, and the paper keeps jamming.
18:00

Hannah Smith
Okay. I will visit and take a look.
18:00

 Robert Wilson
Could you come tomorrow morning?
18:01

Hannah Smith
Sure. I can be there by 8 a.m.
18:02

 Robert Wilson
That sounds good. How much will the service cost?
18:02

Hannah Smith
It will be at least 80 dollars.
18:03

 Robert Wilson
_____
_____
18:04

Hannah Smith
The standard service fee is 80 dollars, and any parts needed for repair will incur an additional cost.
18:04

① I believe the warranty period for free repairs has already ended.
② I thought that standard repairs of this type were usually cheaper.
③ Do you charge any additional fees for urgent repairs?
④ Do you provide follow-up service if the issue returns?

05~06 다음 글을 읽고 물음에 답하시오.

(A)

As a resident of the prairies, you want to do your part to protect the region's unique wildlife.

The local river otter, while not in imminent danger of extinction, is facing many perils. So, you will want to help this playful species thrive in our local waterways.

A group of concerned local citizens has set up an organization to protect the river otters. They have scheduled an information session about their work. Mark your calendars to attend, so you can find out how you can contribute.

Imagine local waterways without their indigenous species.

Sponsored by the Prairie Waterway Conservation Association

- Location: Springfield Central Park
- Date: Thursday, May 4
- Time: 5:00 p.m.

To learn more about the meeting or to volunteer with the organization, please visit SaveThePrairie Waterways.com or call (482) 555-2910.

05 (A)에 들어갈 윗글의 제목으로 가장 적절한 것은?

① Enjoy a Day Out on the Water
② The River Otter Is in Danger
③ Habitat Change and Local Species
④ Importance of Native Wildlife

06 위 안내문의 내용과 일치하지 않는 것은?

① Local citizens have set up a group to protect river otters.
② People can learn what to do for wildlife from an information session.
③ The meeting will take place every Thursday.
④ Potential volunteers can call the organization to participate.

07 다음 글의 목적으로 가장 적절한 것은?

To: customers@chaya.com
From: returnscenter@chaya.com
Date: March 11
Subject: Easy Returns at Chaya

Dear Valued Customer,

We understand that sometimes your purchase might not work out the way you hoped. Whatever the reason for this, you can follow these simple steps to send back your purchase.

1. Make sure the item you wish to return is in the same condition as purchased and that fewer than 30 days have passed since delivery.
2. Visit the "Order History" section of your account. Select the item you wish to return from the list, and click "Start Return."
3. If your item is eligible for return, you'll receive an e-mail with a pre-paid shipping label. Print it out.
4. Pack your item. Secure the shipping label to it.
5. Drop your package off at any post office or shipping location. Be sure to keep your receipt with the tracking number until your return is processed.

Refunds will be issued to your initial payment method 5–7 business days after we receive your return.

Warm Wishes,
Chaya Returns Center

① To explain how to find out if an item is eligible for return
② To explain the procedures for returning an online purchase
③ To explain important considerations for refunds
④ To explain the necessity of retaining a shipping receipt

08 주어진 문장이 들어갈 위치로 가장 적절한 것은?

By pursuing this understanding, you will be better equipped to process what is being said by others.

One of the most important lessons to learn in life is that there's no shame in not knowing something; you don't have to have all the answers, and nobody expects you to. (①) This can be a truly liberating lesson to learn, as it frees you from the responsibility of feigning understanding, allowing you to devote yourself to gaining that comprehension. (②) However, the listener is not the only one who should work to boost comprehension; speakers should be more careful and mindful of how they speak. (③) This ensures that any conversation is productive for both parties, and helps to defuse disagreements, which are often fueled by misunderstandings. (④) As a result, it's best to abandon the natural embarrassment that accompanies a lack of knowledge.

09 밑줄 친 부분에 들어갈 말로 가장 적절한 것은?

The *anchoring bias* is a common cognitive bias. It is an attempt made by the human mind to connect with a piece of information, and evaluate new or additional information relative to that "anchor." In one study, participants were split into two groups and asked to multiply all of the numbers between one and eight together within five seconds. Depending on the group they had been assigned, however, these numbers were presented in either ascending or descending _____. Because of the limited time, neither group was able to complete all of the arithmetic and instead estimated after multiplying the first few numbers. Though both final results should have been identical, the groups came up with wildly different guesses. This was because those who had been assigned the ascending order anchored their estimates to the small numbers they had managed to multiply, whereas the descending group anchored theirs to higher numbers.

① rankings
② minutes
③ orders
④ calculations

10 다음 글의 내용과 일치하는 것은?

Many people visit the dentist less often than they should. In some cases, people find it difficult to fit dental appointments into their busy schedules. More frequently, they are trying to avoid the high costs associated with a visit to the dentist, especially if they don't have dental insurance. However, such trips are worth making time for, and as unpleasant as they may be, are worth paying for. While spending about 45 dollars for a cleaning may not sound enticing, the average cost of a root canal in South Korea without insurance is five times the insured price at around 200 dollars. This means that avoiding the dentist in an attempt to save money can end up costing a person tremendously. Cleaning one's teeth at home is generally insufficient, and biannual visits to the dentist are the best way to ensure the longevity of one's teeth.

① People generally visit the dentist more frequently than necessary.
② The cost of an uninsured root canal is 5 times higher than a cleaning.
③ Skipping dental visits can cost more in the long run.
④ Visiting the dentist once a year is the most effective way for teeth health.

01 밑줄 친 부분에 들어갈 말로 가장 적절한 것은?

For more effective communication between citizens in countries where multiple languages are used, the teaching of supplementary languages in schools should be _____.

① compulsory
② conditional
③ arbitrary
④ abrupt

02 밑줄 친 부분에 들어갈 말로 가장 적절한 것은?

I'm excited that the author _____ book I recommended is coming to our event.

① who
② which
③ of which
④ whose

03 밑줄 친 부분 중 어법상 옳지 않은 것은?

Over the last decade, the cost of solar panels ① has fallen by nearly 90 percent, allowing many homeowners to disconnect from the traditional power grid. However, homeowners do not have to choose ② one or the other. Hybrid solar systems have photovoltaic panels for ③ create power, but are still connected to the grid. That way, either the solar system or the local utility company ④ is providing power to the home at all times.

*photovoltaic: 광발전의

04 밑줄 친 부분에 들어갈 말로 가장 적절한 것은?

A: Good morning. Welcome to Sports World.
B: Hi. I was wondering if you sold swim gear.
A: Of course. What exactly are you looking for?
B: I have to get some swim caps for my team's next meet.
A: We have plenty of colors to choose from. _____
B: I'm looking to buy thirty medium-sized blue ones.

① Are you interested in any bulk discounts?
② Do you have a specific quantity or option you would like?
③ Would you like to try on a sample before placing the order?
④ Is there a brand you're leaning toward?

05~06 다음 글을 읽고 물음에 답하시오.

Air Quality Monitoring

Monitoring air quality and providing safety recommendations when pollution levels are high are key responsibilities of the Air Quality Monitoring Agency (AQMA). Both short- and long-term exposure to pollutants in the air can lead to serious health consequences and even <u>premature</u> death.

Particulate Matter

Airborne particulate matter (PM) refers to a mixture of tiny particles and liquid droplets suspended in the air. These particles vary in size, but the most concerning for human health are those classified as PM2.5, which come from a variety of sources, such as vehicle exhaust and industrial emissions.

When the AQMA detects unsafe levels of PM2.5, it issues alerts and recommendations to the public, such as limiting outdoor activities or wearing protective masks. The agency also collaborates with industries and local governments to reduce emissions and improve air quality in affected areas.

05 윗글의 요지로 가장 적절한 것은?

① The AQMA promotes renewable energy sources to reduce industrial emissions.
② The AQMA is tasked with identifying the source of fine particulate matter.
③ The AQMA informs the public when air pollution reaches dangerous levels.
④ The AQMA is working to address the health consequences of air pollution.

06 밑줄 친 premature의 의미와 가장 가까운 것은?

① unexpected
② early
③ inevitable
④ tragic

07 Public Information and Awareness Office에 관한 다음 글의 내용과 일치하는 것은?

Public Information and Awareness Office (PIAO) Responsibilities

The PIAO is a national agency dedicated to creating and distributing public service announcements (PSAs) on various topics, including public health, safety, and social issues. Working in collaboration with other government agencies, nonprofits, and community organizations, the PIAO delivers its campaigns via television, radio, print media, and online platforms to reach the widest possible audience. In addition to ensuring that the content of all PSAs is accurate and clear, the PIAO tailors its messages to different demographic groups within the nation. It also conducts continuous evaluations of the effectiveness of its PSAs through a combination of public surveys, focus groups, and digital engagement analytics.

① It handles all aspects of PSA distribution internally.
② It is increasing its use of online platforms to reach a wider audience.
③ It creates PSAs to appeal to various groups of people across the country.
④ It conducts surveys to help choose which topics should be addressed in PSAs.

08 다음 글의 내용과 일치하지 않는 것은?

Habitat destruction is often cited as a concern for animal populations, but many overlook the importance of conserving local habitats for human populations. Perhaps nowhere is this more evident than the Pacific territory of Easter Island. Early inhabitants of the island used native trees to make tools for creating agricultural instruments and for carving the massive heads that the civilization is known for. However, their activities eventually deforested most of the island. Without the trees, the entire ecosystem collapsed, and food and freshwater became scarce. To make matters worse, there was no wood for the inhabitants to build ships to escape the island. Ultimately, this brought about infighting as the Easter Islanders became more desperate and the society failed. While the unique island location magnified the effects of habitat loss, the Easter Island example shows how devastating it can be for humans.

① Many people do not recognize the importance of preserving natural habitats for humans.
② Easter Island's early settlers created wooden tools for farming and carving.
③ The island society collapsed as people fled the island after it was deforested.
④ Easter Island serves as an example of how habitat destruction can affect society.

09 밑줄 친 부분에 들어갈 말로 가장 적절한 것은?

People are always looking for ways to save money, whether it's simply to have more for the future or to be able to make a specific purchase. To do this, many shop around to try to find the cheapest options when they need to make a relatively large purchase, like a piece of furniture or an appliance. However, they should be aware that buying cheaper things _____. For most items, the price reflects the quality of the product, and the more expensive it is, the more durable it will be. So, if one buys a cheaper sofa or refrigerator, it is likely that it will require more frequent repairs and earlier replacement, both of which can be costly. Moreover, more expensive items often have better warranties, so if they do break down, repairs will not incur an additional payment.

① is not a concern for other shoppers
② results in negative consequences for the economy
③ may take more time and effort than planned
④ can actually end up costing more in the long run

10 주어진 문장 다음에 이어질 글의 순서로 가장 적절한 것은?

After decades of debate, the Clairmont City Council has approved the construction of a bridge across the Tahani River at Whitehaven Avenue.

(A) Local citizens have been pushing for a new bridge to alleviate traffic congestion around the city's two existing bridges for nearly 40 years, but local officials were unwilling to commit to the project in the past.

(B) Nevertheless, as the city expanded in recent years, the number of cars on the road increased dramatically and the need for the bridge became undeniable—driving across the city during rush hour now takes over 2 hours.

(C) Besides worrying about the cost, they did not want to upset Whitehaven Avenue residents, whose homes will have to be removed to make way for the new bridge and expansion of the roadway approaching it.

① (A) – (B) – (C)
② (A) – (C) – (B)
③ (B) – (A) – (C)
④ (B) – (C) – (A)

01 밑줄 친 부분에 들어갈 말로 가장 적절한 것은?

When the effect of the first dose started to _____, he asked the nurse if he could receive more medicine, since the pain was unbearable.

① activate
② manifest
③ wane
④ intensify

02 밑줄 친 부분 중 어법상 옳지 않은 것은?

A person's ability to recall general knowledge is ① <u>dependent on</u> brain efficiency, rather than overall intelligence, a new study suggests. Researchers analyzed the brains of 324 participants who answered general knowledge questions ② <u>related</u> to art, history, and science. ③ <u>That</u> researchers found was that the subjects who answered the most questions correctly had the most efficient brain connections, in that they were ④ <u>much</u> shorter and stronger.

03 밑줄 친 부분이 어법상 옳은 것은?

① While we're at the amusement park, we may as well <u>riding</u> the roller coaster.
② Please remember <u>to reply</u> to the email before the end of the day.
③ Manhattan penthouses are known to attract the super <u>wealth</u>.
④ The new office space is twice as <u>larger</u> as the one we had before.

04 밑줄 친 부분에 들어갈 말로 가장 적절한 것은?

 Lily Green
I need to discuss temporary job adjustments with you.
14:05

Richard Walker
Of course. What will I be responsible for?
14:05

 **Lily Green**
You will be handling the press conference.
14:06

Richard Walker
Would I be in charge of a full press conference?
14:06

 Lily Green
No. All you need to do is send invitations and post the press release.
14:07

Richard Walker
I see. Are there any specific templates?
14:07

 Lily Green
I will send you the manual containing the templates and event details.
14:08

Richard Walker
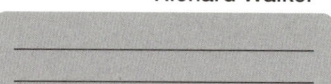 _____
14:08

 Lily Green
You're welcome. If you have any questions after reading it, feel free to reach out to me.
14:09

① When exactly do I need to send out the invitations?
② Are there any key points I need to include in the press release?
③ I will create a manual for the tasks I am responsible for.
④ Thank you. I'll make sure to review it once I receive it.

05~06 다음 글을 읽고 물음에 답하시오.

To	contact@blackwellsigns.com
From	levi.sawyer@culturalaffairs.org
Date	May 5
Subject	Signage Services

To Whom It May Concern:

The City of Cochran will be holding a food festival in mid-July of this year and will require a variety of custom signs in multiple languages, including English, French, Spanish, Mandarin, Korean, and Tagalog. I am writing to request an estimate for your sign production services.

To give you an idea of what we are looking for, we will need welcome signs placed at the main entrances that include a warm greeting in all six languages. Additionally, directional signs should be positioned throughout the event to help guide visitors to the restrooms, the information center, and the first-aid station. The signs should also be weather-resistant as the event will be held outdoors over three days. We do not currently have a finalized design for the signs, so we would be happy to discuss options with your team.

I look forward to hearing from you. Please feel free to reach out if you need any further information.

Sincerely,
Levi Sawyer, Event Coordinator

05 위 이메일의 목적으로 가장 적절한 것은?

① 표지판 제작을 위한 직원 채용을 요청하려고
② 기존 표지판들의 불편한 점들을 알리려고
③ 신규 표지판의 디자인 공모의 필요성을 주장하려고
④ 다국어로 된 표지판 제작 비용을 문의하려고

06 위 이메일의 내용과 일치하지 않는 것은?

① Festival attendees will be greeted at the entrance in six languages.
② Signage that guides visitors to parking areas is needed.
③ The signs should be able to withstand being outdoors for three days.
④ The design of the signs has not yet been decided on.

07 National Space Technology Expo에 관한 다음 글의 내용과 일치하는 것은?

National Space Technology Expo (NSTE)

Weekend Pass for Friday, April 11 – Sunday, April 13
- **Price:** $75.00 (at the gate)
- **Opening hours:** 9:00 a.m. – 8 p.m.

Pass is valid for admission to the expo for the entire weekend. Additional costs may be charged for optional events, such as Space Simulation Experiences.

Tickets can be purchased online at a discounted price of $70. An "Early Bird Price" of $60 is available for tickets purchased before March 1.

Please note: The expo is geared to industry professionals. It is intended for adults alone.

① The expo will run for an entire week.
② All events are included in the price of a pass.
③ Discounted tickets can be purchased from March 1.
④ It caters to adults rather than children.

08 밑줄 친 부분에 들어갈 말로 가장 적절한 것은?

The Mandela effect refers to the phenomenon in which a collective memory is remembered _____. The term originates from a subset of unconnected people who swore that Nelson Mandela died in prison in the 1980s when in fact he passed away in 2013. To date, researchers have compiled several possible explanations for the Mandela effect, with the most common being false memories. These can seem believable because they contain fragments of truth. Results from recall tests have shown how easily memories can be distorted by the influence of a researcher's suggestion. Another possible cause of this effect is confabulation, which is defined as adding imaginary or untrue information to fill in the gaps in a story. When shared with others, secondhand accounts of events can be confabulated and lead to a spread of misinformation about what actually happened.

① based on societal influence
② through personal interpretations
③ as a shared experience by different groups
④ in a way that contradicts historical facts

09 주어진 글 다음에 이어질 글의 순서로 가장 적절한 것은?

Today, vending machines can be found nearly everywhere, selling snacks, socks, makeup, and even electronics. The very first vending machine, created by Heron of Alexandria, who is credited with over 80 other inventions, has a unique history.

(A) Despite the success of the initial device, vending machines did not catch on until 1,700 years later when similar technology was used to dispense postcards and stamps in England during the 1800s.

(B) In the first century, temple-goers would pay for holy water. This seemingly simple act, however, required temple workers to spend time collecting money and administering the water, and led to water shortages because some worshippers took more than they paid for.

(C) To solve these problems, Heron invented a machine that accepted coins and dispensed the proper amount of holy water to patrons without needing a worker to oversee the transaction. Heron's first prototype, made with a balancing lever and counterweight, worked as planned.

① (A) – (B) – (C)
② (B) – (A) – (C)
③ (B) – (C) – (A)
④ (C) – (A) – (B)

10 다음 글의 주제로 가장 적절한 것은?

Community policing is a law enforcement strategy that encourages police officers to become more integrated in the community by developing relationships with local citizens. In theory, this gives residents a more favorable impression of the officers and makes it easier for the two groups to work together to prevent crime. However, some critics argue that it actually creates more divisions in the community, as such programs benefit certain groups more than others, namely business owners and the wealthy, who may be better positioned to leverage available resources. In addition, research shows that community policing has only a negligible impact on the incidence of violent crime in the community.

① The importance of hiring local police officers
② Differing views on the efficacy of community policing
③ Increasing diversity in neighborhood law enforcement
④ Neighborhood watch dedicated to preventing violent crimes

DAY 22 하프모의고사 22회

01 밑줄 친 부분에 들어갈 말로 가장 적절한 것은?

An argument broke out as soon as the hostile neighbors _____ about the noise the other was making.

① complained
② suppressed
③ cooperated
④ addressed

02 밑줄 친 부분에 들어갈 말로 가장 적절한 것은?

The laptops _____ in the factory that had been submerged during last summer's flood contained several defects.

① are manufactured
② manufactured
③ manufacturing
④ is manufactured

03 밑줄 친 부분 중 어법상 옳지 않은 것은?

Organic vegetables ① are believed to be better than their traditionally grown counterparts. People think this for ② several reasons. First, organic vegetables do not contain dangerous pesticides. Also, organic soils are used. While being grown without synthetic chemicals, organic vegetables still have comparable nutritional values, so eating them makes ③ possible to get ④ enough vitamins and nutrients without worrying about consuming hazardous chemicals.

04 밑줄 친 부분에 들어갈 말로 가장 적절한 것은?

A: Have you had dinner yet, Meghan?
B: No, I'm going to make a sandwich later.
A: Why don't we go to Victorina's for pizza instead?
B: Sorry, _____.
A: Are you worried about the cost? It'll be my treat.
B: It's not that. I don't have time. I need to finish some work tonight.

① they're second to none
② I've got a taste for something else
③ we're bursting at the seams
④ I'll have to take a rain check

05~06 다음 글을 읽고 물음에 답하시오.

Department of Housing

Aim

Our goal is to ensure that everyone can afford to live in a home. We mainly achieve this by offering comprehensive mortgage and rental insurance, which protects lenders from loan defaults while enabling tenants to secure housing no matter their financial situation.

Major Programs

We establish partnerships with local governments and developers to construct and reserve affordable housing for eligible families. We also provide rental assistance to low-income households in the form of government subsidies to <u>offset</u> the difference between what tenants can pay and what the rent costs.

People First
- Our consultants work closely with individual families to find the best programs suited to their financial needs.
- Currently, over 4 million families are receiving support through Department of Housing (DOH) programs.

05 윗글에서 Department of Housing에 관한 내용과 일치하는 것은?

① DOH's mission is to provide various financial solutions to meet housing needs.
② DOH prioritizes the protection of lenders over borrowers in housing finance matters.
③ DOH's focus is to convert existing developments for affordable housing.
④ DOH is committed to increasing the funds available for housing subsidies.

06 밑줄 친 offset의 의미와 가장 가까운 것은?

① compare
② cover
③ deny
④ guess

07 다음 글의 요지로 가장 적절한 것은?

Energy Grid Security

The prevention of security breaches remains the chief matter of concern for the National Energy Regulatory Agency (NERA). A security breakdown could restrict the public's access to electricity and cause significant damage to the economic and health infrastructure of society.

Industry Control Systems

An industry control system (ICS) is a network device used to distribute energy to consumers on the grid and represents the greatest vulnerability to cybersecurity threats, as ICSs can be accessed by attackers via the Internet.

NERA employs a dedicated cybersecurity task force to oversee ICSs to make sure their security measures meet the agency's compliance standards. To help strengthen defenses before they can be exploited, NERA also implements security recommendations put forward by independent agencies that regularly evaluate ICSs for points of weakness.

① NERA is determined to provide equal energy access to the public.
② NERA's priority is stopping security lapses before they occur.
③ NERA individually approves each ICS before installation.
④ NERA's compliance standards extend to other agencies.

08 밑줄 친 부분에 들어갈 말로 가장 적절한 것은?

The amount of information our brains have to process on any given day is astounding, and it might seem impossible to remember everything. Fortunately, the human brain is very good at memory retrieval. Data that we perceive are processed by our short-term memories and then stored in our long-term memories, much like data are stored on a computer hard drive. When it comes time for the brain to recognize or recall something—a person's face, the name of an acquaintance, the definition of words for a vocabulary test—our brains use tricks like retrieval cues to help us. These prompts _____. Therefore, they allow our brains to efficiently recollect information without overworking.

① process new information in an instant
② trigger our recollections with little effort
③ eliminate stored data for all time
④ promote mental health in innovative ways

09 다음 글의 내용과 일치하지 않는 것은?

Over the last decade, researchers have learned that another animal species uses intentional communication to convey messages. Previously believed to exist uniquely in humans, it has been found that chimpanzees will use a lexicon of 66 different gestures to communicate at least 19 different messages to one another with intention and forethought. While the majority of animals communicate in some form, generally, these signals are unconscious and unintentional. One researcher, Dr. Catherine Hobaiter, likens this communication to yelling when a person touches a hot stove: others would know that the stove was hot, but the message was unintentional and didn't convey specific symbolic information. In contrast, the communication of chimpanzees is symbolic, with specific hand gestures, postures, and facial expressions used to convey particular messages to the recipient.

① Researchers have discovered that chimpanzees use 66 different gestures to communicate.
② Most species of animals are unable to communicate because they lack the cognitive ability to create signals.
③ A person yelling when they are in pain would be an example of unintentional communication.
④ Chimpanzees utilize facial expressions and postures in addition to gestures to communicate.

10 밑줄 친 (A), (B)에 들어갈 말로 가장 적절한 것은?

Pop-art pioneer Andy Warhol became one of the 20th century's most influential artists by using painting, filmmaking, photography, and screen printing to create works inspired by popular culture and commonplace items, like his famous Campbell soup cans. ___(A)___, the biggest influence on Andy's art was his mother. Julia Warhola was an artist who dabbled in singing and dancing in her native Czechoslovakia, but specialized in drawing, embroidering, flower arrangement, and lettering. When a young Andy was diagnosed with a neurological disorder that left him bedridden for days, his mom gave him art supplies and encouraged him to draw. As an adult, Andy worked with his mother on a variety of projects. ___(B)___, they published a book together that incorporated Julia's fantastical cat drawings and award-winning lettering.

	(A)	(B)
①	Therefore	In addition
②	Meanwhile	For instance
③	Thus	Nevertheless
④	For example	In contrast

01 밑줄 친 부분에 들어갈 말로 가장 적절한 것은?

The new city councilor stood out during the campaign for her willingness to speak about difficult issues facing the city with _____, unlike her competitors, who obscured their views.

① aspiration
② clarity
③ calmness
④ reluctance

02 밑줄 친 부분에 들어갈 말로 가장 적절한 것은?

Given that the proposal lacks sufficient data to support its claims, and therefore cannot contribute to the project's objectives, the proposal is not worth _____ forward with.

① to move
② move
③ moving
④ moved

03 밑줄 친 부분 중 어법상 옳지 않은 것은?

① Those who undergo war often have experiences that ② trigger psychological trauma. This is characterized by ③ intensively, disturbing memories that can last for years. The consequences of this debilitating condition include fear, depression, and anger. It can also cause sufferers ④ to have difficulty maintaining relationships, which can intensify their emotional distress.

04 밑줄 친 부분에 들어갈 말로 가장 적절한 것은?

Samuel Patric: Congratulations! Jerry told me that you got promoted.
Victoria Rose: I sure did. I was so relieved to finally hear the news.
Samuel Patric: I wonder why the decision-making process took so long. You were clearly the best candidate.
Victoria Rose: Better late than never.
Samuel Patric: That's true. Have you started working in the new position yet?
Victoria Rose: _____

① I think the new role will be more challenging.
② I'll begin training for the new position next week.
③ I hope to be transferred to another branch with this opportunity.
④ Susan will take over my old responsibilities.

05~06 다음 글을 읽고 물음에 답하시오.

(A)

Asheville is excited to be hosting the upcoming Tri-State Games, a sporting event that brings together athletes from around the region every two years. Come out and cheer on our local athletes during the friendly, exciting competition.

Details
- **Dates:** Thursday, June 2 – Sunday, June 12
- **Times:** 9:00 a.m. – 8 p.m.
- **Location:** Opening & Closing Events: City Square
  Matches: Various venues in Asheville

Highlights
- **Exciting Competition**
Watch the best athletes from the Tri-state area compete in a variety of sports ranging from badminton to wrestling.
- **Educational Programs**
Learn pro-level training fundamentals as well as ways to improve your sporting abilities with seminars hosted by competing athletes and their coaches.

For a full schedule and the location of each game, please visit the city's official website at AshevilleCityHall.com/Games.

05 (A)에 들어갈 윗글의 제목으로 가장 적절한 것은?

① Visit Asheville's City Square
② Win a Medal in the Tri-State Games
③ Honor the State's Best Athletes
④ Get Ready to Watch Exciting Sports

06 Tri-State Games에 관한 윗글의 내용과 일치하지 않는 것은?

① 행사는 2년마다 개최된다.
② 경기는 다양한 장소에서 열릴 것이다.
③ 프로 선수들이 경기에 참가한다.
④ 공식 일정은 웹사이트에서 확인할 수 있다.

07 다음 글의 목적으로 가장 적절한 것은?

To	clients@roibank.com
From	clientsupport@roibank.com
Date	January 17
Subject	Overdraft information

Dear Valued Clients,

We understand that managing your finances can be stressful, and going into overdraft or having to deal with any associated fees can add to this stress. To help ease your burden, please keep these simple strategies in mind:

1. Monitor your account balance regularly through online banking or our mobile app.
2. Sign up to receive notifications via text message or email when your balance drops below a certain threshold.
3. Opt in to overdraft coverage. It will allow the bank to cover transactions when your account lacks sufficient funds. There is no ongoing charge for this service and fees when it is used cost less than normal overdraft charges.
4. Connect your primary account to a secondary backup one. This way, if your balance is insufficient, the bank can automatically transfer funds from the linked account.

For more information on overdraft fees or to adjust your overdraft settings, visit www.roibank.com/overdraftsupport or call our customer service line at 1-800-555-9242.

Sincerely,
ROI Bank Client Support Team

① To support clients in managing finances to avoid overdrafts and fees
② To promote the benefits of opting in to overdraft coverage
③ To provide guidance on managing secondary accounts
④ To provide clients with an update on the bank's overdraft policy

08 다음 글의 내용과 일치하는 것은?

Breakfast has long been considered the most important meal because it gives people energy to concentrate throughout the day and is linked with reduced risks of heart disease and high blood pressure. But recently, people who participate in intermittent fasting, which refers to a fast that lasts overnight and into the following day, are skipping breakfast in an attempt to lose weight. A new study conducted by the American Journal of Clinical Nutrition suggests that missing breakfast does indeed help the body burn more calories. But researchers also noticed that the subjects who passed on the first meal of the day were more susceptible to inflammation which, if it becomes chronic, can lead to cardiovascular diseases. While more research is needed, experts recommend that fasting occur in the evening, as the same levels of inflammation were not observed.

*cardiovascular: 심혈관의

① The significance of breakfast has only recently been recognized for its health benefits.
② Intermittent fasting involves not eating anything every other day.
③ Lingering inflammation brought on by missing meals can pose serious health risks.
④ Subjects in the study who skipped dinner tended to suffer from cardiovascular diseases.

09 밑줄 친 부분에 들어갈 말로 가장 적절한 것은?

Born in 1606, Rembrandt van Rijn, typically referred to exclusively by his first name, was a Dutch painter considered to be the paramount master of the craft and is widely regarded as the greatest practitioner of etching in history. He is best known for his portraits and landscapes. Unlike his contemporaries, his pieces are imbued with a subjective realism, reflecting his own experiences and perceptions of human existence. As a result, his portraits, in particular, lack the exaggeration or flattering embellishment seen in many of his contemporaries' works. His self-portraits present an _____ look at himself exactly as he was, with the same realism that could be seen in his landscapes.

① abstract and difficult to understand
② intimate and authentic
③ ideally represented
④ authoritative and extravagant

10 다음 글의 흐름상 어색한 문장은?

In an effort to modernize and integrate rural communities in the state, the 1921 Louisiana constitution explicitly banned the teaching of French—the first language of many residents—in public schools. ① When the new policy was instituted, new instructors who could teach in English were hired, but they had difficulty communicating with their pupils who simply continued speaking French. ② In order to control the students and force them to speak English, teachers resorted to corporal punishment if they caught their pupils speaking French to one another. ③ Louisiana was greatly influenced by other languages in the region and includes many words borrowed from English, Spanish, and African languages. ④ By the 1960s, these educational policies nearly eradicated the use of French among Louisiana's younger generation. While this effectively "Americanized" the state, it severely damaged its unique cultural heritage.

01 밑줄 친 부분에 들어갈 말로 가장 적절한 것은?

The climber did not wish to _____ his ascent to the mountain's peak, so he brought along only the necessities.

① facilitate
② burden
③ overcome
④ commemorate

02 밑줄 친 부분에 들어갈 말로 가장 적절한 것은?

We should leave early _____ there is heavy traffic on the way.

① unless
② in case
③ until
④ as for

03 밑줄 친 부분 중 어법상 옳지 않은 것은?

Many experts see the reliance upon oil as a national security risk. The climate problems that occur ① due to the burning of oil, of course, ② cause security issues, but there are other more direct security threats. This is because many top oil exporters are nations that are politically or socially ③ unstable. Payments for oil shipments are used to ④ financing totalitarian governments or terrorist organizations.

04 밑줄 친 부분에 들어갈 말로 가장 적절한 것은?

A: You seem a little stressed. Is everything okay?
B: I guess I'm feeling a bit anxious about the plans for the worker training program.
A: Which aspects of the job are you training the workers on?
B: I haven't yet heard, and _____ _____.
A: Maybe management is leaving it up to you.
B: You're probably right. I should think about what to handle in advance.

① they expect me to copy the previous trainer's notes
② it's unclear if a decision has been made
③ they'll be going on a business trip tomorrow
④ I feel that report writing training will be the key focus

05~06 다음 글을 읽고 물음에 답하시오.

Organ Donation Operations
Overseeing the process for the donation of vital organs is the main task of the Network for Organ Donation (NOD). The successful transplantation of donor organs can improve the health of patients and saves thousands of lives per year.

Living Donor Transplantation
A living donor transplantation (LDT) is an organ transplantation in which the organ, or a portion of an organ, is harvested from a living person instead of a deceased individual and is possible for a variety of organs which regenerate, like the liver and skin, or which we have multiples of, such as the kidney.

The NOD screens willing living donors and uploads their health and biological information into a centralized database. An algorithm evaluates this information and creates _____ with patients in need, connecting their medical teams to the donor to further investigate if the life-saving organ can be donated.

05 윗글의 요지로 가장 적절한 것은?

① NOD's main goal is to inform the public of the possibility of LDT.
② NOD is in charge of managing the donation of vital organs.
③ NOD conducts research on organs donated by living and deceased donors.
④ NOD creates connections between patients and transplant surgeons.

06 밑줄 친 부분에 들어갈 말로 가장 적절한 것은?

① empathy
② rankings
③ matches
④ consistency

07 eQuake 앱에 관한 다음 글의 내용과 일치하지 않는 것은?

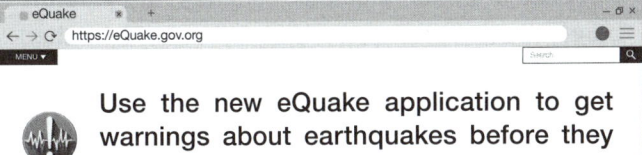

Use the new eQuake application to get warnings about earthquakes before they occur.

Download the new eQuake app to prepare yourself for earthquakes. The most important feature of eQuake is the alert feature that provides instant notification when preliminary signs of an earthquake are detected at any of the 1,000 seismic stations around the country. As part of the government's "Stay Informed, Stay Safe" program, eQuake also provides advice on what to do when an earthquake occurs and how to get help in the aftermath. Future updates will include live maps with the probability of earthquakes for the next week. eQuake can be downloaded today from all major mobile phone app stores or directly from the Emergency Management Agency website.

① It gives users a warning about upcoming earthquakes.
② Tips about what to do after an earthquake are provided.
③ A map shows earthquakes as they are happening.
④ The application is available from online app stores and a website.

08 다음 글의 주제로 가장 적절한 것은?

Apophenia is the human tendency to generate connections between random stimuli. This often presents as a recognition of a pattern where none exists, such as with the gambler's fallacy. The natural inclination of humans to look for recognizable patterns with which they can order or make sense of a chaotic world can greatly influence our understanding and interpretation of data, leading to a tremendous number of statistical and logical fallacies. However, it can also commonly be seen in the perception of meaning from nebulous inputs, or pareidolia. Humans' recognition of shapes in clouds or faces on the moon are examples of pareidolia. This has provided rich ground for artists to exploit, with artists using the psychological trait to create meaning across a variety of media, including Leonardo da Vinci who wrote extensively about its application to painting.

① the media in which apophenia can be employed by artists
② the ways a desire to create meaning affects humans
③ the vagueness required for humans to engage in apophenia
④ the fallacies that are generated by the search for patterns

09 다음 글의 흐름상 어색한 문장은?

The arts are a vital part of education, and many have lamented their de-prioritization in favor of traditional STEM subjects such as science, math, and physics. ① While STEM subjects have been thought of as drivers of major sources of innovation and crucial to the economy, focusing on the arts has been shown to improve critical analysis, creativity, and problem solving. ② As a result, many educators have become worried that the increasing focus on STEM subjects is preventing students from receiving a well-rounded education. ③ Subjects such as visual design, painting, and art history fall under the category of the arts. ④ Recently, though, educators have been pushing for a new approach that integrates the arts into STEM education. This new methodology, referred to as STEAM, seeks to hybridize the two historically disparate disciplines, using the arts to teach STEM concepts.

10 주어진 문장이 들어갈 위치로 가장 적절한 것은?

This barrier physically cut many Berliners off from employers, friends, and family members virtually overnight.

After the end of World War II, Germany was temporarily controlled by foreign powers. (①) While some parts of the country were returned to autonomous German control, the Soviet Union refused to give up its interests in the region. This resulted in a political and ideological division between democratic West Germany and socialist East Germany. (②) Because so many people defected from East Germany to West Germany in search of a freer existence, East German authorities suddenly began constructing a border wall in 1961, dividing the city of Berlin. (③) Ultimately, however, the wall became ineffective as defectors simply fled through neighboring countries like Czechoslovakia and Hungary. (④) Over time, the wall became a symbol of oppression, and growing protests against it in West Berlin compelled border guards to open its gates, allowing East Germans to pour in and assist in dismantling the wall that separated them for nearly three decades.

MEMO

해커스공무원 gosi.Hackers.com

공무원학원 · 공무원인강 · 공무원 영어 무료 특강 · 출제예상 핵심 어휘리스트 ·
공무원 보카 어플 · 공무원 매일영어 학습 · 합격예측 온라인 모의고사

한국사능력검정시험 1위* 해커스!
해커스 한국사능력검정시험 교재 시리즈

*주간동아 선정 2022 올해의 교육 브랜드 파워 온·오프라인 한국사능력검정시험 부문 1위

**빈출 개념과 기출 분석으로
기초부터 문제 해결력까지**
꼭 잡는 기본서

해커스 한국사능력검정시험
심화 [1·2·3급]

**스토리와 마인드맵으로 개념잡고!
기출문제로 접수잡고!**

해커스 한국사능력검정시험
2주 합격 심화 [1·2·3급] 기본 [4·5·6급]

**시대별/회차별 기출문제로
한 번에 합격 달성!**

해커스 한국사능력검정시험
시대별/회차별 기출문제집 심화 [1·2·3급]

**개념 정리부터 실전까지!
한권완성 기출문제집**

해커스 한국사능력검정시험
한권완성 기출 500제 기본 [4·5·6급]

**빈출 개념과 기출 선택지로
빠르게 합격 달성!**

해커스 한국사능력검정시험
초단기 5일 합격 심화 [1·2·3급]
기선제압 막판 3일 합격 심화 [1·2·3급]

해커스공무원
매일
하프모의고사
영어 2

해커스공무원

DAY 01 하프모의고사 01회

▶ 해커스 공무원시험연구소 총평

난이도 문법 영역에서 까다로운 문법 포인트가 쓰인 것 이외에는 비교적 무난하게 출제되었습니다.

어휘·생활영어 영역 특히 생활영어 영역에서 비대면 상황이 주어지는 경우, 공무원 직무와 관련된 대화가 오갈 수 있습니다. '이것도 알면 합격!'에 정리된 내용을 통해 공무원 직무와 관련된 표현들을 더 폭넓게 학습해 둡니다.

문법 영역 to 부정사는 자주 등장하는 빈출 포인트인 만큼 기본적인 이론을 적용하는 문제에서부터 다른 문법 포인트와 맞물려 확인이 필요한 문제까지 다양한 형태로 출제될 수 있음에 유의합니다.

독해 영역 이메일 형식의 지문에서는 목적을 묻는 문제가 출제될 가능성이 높습니다. 이메일의 작성 목적을 알려 주는 inform/recommend/inquire/request/explain/suggest/confirm 등의 표현이 사용되었는지 찾으면서 읽도록 합니다.

▶ 정답

01	②	어휘	06	③	독해
02	③	문법	07	③	독해
03	②	문법	08	②	독해
04	③	생활영어	09	④	독해
05	③	독해	10	③	독해

▶ 취약영역 분석표

영역	맞힌 답의 개수
어휘	/ 1
생활영어	/ 1
문법	/ 2
독해	/ 6
TOTAL	/ 10

---

01 어휘 estimate 난이도 중 ●●○

밑줄 친 부분에 들어갈 말로 가장 적절한 것은?

The final cost of your home renovation will depend on several factors, but based on similar projects the interior company has completed, the company can give you a rough _____.

① material
② estimate
③ treatment
④ timeline

해석
귀하의 주택 개조 최종 비용은 여러 요인에 따라 결정될 것이지만, 인테리어 회사가 완료한 유사한 프로젝트들에 근거하여, 그 회사는 귀하께 대략적인 견적을 제시해 줄 수 있습니다.

① 재료
② 견적
③ 대우
④ 시각표

정답 ②

어휘
renovation 개조   depend on ~에 따라 결정되다, ~에 달려 있다
rough 대략적인   material 재료, 자료   estimate 견적, 추정(치)
treatment 대우, 치료   timeline 시각표

이것도 알면 합격!

'견적'의 의미를 갖는 유의어
= approximation, projection, assessment, evaluation, calculation, judgment

---

02 문법 수동태 | to 부정사 난이도 상 ●●●

밑줄 친 부분에 들어갈 말로 가장 적절한 것은?

The discovery of antibiotics is known _____ modern medicine, as it has saved countless lives from infectious diseases.

① to revolutionize
② that revolutionize
③ to have revolutionized
④ revolutionized

해석
항생제의 발견은 현대 의학을 혁신했다고 알려져 있는데, 그것이 전염병으로부터 셀 수 없이 많은 생명을 구해 왔기 때문이다.

01회 정답·해석·해설

포인트 해설

③ **5형식 동사의 수동태 | to 부정사의 형태** 문맥상 '항생제의 발견은 ~고 알려져 있다'라는 의미가 되어야 자연스러운데, to 부정사를 목적격 보어로 취하는 5형식 동사(know)가 수동태가 되면 to 부정사는 수동태 동사(is known) 뒤에 그대로 남아야 하므로 to 부정사 형태인 ① to revolutionize와 ③ to have revolutionized가 정답 후보이다. 이때 '항생제의 발견이 현대 의학을 혁신한' 시점이 '(현대 의학을 혁신했다고) 알려진'(is known) 시점보다 이전이므로, to 부정사의 완료형 ③ to have revolutionized가 정답이다.

정답 ③

어휘

antibiotic 항생제: 항생의 medicine 의학, 약 countless 셀 수 없이 많은 infectious disease 전염병

이것도 알면 합격!

to 부정사가 '~되는 것/~될' 등의 수동의 의미일 때는 to 부정사의 수동형이 와야 한다는 것을 기억하자.

능동형 (to + 동사원형)	She hopes **to join** the school dance team. 그녀는 학교 댄스팀에 가입하기를 바란다.
수동형 (to be + p.p.)	She hopes **to be chosen** for the school dance team. 그녀는 학교의 댄스팀으로 선정되기를 바란다.

03 문법 관계절 | 동사의 종류 | 전치사 | 대명사 난이도 중 ●●○

밑줄 친 부분 중 어법상 옳지 않은 것은?

In the 1960s, the city's population surge made the housing supply ① become overwhelmed. It was the newly built suburb ② to that many people moved at that period. ③ Despite longer commutes to the city center, this shift made ④ their daily lives more comfortable.

해석

1960년대에, 그 도시에서의 인구 급증은 주택 공급을 감당할 수 없도록 만들었다. 그 시기에 많은 사람들이 이사했던 곳은 새로 개발된 교외 지역이었다. 도심으로의 늘어난 통근 시간에도 불구하고, 이 이동은 그들의 일상생활을 더욱 편안하게 만들었다.

포인트 해설

② **전치사 + 관계대명사** 관계사 뒤에 완전한 절(many people moved at that period)이 왔으므로 '전치사 + 관계대명사' 형태가 올 수 있는데, 전치사 to 뒤에 관계대명사 that은 올 수 없으므로 to that을 to which로 고치거나, 전치사 to를 관계절 뒤로 보낸 형태인 that many people moved to로 고쳐야 한다.

[오답 분석]
① **원형 부정사를 목적어로 취하는 동사** 동사 make는 목적격 보어로 원형 부정사를 취하므로 원형 부정사 become이 올바르게 쓰였다.
③ **전치사** 문맥상 '늘어난 통근 시간에도 불구하고'라는 의미가 되어야 자연스러우므로, 양보를 나타내는 전치사 Despite(~에도 불구하고)

가 올바르게 쓰였다.
④ **인칭대명사** 명사(daily lives) 앞에서 소유의 의미를 나타내기 위해서는 소유격 대명사가 와야 하는데, 이때 대명사가 지시하는 명사(many people)가 복수이므로 복수 소유격 대명사 their가 올바르게 쓰였다.

정답 ②

어휘

population 인구 surge 급증 overwhelmed 감당할 수 없는, 압도된 suburb 교외 지역 commute 통근 comfortable 편안한

이것도 알면 합격!

③번처럼 뒤에 명사 역할을 하는 단어나 구가 오는 경우, 부사절 접속사가 올 수 없다는 것도 함께 알아 두자.

- (Because of / ~~Because~~) the heavy rain, the soccer match was postponed.
  폭우 때문에, 그 축구 경기는 연기되었다.

04 생활영어 she could use our support 난이도 하 ●○○

밑줄 친 부분에 들어갈 말로 가장 적절한 것은?

Sam Hendrix
Where is next week's schedule? It's supposed to be posted already.
3:12 pm

Emily Anderson
Katie is working on it now.
3:15 pm

Sam Hendrix
Why hasn't she finished it yet? We need to know when we'll work.
3:16 pm

Emily Anderson
She's had some setbacks this week. She missed a few days due to illness.
3:17 pm

Sam Hendrix
Oh, I didn't know. If that's the case, _____.
3:17 pm

Emily Anderson
Let's reach out to her and ask how she's doing.
3:18 pm

① she tends to be absent quite often
② I have her contact information
③ she could use our support
④ you need to take over that task

DAY 01 하프모의고사 01회

해석

Sam Hendrix: 다음 주 일정표 어디 있나요? 그건 이미 게시되었어야 하는데요.
Emily Anderson: Katie가 지금 작업하고 있어요.
Sam Hendrix: 그녀는 왜 아직도 마치지 못한 건가요? 우리는 언제 우리가 일할지 알아야 해요.
Emily Anderson: 그녀는 이번 주에 약간의 차질을 겪었어요. 병 때문에 며칠 출근하지 못했거든요.
Sam Hendrix: 아, 몰랐네요. 그런 경우라면, 그녀는 우리의 도움이 필요하겠네요.
Emily Anderson: 그녀에게 연락해서 상태가 어떤지 물어보죠.

① 그녀는 꽤 자주 결석하는 경향이 있습니다
② 제가 그녀의 연락처를 가지고 있어요
③ 그녀는 우리의 도움이 필요하겠네요
④ 당신이 그 업무를 인계받아야 합니다

포인트 해설

이번 주 Katie의 병가로 다음 주 일정표가 아직 게시되지 않았다는 Emily의 설명에 대해 Sam이 그녀의 병가 소식을 몰랐다고 말한 후, 빈칸 뒤에서 다시 Emily가 Let's reach out to her and ask how she's doing (그녀에게 연락해서 상태가 어떤지 물어보죠)이라고 덧붙이고 있으므로, '그녀는 우리의 도움이 필요하겠네요'라는 의미의 ③ 'she could use our support'가 정답이다.

정답 ③

어휘

be supposed to ~하기로 되어 있다   setback 차질, 방해
miss 출근하지 못하다, 놓치다   reach out to ~에게 연락하다
absent 결석한, 부재한   could use ~이 필요하다
take over ~을 인계받다, 탈취하다

이것도 알면 합격!

직장에서 일정에 대해 말할 때 쓸 수 있는 다양한 표현들을 알아 두자.
• Do you have any plans for the holidays? 휴일에 무슨 계획 있어요?
• Can we do this at a later date? 이것을 나중에 해도 될까요?
• Let me check my schedule. 제 일정을 확인해 볼게요.
• I've rescheduled it for a different day. 그 일정을 다른 날로 변경했어요.

05~06 다음 글을 읽고 물음에 답하시오.

National Space Agency Responsibilities
We conduct research to gather data on Earth's atmosphere, distant planets, and celestial phenomena, sharing our findings with international partners to advance the world's understanding of the universe. We also maintain satellite systems to enable accurate weather forecasting, efficient disaster response, and reliable navigation services.

Objectives
We strive to continue our investigations into the unknown aspects of the universe and to one day establish humanity's presence in space for broad exploration. To make this objective possible, we are committed to advancing currently available technologies, as well as to developing new ones.

Guiding Principles
• Innovation: We harness technologies to allow for the growth of space science.
• Collaboration: We work with other government agencies and private industries to achieve our goals.

해석

국가 우주 기관의 책무
저희는 지구의 대기, 멀리 떨어진 행성, 그리고 천체 현상에 대한 자료를 수집하기 위한 연구를 수행하며, 저희의 연구 결과들을 국제 협력 단체들과 공유하여 세계의 우주에 대한 이해를 증진합니다. 저희는 또한 정확한 일기 예보, 효율적인 재난 대응 및 신뢰할 수 있는 항법 서비스를 가능하게 하기 위해 인공위성 시스템을 유지 관리합니다.

목표
저희는 우주의 알려지지 않은 측면들에 대한 조사를 계속하고 광범위한 탐사를 위해 언젠가는 인류의 우주 진출을 확고히 하려고 노력하고 있습니다. 이러한 목표를 가능하게 하기 위해, 저희는 현재 사용 가능한 기술들을 발전시키는 것뿐만 아니라 새로운 것들(기술들)을 개발하는 데 전념하고 있습니다.

지침이 되는 원칙
• 혁신: 우주 과학의 성장을 가능하게 하기 위해 기술들을 활용합니다.
• 협업: 저희의 목표를 달성하기 위해 다른 정부 기관들 및 민간 기업들과 협력합니다.

어휘

atmosphere 대기   celestial 천체의   finding 연구 결과
satellite (인공)위성   reliable 신뢰할 수 있는   navigation 항법, 항행
strive 노력하다   investigation 조사   presence 진출, 존재, 주둔
commit 전념하다, 약속하다   harness 활용하다   collaboration 협업

05 독해 내용 일치 파악   난이도 중 ●●○

윗글에서 National Space Agency에 관한 내용과 일치하는 것은?

① It ensures that the data it collects remains within the agency.
② It regularly launches new satellites into space.
③ It is improving existing technologies to enable space exploration.
④ It hopes to one day collaborate with private agencies.

해석

① 그것은 수집한 자료가 반드시 그 기관 내부에 남아 있게 한다.
② 그것은 정기적으로 새로운 인공위성들을 우주로 발사한다.

③ 그것은 우주 탐사가 가능하도록 기존의 기술들을 개선하고 있다.
④ 그것은 언젠가는 민간 기관들과 협력하기를 희망한다.

포인트 해설

③번의 키워드인 existing technologies(기존의 기술들)를 바꾸어 표현한 지문의 currently available technologies(현재 사용 가능한 기술들) 주변의 내용에서 이 목표(우주의 알려지지 않은 측면들에 대한 조사를 계속하고 광범위한 탐사를 위해 언젠가는 인류의 우주 진출을 확고히 하는 것)를 가능하게 하기 위해 국가 우주 기관이 현재 사용 가능한 기술들을 발전시키는 것에 전념하고 있다고 했으므로, ③ '그것은 우주 탐사가 가능하도록 기존의 기술들을 개선하고 있다'가 지문의 내용과 일치한다.

[오답 분석]
① 국가 우주 기관은 우주에 대한 연구 결과들을 국제 협력 단체들과 공유한다고 했으므로, 그것이 수집한 자료가 반드시 그 기관 내부에 남아 있게 한다는 것은 지문의 내용과 다르다.
② 국가 우주 기관이 정확한 일기 예보 및 항법 서비스를 가능하게 하기 위해 인공위성 시스템을 유지 관리한다고는 했지만, 그것이 정기적으로 새로운 인공위성들을 우주로 발사하는지는 알 수 없다.
④ 국가 우주 기관은 목표를 달성하기 위해 다른 정부 기관들 및 민간 기업들과 협력한다고 했으므로, 그것이 언젠가는 민간 기관들과 협력하기를 희망한다는 것은 지문의 내용과 다르다.

정답 ③

어휘

launch 발사하다   existing 기존의   collaborate with ~와 협력하다

---

06 독해 유의어 파악   난이도 하 ●●○

밑줄 친 broad의 의미와 가장 가까운 것은?

① pioneering   ② important
③ extensive   ④ challenging

해석

① 선구적인   ② 중요한
③ 광범위한   ④ 도전적인

포인트 해설

밑줄 친 부분이 포함된 문장에서 broad는 '광범위한' 탐사를 위해 언젠가는 인류의 우주 진출을 확고히 하려고 노력하고 있다는 의미로 쓰였으므로, '광범위한'이라는 의미의 ③ extensive가 정답이다.

정답 ③

어휘

pioneering 선구적인   extensive 광범위한   challenging 도전적인

---

07 독해 무관한 문장 삭제   난이도 중 ●●○

다음 글의 흐름상 어색한 문장은?

While French cuisine has influenced global dining for centuries, it only started becoming available in South Korea in the 1970s and 1980s. ① During this time, the first few French-style bakeries began opening in the country, serving a fusion of goods made with French baking techniques and local ingredients. ② Due to their popularity, these shops now number in the thousands, both domestically and internationally, and are well known not just for their unique items but also the excellent skill of their bakers. ③ Part of what attracted Korean customers to French cooking was its emphasis on healthy, savory dishes that contain many vegetables. ④ In fact, the team representing South Korea defeated France to win the 2016 Bakery World Cup, a renowned competition featuring the best bakers from around the globe.

해석

프랑스 음식은 수 세기 동안 전 세계의 식사에 영향을 미쳐 왔지만, 한국에서 그것은 1970년대와 1980년대가 되어서야 접할 수 있게 되기 시작했다. ① 이 시기에, 몇 안 되는 최초의 프랑스 양식의 빵집들이 그 나라에 문을 열기 시작했고, 그곳들은 프랑스 제빵 기술과 현지 재료가 결합된 상품들을 내보였다. ② 그것들의 인기 덕분에, 그 가게들은 이제 국내외적으로 수천 곳에 달하며, 독특한 품목뿐만 아니라 제빵사들의 뛰어난 솜씨로도 잘 알려져 있다. ③ 한국 소비자들을 프랑스 요리로 끌어들인 것들 중 하나는 그것이 많은 채소가 들어가는, 건강에 좋고 풍미 있는 요리들에 주안점을 두었다는 것이다. ④ 실제로, 전 세계에서 최고의 제빵사들이 참가하는 유명한 대회인 2016 베이커리 월드컵에서 한국을 대표하는 팀이 프랑스를 이기고 우승을 차지했다.

포인트 해설

첫 문장에서 '한국에서 1970년대와 1980년대가 되어서야 접할 수 있게 된 프랑스 음식'에 대해 언급한 후, ①번은 '프랑스 제빵 기술과 한국 현지 재료가 결합된 상품들을 내보인 한국 최초의 프랑스식 빵집의 등장', ②번은 '국내외적으로 늘어난 한국식 프랑스 빵집의 수와 뛰어난 솜씨로 유명해진 그곳의 제빵사들', ④번은 '마침내 세계 베이커리 대회에서 프랑스를 이기고 한국 대표팀이 우승한 사례'를 설명하고 있다. 그러나 ③번은 '한국 소비자들을 끌어들인 프랑스 요리의 주안점'에 대한 내용으로, 지문 전반의 내용과 관련이 없다.

정답 ③

어휘

cuisine 음식, 요리(법)   fusion 결합, 융합   ingredient 재료
popularity 인기   domestically 국내에서   emphasis 주안점, 강조
savory 풍미 있는, 맛있는   represent 대표하다, 나타내다
defeat 이기다, 패배시키다; 패배   renowned 유명한
competition 대회, 경쟁

DAY 01 하프모의고사 01회

08 독해 목적 파악　　　난이도 중 ●●○

다음 글의 목적으로 가장 적절한 것은?

To: members@sapphireair.com
From: support@sapphireair.com
Date: February 16
Subject: Online check-in

Dear Sapphire Air Members,

We know that waiting in line at the airport to check in can be inconvenient and take time. To make your travel experience as smooth as possible, we highly recommend checking in for your flight online starting 24 hours before your departure. Here's how to do that:

1. Sign in to Sapphire Air using your membership credentials, or open our mobile app.
2. Navigate to "My Trips" and select the flight you wish to check in for.
3. Review your seat selection, meal preference, and baggage information. Make updates or add extras if needed.
4. Download your boarding pass. Save it to your mobile device or print it out.
5. On the day of your flight, if you have any baggage to check, simply drop it off at the counter before heading to security with your boarding pass and ID.

We hope that this information will make your future trips a little easier. Thank you for choosing Sapphire Air.

Sincerely,
Sapphire Air Membership Support Team

① To outline the benefits of checking in for a flight online
② To outline how to check in for a flight online
③ To outline how to change pre-selected booking details
④ To outline how to print a boarding pass out at the airport

해석

수신: members@sapphireair.com
발신: support@sapphireair.com
날짜: 2월 16일
제목: 온라인 탑승 수속

Sapphire 항공 회원 여러분께,

저희는 탑승 수속을 위해 공항에서 줄을 서서 기다리시는 것이 불편하고 시간이 걸릴 수 있다는 것을 인지하고 있습니다. 여러분의 여행 경험을 가능한 한 순조롭게 해 드리기 위해, 저희는 출발 24시간 전부터 온라인으로 여러분의 항공편에 대한 탑승 수속을 하시는 것을 적극 추천드립니다. 방법은 다음과 같습니다:

1. 회원 자격 인증을 사용하여 Sapphire 항공에 로그인하거나, 모바일 앱을 엽니다.
2. '내 여행'으로 이동하여 탑승 수속을 희망하시는 항공편을 선택합니다.
3. 좌석 선택, 식사 선호 사항, 그리고 수하물 정보를 검토합니다. 필요한 경우 업데이트하거나 추가 정보를 덧붙입니다.
4. 탑승권을 다운로드합니다. 그것을 모바일 기기에 저장하거나 인쇄합니다.
5. 비행 당일, 맡기실 수하물이 있는 경우, 탑승권과 신분증을 지참하여 보안 검색대로 향하시기 전에 그것을 카운터에 맡기시면 됩니다.

저희는 이 정보가 여러분의 향후 여행을 조금이나마 더 수월하게 만들기를 바랍니다. Sapphire 항공을 선택해 주셔서 감사합니다.

진심을 담아,
Sapphire 항공 회원 지원팀

① 온라인으로 항공편에 대한 탑승 수속을 하는 것의 이점들을 약술하기 위해
② 온라인으로 항공편의 탑승 수속을 하는 방법을 약술하기 위해
③ 사전에 선택된 예약 세부 정보들을 변경하는 방법을 약술하기 위해
④ 공항에서 탑승권을 인쇄하는 방법을 약술하기 위해

포인트 해설

지문 앞부분에서 온라인으로 항공편에 대한 탑승 수속을 하는 것을 적극 추천한다고 한 후, 이어서 온라인으로 항공편의 탑승 수속을 하는 방법을 순차적으로 설명하고 있으므로, ② '온라인으로 항공편의 탑승 수속을 하는 방법을 약술하기 위해'가 이 글의 목적이다.

정답 ②

어휘

inconvenient 불편한　departure 출발　credentials 자격 인증(서)
boarding pass 탑승권　outline 약술하다; 개요

09 독해 요지 파악　　　난이도 중 ●●○

다음 글의 요지로 가장 적절한 것은?

Over the last decade, winter storms in the United States have grown more intense, with even southern cities experiencing record-breaking low temperatures and snowfall. Normally mild Waco, Texas, for instance, was recently exposed to sub-freezing temperatures for nine consecutive days. This has led some commenters to question the validity of global warming. However, climate scientists explain that these intense winter storms are only temporary weather events and that overall global temperatures are increasing dangerously fast. Further, they indicate that these storm events are becoming stronger and more frequent due to global warming. As the atmosphere warms, the air carries more water vapor, so when it comes into contact with colder temperatures, it drops more snow. Unfortunately, these larger winter storms cause people to use more energy to stay warm, resulting in more pollution, which, in turn, increases global warming.

① Residents of the American South should prepare for strong winter storms.
② The data supporting the theory of global warming contain some major errors.
③ Increased winter storm activity indicates that Earth may be cooling rather than heating up.
④ Colder winter temperatures and increased snowfall do not contradict the theory of global warming.

해석

지난 10년 동안, 미국의 겨울 폭풍들은 더욱 거세져 왔고, 심지어 남부 도시들도 전례 없는 저온과 강설을 경험했다. 예를 들어, 보통은 기후가 온화한 텍사스주의 Waco는 연이은 9일 동안 영하의 날씨에 최근 노출되었다. 이는 일부 논평가들이 지구 온난화의 유효성을 의심하게 했다. 하지만, 기후 과학자들은 이러한 거센 겨울 폭풍은 일시적인 기후 사태일 뿐이며 전반적인 지구 기온은 위험할 정도로 빠르게 상승하는 중이라고 설명한다. 게다가, 그들은 이러한 폭풍 사태들이 지구 온난화 때문에 더 강력해지고 더 빈번해지고 있음을 지적한다. 대기가 따뜻해지면서, 공기는 더 많은 수증기를 지니고, 그래서 그것이 더 차가운 기온과 만날 때, 더 많은 눈을 내려보낸다. 유감스럽게도, 이러한 더욱 대규모인 겨울 폭풍은 사람들이 따뜻함을 유지하기 위해 더 많은 에너지를 사용하게 하는데, 이것은 더 많은 오염을 야기하고, 결국 지구 온난화를 심화시킨다.

① 미국 남부 주민들은 강력한 겨울 폭풍들에 대비해야 한다.
② 지구 온난화 이론을 뒷받침하는 자료들은 몇몇 중대한 오류를 포함한다.
③ 늘어난 겨울 폭풍 활동은 지구가 뜨거워지는 중이기보다는 차가워지는 중일지 모른다는 것을 암시한다.
④ 더 추워진 겨울 기온과 늘어난 강설은 지구 온난화 이론을 부정하지 않는다.

포인트 해설

지문 중간에서 일부 논평가들이 거세진 겨울 폭풍을 보고 지구 온난화의 유효성을 의심했지만 기후 과학자들은 겨울 폭풍이 일시적인 기후 사태일 뿐 지구 온도는 빠르게 상승하는 중이라고 했고, 지문 마지막에서 더욱 대규모인 겨울 폭풍은 사람들이 따뜻함을 유지하기 위해 더 많은 에너지를 사용하게 하고, 그 결과 더 많은 오염이 야기되어 지구 온난화를 심화시킨다고 했으므로, ④ '더 추워진 겨울 기온과 늘어난 강설은 지구 온난화 이론을 부정하지 않는다'가 이 글의 요지이다.

정답 ④

어휘

intense 거센, 강렬한 record-breaking 전례 없는 snowfall 강설
sub-freezing 영하의 consecutive 연이은 commenter 논평가
validity 유효성, 타당성 temporary 일시적인 overall 전반적인
indicate 지적하다, 암시하다 water vapor 수증기
come into contact with ~와 만나다, 접촉하다 pollution 오염
resident 주민, 거주자 contradict 부정하다, 상반되다

구문 분석

However, / climate scientists explain / that these intense winter storms are only temporary weather events / and / that overall global temperatures are increasing dangerously fast.
: 이처럼 and, but 또는 or는 문법적으로 동일한 형태의 구 또는 절을 연결하여 대등한 개념을 나타내므로, and, but 또는 or가 연결하는 것이 무엇인지 파악하여 '~과(와)', '~지만', '~나' 또는 '그리고', '그러나', '혹은'이라고 해석한다.

10 독해 문단 순서 배열

주어진 문장 다음에 이어질 글의 순서로 가장 적절한 것은?

In economics, a "bubble" is a rapid increase in the price of an asset that doesn't match its actual value.

(A) If the bubble that bursts is large enough, it can trigger a recession that spreads worldwide.
(B) These unjustified increases in value often occur when investors pay rising prices for an asset in hopes of future profit.
(C) As the prices rise, volatility enters the market, and eventually, demand for the asset begins to soften. This weakened demand causes prices to fall rapidly, and many investors lose money as the bubble "bursts."

① (A) – (C) – (B)
② (B) – (A) – (C)
③ (B) – (C) – (A)
④ (C) – (B) – (A)

해석

경제학에서, '버블'은 실제 가치와 일치하지 않는 자산 가격의 급격한 상승을 의미한다.

(A) 만약 터지는 버블이 충분히 크다면, 그것은 전 세계적으로 확산되는 경기 침체를 촉발시킬 수 있다.
(B) 가격의 이러한 근거 없는 상승은 투자자들이 미래의 수익에 대한 기대로 자산의 상승하는 가격을 부담할 때 주로 발생한다.
(C) 가격이 상승하면, 불안정성이 그 시장에 유입되고, 결국 그 자산에 대한 수요가 약해지기 시작한다. 이렇게 약해진 수요는 가격이 급격히 떨어지게 하고, 많은 투자자들은 이 버블이 '터지면서' 돈을 잃게 된다.

포인트 해설

주어진 문장에서 경제학에서 '버블'은 실제 가치와 일치하지 않는 자산 가격의 급격한 상승을 의미한다고 한 후, (B)에서 이러한 근거 없는 상승(These unjustified increases)은 투자자들이 미래의 수익에 대한 기대로 자산의 상승하는 가격을 부담할 때 발생한다고 설명하고 있다. 이어서 (C)에서 가격이 상승하면 그 시장에 불안정성이 유입되고 자산에 대한 수요가 약해져 가격이 급격히 떨어지는데, 이와 같이 버블이 '터지면' 투자자들은 돈을 잃게 된다고 하고, (A)에서 터지는 버블(the bubble that bursts)이 크다면, 그것은 전 세계적으로 확산되는 경기 침체를 촉발시킬 수 있다고 언급하고 있다. 따라서 ③ (B) – (C) – (A)가 정답이다.

정답 ③

어휘

rapid 급격한 asset 자산 burst 터지다 trigger 촉발시키다
recession 경기 침체 unjustified 근거 없는, 정당하지 않은
volatility 불안정성, 변동성, 휘발성 demand 수요; 요구하다

DAY 02 하프모의고사 02회

해커스 공무원시험연구소 총평

난이도 영역별로 난이도가 평이하게 출제되어, 정해진 시간 안에 충분히 풀어낼 수 있는 무난한 회차였습니다.

어휘·생활영어 영역 빈칸에 들어갈 적절한 어휘를 찾기 위한 단서는 반드시 지문 안에 있으므로, 짧은 지문이더라도 모든 내용을 꼼꼼히 읽고 정확한 정답을 찾는 훈련을 반복합니다.

문법 영역 올바른 시제가 쓰였는지 확인하는 문법 포인트의 경우, 최신 출제경향이므로 '이것도 알면 합격'에 정리된 내용까지 반드시 함께 확인해 보고 넘어가도록 합니다.

독해 영역 친숙한 소재가 중심이 되는 문제 위주로 출제되어, 제한 시간 내 여유 있는 문제풀이가 가능했을 것입니다. 특히 9번과 같은 내용 불일치 유형의 경우, 확실한 오답을 빠르게 소거하여 풀이 시간을 단축할 수 있어야 합니다.

정답

01	④	어휘	06	①	독해
02	④	문법	07	③	독해
03	③	문법	08	④	독해
04	③	생활영어	09	④	독해
05	④	독해	10	③	독해

취약영역 분석표

영역	맞힌 답의 개수
어휘	/1
생활영어	/1
문법	/2
독해	/6
TOTAL	/10

---

01 어휘 bypass 난이도 중 ●●○

밑줄 친 부분에 들어갈 말로 가장 적절한 것은?

> With a snowstorm approaching, the hikers decided to _____ the hazardous peak and take a more indirect but safer path around the base of the mountain.

① challenge ② discard
③ ascend ④ bypass

해석
다가오는 눈보라로 인해, 등산객들은 위험한 봉우리를 우회하여 더 멀리 돌아가지만 더 안전한 산기슭 주변의 경로를 택하기로 결정했다.
① 도전하다 ② 버리다
③ 오르다 ④ 우회하다

정답 ④

어휘
snowstorm 눈보라 hiker 등산객, 도보 여행자 hazardous 위험한
peak 봉우리, 절정 indirect 멀리 돌아가는, 간접적인
base of a mountain 산기슭 challenge 도전하다 discard 버리다
ascend 오르다 bypass 우회하다

🔑 **이것도 알면 합격!**
'우회하다'의 의미를 갖는 표현
= circumvent, skirt, go around

---

02 문법 시제 난이도 중 ●●○

밑줄 친 부분에 들어갈 말로 가장 적절한 것은?

> If the weather improves tomorrow, we _____ paving the roads in the residential area.

① will have resumed
② have resumed
③ resume
④ will resume

해석
내일 날씨가 좋아진다면, 우리는 그 주거 지역의 도로를 포장하는 일을 재개할 것입니다.

포인트 해설
④ 미래 시제 문장에 미래를 나타내는 시간 표현인 tomorrow(내일)가 왔고, 문맥상 '내일 날씨가 좋아진다면, 우리는 ~을 재개할 것입니다'라며 미래 상황에 대한 의지를 표현하고 있으므로 미래 시제 ④ will resume이 정답이다.

정답 ④

어휘
pave 포장하다 residential 주거의 resume 재개하다, 갱신하다

이것도 알면 합격!

한편, 시간이나 조건을 나타내는 부사절에서는 미래 시제 대신 현재 시제를 쓴다는 것을 알아 두자.

- **By the time** she <u>finishes</u> her degree, she will have acquired valuable knowledge on her field of study.
  그녀가 학위를 마칠 때쯤이면, 그녀는 자신의 연구 분야에 대한 값진 지식을 습득하게 될 것이다.
  → 시간을 나타내는 By the time 절에서는 미래를 나타내기 위해 현재 시제(finishes)가 사용된다.

이것도 알면 합격!

that절과 what절이 명사절로 쓰일 때, that 뒤에는 완전한 절이, what 뒤에는 불완전한 절이 온다는 것을 기억하자.

- I believe (**that** / ~~what~~) my new business will be successful.
  나는 나의 새 사업이 성공할 것이라고 믿는다.
  → 접속사 뒤에 완전한 절(my ~ successful)이 왔으므로 that이 와야 한다.
- (**What** / ~~That~~) is included in the combo meal is listed on the menu. 세트 메뉴에 무엇이 포함되었는지는 메뉴에 기재되어 있다.
  → 접속사 뒤에 주어가 없는 불완전한 절(is ~ combo meal)이 왔으므로 What이 와야 한다.

03 문법 수 일치 | 명사절 | 부사 | 조동사   난이도 중 ●●○

밑줄 친 부분 중 어법상 옳지 않은 것은?

In the 18th century, the modern parachute was invented in the event ① <u>that</u> a hot air balloon malfunctioned and an emergency escape was needed. While safety parachutes are still common, especially for military use, parachutes have been ② <u>increasingly</u> becoming tools for entertainment. Those who crave a more thrilling rush ③ <u>straps</u> their parachutes on for skydiving from planes. To ensure proper opening, parachutes ④ <u>have to be</u> carefully folded and packed by certified professionals.

해석

18세기에, 현대의 낙하산은 열기구가 제대로 작동하지 않아서 비상 탈출이 필요한 경우를 대비해 발명되었다. 안전 낙하산이 특히 군용으로 여전히 일반적이긴 하지만, 낙하산은 점점 더 오락을 위한 수단이 되어 가고 있다. 보다 짜릿한 쾌감을 갈망하는 사람들은 비행기에서의 스카이다이빙을 위해 낙하산을 끈으로 묶는다. 올바르게 펼쳐지는 것을 보장하기 위해, 낙하산은 주의하여 접혀야 하고 증명된 전문가들에 의해 포장되어야 한다.

포인트 해설

③ 주어와 동사의 수 일치 주어 자리에 복수 지시대명사 Those가 왔으므로, 단수 동사 straps를 복수 동사 strap으로 고쳐야 한다.

[오답 분석]
① 명사절 접속사 완전한 절(a hot air balloon ~ needed)을 이끌면서 the event와 동격을 나타내는 명사절 접속사 that이 올바르게 쓰였다.
② 부사 자리 진행형·완료형·수동형 동사를 수식할 때 부사는 '조동사 + -ing/p.p.' 사이나 그 뒤에 올 수 있으므로, have been과 becoming 사이에 부사 increasingly가 올바르게 쓰였다.
④ 조동사 관련 표현 조동사처럼 쓰이는 표현 have to(~해야 한다) 뒤에는 동사원형이 와야 하므로 동사원형 be가 쓰인 have to be가 올바르게 쓰였다.

정답 ③

어휘

parachute 낙하산 invent 발명하다 hot air balloon 열기구
malfunction 제대로 작동하지 않다 crave 갈망하다
thrilling 짜릿한, 오싹하게 만드는 rush 쾌감, 돌진; 급히 움직이다
strap 끈으로 묶다; 끈 fold 접다; 주름 certified 증명된, 공인된

04 생활영어 Will you be staying long?   난이도 중 ●●○

밑줄 친 부분에 들어갈 말로 가장 적절한 것은?

 Rob Crane
Hey, Kate. I heard you're here to teach us how to use the new company software.
10:08 a.m.

 Kate Moore
That's right. I just flew in from the Boston office last night and have been settling in.
10:12 a.m.

 Rob Crane
_____
_____
10:13 a.m.

 Kate Moore
I think just until the end of the week.
10:13 a.m.

 Rob Crane
That makes sense. It shouldn't take longer than that to train everyone on how to use it.
10:15 a.m.

 Kate Moore
Yes, and I've prepared a user guide for reference after I leave.
10:19 a.m.

 Rob Crane
That's really helpful of you. Thanks for thinking to do that.
10:19 a.m.

① Could you tell me the date of your arrival flight?
② Do you like the hotel where you're staying?
③ Will you be staying long?
④ Are we allowed to access the software from home?

DAY 02 하프모의고사 02회

해석

Rob Crane: 안녕하세요, Kate. 당신이 새로운 회사 소프트웨어 사용법을 우리에게 알려 주기 위해 이곳에 왔다고 들었어요.
Kate Moore: 맞아요. 저는 어젯밤 보스턴 사무실에서 막 비행기를 타고 와서 적응하는 중이었어요.
Rob Crane: 오래 계실 건가요?
Kate Moore: 주말까지만일 것 같아요.
Rob Crane: 그럴 만하네요. 모든 사람에게 그것을 사용하는 방법을 교육하는 것에 그 이상의 시간이 걸리지는 않을 거예요.
Kate Moore: 맞아요, 그리고 제가 떠난 후에 참고할 수 있도록 사용자 안내서를 준비했어요.
Rob Crane: 그것은 정말 도움이 되겠네요. 그렇게 하기로 생각해 주신 점에 감사드려요.

① 당신의 도착 비행기편의 날짜를 알려 주시겠어요?
② 머물고 있는 호텔이 마음에 드시나요?
③ 오래 계실 건가요?
④ 집에서 소프트웨어에 접속하는 게 가능한가요?

포인트 해설

새로운 회사 소프트웨어 사용법을 알려 주기 위해 보스턴에서 왔다는 Kate에게 빈칸에서 Rob이 무언가 말한 후, 빈칸 뒤에서 Kate가 I think just until the end of the week(주말까지만일 것 같아요)이라고 말하고 있으므로, '오래 계실 건가요?'라는 의미의 ③ 'Will you be staying long?'이 정답이다.

정답 ③

어휘

settle in (새 집·직장 등에 자리를 잡고) 적응하다　prepare 준비하다
reference 참고, 언급　access 접속하다; 접근

이것도 알면 합격!

시간을 관리할 때 쓸 수 있는 표현들을 알아 두자.
• Take your time. 천천히 하세요.
• There's no rush. 서두를 것 없어.
• How long will it last? 얼마나 걸릴까요?
• We don't have all day. 시간이 많지 않아.

05~06 다음 글을 읽고 물음에 답하시오.

To	City Assessor's Office
From	Elliott Murphy
Date	October 1
Subject	Property Dispute with Neighbor

Dear City Assessor,

I am writing because I am planning to build a fence around my backyard and need some clarification regarding where my property, located on 3282 Reynolds Road, starts and ends.

Last week, I marked where I planned to start building, but my neighbor expressed concern that my proposed construction actually encroaches on her land. While I believe she is mistaken, I would like to confirm the exact line to avoid any further disputes and get my project started.

Could you please provide me with documentation that clearly indicates the exact dimensions of my property? If you need any additional information, I am happy to provide it. Thank you for your attention to this matter, and I hope to hear from you soon.

Respectfully,
Elliott Murphy

해석

수신: 시 감정 평가관 사무실
발신: Elliott Murphy
날짜: 10월 1일
제목: 이웃과의 소유지 분쟁

시 감정 평가관님께,

저는 제 뒷마당 주변에 울타리를 세울 계획을 하고 있으며 Reynolds가 3282번지에 위치한 제 소유지가 어디에서 시작하고 끝나는지에 대해 어느 정도 명확하게 하는 것이 필요하기 때문에 이 글을 쓰고 있습니다.

지난주에, 제가 건축을 시작하려고 계획했던 곳을 표시했는데, 제 이웃이 제가 계획한 건설 작업이 실제로 그녀의 땅을 침범한다는 우려를 표했습니다. 저는 그녀가 잘못 알고 있다고 생각하지만, 더 이상의 분쟁을 피하고 제 계획을 시작할 수 있도록 정확한 경계를 확인하고 싶습니다.

제 소유지의 정확한 범위를 명확하게 나타내는 서류를 제공해 주실 수 있나요? 추가 정보가 필요하시다면, 기꺼이 제공하겠습니다. 이 문제에 관심을 가져 주셔서 감사드리며, 곧 연락을 받을 수 있기를 바랍니다.

삼가,
Elliott Murphy

어휘

assessor 감정 평가관　property 소유지, 부동산
clarification 명확하게 하기, 설명　mark 표시하다　express 표하다
concern 우려　encroach 침범하다　mistaken 잘못 알고 있는
documentation 서류, 문서화　indicate 나타내다
dimension 범위, 치수

05 독해 목적 파악　난이도 중 ●●○

윗글의 목적으로 가장 적절한 것은?

① 울타리 설치 허가를 신청하려고
② 피해를 주는 이웃에 대해 공식적인 불만을 제기하려고
③ 사유지에 무단으로 들어온 이웃을 신고하려고
④ 소유지 관련 정보를 담은 서류를 요청하려고

포인트 해설

지문 앞부분에서 자신의 소유지가 어디에서 시작하고 끝나는지에 대해 명확하게 하는 것 필요하기 때문에 이 글을 쓰고 있다고 한 후, 지문 뒷부분에서 소유지의 정확한 범위를 명확하게 나타내는 서류를 제공해 줄 수 있는지 묻고 있으므로, ④ '소유지 관련 정보를 담은 서류를 요청하려고'가 이 글의 목적이다.

정답 ④

06 독해 유의어 파악　난이도 중 ●●○

밑줄 친 "line"의 의미와 가장 가까운 것은?

① boundary
② row
③ procedure
④ attitude

해석

① 경계
② 줄
③ 절차
④ 태도

포인트 해설

밑줄 친 부분이 포함된 문장에서 line은 문맥상 더 이상의 분쟁을 피하고 자신의 계획을 시작할 수 있도록 정확한 '경계'를 확인하고 싶다는 의미로 쓰였으므로, '경계'라는 의미의 ① boundary가 정답이다.

정답 ①

어휘

boundary 경계, 한계, 범위　row 줄, 열　procedure 절차, 공정

07 독해 제목 파악　난이도 하 ●○○

다음 글의 제목으로 가장 적절한 것은?

Self-esteem, or how one views themselves, first begins to develop during childhood, with family and social environments playing the most important roles. Parents can foster high self-esteem by expressing verbal and physical affection to remind their children that they are loved. Also, family members should find appropriate opportunities to sincerely praise kids for giving a strong effort instead of focusing on the quality of the result. Meanwhile, at school, teachers can have a massive effect on a child's sense of self-worth. Learning new things and working toward a goal will make children feel good about themselves. Therefore, teachers should encourage their students to try to learn new skills in a positive environment free of harsh criticism.

① Goal-oriented Learning in the Classroom
② Reasons to Praise Children's Results
③ Positive Influences on Childhood Self-Esteem
④ Ways to Boost Children's Classroom Performance

해석

사람이 자신을 바라보는 방식인 자존감은, 어린 시절에 처음으로 발달하기 시작하는데, 가족과 사회적 환경이 가장 중요한 역할을 한다. 부모는 아이들에게 그들이 사랑받는다는 것을 상기시키는 언어적·신체적 애정을 표현함으로써 높은 자존감을 길러 줄 수 있다. 또한, 가족 구성원들은 결과물의 질에 초점을 맞추는 것 대신에 크게 노력을 한 것에 대해 아이들을 진심으로 칭찬할 수 있는 적절한 기회를 찾아야 한다. 한편, 학교에서 교사들은 한 아이의 자존감에 엄청난 영향을 미칠 수 있다. 새로운 것들을 배우고 목표를 위해 노력하는 것은 아이들이 스스로에게 만족하도록 만든다. 따라서, 교사들은 그들의 학생들이 긍정적인 환경에서 가혹한 비판 없이 새로운 기술들을 배우려고 노력하도록 장려해야 한다.

① 교실에서의 목표 지향적인 학습
② 아이들의 결과물을 칭찬해야 하는 이유
③ 어린 시절 자존감에 대한 긍정적인 영향들
④ 아이들의 학급 성적을 향상시키는 방법들

포인트 해설

지문 전반에 걸쳐 사람의 자존감 발달에는 어린 시절의 가족과 사회적 환경이 가장 중요한 역할을 하는데, 이 시기에는 부모가 아이들에게 애정 표현을 하는 것 그리고 성과보다 노력한 것 자체에 대해 칭찬하는 것이 중요하며, 학교에서는 비판 없이 아이들이 새로운 것들을 배우고 목표를 위해 노력하도록 교사들이 장려하는 것이 중요하다고 했으므로, ③ '어린 시절 자존감에 대한 긍정적인 영향들'이 이 글의 제목이다.

정답 ③

어휘

self-esteem 자존감　play a role 역할을 하다　foster 기르다, 육성하다
verbal 언어적인　affection 애정　appropriate 적절한　sincerely 진심으로
focus on ~에 초점을 맞추다　massive 엄청난, 거대한
sense of self-worth 자존감　encourage 장려하다　harsh 가혹한
criticism 비판, 비평　goal-oriented 목표 지향적인　praise 칭찬하다; 칭찬
boost 향상시키다, 북돋우다

08 독해 문장 삽입　난이도 중 ●●○

주어진 문장이 들어갈 위치로 가장 적절한 것은?

In fact, it was later revealed that Marlowe collaborated with Shakespeare to such an extent that he is now officially credited as coauthor of three Shakespearean plays.

DAY 02 하프모의고사 02회

Though not nearly as famous, Christopher Marlowe (1564-1593) was considered a contemporary rival to William Shakespeare. After earning a master's degree at Corpus Christi College in Cambridge, Marlowe began his career as a poet and playwright at the young age of 23. (①) He wrote tragedies, comedies, and dramas that are still performed to this day. (②) In his time, his work gained notoriety for its use of blank verse, or unrhymed lines of poetry. (③) Afterwards, blank verse not only became prevalent during the Elizabethan era because of him but it also served as a heavy influence on Shakespeare. (④) Unfortunately for theater fans, Marlowe could only write seven plays because he died before the age of 30.

해석

실제로, Marlowe는 3개의 Shakespeare 극에 대한 공동 저자로 현재 공식적으로 인정받을 정도로 Shakespeare와 공동으로 작업했다는 것이 후에 밝혀졌다.

비록 결코 그렇게 유명하지는 않지만, Christopher Marlowe(1564-1593)는 William Shakespeare의 동시대 라이벌로 여겨졌다. Cambridge 대학의 Corpus Christi 단과 대학에서 석사 학위를 받은 후에, Marlowe는 23세의 젊은 나이에 시인이자 극작가로서 그의 경력을 시작했다. ① 그는 오늘날에도 여전히 공연되는 비극, 희극 및 연극들을 집필했다. ② 그의 시대에, 그의 작품은 무운시의 사용, 즉 시의 각운을 달지 않은 행들 때문에 악평을 얻었다. ③ 그 후에, 무운시는 그로 인해서 엘리자베스 시대 동안 유행했을 뿐만 아니라 Shakespeare에게 큰 영향을 미치는 역할 또한 했다. ④ 극장의 팬들에게는 유감스럽게도, Marlowe는 오직 일곱 개의 극만 쓸 수 있었는데 그가 30세가 되기 전에 사망했기 때문이다.

포인트 해설

④번 앞 문장에서 그 후에 무운시는 Marlowe로 인해서 엘리자베스 시대 동안 유행했을 뿐만 아니라 Shakespeare에게 큰 영향을 미쳤다고 했으므로, ④번 자리에 실제로 Marlowe는 3개의 Shakespeare 극에 대한 공동 저자로 인정받을 정도로 Shakespeare와 공동으로 작업했다는 것이 밝혀졌다는 내용, 즉 Marlowe의 무운시가 Shakespeare에게 지대한 영향을 미쳤음을 뒷받침하는 주어진 문장이 나와야 지문이 자연스럽게 연결된다.

정답 ④

어휘

reveal 밝히다, 드러내다　collaborate 공동으로 작업하다, 협력하다
credit 인정하다　coauthor 공동 저자　not nearly 결코 ~는 아니지만
contemporary 동시대의, 현대의　earn 받다, 얻다
a master's degree 석사 학위　poet 시인　playwright 극작가
tragedy 비극　comedy 희극　drama 연극　notoriety 악평, 악명
unrhymed 각운을 달지 않은　afterward 그 후에　prevalent 유행하는

구문 분석

(생략), it was later revealed / that Marlowe collaborated with Shakespeare to such an extent / that he is now officially credited / as coauthor of three Shakespearean plays.

: 이처럼 it이 가짜 주어인 경우, 가짜 주어 it은 해석하지 않고 뒤에 있는 진짜 주어 that절이 이끄는 절(that + 주어 + 동사 ~)을 가짜 주어 it 자리에 넣어 '주어가 동사하다는 것은'이라고 해석한다.

---

09 독해 내용 불일치 파악　난이도 중 ●●○

다음 글의 내용과 일치하지 않는 것은?

The Museum of Cultural History offers virtual tours through its website, with no special sign-up required. Users can enjoy a self-guided experience at their own pace, navigating throughout the museum and zooming in on exhibits using the online tour program's features. Virtual self-guided tours are available for all current and permanent exhibits, as well as a selection of past exhibits.

- **Information**: visit.culturalhistorymuseum/virtualtours

Narrated tours are also accessible for select exhibits of the Museum of Cultural History. These tours are presented as short videos and are not self-guided. Brief advertisements will play before each narrated tour.

- **CLOSED**: Last day of every other month for website maintenance

These tours have been tested on various devices to ensure proper functionality. For any issues or suggestions for improvements regarding the virtual tours, please call 1 (800) 920-3059.

① Users can take virtual tours without signing up on the website.
② Self-guided tours are available for all permanent exhibitions.
③ Narrated tours are preceded with a short advertisement.
④ The website is closed for maintenance on the last day of every month.

해석

문화사 박물관은 특별한 가입 요구 없이, 그곳의 웹사이트를 통해 가상 투어를 제공합니다. 이용자들은 온라인 투어 프로그램의 기능을 활용하여 박물관 곳곳을 둘러보고 전시품들을 확대해 보면서, 자신만의 속도에 맞춘 셀프 가이드 체험을 즐길 수 있습니다. 가상의 셀프 가이드 투어는 모든 현재의 전시품들과 상설 전시품들뿐만 아니라 선별된 과거 전시품들에 대해서도 이용할 수 있습니다.

- **정보**: visit.culturalhistorymuseum/virtualtours

또한 문화사 박물관의 엄선된 전시품들에 대한 내레이션 투어가 이용 가능합니다. 이 투어는 짧은 동영상 형태로 제공되며 셀프 가이드 투어는 아닙니다. 각각의 내레이션 투어에 앞서 간단한 광고가 재생될 것입니다.

- **휴업**: 웹사이트 유지 보수를 위해 두 달에 한 번씩 말일에

이러한 투어는 제대로 기능하는 상태에 있음을 보장하기 위해 다양한 기기에서 테스트되어 왔습니다. 가상 투어와 관련하여 문제나 개선에 대한 제안 사항이 있으시다면, 1 (800) 920-3059로 전화주세요.

① 이용자들은 웹사이트에 가입하지 않고도 가상 투어를 할 수 있다.
② 셀프 가이드 투어는 모든 상설 전시에 대해 이용 가능하다.
③ 내레이션 투어에 앞서 짧은 광고가 있다.
④ 웹사이트는 매월 마지막 날 유지 보수를 위해 휴업한다.

포인트 해설

④번의 키워드인 closed(휴업한)가 그대로 언급된 지문 주변의 내용에서 문화사 박물관 웹사이트 유지 보수를 위해 두 달에 한 번씩 말일에 가상 투어가 휴업이라고 했으므로, ④ '웹사이트는 매월 마지막 날 유지 보수를 위해 휴업한다'는 지문의 내용과 다르다.

정답 ④

어휘

virtual 가상의   at one's own pace 자신만의 속도로
navigate 둘러보다, 길을 찾다   zoom in on ~을 확대하다, ~에 집중하다
feature 기능, 특징; 특징으로 삼다   available 이용할 수 있는
permanent 상설의, 영구적인   a selection of 선별된, 엄선된
advertisement 광고   every other month 두 달에 한 번, 격월
maintenance 유지 보수   proper 제대로 된, 적절한
functionality 기능(성), 목적   precede 앞서다

---

10 독해 빈칸 완성 – 구   난이도 중 ●●○

밑줄 친 부분에 들어갈 말로 가장 적절한 것은?

Yoga originated as a spiritual practice in India five thousand years ago, but now yoga _____. These days, increased demands on people's attention have lessened their ability to focus and increased their stress, driving them to adopt unhealthy lifestyles characterized by poor eating and sleeping habits, which lead to health problems. However, through yoga practice, participants are encouraged to stay in the moment and pay attention to their body movements and breathing, so that they can increase their levels of concentration. Furthermore, yoga has been proven to slow aging in the brain and offer non-chemical solutions to ailments such as insomnia, anxiety, and chronic stress. As an exercise, yoga may be a low-impact activity, but it strengthens muscles, stamina, and the overall immune system. Thanks to its benefits, yoga can help to address the issues that accompany a fast-paced modern life.

① applies modern concepts of healing to this ancient art
② relies entirely on certified instructors with medical training
③ provides peace to the body as well as the mind
④ aims to solve problems exclusive to mental health

해석

요가는 5천 년 전 인도에서 영적 훈련으로 시작되었지만, 현재 요가는 정신뿐만 아니라 육체에도 평온함을 제공한다. 오늘날에, 사람들의 주의력에 대해 늘어난 요구가 그들(사람들)의 집중하는 능력을 떨어뜨리고 스트레스를 증가시키며, 그들이 나쁜 식습관이나 수면 습관으로 특징지어지는 건강하지 못한 생활 습관을 취하도록 만들었는데, 이것은 건강 문제로 이어진다. 하지만, 요가 연습을 통해, 참여자들은 순간에 머물러 그들 신체 동작과 호흡에 집중하도록 장려되고, 그 결과 그들은 집중의 수준을 향상시킬 수 있게 된다. 게다가, 요가는 뇌의 노화를 늦추고 불면증, 불안, 그리고 만성 스트레스와 같은 질병들에 대한 비화학적인 해결책들을 제공하는 것으로 입증되어 왔다. 하나의 운동으로서, 요가는 부담을 주지 않는 활동일 수도 있지만, 그것은 근육, 체력, 그리고 전반적인 면역 체계를 강화한다. 그것의 이점 덕분에, 요가는 빠르게 돌아가는 현대 생활과 함께 발생하는 문제들을 해결하는 것을 도울 수 있다.

① 이 고대 예술에 치료의 새로운 개념을 적용한다
② 의료 교육을 받은 공인된 강사들에 전적으로 의존한다
③ 정신뿐만 아니라 육체에도 평온함을 제공한다
④ 정신 건강에만 한정된 문제들을 해결하는 것을 목표로 한다

포인트 해설

지문 전반에 걸쳐 요가는 집중력을 향상시키고 불안과 만성 스트레스 같은 정신적 질병에 해결책이 되며 근육, 체력, 그리고 전반적인 면역 체계를 강화한다고 했으므로, 요가는 '정신뿐만 아니라 육체에도 평온함을 제공한다'고 한 ③번이 정답이다.

정답 ③

어휘

originate 시작되다, 유래하다   spiritual 영적인   practice 훈련, 연습
demand 요구, 수요   lessen 떨어뜨리다   characterize 특징짓다
pay attention to ~에 집중하다   breathing 호흡   concentration 집중
aging 노화   ailment 질병   insomnia 불면증   anxiety 불안, 염려
chronic 만성적인   low-impact 부담을 주지 않는   stamina 체력
immune 면역의   address 해결하다, 다루다
accompany ~와 함께 발생하다, 동반하다   certified 공인된
instructor 강사   exclusive 한정된

DAY 03 하프모의고사 03회

▶ 해커스 공무원시험연구소 총평

난이도 평이한 공무원 9급 시험의 난이도였습니다. 독해 영역에 등장한 언어와 관련된 심층 내용을 다룬 지문 외에는 친숙하고 일상적인 소재 위주로 출제되어, 수월하게 풀 수 있었을 것입니다.

어휘·생활영어 영역 특정 표현을 암기하지 않고서는 풀 수 없는 문제의 출제 가능성이 매우 낮아졌지만, 일반적인 대화에서 자주 사용되는 표현들은 눈에 익혀 두고 매끄럽게 해석하는 연습을 하는 것이 좋습니다.

문법 영역 분사의 경우 하나의 문제 안에서 네 개의 보기 모두 분사 관련 포인트로 출제된 적이 있을 만큼 자주 등장해 왔습니다. 그러므로 각각의 세부 포인트들을 명확하게 숙지하고, 문제에 적용할 수 있어야 합니다.

독해 영역 9번 문제와 같은 유형에서는 공공사업 및 서비스를 홍보하는 지문이 출제될 수 있으므로, 이와 같은 성격의 지문에서 자주 언급되는 단어 및 표현들을 알아 둔다면, 문제를 보다 빠르게 파악하는 데 도움이 될 것입니다.

▶ 정답

01	③	어휘	06	④	독해
02	③	문법	07	③	독해
03	①	문법	08	②	독해
04	③	생활영어	09	③	독해
05	④	독해	10	①	독해

▶ 취약영역 분석표

영역	맞힌 답의 개수
어휘	/1
생활영어	/1
문법	/2
독해	/6
TOTAL	/10

---

01 어휘 assured 난이도 중 ●●○

밑줄 친 부분에 들어갈 말로 가장 적절한 것은?

Most polls showed that the governor's reelection was _____, so everyone was shocked when he lost.

① implausible ② controversial
③ assured ④ doubtful

해석
대부분의 여론 조사들이 그 주지사의 재선이 확실하다는 것을 보여 주었기에, 그가 졌을 때 모두가 충격을 받았다.
① 믿기 어려운 ② 논쟁의 여지가 있는
③ 확실한 ④ 의심스러운

정답 ③

어휘
poll 여론 조사 governor (미국의) 주지사 implausible 믿기 어려운
controversial 논쟁의 여지가 있는 assured 확실한, 자신감 있는
doubtful 의심스러운

이것도 알면 합격!

'확실한'의 의미를 갖는 유의어
= certain, guaranteed, doubtless

---

02 문법 조동사 난이도 하 ●○○

밑줄 친 부분에 들어갈 말로 가장 적절한 것은?

He insists that she _____ the project within the coming month, as stakeholders expect updates and results by then.

① will complete ② completes
③ complete ④ has completed

해석
그는 그녀가 다음 달 안에 그 프로젝트를 끝마쳐야 한다고 주장하는데, 주주들이 그때까지 최신 정보와 결과를 바라기 때문이다.

포인트 해설

③ 조동사 should의 생략 빈칸은 종속절(she ~ month)의 동사 자리이다. 주절에 주장을 나타내는 동사(insist)가 나오면 종속절에 '(should +) 동사원형'이 와야 하므로, ③ complete가 정답이다.

정답 ③

이것도 알면 합격!

한편, 동사 insist가 해야 할 것에 대한 주장이 아닌, '~라는 사실을 주장하다'라는 의미를 나타낼 때는 종속절에 (should +) 동사원형을 쓸 수 없다는 것을 알아 두자.

· He **insisted** that he **sent** the email yesterday.
그는 자신이 어제 이메일을 보냈다고 주장했다.

03 문법 분사 | 명사 | 수 일치 | 동명사 난이도 중 ●●○

밑줄 친 부분 중 어법상 옳지 않은 것은?

For a number of years, there has been a shift in higher education toward an emphasis on soft-skills training, ① supplanted an emphasis on facts and ② information. In many schools, due to the ready availability of information, students are being required to memorize large amounts of information less often, and most of class time ③ is devoted to ④ learning research skills and advanced critical thinking instead.

해석

여러 해 동안, 고등 교육에서 '소프트 스킬 교육'에 대한 강조로의 변화가 있어 왔으며, 이는 사실과 정보에 대한 강조를 대체하고 있다. 많은 학교에서, 정보의 손쉬운 이용 가능성 때문에 학생들은 많은 양의 정보를 덜 자주 암기하도록 요구받고 있고, 그 대신 상당 부분의 수업 시간이 연구 기술들과 고도의 비판적인 사고를 학습하는 데 쓰인다.

포인트 해설

① 현재분사 vs. 과거분사 주절의 주어(a shift)와 분사구문이 '변화가 대체하다'라는 의미의 능동 관계이므로 과거분사 supplanted를 현재분사 supplanting으로 고쳐야 한다.

[오답 분석]
② 불가산 명사 불가산 명사는 부정관사(a/an)와 함께 쓰일 수 없으므로 부정관사 없이 불가산 명사 information이 올바르게 쓰였다.
③ 부분 표현의 수 일치 부분을 나타내는 표현(most of)을 포함한 주어는 of 뒤 명사(class time)에 동사를 수 일치시켜야 하므로 단수 동사 is가 올바르게 쓰였다.
④ 동명사 관련 표현 문맥상 '수업 시간이 ~ 학습하는 데 쓰인다'라는 의미가 되어야 자연스러운데, '-에 쓰이다(바쳐지다)'는 동명사 관련 표현 be devoted to -ing를 사용하여 나타낼 수 있으므로 동명사 learning이 올바르게 쓰였다.

정답 ①

어휘

shift 변화, 교대 근무; 옮기다 emphasis 강조, 중요성 supplant 대체하다 availability 이용 가능성 memorize 암기하다 advanced 고도의, 선진의

이것도 알면 합격!

②번의 information과 같은 불가산 명사들을 함께 알아 두자.

- homework 숙제
- evidence 증거
- equipment 장비
- knowledge 지식
- luggage 수하물, 짐
- clothing 의류
- politics (등의 학문 이름) 정치학
- certification 자격
- furniture 가구
- advice 조언
- news 뉴스
- access 접근, 출입
- machinery 기계류
- stationery 문구류

04 생활영어 It's just a matter of taking the time to do it. 난이도 중 ●●○

밑줄 친 부분에 들어갈 말로 가장 적절한 것은?

A: You always have so many things going on. How do you stay so calm?
B: Well, the key is to stay organized. If I have everything arranged in my head, I can do it.
A: I think that's my problem. I wish I knew how to properly plan everything in advance.
B: It's not as hard as you think. _____
A: Maybe I should start setting aside an hour to plan my day.
B: That sounds like a great start.

① That makes a lot of sense.
② You should look for people to help you.
③ It's just a matter of taking the time to do it.
④ Making a plan is really a way to save time.

해석

A: 너는 항상 하고 있는 일이 정말 많구나. 어떻게 그렇게 침착할 수 있니?
B: 음, 비결은 계획된 상태를 유지하는 거야. 내가 모든 것을 머릿속에 정리해 두면, 그것을 해낼 수 있어.
A: 그게 내 문제라고 생각해. 나는 모든 것을 미리 적절하게 계획하는 방법을 알고 싶어.
B: 그건 네가 생각하는 것만큼 어렵지 않아. 단지 그것을 하기 위한 시간을 들이는지의 문제일 뿐이야.
A: 하루를 계획하기 위해 한 시간을 비워 두는 걸 시작해야 할 것 같아.
B: 훌륭한 출발인 것 같아.

① 그거 정말 말 된다.
② 널 도울 사람을 찾아야 해.
③ 단지 그것을 하기 위한 시간을 들이는지의 문제일 뿐이야.
④ 계획을 세우는 것이 곧 시간을 절약하는 방법이야.

포인트 해설

미리 적절하게 계획하는 방법을 알고 싶다는 A에게 B가 대답한 후, 빈칸 뒤에서 다시 A가 Maybe I should start setting aside an hour to plan my day(하루를 계획하기 위해 한 시간을 비워 두는 걸 시작해야 할 것 같아)라고 말하고 있으므로, '단지 그것을 하기 위한 시간을 들이는지의 문제일 뿐이야'라는 의미의 ③ 'It's just a matter of taking the time to do it.'이 정답이다.

정답 ③

어휘

organized 계획된, 정돈된 arrange 정리하다, 배열하다 properly 적절하게, 제대로 in advance 미리, 사전에 set aside (시간을) 비워 두다

DAY 03 하프모의고사 03회

이것도 알면 합격!

계획 수립에 대해 말할 때 쓸 수 있는 표현들을 알아 두자.
- I've already planned everything for my vacation.
  나는 휴가를 위한 모든 계획을 이미 세웠어.
- I haven't made any plans yet. 나는 아직 아무 계획도 세우지 않았어.
- Let's plan ahead. 미리 계획을 세우자.

05~06 다음 글을 읽고 물음에 답하시오.

_____(A)_____

Bees and butterflies are vanishing at alarming rates.

If they disappear forever, food crops that depend on pollination could face devastating declines. It's not too late to try to combat the problem, though.

By planting pollinator-friendly flowers and shrubs in your yard, you can create safe habitats that will help reverse the decline of these essential creatures. The Fort Lewis Environmental Agency has partnered with Barnett Nurseries to host a special event where pollinator-friendly plants will be offered at discounted prices.

Please support this good cause.

* **Location**: Barnett Nurseries
* **Hours of Operation**: Monday to Saturday, 8:00 a.m. – 5:00 p.m.
* **Dates**: April 1 – 15
* **Discount**: Up to 50 percent off (limit of five discounted plants per customer, per purchase)

For more information about the partnership, please visit www.fortlewis_ea.org/initiatives, and to pre-order plants, please contact Barnett Nurseries at (253) 992-0364.

해석

(A) 수분 매개체의 멸종을 막기 위해 할 수 있는 일

벌들과 나비들이 놀라운 속도로 사라지고 있습니다.

그것들이 영원히 사라지면, 수분에 의존하는 식용 작물들은 엄청난 감소에 직면할 수 있습니다. 그러나, 이 문제를 방지하기 위해 노력하기에 아직 늦지 않았습니다.

여러분의 마당에 수분 매개체에 친화적인 꽃들과 관목들을 심음으로써, 이러한 필수 생명체들의 감소를 뒤바꾸는 데 도움이 될 안전한 환경을 조성할 수 있습니다. Fort Lewis 환경청은 수분 매개체에 친화적인 식물들이 할인된 가격에 제공될 특별 행사를 개최하기 위해 Barnett 묘목장과 제휴했습니다.

이 좋은 취지를 지지해 주세요.

* **장소**: Barnett 묘목장
* **운영 시간**: 월요일부터 토요일까지, 오전 8시 – 오후 5시
* **날짜**: 4월 1일 – 15일
* **할인**: 최대 50퍼센트 할인 (고객 1인당 1회 구매 시 할인 적용 식물 5개로 제한)

제휴에 관한 더 많은 정보를 위해서는, www.fortlewis_ea.org/initiatives를 방문해 주시고, 식물들을 사전 주문하시려면 (253) 992-0364번으로 Barnett 묘목장에 연락 주세요.

어휘

vanish 사라지다 **alarming** 놀라운 **disappear** 사라지다 **crop** 작물
pollination 수분 **devastating** 엄청난, 파괴적인 **combat** 방지하다, 싸우다
pollinator 수분 매개체 **shrub** 관목 **habitat** 환경, 서식지
reverse 뒤바꾸다, 되돌리다 **essential** 필수적인, 극히 중요한
nursery 묘목장, 탁아소 **cause** 취지, 대의; 유발하다

05 독해 제목 파악   난이도 중 ●●○

(A)에 들어갈 윗글의 제목으로 가장 적절한 것은?

① Measures You Can Take to Promote Pollinator Awareness
② The Necessary Role Pollinators Play in Ecosystems
③ Reasons Pollinator Numbers Are Rapidly Declining
④ Something You Can Do to Prevent Pollinator Extinction

해석

① 수분 매개체에 대한 인식을 촉진하기 위해 취할 수 있는 조치
② 생태계에서 수분 매개체들이 수행하는 필수적인 역할
③ 수분 매개체의 수가 급격히 감소하는 이유
④ 수분 매개체의 멸종을 막기 위해 할 수 있는 일

포인트 해설

지문 전반에 걸쳐 수분 매개체인 벌들과 나비들이 놀라운 속도로 사라지고 있지만, 이 문제를 방지하기 위해 노력하기에 아직 늦지 않았다고 언급한 후, 수분 매개체에 친화적인 꽃들과 관목들을 마당에 심는 것이 이것들의 감소를 뒤바꾸는 데 도움이 될 것이라며 그러한 식물들을 할인된 가격에 제공하는 한 행사에 대해 소개하고 있으므로, ④ '수분 매개체의 멸종을 막기 위해 할 수 있는 일'이 이 글의 제목이다.

정답 ④

어휘

awareness 인식 **ecosystem** 생태계 **rapidly** 급격히 **extinction** 멸종

03회 정답·해석·해설 해커스공무원 매일 하프모의고사 영어 2

06 독해 내용 불일치 파악　난이도 중 ●●○

위 안내문의 내용과 일치하지 않는 것은?

① 수분 매개체들이 사라지면 작물 생산량이 감소할 수 있다.
② 특정 꽃과 관목을 심는 것은 벌과 나비의 개체 수를 보전할 것이다.
③ 구매 가능한 할인 식물의 개수에 제한이 있다.
④ 식물은 웹사이트를 통해 미리 주문할 수 있다.

포인트 해설

④번의 키워드인 '웹사이트'가 언급된 지문의 www.fortlewis_ea.org/initiatives 주변의 내용에서 묘목장과의 제휴에 관한 더 많은 정보를 위해서는 www.fortlewis_ea.org/initiatives를 방문하고, 식물들을 사전 주문하려면 Barnett 묘목장에 연락하라고 했으므로, ④ '식물은 웹사이트를 통해 미리 주문할 수 있다'는 지문의 내용과 다르다.

정답 ④

07 독해 빈칸 완성 - 단어　난이도 중 ●●○

밑줄 친 부분에 들어갈 말로 가장 적절한 것은?

Hearing a colleague talking about all the hard work he does, you quietly think to yourself that you do more than him. Listening to him toot his own horn is annoying, because everyone knows the truth. You put in a lot of effort and you're the hardest worker in the company; you're just too modest to say it. However, what you're thinking about yourself is probably the same as most of your other colleagues. In fact, psychologists have determined that most people think of themselves as the one carrying the most weight in comparison to their peers. This is because we only see a portion of what everyone else does, but all of what we do personally, so our view of who is accomplishing what is entirely _____.

① hostile
② legitimate
③ subjective
④ irrefutable

해석

동료가 자신이 한 모든 노력에 대해 이야기하는 것을 경청하면서, 당신은 당신이 그보다 더 많이 일한다고 조용히 마음속으로 생각한다. 그가 허풍을 떠는 것을 경청하는 것은 귀찮은 일인데, 모두가 진실을 알기 때문이다. 당신은 많은 노력을 하고 있고 회사에서 가장 열심히 일하는 사람이지만, 단지 너무 겸손해서 그것을 말할 수 없는 것이다. 하지만, 당신이 스스로에 대해 생각하고 있는 것은 아마 당신의 다른 동료들도 마찬가지인 것이다. 사실, 심리학자들은 대부분의 사람들이 동료들과 비교할 때 그들 스스로를 가장 큰 중요성을 지닌 사람이라고 생각한다는 것을 밝혔다. 이는 우리가 다른 사람들이 하는 일의 일부분만을 보지만, 우리가 직접 하는 일의 전부를 보기 때문이며, 그래서 누가 무엇을 성취하고 있는지에 대한 우리의 관점은 완전히 주관적인 것이다.

① 적대적인
② 타당한
③ 주관적인
④ 반박할 수 없는

포인트 해설

빈칸 앞 문장에서 대부분의 사람들이 동료들과 비교할 때 스스로를 가장 큰 중요성을 지닌 사람이라고 생각한다고 했고, 빈칸이 있는 문장에 이는 우리가 다른 사람들이 하는 일의 일부분만을 보기 때문이라는 내용이 있으므로, 누가 무엇을 성취하고 있는지에 대한 우리의 관점은 완전히 '주관적인' 것이라고 한 ③번이 정답이다.

정답 ③

어휘

colleague 동료　quietly 조용히　toot one's own horn 허풍을 떨다
annoying 귀찮은, 짜증 나는　modest 겸손한　psychologist 심리학자
determine 밝히다, 결정하다　carry weight 중요성을 지니다
in comparison to ~과 비교할 때　peer 동료　portion 일부분
personally 직접, 개인적으로　entirely 완전히　hostile 적대적인
legitimate 타당한　subjective 주관적인　irrefutable 반박할 수 없는

08 독해 무관한 문장 삭제　난이도 상 ●●●

다음 글의 흐름상 어색한 문장은?

It may seem odd that the name most associated with peace today was once renowned for the invention of explosives, but this is the case with Alfred Nobel. ① Nobel invented dynamite in 1867, while working to find a safe substitute for using nitroglycerin as an explosive for mining. ② Nobel was forced to move his laboratory onto a barge on Lake Malar after Stockholm banned explosive experiments in the city. By mixing nitroglycerin with stabilizers, Alfred Nobel created an explosive that could be handled without fear of setting it off accidentally. ③ The mining industry embraced Nobel's explosive, and his fame and wealth soared. ④ Later in life, Nobel learned that some considered him a "merchant of death" for inventing the explosives that were also used by the military, so he decided to use his money to establish the Nobel Prizes. Today, these prizes are his greatest legacy but few know the role explosives played in their establishment.

해석

오늘날 평화와 가장 관련이 있는 이름이 한때 폭발물의 발명으로 유명했다는 것은 이상해 보일 수도 있지만, 이것은 바로 알프레드 노벨의 사례이다. ① 노벨은 1867년에 다이너마이트를 발명했으며, 채광을 위한 폭발물로 니트로글리세린을 사용하는 것에 대한 안전한 대체물을 찾기 위해 일하고 있었다. ② 노벨은 스톡홀름시가 도시 내에서의 폭발물 실험을 금지한 후, 어쩔 수 없이 Malar 호수에 있는 바지선으로 자신의 실험실을 옮겨야 했다. 니트로글리세린을 안정제와 섞음으로써, 알프레드 노벨은 뜻하지 않게 그것을 터뜨리는 것에 대한 두려움 없이 다뤄질 수 있는 폭발물을 만들었다. ③ 채광업은 노벨의 폭발물을 이용하였고, 그의 명성과 부는 치솟았다. ④ 말년에, 노벨은 몇몇 사람들이 군에서도 사용된 폭발물들을 개발했다는 이유로 그를 '죽음의 상인'이라고 여겼다는 것을 알게 되었고, 그래서 그는 돈을 노벨상을 설립하는 데에 쓰기로 결정했다. 오늘날, 이러한

DAY 03 하프모의고사 03회

상들은 그의 가장 훌륭한 유산이지만, 그것들(상들)의 설립에 폭발물이 했던 역할에 대해 아는 사람은 거의 없다.

포인트 해설

첫 문장에서 '평화와 관련되어 있지만 폭발물의 발명으로도 유명한 알프레드 노벨'에 대해 언급한 후, ①번은 '노벨이 다이너마이트를 발명하게 된 배경', ③번은 '폭발물의 발명으로 치솟은 노벨의 명성과 부', ④번은 '노벨이 노벨상을 설립하게 된 이유'에 대해 설명하고 있다. 그러나 ②번은 '노벨이 실험실을 옮긴 이유'에 대한 내용으로, 지문 전반의 내용과 관련이 없다.

정답 ②

어휘

odd 이상한 associate with ~와 관련이 있다 renowned for ~로 유명한
explosive 폭발물; 폭발하기 쉬운 substitute 대체물, 대리인
mining 채광, 광업 laboratory 실험실 barge 바지선 ban 금지하다
experiment 실험 stabilizer 안정제 set off ~을 터뜨리다, 일으키다
accidentally 뜻하지 않게, 우연히 embrace 이용하다, 포용하다 fame 명성
soar 치솟다 establish 설립하다 legacy 유산

구문 분석

(생략), Nobel learned / that some considered him a "merchant of death" / for inventing the explosives / that were also used by the military, (생략).

: 이처럼 주격 관계대명사가 이끄는 절(that/who/which + 동사 ~)이 명사(explosives)를 꾸며주는 경우, '동사한 명사' 또는 '동사하는 명사'라고 해석한다.

09 독해 내용 불일치 파악 | 난이도 하 ●○○

Stay-K 앱에 관한 다음 글의 내용과 일치하지 않는 것은?

Use Stay-K to take advantage of the best deals on accommodations across the country.

Stay-K allows users to reserve hotels, guesthouses, and other lodging options around the country at competitive prices. With each booking, users earn points that can be redeemed for discounts on future stays or special rewards like free room upgrades and dining vouchers. The app also offers last-minute deals and includes a review system so users can share their experiences, provide ratings, and make recommendations. Currently, transactions require a Korean bank account, but more payment options will be added soon. Download the app today from your mobile device's online store to receive an exclusive new user discount of 10 percent off your first booking.

① It allows users to book various types of accommodations.
② Users can provide feedback on their experiences.
③ Payments through the app can be made using any international credit card.
④ The first booking will come with a discount for users.

해석

Stay-K를 사용하여 전국 숙박 시설에 대한 최고의 거래를 이용하세요.

Stay-K는 이용자들이 전국의 호텔, 게스트 하우스 및 기타 숙박 선택지들을 경쟁력 있는 가격으로 예약할 수 있게 해줍니다. 각각의 예약 건에서, 이용자들은 향후의 숙박에 대한 할인 또는 무료 객실 업그레이드와 식사 쿠폰 같은 특별한 보상으로 교환될 수 있는 포인트를 얻습니다. 앱은 또한 막판 거래 혜택을 제공하고 후기 시스템을 포함하기에 이용자들은 경험을 공유하고, 평점을 매기며, 추천을 할 수 있습니다. 현재, 거래는 한국의 은행 계좌를 필요로 하지만, 더 많은 결제 선택지가 곧 추가될 것입니다. 모바일 기기의 온라인 스토어에서 지금 바로 앱을 다운로드하시고 첫 예약 시 신규 이용자 한정 10퍼센트 할인을 받아보세요.

① 그것은 이용자들이 다양한 종류의 숙소를 예약하게 한다.
② 이용자들은 그들의 경험에 대한 의견을 제공할 수 있다.
③ 앱을 통한 결제는 어떠한 국제 신용 카드를 이용하든 가능하다.
④ 첫 예약에는 이용자들을 위한 할인이 딸려 있을 것이다.

포인트 해설

③번의 키워드인 Payments(결제)를 바꾸어 표현한 지문의 transactions(거래) 주변의 내용에서 현재 거래는 한국의 은행 계좌를 필요로 하지만 더 많은 결제 선택지가 곧 추가될 것이라고 했으므로, ③ '앱을 통한 결제는 어떠한 국제 신용 카드를 이용하든 가능하다'는 지문의 내용과 다르다.

정답 ③

어휘

take advantage of ~을 이용하다 accommodation 숙박 (시설)
reserve 예약하다 lodging 숙박 competitive 경쟁력 있는
redeem 교환하다, 보완하다 voucher 쿠폰, 상품권 rating 평점, 순위
transaction 거래 account 계좌, 계정 payment 결제, 지불
exclusive 한정적인, 독점적인

10 독해 빈칸 완성 - 구 | 난이도 중 ●●○

밑줄 친 부분에 들어갈 말로 가장 적절한 것은?

Between the second and fourth centuries, the Hebrew language _____ in most everyday situations. Before this time, international languages, such as Aramaic and Greek, had been spoken alongside Hebrew, especially by societal elites and intellectuals, but over time, they overtook the original language of the region. Although Hebrew ceased to be spoken colloquially, it remained the language of Jewish religious rites and literature. Despite being considered a dead language for nearly two millennia, Hebrew was eventually revived by members of the Zionist movement, who sought a language that could unite Jewish settlers who had moved to Palestine from various other countries in the twentieth century. When the nation of Israel was later established, Hebrew was selected as its official language.

① fell out of use
② underwent several changes
③ was used only in secret rituals
④ was seen as an international language

해석
2세기와 4세기 사이에, 히브리어는 대부분의 일상적인 상황에서 쓰이지 않게 되었다. 이 시기 이전에는, 아람어나 그리스어 같은 국제어들이 특히 사회 최상류층 사람들과 지식인들에 의해 히브리어와 함께 쓰였지만, 시간이 지남에 따라 그것들이 그 지역의 원래 언어를 능가했다. 비록 히브리어가 구어체로 구사되는 것을 멈추었을지라도, 그것은 유대인들의 종교의식과 문학의 언어로 남았다. 거의 2천 년 동안 사멸한 언어로 여겨졌음에도 불구하고, 히브리어는 마침내 시오니스트 운동의 일원들에 의해 부활하게 되는데, 이들은 20세기에 다양한 다른 국가들로부터 팔레스타인으로 이주했던, 유대인 정착민들을 연합할 수 있는 하나의 언어를 찾던 사람들이었다. 이스라엘 국가가 후에 수립되었을 때, 히브리어는 그 국가의 공용어로 선택되었다.

① 쓰이지 않게 되었다
② 여러 번의 변화를 겪었다
③ 비밀스러운 종교의식에서만 사용되었다
④ 국제어로 여겨졌다

포인트 해설
빈칸 뒤 문장에 이 시기 이전에는 사회 최상류층 사람들과 지식인들에 의해서만 히브리어와 함께 쓰였던 아람어와 그리스어 같은 국제어들이 시간이 지남에 따라 그 지역의 원래 언어인 히브리어를 능가했으며, 결국 히브리어는 구어체로 구사되지 않게 되었다는 내용이 있으므로, 2세기와 4세기 사이에 히브리어는 대부분의 일상적인 상황에서 '쓰이지 않게 되었다'고 한 ①번이 정답이다.

정답 ①

어휘
alongside ~와 함께 societal 사회의 elite 최상류층 사람들, 엘리트
intellectual 지식인 overtake 능가하다 cease 멈추다, 중단하다
colloquially 구어체로, 회화체로 religious 종교의 rite 의식
literature 문학 revive 부활시키다 unite 연합하다, 통일하다
establish 수립하다, 설립하다 fall out of use 쓰이지 않게 되다
undergo 겪다 ritual 종교적인 의식

DAY 04 하프모의고사 04회

▶ 해커스 공무원시험연구소 총평

난이도	전반적으로 정답의 근거가 명확하고 헷갈리는 오답 보기가 없어, 문제풀이에 큰 어려움은 없었을 회차입니다.
어휘·생활영어 영역	'이것도 알면 합격!'에서 제공하는 유의어와 특정 상황과 관련된 표현까지 학습함으로써, 보다 다양한 어휘와 표현을 익힐 수 있습니다.
문법 영역	병치 구문·수 일치·시제 등 공무원 영어에 단골 등장하는 문법 포인트들이 출제되었습니다. 출제 빈도가 높은 문법 포인트들은 다시 등장할 가능성 또한 높으므로, 꾸준히 반복 학습하여 틀리는 일이 없도록 합니다.
독해 영역	내용 일치 파악 유형의 경우 지문에서 각각의 오답 보기가 명확하게 오답인 근거를 찾아야 하므로 풀이 시간이 지체될 수 있습니다. 다만, 보기가 주로 글의 흐름 순서대로 제시됨을 알아 둔다면 시간 단축에 도움이 될 것입니다.

▶ 정답

01	②	어휘	06	④	독해
02	④	문법	07	④	독해
03	②	문법	08	④	독해
04	④	생활영어	09	③	독해
05	②	독해	10	②	독해

▶ 취약영역 분석표

영역	맞힌 답의 개수
어휘	/1
생활영어	/1
문법	/2
독해	/6
TOTAL	/10

---

01 어휘 spacious 난이도 중 ●●○

밑줄 친 부분에 들어갈 말로 가장 적절한 것은?

In order to host the highly anticipated New Year's symphony concert, the venue managers ensured they had _____ seating for the audience.

① tight
② spacious
③ inadequate
④ finite

해석
대단히 기대받는 신년 교향악 연주회를 개최하기 위해, 개최 장소 관리자들은 관객들을 위한 넓은 좌석을 확실하게 확보했다.
① 빽빽한
② 넓은
③ 불충분한
④ 한정된

정답 ②

어휘
venue (개최) 장소, 발생지 ensure 확실하게 하다, 보장하다
audience 관객, 시청자 tight 빽빽한 spacious 넓은
inadequate 불충분한 finite 한정된, 유한한

이것도 알면 합격!

'넓은'의 의미를 갖는 유의어
= roomy, ample, expansive, generous

---

02 문법 병치 구문 난이도 중 ●●○

밑줄 친 부분에 들어갈 말로 가장 적절한 것은?

Sustainability involves practices that preserve natural resources for future generations who will inherit the planet or _____ environmental harm.

① will minimize
② minimizes
③ for minimizing
④ that minimize

해석
지속 가능성은 지구를 물려받을 미래 세대들을 위해 천연자원을 보존하거나 환경 파괴를 최소화하는 관행을 수반한다.

포인트 해설
④ 병치 구문 빈칸은 등위접속사(or) 뒤에 오는 것의 자리이다. 등위접속사(or)로 연결된 병치 구문에서는 같은 구조끼리 연결되어야 하는데, or 앞에 '주격 관계대명사 that + 관계절의 동사'(that preserve)가 왔으므로 or 뒤에도 '주격 관계대명사 that + 관계절의 동사' 형태가 와야 한다. 따라서 ④ that minimize가 정답이다.

정답 ④

어휘
sustainability 지속 가능성 preserve 보존하다, 보호하다 inherit 물려받다
minimize 최소화하다

이것도 알면 합격!

등위접속사 and로 연결된 주어에는 복수 동사를 쓰고, or로 연결된 주어 뒤에 오는 것에 동사를 수 일치시킨다는 것을 함께 알아 두자.

[and] Hard work and determination are key to achieving success.
노력과 결단력은 성공을 성취하는 비결이다.

[or] A pen or some markers are available for you to use.
펜과 마커펜 몇 자루가 이용 가능합니다.

---

03 문법 수 일치 | 시제 | 대명사 | to 부정사   난이도 중 ●●○

밑줄 친 부분 중 어법상 옳지 않은 것은?

In recent months, the film industry ① has faced many challenges due to unforeseen circumstances. A number of the movies currently in theaters ② was delayed before being released. This has caused frustration among moviegoers who were eagerly anticipating ③ these films. To ease audience frustration as much as possible, studios have worked hard ④ to release the films with minimal changes to their original schedules.

해석

최근 몇 달 동안, 영화 산업은 예상치 못한 상황으로 인해 많은 어려움에 직면해 왔다. 현재 극장 내 많은 영화들이 개봉되기 전에 연기되었다. 이것은 이런 영화들을 간절히 기대하고 있었던 영화 관람객들에게 좌절을 안겨 주었다. 관객들의 좌절감을 가능한 한 완화시키고자, 영화사들은 원래 일정을 최소한으로 변경하면서 영화를 개봉하기 위해 열심히 노력해 왔다.

포인트 해설

② **수량 표현의 수 일치** 주어 자리에 복수 취급하는 수량 표현 'a number of + 명사'(A number of the movies)가 왔으므로 단수 동사 was를 복수 동사 were로 고쳐야 한다.

[오답 분석]
① **현재완료 시제** 현재완료 시제와 자주 함께 쓰이는 시간 표현 'in recent + 시간 표현'(In recent months)이 왔고, '최근 몇 달 동안 어려움에 직면해 왔다'라며 과거에 시작된 일이 현재까지 계속되고 있음을 표현하고 있으므로 현재완료 has faced가 올바르게 쓰였다.
③ **지시대명사** 지시형용사가 수식하는 명사가 복수 명사 films(영화들)이므로 가산 복수 명사 앞에 오는 지시형용사 these가 올바르게 쓰였다.
④ **to 부정사의 역할** 문맥상 '영화를 개봉하기 위해'라는 의미가 되어야 자연스러우므로 부사처럼 목적을 나타낼 수 있는 to 부정사 to release가 올바르게 쓰였다.

정답 ②

어휘

unforeseen 예상치 못한   circumstance 상황   release 개봉하다
frustration 좌절(감)   moviegoer 영화 관람객   eagerly 간절히
anticipate 기대하다, 고대하다   minimal 최소한의

이것도 알면 합격!

한편, 수량 표현 the number of를 포함한 'the number of + 명사'는 단수 취급한다는 것을 함께 알아 두자.

• **The number of volunteers** at the event **exceeds** expectations.
그 행사의 자원봉사자 수는 기대를 뛰어넘는다.

---

04 생활영어 He may be making up for the extra work.   난이도 중 ●●○

밑줄 친 부분에 들어갈 말로 가장 적절한 것은?

A: John said that he'd cover my shift this weekend.
B: Did he? He's never offered to do that for me.
A: Well, I think he's decided that he owes me.
B: What do you mean? Why would he owe you?
A: I've been staying late at work to correct his errors. _____.
B: Ah, that makes sense. It's good of him to make an effort to pay back your hard work.

① I can't keep up with it
② It depends on whether he can get off work
③ We should extend the deadline for the project
④ He may be making up for the extra work

해석

A: John이 이번 주말에 내 근무 시간을 대신해 일해 주겠대.
B: 그가 그랬다고? 그는 결코 나에게는 그렇게 제안한 적 없는데.
A: 음, 내 생각에는 그가 나에게 빚졌다고 생각하는 것 같아.
B: 무슨 의미야? 왜 그가 너에게 빚을 진 건데?
A: 그의 실수를 바로잡기 위해 내가 회사에 늦게까지 있었거든. 그는 아마도 그 추가 업무에 대해 보상하려나 봐.
B: 아, 이해가 되네. 그가 네 수고를 갚으려고 애쓰는 것은 고마운 일이네.

① 내가 그걸 따라갈 수가 없어
② 그건 그가 퇴근할 수 있을지에 달려 있어
③ 우리는 그 프로젝트 마감일을 연장해야 해
④ 그는 아마도 그 추가 업무에 대해 보상하려나 봐

포인트 해설

John이 자신에게 빚졌다고 생각해서 근무 시간을 대신해 주는 것 같다는 A의 말에 대해 B가 John이 어떤 빚을 졌는지 묻자, A가 John의 실수를 바로잡기 위해 회사에 늦게까지 있었다고 대답하고, 빈칸 뒤에서 다시 B가 It's good of him to make an effort to pay back your hard work (그가 네 수고를 갚으려고 애쓰는 것은 고마운 일이네)라고 말하고 있으므로, '그는 아마도 그 추가 업무에 대해 보상하려나 봐'라는 의미의 ④ 'He may be making up for the extra work'가 정답이다.

정답 ④

DAY 04 하프모의고사 04회

어휘

shift (교대제의) 근무 시간, 변화; 방향을 바꾸다　**owe** 빚지다
make sense 이해가 되다, 말이 되다　**keep up with** ~을 따라가다, 쫓아가다
depend on ~에 달려 있다　**get off work** 퇴근하다　**extend** 연장하다
make up for ~에 대해 보상하다

이것도 알면 합격!

상대의 말에 동의할 때 쓸 수 있는 표현들을 알아 두자.
- You bet. 물론이죠.
- Be my guest. 그렇게 하세요.
- Suit yourself. 좋을 대로 하세요.
- That makes two of us. 저도 마찬가지예요.

05~06 다음 글을 읽고 물음에 답하시오.

(A)

The Sustainable Life Coalition has partnered with Muna Home Improvement to deliver a special workshop, D-Item Project. D-Item Project is designed to teach you how to repair everyday items when they break instead of throwing them out and replacing them.

Details
- **Date**: Saturday, March 19
- **Time**: 10:00 a.m. – 4:00 p.m.
- **Locations**: Participating Muna Home Improvement stores across the city

Main Points
- **Hands-On Learning**
  Muna Home Improvement associates will guide you through repairing common household items, showing you how to properly use the necessary tools.
- **On-the-Spot Repairs**
  If you have a damaged item, bring it in and have it repaired free of charge. Items are limited to non-electronic household goods, such as chairs, tables, shelves, and picture frames.

For more details about the event and to see a full list of participating Muna Home Improvement locations, please visit www.suslc.org/fixitworkshops.

해석

(A) 직접 물건들을 고치는 방법을 배워보세요

지속 가능한 생활 연합은 특별 워크숍, 즉 D-Item 프로젝트를 진행하기 위해 Muna 주거 수리업체와 제휴했습니다. D-Item 프로젝트는 일상용품이 망가졌을 때 그것들을 버리고 바꾸는 대신 수리하는 방법을 여러분께 알려 드리기 위해 계획되었습니다.

세부 사항
- **날짜**: 3월 19일, 토요일
- **시간**: 오전 10시 - 오후 4시
- **장소**: 동참하는 도시 전역의 Muna 주거 수리업체 매장

주요 사항
- **실습 학습**
  Muna 주거 수리업체 직원들이 필요한 도구들을 올바르게 사용하는 법을 보여 주면서, 일반 가정용품을 수리하는 것을 설명해 줄 것입니다.
- **현장 수리**
  손상된 물품이 있으시다면, 그것을 가지고 오셔서 무료로 수리받으세요. 물품은 의자, 탁자, 선반, 액자 등 전자제품이 아닌 가정용품으로 제한됩니다.

행사에 관한 더 많은 세부 사항과 동참하는 Muna 주거 수리업체 지점의 전체 목록을 확인하시려면 www.suslc.org/fixitworkshops를 방문해 주세요.

어휘

deliver (강연 등을) 하다, 전달하다　**repair** 수리하다; 수리
throw out ~을 버리다　**replace** 바꾸다, 교체하다　**hands-on** 실습의
associate 직원, 조합원; 연관 짓다　**household** 가정용의
on-the-spot 현장의　**free of charge** 무료로　**limit** 제한하다

---

05 독해 제목 파악　난이도 중 ●●○

(A)에 들어갈 윗글의 제목으로 가장 적절한 것은?

① Shop for Must-Have Household Tools
② Learn How to Fix Things Yourself
③ Buy Sustainable Furniture
④ Transform Old Items into New Ones

해석

① 필수 가정용 도구들을 물색해 보세요
② 직접 물건을 고치는 방법을 배워보세요
③ 지속 가능한 가구를 구매해 보세요
④ 오래된 물품을 새것으로 바꿔보세요

포인트 해설

지문 전반에 걸쳐 망가진 일상용품을 수리하는 방법을 알려 주는 워크숍에 관해 설명하고 있으므로 ② '직접 물건을 고치는 방법을 배워보세요'가 이 글의 제목이다.

정답 ②

어휘

furniture 가구　**transform** 바꾸다, 변형시키다

06 독해 내용 불일치 파악   난이도 중 ●●○

D-Item Project에 관한 윗글의 내용과 일치하지 않는 것은?

① 여러 장소에서 열릴 것이다.
② 참가자들은 수리용 도구를 사용하는 법을 배울 수 있다.
③ 손상된 물품을 가져오면 무료로 수리받을 수 있다.
④ 소형 전자제품의 수리를 맡길 수 있다.

포인트 해설

질문의 키워드인 '전자제품'이 언급된 non-electronic household goods(전자제품이 아닌 가정용품) 주변의 내용에서 손상된 물품이 있다면 그것을 가지고 와서 무료로 수리받을 수 있는데, 물품은 전자제품이 아닌 가정용품으로 제한된다고 했으므로, ④ '소형 전자제품의 수리를 맡길 수 있다'가 지문의 내용과 일치하지 않는다.

정답 ④

---

07 독해 빈칸 완성 - 절   난이도 중 ●●○

밑줄 친 부분에 들어갈 말로 가장 적절한 것은?

Many people feel a certain shame in admitting inadequacies, and due to our tendency to compare ourselves to others, this becomes doubly true in the company of those who are better than us at something. However, everyone was a beginner at one point, and we never move beyond that "beginner stage" without asking for help, guidance, and instruction. But doing so exposes our lack of knowledge, which we desperately try to avoid. As a result, we are too often paralyzed by the fear that others will learn that we're flawed. The simple truth is that in order to grow, _____.

① our past successes must be reflected on and celebrated
② mentors should seek us out and offer advice
③ time should be spent alone, focusing on our passions
④ we must accept our weaknesses and expose our limitations

해석

많은 사람들은 부족함을 인정하는 데 있어서 약간의 부끄러움을 느끼고, 다른 사람들과 우리 자신을 비교하는 우리의 경향 때문에, 어떤 면에서 우리보다 더 나은 사람들의 면전에서는 이것(부끄러움을 느끼는 것)이 더욱 사실이다. 하지만, 모든 사람이 한때 초보자였고, 우리는 도움과 지도, 그리고 설명을 요청하지 않고는 결코 '초보자 단계'를 넘어설 수 없다. 그러나 그렇게 하는 것은 우리가 가진 지식의 부족을 드러나게 하는데, 이것은 우리가 필사적으로 피하고자 노력하는 것이다. 결과적으로, 우리는 다른 사람들이 우리가 흠이 있다는 것을 알게 될 것이라는 두려움에 너무나 자주 무력해진다. 간단한 진실은 성장하기 위해, <u>우리는 우리의 약점을 받아들이고 우리의 한계를 드러내야 한다</u>는 것이다.

① 우리의 과거 성공은 반추되고 축하되어야 한다
② 멘토들은 우리를 찾아와 조언해 주어야 한다
③ 시간은 우리가 열망하는 것에 집중하며 홀로이 보내져야 한다
④ 우리는 우리의 약점을 받아들이고 우리의 한계를 드러내야 한다

포인트 해설

지문 중간에 모든 사람이 한때 초보자였고 도움과 지도, 그리고 설명을 요청하지 않고는 초보자 단계를 넘어설 수 없다는 내용이 있고, 빈칸 앞부분에서 우리는 다른 사람들이 우리가 흠이 있다는 것을 알게 될 것이라는 두려움에 의해 너무 자주 무력해진다고 했으므로, 성장하기 위해 '우리는 우리의 약점을 받아들이고 우리의 한계를 드러내야 한다'고 한 ④번이 정답이다.

정답 ④

어휘

a certain 약간의 shame 부끄러움 inadequacy 부족함, 부적당
tendency 경향 compare 비교하다 guidance 지도
instruction 설명, 가르침, 지시 expose 드러내다, 노출하다
desperately 필사적으로 paralyze 무력하게 만들다, 마비시키다
flawed 흠이 있는 seek out ~을 찾아내다 passion 열망하는 것, 열정
weakness 약점

---

08 독해 내용 일치 파악   난이도 중 ●●○

National Fisheries Management Agency에 관한 다음 글의 내용과 일치하는 것은?

Role of the National Fisheries Management Agency (NFMA)

The National Fisheries Management Agency (NFMA) monitors marine ecosystems to protect endangered species and preserve biodiversity while also teaching coastal communities how to adopt sustainable aquaculture. The NFMA also regulates commercial and recreational fishing activities to prevent overfishing by setting quotas, which it determines by regularly taking stock of the size, health, and growth rate of various species. It has the authority to issue financial penalties, revoke fishing licenses, and confiscate fish when individuals and companies are found to be in violation of the regulations. Furthermore, when conflicts arise over who has the legal right to fish in certain areas, the NFMA considers the case of each group involved and intervenes to mediate a fair resolution.

① It funds aquaculture projects in coastal communities.
② It has the authority to regulate commercial fishing activities only.
③ It sets quotas based on the economic performance of the fishing industry.
④ It helps to resolve fishing-related disputes between groups.

DAY 04 하프모의고사 04회

해석

국립 수산 관리청(NFMA)의 역할

국립 수산 관리청(NFMA)은 멸종 위기에 처한 종을 보호하고 생물 다양성을 보존하기 위해 해양 생태계를 추적 관찰하는 동시에 해안 지역 사회에 지속 가능한 양식업을 적용하는 법을 알려주고 있습니다. 국립 수산 관리청은 또한 남획을 방지하기 위해 할당량을 설정하여 상업 및 취미 어업 활동을 규제하는데, 이는 그곳(국립 수산 관리청)이 다양한 종의 크기, 건강, 그리고 성장률을 정기적으로 조사하여 결정한 것입니다. 개인과 기업이 규정을 위반한 것으로 확인되었을 때는 그곳(국립 수산 관리청)은 금전상의 처벌을 부과하고, 어업 면허를 취소하며, 물고기를 압수할 수 있는 권한을 가지고 있습니다. 게다가, 특정 지역 내 어류에 대한 법적 권리를 누가 갖는지에 대한 갈등이 발생할 때, 국립 수산 관리청은 관련된 각 집단의 사정을 고려하여 공정한 해결을 이뤄 내기 위해 개입합니다.

① 그것은 해안 지역 사회에서 하는 양식업 프로젝트에 자금을 지원한다.
② 그것은 상업적 어업 활동만 규제할 수 있는 권한을 가지고 있다.
③ 그것은 어업의 경제적 성과에 따라 할당량을 설정한다.
④ 그것은 집단 간 어업 관련 분쟁을 해결하는 것을 돕는다.

포인트 해설

④번의 키워드인 fishing-related disputes(어업 관련 분쟁)를 바꾸어 표현한 지문의 when conflicts arise over who has the legal right to fish(어류에 대한 법적 권리를 누가 갖는지에 대한 갈등이 발생할 때) 주변의 내용에서 특정 지역 내 어류에 대한 법적 권리를 누가 갖는지에 대한 갈등이 발생할 때, 국립 수산 관리청은 관련된 각 집단의 사정을 고려하여 공정한 해결을 이뤄 내기 위해 개입한다고 했으므로 ④ '그것은 집단 간 어업 관련 분쟁을 해결하는 것을 돕는다'가 지문의 내용과 일치한다.

[오답 분석]
① 해안 지역 사회에 지속 가능한 양식업을 적용하는 법을 알려주고 있다고는 했지만, 해안 지역 사회에서 하는 양식업 프로젝트에 자금을 지원하는지는 알 수 없다.
② 상업 및 취미 어업 활동을 규제한다고 했으므로, 상업적 어업 활동만 규제할 수 있는 권한을 가지고 있다는 것은 지문의 내용과 다르다.
③ 다양한 종의 크기, 건강, 그리고 성장률을 정기적으로 조사하여 할당량을 결정한다고 했으므로, 어업의 경제적 성과에 따라 할당량을 설정한다는 것은 지문의 내용과 다르다.

정답 ④

어휘

endangered 멸종 위기에 처한 biodiversity 생물 다양성
aquaculture 양식(업) regulate 규제하다 overfishing 남획
quota 할당량 take stock of ~을 조사하다 revoke 취소하다
confiscate 압수하다 intervene 개입하다
mediate (협상 등을) 이룩 내다, 중재하다 resolution 해결 dispute 분쟁

구문 분석

The National Fisheries Management Agency (NFMA) monitors marine ecosystems to protect endangered species / and preserve biodiversity / while also teaching coastal communities (생략).

: 이처럼 접속사가 이끄는 절(while also ~ communities)이 문장을 꾸며주는 경우, 접속사의 의미에 따라 '~하는 동시에', '~하긴 하지만(although)', '~할 때(when)' 등으로 해석한다.

09 독해 무관한 문장 삭제   난이도 중 ●●○

다음 글의 흐름상 어색한 문장은?

The framing effect is a psychological phenomenon that describes the bias people have toward information based on how it is presented. ① Research shows that the way a potential situation is framed will affect the risks that an individual is willing to take using that information. ② For example, in one study, participants were given a choice between two treatments for a fictional disease affecting six hundred people. ③ Statistically, communicable diseases kill millions of people across the world, affecting every country. ④ One of the options was framed as a treatment that would "save two hundred lives," while the other was framed as resulting in four hundred deaths. Respondents overwhelmingly chose the option that was framed positively, with 72 percent of people preferring this treatment over the other statistically equivalent option.

해석

틀 효과는 사람들이 정보가 어떻게 표현되는지에 기반하여 그 정보에 대해 가지고 있는 편견을 설명하는 심리적 현상이다. ① 연구는 일어날 수 있는 상황이 표현되는 방식이 개인이 그 정보를 이용하여 기꺼이 감수하고자 하는 위험에 영향을 미칠 것임을 보여 준다. ② 예를 들어, 한 연구에서, 참여자들은 600명의 사람들을 감염시키는 허구의 질병에 대한 두 가지 치료법 사이에서 선택권을 제공받았다. ③ 통계적으로, 전염성 질병은 모든 국가들에 영향을 미치면서, 전 세계적으로 수백만 명의 사람들의 목숨을 빼앗는다. ④ 선택지 중 한 가지는 '200명의 목숨을 구할' 치료법으로 표현되었던 반면, 다른 하나는 400명의 죽음을 초래하는 것으로 표현되었다. 응답자들은 긍정적으로 표현된 선택지를 압도적으로 선택했는데, 72퍼센트의 사람들이 통계적으로는 동등한 다른 선택지보다 그 치료법을 선호했다.

포인트 해설

첫 문장에서 틀 효과의 개념에 대해 설명한 뒤, ①번에서 일어날 수 있는 상황이 표현되는 방식이 개인이 감수하고자 하는 위험에 영향을 미칠 것임을 보여 주는 연구를 소개하고, ②, ④번에서 연구의 상세 내용에 대해 설명하고 있다. 그러나 ③번은 '전염성 질병이 전 세계에 미치는 위험'에 대한 내용으로, 첫 문장의 내용과 관련이 없다.

정답 ③

어휘

framing effect 틀 효과 psychological 심리적인 phenomenon 현상
bias 편견 potential 일어날 수 있는 frame 표현하다, 짜맞추다, 만들다
be willing to 기꺼이 ~하다 treatment 치료법, 대우 fictional 허구의
affect 감염시키다, 영향을 미치다 statistically 통계적으로
communicable 전염성의 respondent 응답자
overwhelmingly 압도적으로 equivalent 동등한

10 독해 빈칸 완성 – 구 난이도 중 ●●○

밑줄 친 부분에 들어갈 말로 가장 적절한 것은?

> In 2020, Denmark passed an important law that should allow the country to overcome a major hurdle to adequately addressing climate change—the need for a lengthy, consistent effort. Due to the nature of democracies like Denmark, the time required to tackle the problem greatly exceeds the relatively short lifespan of most administrations, which generally experience turnover every few years. Because of these rotating governments, a new administration can undo or change _____. To combat this and keep each government on the same page, Denmark's new law requires each administration to receive yearly parliamentary approval on their progress toward reducing carbon emissions or be forced to step down.

① the political will of the government's constituency
② the focus of the previous government's policies
③ the need for continued governmental oversight
④ the scientific developments made to reach this goal

해석

2020년에, 덴마크는 길고 일관된 노력을 필요로 하는 기후 변화를 적절하게 다루는 것에 있어 그 국가가 주요한 난관을 극복하도록 할 중요한 법을 통과시켰다. 덴마크의 경우처럼 민주주의의 특성 때문에, 그 문제를 다루는 데 요구되는 시간은 일반적으로 몇 년마다 교체를 겪는 대다수 행정부의 상대적으로 짧은 수명을 크게 넘어선다. 이러한 순환하는 정부들 때문에, 새로운 행정부는 이전 정부 정책들의 주안점을 원상태로 되돌리거나 바꿀 수 있다. 이를 방지하고 각각의 정부들이 합심하도록 유지시키기 위해서, 덴마크의 새로운 법은 각각의 행정부가 탄소 배출 감축을 향한 진척에 대해 매년 의회의 승인을 받고, 그렇지 못하면 퇴진할 것을 요구한다.

① 정부 지지자층의 정치적 의지
② 이전 정부 정책들의 주안점
③ 지속적인 정부 감시의 필요성
④ 이 목표에 도달하기 위해 행해진 과학 발전

포인트 해설

빈칸 앞 문장에 민주주의의 특성 때문에 기후 변화 문제를 다루는 데 요구되는 시간은 일반적으로 몇 년마다 교체를 겪는 행정부의 짧은 임기를 넘어선다는 내용이 있으므로, 새로운 행정부는 '이전 정부 정책들의 주안점'을 원상태로 되돌리거나 바꿀 수 있다고 한 ②번이 정답이다.

정답 ②

어휘

hurdle 난관; 극복하다 adequately 적절하게 address 다루다, 연설하다
consistent 일관된 democracy 민주주의 tackle 다루다, 부딪치다
life span 수명 administration 행정부, 경영 turnover 교체
rotate 순환하다 undo 원상태로 되돌리다, 무효로 만들다
combat 방지하다, 싸우다 on the same page 합심한
parliamentary 의회의 approval 승인 progress 진척, 경과
emission 배출 step down 퇴진하다 constituency 지지자층, 유권자
oversight 감시, 실수

DAY 05 하프모의고사 05회

▶ 해커스 공무원시험연구소 총평

난이도	어휘 문제에 난도 있는 어휘들이 보기로 등장하고 빠르게 풀어내야 하는 빈칸형 문법 문제가 복수의 문법 포인트를 확인하도록 출제되면서, 전체적으로 체감 난도가 높았을 수 있습니다.
어휘·생활영어 영역	생활영어 영역에서 보기가 평서문으로 구성되는 경우, 빈칸 앞뒤의 대화 흐름을 유의 깊게 살핍니다.
문법 영역	문장 구조 전체를 파악해야 하는 도치 구문의 경우, 수험생 여러분이 가장 어려움을 느끼는 문법 포인트 가운데 하나입니다. 기본 이론을 예문과 함께 명확하게 이해하고 기출 문제를 통해 확인하는 과정을 거친다면, 보다 수월하게 정답을 찾아낼 수 있습니다.
독해 영역	문단 순서 배열 유형이 출제되면, 각 문단이 포함하고 있는 연결어와 지시대명사를 단서로 정답을 빠르게 포착할 수 있습니다.

▶ 정답

01	①	어휘	06	④	독해
02	③	문법	07	③	독해
03	④	문법	08	②	독해
04	③	생활영어	09	②	독해
05	③	독해	10	④	독해

▶ 취약영역 분석표

영역	맞힌 답의 개수
어휘	/ 1
생활영어	/ 1
문법	/ 2
독해	/ 6
TOTAL	/ 10

---

01 어휘 serenity 난이도 상 ●●●

밑줄 친 부분에 들어갈 말로 가장 적절한 것은?

> When the stress of work became too much to bear, the man escaped to the mountains for a weekend camping trip to leave behind the noise of urban living and immersed himself in the _____ of nature.

① serenity
② disorder
③ tolerance
④ selection

해석
일의 스트레스가 너무 심해서 참을 수 없게 되었을 때, 그 남자는 도시 생활의 소음을 뒤로하는 주말 캠핑 여행을 위해 산으로 도피하였고 자연의 고요함에 몰입하였다.

① 고요함 ② 무질서
③ 관용   ④ 선택

정답 ①

어휘
bear 참다 escape 도피하다; 탈출 leave behind ~을 뒤로하다
immerse oneself in ~에 몰입하다 serenity 고요함
disorder 무질서, 엉망 tolerance 관용 selection 선택

이것도 알면 합격!

'고요함'의 의미를 갖는 유의어
= calm, stillness, tranquility

---

02 문법 도치 구문 | 시제 | 능동태 난이도 상 ●●●

밑줄 친 부분에 들어갈 말로 가장 적절한 것은?

> Hardly had she _____ sending the email when she received a reply.

① finish
② finishes
③ finished
④ been finished

해석
그녀가 이메일 쓰기를 마치자마자 그녀는 답장을 보냈다.

포인트 해설
③ 도치 구문 | 시제 일치 | 능동태·수동태 구별 부정을 나타내는 부사(Hardly)가 강조되어 절의 맨 앞에 나오면 주어와 조동사가 도치되어 '조동사 + 주어 + 동사'의 어순이 되어야 하는데, 주절에 hardly가 오고 종속절에 when이 오는 경우 주절에는 과거완료 시제를 사용하고 종

속절에는 과거 시제를 사용하므로 had와 함께 과거완료 수동태를 완성하는 ④ been finished와, 과거완료 능동태를 완성하는 ③ finished가 정답 후보이다. 주절의 주어 she와 동사가 '그녀가 이메일 쓰기를 마치다'라는 의미의 능동 관계이므로 had와 함께 과거완료 능동태를 완성하는 ③ finished가 정답이다.

정답 ③

이것도 알면 합격!

hardly와 마찬가지로, 주절에 scarcely가 오고 종속절에 before/when이 오는 경우 또한 주절에는 과거완료 시제를, 종속절에는 과거 시제를 사용한다는 것을 알아 두자.

- Scarcely had we sat down when the phone rang.
  우리가 앉자마자 전화가 울렸다.

03 문법 to 부정사 | 동명사 | 수동태 | 시제 | 분사   난이도 중 ●●○

밑줄 친 부분 중 어법상 옳지 않은 것은?

Most people around the world ① remember watching a puppet show in their youth. This is because, for thousands of years, puppet shows ② have been used to convey stories, share knowledge, and entertain globally, with different cultures ③ developing unique performance styles. In Indonesia, shadow puppet shows are popular, and their story lines cause tourists and locals ④ fall in love with the characters.

해석

전 세계 대부분의 사람들은 그들의 어린 시절에 인형극을 본 것을 기억한다. 이는 수천 년 동안 인형극이 이야기를 전달하고, 지식을 공유하며, 전 세계적으로 남을 즐겁게 하는 데 이용되어 왔기 때문인데, 서로 다른 문화들은 독특한 공연 방식들을 발전시켜 왔다. 인도네시아에서는, 그림자 인형극이 인기가 있고, 그것들의 줄거리는 관광객들과 현지인들이 등장인물들과 사랑에 빠지게 한다.

포인트 해설

④ to 부정사를 취하는 동사 동사 cause는 목적격 보어로 to 부정사를 취하므로 동사원형 fall을 to 부정사 to fall로 고쳐야 한다.

[오답 분석]
① 동명사와 to 부정사 둘 다 목적어로 취하는 동사 문맥상 '인형극을 본 것을 기억한다'라는 의미가 되어야 자연스러운데, 동사 remember는 '~한 것을 기억하다'라는 과거의 의미를 나타낼 때 동명사를 목적어로 취하므로 동사 remember 뒤에 동명사 watching이 올바르게 쓰였다.
② 능동태·수동태 구별 | 현재완료 시제 주어(puppet shows)와 동사가 '인형극이 이용되다'라는 의미의 수동 관계이므로 수동태가 쓰여야 한다. 이때 현재완료와 자주 함께 쓰이는 시간 표현 'for + 시간 표현'(for thousands of years)이 왔고, '수천 년 동안 이용되어 왔다'라며 과거에 시작된 일이 현재까지 계속되고 있음을 표현하고 있으므로 현재완료 수동태 have been used가 올바르게 쓰였다.
③ 분사구문의 역할 동시에 일어나는 상황은 'with + 명사 + 분사'의 형태로 나타낼 수 있고, 명사(different cultures)와 분사가 '서로 다른 문화들이 발전시켜 왔다'라는 의미의 능동 관계이므로 현재분사 developing이 올바르게 쓰였다.

정답 ④

어휘

puppet show 인형극   youth 어린 시절   convey 전달하다
entertain 남을 즐겁게 하다, 접대하다   local 현지인, 주민; 현지의

이것도 알면 합격!

④번의 동사 cause와 같이 목적격 보어로 to 부정사를 취하는 동사들을 함께 알아 두자.

원하다	want need expect require
부추기다	ask convince encourage
강요하다	force compel get tell
허락하다	allow permit enable
알려 주다	remind advise warn

04 생활영어 I looked in the cupboard, but I didn't find anything.   난이도 중 ●●○

밑줄 친 부분에 들어갈 말로 가장 적절한 것은?

A: I just got back from the supermarket. I had to buy tomato sauce because I'm planning to make pasta for dinner tonight.
B: We have half a bottle already. Why didn't you check before you left for the store?
A: _____.
B: We keep the unopened bottles there, but we made pizza last week, remember? We put the rest of the sauce in the refrigerator to keep it fresh.
A: Oh, that's right. We can use that first then.

① I didn't have enough time, and I was hungry
② I was worried they would be sold out
③ I looked in the cupboard, but I didn't find anything
④ The supermarket closes early on the weekends

해석

A: 나는 방금 슈퍼마켓에서 돌아왔어. 오늘 밤 저녁으로 파스타를 만들 계획이어서 토마토소스를 사야 했거든.
B: 우리 이미 반병이나 가지고 있잖아. 왜 가게로 가기 전에 확인하지 않았니?
A: 찬장을 살펴보았지만, 아무것도 찾지 못했어.
B: 그곳에는 우리가 개봉하지 않은 병들을 보관해. 하지만 우리 지난주에 피자를 만들었잖아, 기억해? 우리는 남은 소스를 신선하게 유지하기 위해서 냉장고에 두었어.
A: 오, 맞아. 그러면 그것 먼저 쓰는 게 좋겠다.

① 나는 충분한 시간이 없었고, 배가 고팠어
② 그것들이 다 팔릴까 봐 걱정했어
③ 찬장을 살펴보았지만, 아무것도 찾지 못했어
④ 그 슈퍼마켓은 주말에 빨리 닫아

포인트 해설

토마토소스가 있는지 확인하지 않고 새것을 산 이유를 묻는 B의 질문에 A가 대답하고, 빈칸 뒤에서 다시 B가 we made pizza last week, remember? We put the rest of the sauce in the refrigerator to keep it fresh(우리 지난주에 피자를 만들었잖아, 기억해? 우리는 남은 소스를 신선하게 유지하기 위해서 냉장고에 두었어)라고 말하고 있으므로, '찬장을 살펴보았지만, 아무것도 찾지 못했어'라는 의미의 ③ 'I looked in the cupboard, but I didn't find anything'이 정답이다.

정답 ③

어휘

get back 돌아오다   refrigerator 냉장고   sold out 다 팔린
cupboard 찬장

이것도 알면 합격!

이해한 것을 확인할 때 쓸 수 있는 다양한 표현들을 알아 두자.
• Did I make myself clear? 제 말 이해하셨나요?
• Do you get the picture? 이해하시겠어요?
• I beg your pardon? 다시 한번 말씀해 주시겠어요?
• Let me put it another way. 다른 말로 설명해 볼게요.

05~06 다음 글을 읽고 물음에 답하시오.

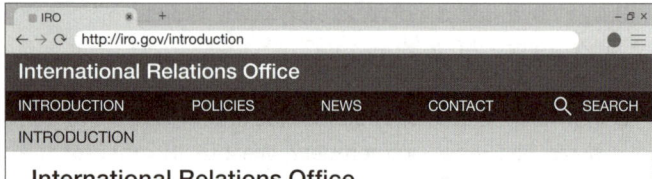

International Relations Office

Mission
We manage diplomatic relations, promote national interests abroad, and help citizens who reside or are visiting overseas. We also provide consular services to citizens, including the issuance and renewal of passports, assistance in the event of emergencies such as political instability or natural disasters, and legal representation in foreign countries.

Strategic Aim
We aim to strengthen our nation's standing on the global stage by building and maintaining productive and peaceful relationships with other countries. Through active diplomacy, cooperation, and compromise with other countries, we strive to cultivate a positive global image of our country.

Institutional Values
• Public Service and Commitment: We are committed to serving the needs of our citizens, both at home and abroad.
• Collaboration and Respect: We work closely with international allies to achieve shared global goals.

해석

국제협력사무국

사명
우리는 외교 관계를 관리하고, 국외에서 국가의 이익을 증진시키며, 해외에 거주하거나 해외를 방문하고 있는 국민들을 돕습니다. 우리는 또한 국민들에게 영사 서비스를 제공하는데, 이는 여권의 발급과 갱신, 정치적 불안정 혹은 자연재해와 같은 비상 상황에서의 지원, 그리고 외국에서의 법적 대리를 포함합니다.

전략적 목표
우리는 다른 나라들과 생산적이고 평화로운 관계를 구축하고 유지함으로써 세계 무대에서 자국의 입지를 강화하는 것을 목표로 합니다. 다른 나라들과의 적극적인 외교, 협력 및 타협을 통해, 자국의 긍정적인 국제적 이미지를 쌓아 나가고자 노력합니다.

기관의 가치
• 공공 서비스와 헌신: 국내와 해외 모두에서 국민들에게 도움이 되기 위해 헌신합니다.
• 협력과 존중: 전 세계의 공유된 목표를 달성하기 위해 국제적인 동맹국들과 긴밀히 협력합니다.

어휘

diplomatic 외교의   promote 증진시키다, 홍보하다
interest 이익, 관심; 관심을 갖게 하다   reside 거주하다
consular (외무) 영사의   issuance 발급, 발행   renewal 갱신, 재개
instability 불안정   representation 대리, 대표   strengthen 강화하다
standing 입지, 지위; 서 있는   active 적극적인, 활동적인
cooperation 협력   compromise 타협; 타협하다   strive 노력하다
cultivate 쌓다, 경작하다   commitment 헌신
serve the need 도움이 되다   ally 동맹국; 지지하다

05 독해 내용 일치 파악   난이도 중 ●●○

윗글에서 International Relations Office에 관한 내용과 일치하는 것은?

① It must secure permission from host countries to assist nationals residing abroad.
② It financially assists foreign allies affected by natural disasters.
③ It aims to strengthen the nation's standing by building productive international relations.
④ It invests in international projects in hopes of improving the country's image.

[해석]
① 그것은 국외에서 거주하는 국민들을 돕기 위해 현지국의 허가를 얻어야 한다.
② 그것은 자연재해로 피해를 입은 외국 동맹국들을 재정적으로 돕는다.
③ 그것은 생산적인 국제 관계를 구축함으로써 국가의 입지를 강화하는 것을 목표로 한다.
④ 그것은 국가 이미지를 개선하겠다는 희망을 가지고 국제적인 프로젝트에 투자한다.

[포인트 해설]
③번의 키워드인 productive international relations(생산적인 국제 관계)를 바꾸어 표현한 지문의 productive and peaceful relationships(생산적이고 평화로운 관계) 주변 내용에서 국제협력사무국은 다른 나라들과 생산적이고 평화로운 관계를 구축하고 유지함으로써 세계 무대에서 자국의 입지를 강화하는 것을 목표로 한다고 했으므로, ③ '그것은 생산적인 국제 관계를 구축함으로써 국가의 입지를 강화하는 것을 목표로 한다'가 지문의 내용과 일치한다.

[오답 분석]
① 국제협력사무국이 해외에 거주하거나 해외를 방문하고 있는 국민들을 돕는다고는 했지만, 국외에서 거주하는 국민들을 돕기 위해 현지국의 허가를 얻어야 하는지는 알 수 없다.
② 국제협력사무국이 자연재해와 같은 비상 상황에서 국민들에게 지원을 제공한다고는 했지만, 그것이 자연재해로 피해를 입은 외국 동맹국들을 재정적으로 돕는지는 알 수 없다.
④ 국제협력사무국이 적극적인 외교로 자국의 긍정적인 국제적 이미지를 쌓아 나가고자 노력한다고는 했지만, 그것이 국가 이미지를 개선하겠다는 희망을 가지고 국제적인 프로젝트에 투자하는지는 알 수 없다.

정답 ③

[어휘]
secure 얻다, 확보하다 permission 허가 host country 현지국, 주최국

06 독해 유의어 파악   난이도 중 ●●○

밑줄 친 active의 의미와 가장 가까운 것은?

① decisive
② strategic
③ formal
④ dynamic

[해석]
① 결정적인
② 전략적인
③ 공식적인
④ 활발한

[포인트 해설]
밑줄 친 부분이 포함된 문장에서 active는 문맥상 다른 나라들과의 '적극적인' 외교라는 의미로 쓰였으므로, '활발한'이라는 의미의 ④ dynamic이 정답이다.

정답 ④

[어휘]
decisive 결정적인 strategic 전략적인
formal 공식적인, 정규적인, 격식을 차린 dynamic 활발한, 역동적인

07 독해 문단 순서 배열   난이도 중 ●●○

주어진 글 다음에 이어질 글의 순서로 가장 적절한 것은?

Wildlife photography has the potential to help the nearly one-in-four animals that are in danger of going extinct. This is because photos of animals thriving in their natural environments raise awareness and support for ongoing conservation efforts.

(A) For example, photographers will often use food to attract wild animals or lure them into favorable, yet unnatural, locations to capture the most attractive photos.
(B) This animal feeding is problematic because it makes the animal more comfortable around humans, which increases the chances of a dangerous incident between the two and can lead to severe injuries.
(C) But when performed unethically, wildlife photography can bring harm and disruption to, and have disastrous effects on, animal habitats and their natural behavior.

① (A) – (B) – (C)
② (B) – (A) – (C)
③ (C) – (A) – (B)
④ (C) – (B) – (A)

[해석]
야생 동물 사진은 멸종될 위기에 처해 있는 거의 4분의 1의 동물들을 도울 잠재력을 가지고 있다. 이는 자연환경에서 잘 자라고 있는 동물들의 사진이 진행 중인 보호 활동에 대한 관심과 지지를 불러일으키기 때문이다.

(A) 예를 들어, 사진사들은 야생 동물들을 유인하거나 가장 매력적인 사진을 포착하기에 적합하지만, 부자연스러운 곳으로 그것들을 꾀어내기 위해 종종 음식을 사용할 것이다.
(B) 이러한 동물 먹이 주기는 동물이 사람 주변을 더 편안하게 느끼게 만들기 때문에 문제가 되는데, 이것은 둘(동물과 사람) 사이에 위험한 사고의 가능성을 높이고 심각한 피해로 이어질 수 있다.
(C) 그러나 비윤리적으로 행해질 때, 야생 동물 사진은 동물 서식지와 그것들의 자연스러운 행동에 피해와 혼란을 주고 처참한 영향을 끼칠 수 있다.

[포인트 해설]
주어진 글에서 야생 동물 사진은 자연 보호 활동에 대한 관심과 지지를 불러일으켜 멸종 위기에 처해 있는 동물들을 도울 수 있다고 하고, (C)에서 그러나(But) 이것이 비윤리적으로 행해질 때, 야생 동물 사진은 부정적 영향을 끼칠 수 있다고 경고하고 있다. 이어서 (A)에서 예를 들어(For example) 좋은 사진을 찍기 위해 동물을 유인하기 위한 미끼 두기를 언급하고, (B)에서 이러한 동물 먹이 주기(This animal feeding) 행위가 동물과 사람 사이에 위험한 사고의 가능성을 높이고 심각한 피해로 이어질 수 있다고 부연하고 있다. 따라서 ③ (C) – (A) – (B)가 정답이다.

정답 ③

DAY 05 하프모의고사 05회

어휘

wildlife 야생 동물 **potential** 잠재력, 가능성 **go extinct** 멸종되다
thrive 잘 자라다, 번영하다 **awareness** 관심, 의식 **ongoing** 진행 중인
conservation (자연환경) 보호, 보존 **attract** 유인하다
lure 꾀어내다, 유혹하다 **favorable** 적합한, 호의적인
capture 포착하다, 붙잡다 **feed** 먹이를 주다; 먹이
problematic 문제가 되는, 해결하기 어려운 **comfortable** 편안한
incident 사고 **severe** 심각한 **injury** 피해, 부상 **unethically** 비윤리적으로
disruption 혼란 **disastrous** 처참한 **habitat** 서식지

구문 분석

This animal feeding is problematic / because it makes the animal more comfortable around humans, / which increases the chances of a dangerous incident between the two (생략).

: 이처럼 '콤마 + which'가 이끄는 절이 문장을 꾸며주는 경우, which는 앞에 나온 문장 전체를 의미하며, '이것은'이라고 해석한다.

---

08 독해 내용 불일치 파악 난이도 중 ●●○

다음 글의 내용과 일치하지 않는 것은?

The National Art Center is open daily from 10:00 a.m. to 6:00 p.m., with extended hours until 9:00 p.m. on Fridays. Admission to the permanent collection is free for all visitors, though donations are welcome. Tickets are required for special exhibits for all non-members and can be purchased in person at the center or through the official website.

The National Art Center offers a wide range of amenities for the convenience of visitors. A café located on the second floor provides light refreshments, while the gift shop near the main entrance on the ground floor offers a selection of art books, prints, and souvenirs. Coat check is available for $6 per item from November 1 to April 1.

Visitors are welcome to sketch the art pieces and take photographs of them unless a sign indicates otherwise.

For additional information, call 1 (800) 555-9578 or visit www.nationalartcenter.org.

① The National Art Center is open for longer on Fridays.
② All visitors should purchase a ticket for special exhibits.
③ The café and gift shop are on different floors.
④ Coat check is in operation for part of the year.

해석

국립예술센터는 방문객들의 편의를 위해 다양한 편의 시설들을 제공하고 있습니다. 2층에 위치한 카페에서는 가벼운 다과를 제공하고, 동시에 1층 정문 근처의 선물 가게에서는 엄선된 예술 서적, 출판물 및 기념품을 제공합니다. 휴대품 임시 보관소는 11월 1일부터 4월 1일까지 품목당 6달러에 이용하실 수 있습니다.

방문객들은 별다른 표시가 없다면 예술 작품들을 스케치하고 사진을 찍을 수 있습니다.

추가 정보를 원하시면, 1 (800) 555-9578로 전화하시거나 www.nationalartcenter.org를 방문해 주세요.

① 국립예술센터는 금요일에 더 오래 운영된다.
② 모든 방문객들은 특별 전시를 위한 입장권을 구매해야 한다.
③ 카페와 선물 가게는 서로 다른 층에 있다.
④ 휴대품 임시 보관소는 한 해의 일부 동안 운용된다.

포인트 해설

②번의 키워드인 special exhibits(특별 전시)가 그대로 언급된 지문 주변의 내용에서 특별 전시의 경우 모든 비회원들에게 입장권이 요구된다고 했으므로, ② '모든 방문객들은 특별 전시를 위한 입장권을 구매해야 한다'는 지문의 내용과 다르다.

정답 ②

어휘

extend 연장하다, 확대하다 **admission** 입장(료)
permanent 상설의, 영구적인 **donation** 기부(금) **in person** 직접
amenity (생활) 편의 시설 **convenience** 편의 **refreshment** 다과
souvenir 기념품 **coat check** 휴대품 임시 보관소
in operation 운용 중인, 가동 중인

---

09 독해 주제 파악 난이도 하 ●○○

다음 글의 주제로 가장 적절한 것은?

Grass lawns started appearing in front of American residences in the 1870s, and now 80 percent of homes in the United States have them. What's more interesting is that in the last 50 years, lawns have become a status symbol. As watering, mowing, and cultivating a lawn takes time, money, and care, those who have well-manicured lawns are assumed to have the disposable income and extra time to maintain their own patch of grass. Also, in some residential communities, having an exquisite lawn may be mandatory. Neighborhoods that are overseen by a homeowners association, for example, fine those who fail to take care of their lawns properly.

① the things needed to keep lawns healthy
② the popularity of lawns in the United States
③ the design standards of residential neighborhoods
④ the prevalence of grass allergies in Americans

해석

잔디밭은 1870년대에 미국의 주택들 앞에서 보이기 시작했고, 현재 미국에 있는 집의 80퍼센트는 그것을 가지고 있다. 더 흥미로운 것은 지난 50년 동안 잔디밭이 신분의 상징이 되어 왔다는 것이다. 잔디밭에 물을 주고, 잔디를 깎고, 그리고 잔디를 잘 가꾸는 것은 시간, 돈 그리고 주의를 필요로 하기 때문에, 매우 깔끔하게 손질된 잔디밭을 가지고 있는 사람들은 마음대로 쓸 수 있는 소득이 있고 그들만의 잔디밭을 유지할 여분의 시간이 있는 것으로 생각된다. 또한, 일부 주거 단지에서는, 매우 아름다운 잔디밭을 소유하는 것이 의무적일 수도 있다. 예를 들어, 주택 소유자 협회에 의해 감독이 되는 지역들은 그들의 잔디밭을 적절하게 돌보는 데 실패한 사람들에게 벌금을 부과한다.

① 잔디밭을 건강하게 유지하기 위해 필요한 것들
② 미국 내 잔디밭의 인기
③ 주거 지역들의 설계 기준
④ 미국에서의 잔디 알레르기 유행

포인트 해설

지문 전반에 걸쳐 미국에 있는 집의 80퍼센트가 잔디밭을 가지고 있는데, 지난 50년간 잔디밭은 신분의 상징이 되어 깔끔하게 손질된 잔디밭을 가지고 있는 사람들은 경제적인 능력이 있다고 여겨졌고, 심지어 아름다운 잔디밭을 소유하는 것이 의무가 된 주거 단지도 있다고 설명하고 있으므로, ② '미국 내 잔디밭의 인기'가 이 글의 주제이다.

정답 ②

어휘

grass lawn 잔디밭 residence 주택, 주거지 status 신분 mow 깎다
cultivate 잘 가꾸다, 경작하다 manicured 깔끔하게 손질된
assume 생각하다, 추정하다
disposable income 마음대로 쓸 수 있는 소득, 가처분 소득 patch 밭
residential community 주거 단지 exquisite 매우 아름다운, 강렬한
mandatory 의무적인 neighborhood 지역, 단지, 이웃
oversee 감독하다, 지켜보다 homeowner 주택 소유자 properly 적절하게
prevalence 유행 allergy 알레르기

---

10 독해 제목 파악   난이도 중 ●●○

다음 글의 제목으로 가장 적절한 것은?

> Finland's education system is considered one of the best in the world, with students boasting top scores in key subjects and having the highest rate of college attendance in Europe. This success has been achieved due to its holistic approach to education, which aims to limit stress on students. For starters, children in Finland don't begin school until the age of seven, giving them ample time to play and enjoy being a kid. Also, Finnish schools are relatively free from pressure caused by exams and assignments, as students are not required to take standardized tests until they're 16 years old and they receive the least amount of homework in the world.

① The Effects of Homework on Students in Europe
② The Best High Schools Found in Finland Today
③ The Impact of Traditional Education on Young Learners
④ The Features of Finland's Low-stress Education System

해석

핀란드의 교육 체계는 세계 최고 중 하나로 여겨지는데, 학생들은 주요 과목들에서 가장 높은 점수를 자랑하고 유럽에서 가장 높은 대학 진학률을 보인다. 이 성공은 교육에 대한 거시적인 접근 방식 때문에 달성되었는데, 이것은 학생들의 스트레스를 제한하는 것을 목적으로 한다. 우선, 핀란드의 어린이들은 7세까지 학교에 다니지 않는데, 이는 그들에게 놀이를 하고 어린이인 것을 누릴 충분한 시간을 제공한다. 또한, 핀란드 학교들은 시험과 과제로 인해 야기되는 압박으로부터 상대적으로 자유로운데, 이는 학생들이 16세가 될 때까지 표준화된 시험들을 치르도록 요구되지 않고, 그들이 세계에서 가장 적은 양의 숙제를 받기 때문이다.

① 유럽 학생들에게 숙제가 미치는 영향
② 오늘날 핀란드에 설립된 최고의 고등학교들
③ 전통적인 교육이 어린 학습자들에게 미치는 영향
④ 핀란드의 스트레스가 적은 교육 체계의 특징

포인트 해설

지문 전반에 걸쳐 핀란드의 교육 체계는 세계 최고 중 하나로 여겨지는데, 이것은 학생들의 스트레스를 제한하는 것을 목적으로 하는 거시적인 교육 접근 방식 때문에 달성되었다고 하며, 그에 대한 구체적인 사례들을 소개하고 있으므로, ④ '핀란드의 스트레스가 적은 교육 체계의 특징'이 이 글의 제목이다.

정답 ④

어휘

boast 자랑하다 attendance 대학, 출석 holistic 거시적인
aim at ~을 목적으로 하다 for starters 우선 ample 충분한
relatively 상대적으로 assignment 과제, 임무 standardized 표준화된
feature 특징; 특징으로 하다

DAY 06 하프모의고사 06회

해커스 공무원시험연구소 총평

난이도 문법 영역에 고난도 문제가 포함되어 있기는 했지만, 전반적으로 평이한 공무원 9급 영어 시험의 난이도였습니다.

어휘·생활영어 영역 밑줄 친 부분의 유의어를 찾는 문제는 지금까지 높은 출제율을 보여 온 유형입니다. 밑줄과 각각의 보기의 의미를 아는 것이 중요하지만, 문맥에 어울리지 않는 오답 보기들을 소거해 나감으로써 정답에 접근할 수도 있습니다.

문법 영역 2번과 3번 모두 동사의 종류에 대해 묻고 있습니다. 수많은 동사의 성질을 구분하는 게 어렵게 느껴질 수 있지만, 공무원 영어 시험에 자주 등장하는 동사는 한정되어 있으므로 문제풀이를 반복하며 자연스럽게 암기해 나갑니다.

독해 영역 8번 문제와 같이 주제·제목·요지·목적 파악 유형의 경우, 두괄식으로 글의 처음에 핵심 내용이 제시되고 나서 마지막에 다시 한번 언급되는 경우가 많다는 것을 알아 둡니다.

정답

01	④	어휘	06	②	독해
02	②	문법	07	④	독해
03	④	문법	08	④	독해
04	④	생활영어	09	④	독해
05	②	독해	10	④	독해

취약영역 분석표

영역	맞힌 답의 개수
어휘	/1
생활영어	/1
문법	/2
독해	/6
TOTAL	/10

---

01 어휘 launch = initiate   난이도 중 ●●○

밑줄 친 부분의 의미와 가장 가까운 것은?

The mayor launched a campaign to enhance community safety by improving emergency response systems and increasing neighborhood patrols.

① paused   ② advocated
③ targeted   ④ initiated

해석
그 시장은 비상 대응 체계를 개선하고 동네 순찰을 늘림으로써 지역 사회 안전을 강화하는 캠페인에 착수했다.
① 중단했다   ② 지지했다
③ 겨냥했다   ④ 시작했다

정답 ④

어휘
mayor 시장 launch 착수하다, 시작하다, 출시하다 patrol 순찰; 순찰하다
pause 중단하다 advocate 지지하다, 옹호하다
target 겨냥하다, 목표로 삼다 initiate 시작하다

🖋 이것도 알면 합격!

'착수하다'의 의미를 갖는 표현
= introduce, kick off, roll out, embark on

---

02 문법 동사의 종류 | 전치사 | 동명사   난이도 상 ●●●

밑줄 친 부분이 어법상 옳은 것은?

① She decided to <u>attend in</u> the meeting scheduled for next Monday.
② The guide explained <u>to me</u> that the museum closes early on weekends.
③ That movie will be released in theaters <u>in next month</u>.
④ In addition to doing passing exercises, the team practiced <u>to make</u> goals.

해석
① 그녀는 다음 주 월요일에 예정된 회의에 참석하기로 결정했다.
② 안내원은 내게 주말에는 박물관이 일찍 닫는다고 설명했다.
③ 그 영화는 다음 달에 극장에서 개봉될 것이다.
④ 패스 훈련을 하는 것에 더해, 그 팀은 골을 넣는 것도 연습했다.

포인트 해설
② **3형식 동사** that절을 목적어로 갖는 3형식 동사 explain 뒤에는 '사람(me)'이 혼자 올 수 없고 'to + 사람'(to me)의 형태로 와야 하므로 to me가 올바르게 쓰였다.

[오답 분석]
① **타동사** 동사 attend는 전치사(in) 없이 목적어를 취하는 타동사이므로 attend in을 attend로 고쳐야 한다.
③ **전치사** next를 포함한 시간 표현(next month) 앞에는 시간을 나

32 해커스공무원 gosi.Hackers.com

타내는 전치사 in/at/on이 오지 않으므로 in next month를 next month로 고쳐야 한다.

④ **동명사를 목적어로 취하는 동사** 동사 practice는 동명사를 목적어로 취하므로 to 부정사 to make를 동명사 making으로 고쳐야 한다.

정답 ②

어휘

release 개봉하다, 발표하다, 풀어 주다 make a goal 골을 넣다, 득점하다

이것도 알면 합격!

동명사의 다양한 형태를 알아 두자.

[부정형] The voter admitted **not knowing** the current mayor's name.
그 유권자는 현임 시장의 이름을 모른다는 것을 인정했다.

[수동형] She appreciated **being recognized** for her hard work.
그녀는 그녀의 노고를 인정받은 것에 감사했다.

[완료형] He regretted **having participated** in the argument.
그는 그 논쟁에 관여했던 것을 후회했다.

---

03 문법 동사의 종류 | 수동태 | 부사절   난이도 중 ●●○

밑줄 친 부분 중 어법상 옳지 않은 것은?

In Louisiana, the area of "Cancer Alley" ① is known to be home to a large number of chemical processing plants. ② While these have provided jobs for local residents, they have also emitted massive amounts of contamination. Following an outcry from residents in the area in the 1980s, the plants were forced ③ to reduce the amount of pollutants they release, and air quality improved markedly. Unfortunately, in recent years, toxic pollution levels have begun ④ to raise again, sparking renewed concerns about environmental safety.

해석

루이지애나에 있는, 'Cancer Alley(암의 골짜기)'라는 지역은 아주 많은 화학 처리 공장들의 본고장으로 알려져 있다. 이것들은 지역 주민들에게 일자리를 제공해 왔지만, 그것들은 또한 막대한 양의 오염 물질을 배출해 왔다. 1980년대에 그 지역 주민들의 강력한 항의에 따라, 그 공장들은 그들이 방출하는 오염 물질의 양을 줄여야 했고, 공기의 질은 두드러지게 개선되었다. 유감스럽게도, 최근 몇 년 동안, 유독성 오염도가 다시 증가하기 시작했는데, 이는 환경 안전에 대한 재개된 우려를 촉발시켰다.

포인트 해설

④ **혼동하기 쉬운 자동사와 타동사** '유독성 오염도가 다시 증가하기 시작했다'라는 의미는 자동사 rise(증가하다)를 사용하여 나타낼 수 있으므로, 반드시 목적어를 취해야 하는 타동사 raise(~을 올리다)를 자동사 rise로 고쳐야 한다. 참고로, 동사 begin은 동명사가 목적어일 때와 to 부정사가 목적어일 때 의미가 동일하다.

[오답 분석]

① **3형식 동사의 수동태** that절을 목적어로 취하는 능동태 문장 the area of "Cancer Alley" is home ~ plants에서 that절의 주어(the area of "Cancer Alley")가 문장의 주어로 가서 수동태가 되는 경우,

'주어 + be p.p. + to 부정사'의 형태가 되므로 is known to be가 올바르게 쓰였다.

② **부사절 접속사** 문맥상 '지역 주민들에게 일자리를 제공해 왔지만'이라는 의미가 되어야 자연스러우므로 '하지만'이라는 의미의 부사절 접속사 While이 올바르게 쓰였다.

③ **5형식 동사의 수동태** to 부정사를 목적격 보어로 취하는 5형식 동사(force)가 수동태가 되면 to 부정사는 수동태 동사(were forced) 뒤에 그대로 남아야 하므로 were forced 뒤에 to reduce가 올바르게 쓰였다.

정답 ④

어휘

chemical 화학의; 화학 물질 plant 공장, 식물 emit 배출하다
massive 막대한 contamination 오염 물질, 오염
outcry 강력한 항의, 부르짖음 pollutant 오염 물질 markedly 두드러지게
spark 촉발시키다; 불꽃 concern 우려, 관심; 걱정하게 만들다, 관련되다

이것도 알면 합격!

형태가 비슷해서 혼동하기 쉬운 자동사와 타동사를 구분하여 알아 두자.

자동사	타동사
• lie 놓여 있다, 거짓말하다	• lay 놓다, 두다
• sit 앉다	• seat 앉히다

---

04 생활영어 How should I do that?   난이도 하 ●○○

밑줄 친 부분에 들어갈 말로 가장 적절한 것은?

 Emily
Have you found a new house yet?
4:59 p.m.

Ryan
I've narrowed it down to a few options based on size, cost, and location, but I haven't made a final decision.
5:00 p.m.

 Emily
Those aren't the only things you should consider when looking for a house.
5:00 p.m.

Ryan
That's true. I need to find a place that works for my needs. _____?
5:01 p.m.

 Emily
Well, the best way is to think about your lifestyle and what is most important to you in a home.
5:02 p.m.

Ryan
A bit of self-reflection is a good idea.
5:03 p.m.

DAY 06 하프모의고사 06회

① Would you buy this one
② Can I afford one
③ Is it really that important
④ How should I do that

해석

Emily: 새집은 찾았어?
Ryan: 크기, 비용, 위치를 고려해서 몇 가지 선택지로 좁혔지만, 최종 결정을 못 내렸어.
Emily: 그것들이 집을 구할 때 네가 고려해야 하는 유일한 것들은 아니야.
Ryan: 맞아. 나는 내 필요에 맞는 곳을 찾아야 해. 어떻게 그렇게 할 수 있을까?
Emily: 음, 최선의 방법은 네 생활 방식과 집에 있어서 네게 가장 중요한 것을 생각해 보는 거야.
Ryan: 약간의 자아 성찰은 좋은 생각이야.

① 너는 이걸로 살 거니
② 내가 구매할 여유가 될까
③ 그게 정말로 그렇게 중요하니
④ 어떻게 그렇게 할 수 있을까

포인트 해설

크기, 비용, 위치가 집을 구할 때 고려해야 하는 유일한 것들은 아니라는 Emily의 충고에 대해 Ryan이 자신의 필요에 맞는 곳을 찾아야 한다고 동의하고, 빈칸 뒤에서 다시 Emily가 the best way is to think about your lifestyle and what is most important to you in a home(최선의 방법은 네 생활 방식과 집에 있어서 네게 가장 중요한 것을 생각해 보는 거야)이라고 말하고 있으므로, '어떻게 그렇게 할 수 있을까'라는 의미의 ④ 'How should I do that'이 정답이다.

정답 ④

어휘

a bit of 약간의   self-reflection 자아 성찰   afford ~을 구매할 여유가 되다

이것도 알면 합격!

결정을 내리는 상황에서 쓸 수 있는 표현들을 알아 두자.
• The ball's in your court. 결정은 당신 몫이에요.
• It's up in the air. 아직 결정되지 않았어요.
• No matter what, my mind is set.
  어떻든지 간에, 저는 마음의 결정을 내렸어요.

05~06 다음 글을 읽고 물음에 답하시오.

To	services@printnow.com
From	Elaine Wynn
Date	February 9
Subject	Printing services

Dear Sir or Madam,

I am writing to inquire about your services for an upcoming event.

We are looking for a supplier of promotional materials for a one-day seminar in May. We would like to have 1,000 flyers and 200 posters ready for distribution by the end of March. For the day of the event, we would also like to order 100 program brochures. That day, we will need two banners: one for the main entrance and one for inside the conference room. These materials would need to be delivered to the seminar site on the morning of the event.

In addition, we are interested in ordering name tags for all the expected attendees. Could you send over some of your designs along with the pricing details?

Your prompt response would be appreciated.

Sincerely,
Elaine Wynn, Event Coordinator

해석

수신: services@printnow.com
발신: Elaine Wynn
날짜: 2월 9일
제목: 인쇄 서비스

담당자분께,

다가오는 행사를 위해 귀하의 서비스에 대해 문의하고자 글을 씁니다.

저희는 5월에 있을 원데이 세미나를 위한 홍보 자료의 공급업체를 찾고 있습니다. 3월 말까지 전단지 1,000장과 포스터 200장이 배포될 준비가 되었으면 합니다. 행사 당일을 위해, 프로그램 안내 책자 100부 또한 주문하고 싶습니다. 그날, 저희는 두 개의 배너가 필요할 것인데, 정문에 하나와 회의실 안에 하나가 필요합니다. 이 자료들은 행사날 아침에 세미나 현장으로 배송되어야 합니다.

뿐만 아니라, 저희는 모든 예상 참석자들을 위해 이름표를 주문할 의향이 있습니다. 귀하의 몇몇 디자인들과 함께 가격 세부 사항을 보내주실 수 있나요?

신속히 답변해 주신다면 감사하겠습니다.

진심을 담아,
Elaine Wynn, 행사 진행 담당자

어휘

inquire 문의하다   supplier 공급업체   promotional 홍보의   flyer 전단지
distribution 배포   brochure (안내) 책자   prompt 신속한

05 독해 목적 파악   난이도 중 ●●○

위 이메일의 목적으로 가장 적절한 것은?

① 세미나에 솜씨 좋은 강연자를 초대하기 위해
② 행사에 쓰일 홍보 물품에 대한 정보를 얻기 위해
③ 원데이 세미나의 홍보 방법을 논의하기 위해
④ 인쇄 서비스 관련 배너의 설치 위치를 지정하기 위해

포인트 해설
지문 전반에 걸쳐 원데이 세미나를 위한 홍보 자료의 공급업체를 찾고 있다며, 주문할 전단지, 포스터, 프로그램 안내 책자, 배너의 수량을 전달하면서 이름표의 디자인과 가격 세부 사항을 보내 달라고 요청하고 있으므로, ② '행사에 쓰일 홍보 물품에 대한 정보를 얻기 위해'가 이 글의 목적이다.

정답 ②

06 독해 내용 불일치 파악   난이도 중 ●●○

위 이메일의 내용과 일치하지 않는 것은?

① Flyers and posters are needed two months before the event.
② The program brochures will be passed out in March.
③ A banner will be placed at the main entrance.
④ Each of the attendees will receive a name tag.

해석
① 전단지와 포스터는 행사 두 달 전에 필요하다.
② 프로그램 안내 책자는 3월 중에 배포될 것이다.
③ 배너 하나는 정문에 설치될 것이다.
④ 각각의 참석자들은 이름표를 받을 것이다.

포인트 해설
②번의 키워드인 program brochures(프로그램 안내 책자)가 그대로 언급된 지문 주변의 내용에서 5월 중 진행하는 원데이 세미나 행사 당일을 위해 프로그램 안내 책자 100부 또한 주문하고 싶다고는 했지만, ② '프로그램 안내 책자가 3월 중에 배포될 것'인지는 알 수 없다.

정답 ②

어휘
pass out ~을 배포하다

07 독해 내용 불일치 파악   난이도 중 ●●○

다음 글의 내용과 일치하지 않는 것은?

> Before the invention of the barcode, supermarket clerks had to manually enter the price of every single product into the cash register. This inefficient process made checking out time-consuming for customers and workers alike. So, in 1948, university lecturer Norman Woodland quit his job and focused on finding a solution to this issue. His initial idea was inspired by the dots and dashes of Morse code, and his original design was in the form of a circle. It took decades for the first barcode, now in a rectangular shape, to be scanned in a store, but the technology soon became popular because it sped up the checkout process and allowed fewer employees to serve more customers. In addition, the barcode made doing inventory easier, prevented theft, and provided real-time sales reports, all while limiting the risk of human error.

① In the past, checkers had to enter the prices of each item.
② The inventor of the barcode was influenced by Morse code.
③ The initial design of the barcode was round in shape.
④ The introduction of the barcode allowed for real-time theft prevention.

해석
바코드의 발명 이전에, 슈퍼마켓 점원들은 수동으로 모든 단일 제품의 가격을 금전 등록기에 입력해야만 했다. 이 비효율적인 과정은 소비자들과 직원들 모두에게 계산하는 것을 많은 시간이 걸리는 일로 만들었다. 그래서, 1948년에 대학 강사 Norman Woodland는 자신의 일을 그만두고 이 문제에 대한 해결책을 찾는 것에 집중했다. 그의 초기 발상은 모스 부호의 점과 선들에 의해 영감을 받았고, 그의 최초 설계는 원형의 모양을 한 것이었다. 현재 직사각형 형태인 첫 번째 바코드가 상점에서 스캔되기까지 수십 년이 걸렸지만, 그 기술은 계산 과정을 빠르게 하고 더 적은 직원들이 더 많은 소비자들을 응대하게 해 주었기 때문에 곧 인기를 얻게 되었다. 게다가, 바코드는 사람에 의한 실수의 위험을 제한하는 동시에 재고 조사를 하는 것을 용이하게 하고, 절도를 예방했으며, 실시간 판매 기록을 제공했다.

① 과거에, 계산대 직원들은 물품 각각의 가격을 입력해야 했다.
② 바코드 발명가는 모스 부호에 의해 영향받았다.
③ 바코드의 초기 설계는 둥근 형태였다.
④ 바코드의 도입은 실시간 절도 예방을 가능하게 했다.

포인트 해설
④번의 키워드인 theft(절도)가 그대로 언급된 지문 주변의 내용에서 바코드가 절도를 예방하고 실시간 판매 기록을 제공했다고는 했지만, ④ '바코드의 도입이 실시간 절도 예방을 가능하게 했'는지는 알 수 없다.

정답 ④

어휘
invention 발명   clerk 점원   manually 수동으로, 손으로
cash register 금전 등록기   check out ~을 계산하다, 확인하다
time-consuming (많은) 시간이 걸리는   inspire 영감을 주다   dot 점
dash 선   inventory 재고 (조사)   theft 절도   checker 계산대 직원

DAY 06 하프모의고사 06회

08 독해 제목 파악 난이도 중 ●●○

다음 글의 제목으로 가장 적절한 것은?

Loneliness is not just an emotional condition but one with physical consequences that, in some cases, could be fatal. For example, someone who is suffering from acute loneliness and social isolation is, according to some studies, 30 percent more likely to develop coronary artery disease, commonly known as heart disease. Partly, this may be due to the increase in unhealthy lifestyle choices among people when they are lonely, including the maintenance of a poor diet and increased alcohol, drug, and cigarette use. Thus, psychology experts emphasize that it is important for people experiencing loneliness to find ways to become more socially active because as they engage more with others, their spirits and health will both improve.

*coronary artery disease: 심장동맥병

① The Relation between Unhealthy Lifestyles and Heart Disease
② The Best Way to Avoid Heart Disease in Old Age
③ The Reasons Lonely People Need Medical Treatment
④ The Impact of Loneliness on Physical Health

해석

외로움은 단지 감정적인 상태가 아니라 일부 경우에 치명적일 수 있는 신체적 결과를 가져오는 것이다. 예를 들어, 몇몇 연구에 따르면, 극심한 외로움과 사회적 고립으로 고통받는 사람은 일반적으로 심장병으로 알려진 심장동맥병이 생길 가능성이 30퍼센트 더 높다. 어느 정도, 이것은 외로울 때 부실한 식사와 늘어난 술, 약물, 그리고 흡연을 지속하는 것을 포함하여, 사람들 사이에 건강하지 못한 생활 방식 선택의 증가 때문일 수도 있다. 그러므로, 심리 전문가들은 외로움을 경험하는 사람들은 다른 사람들과 더 많이 관계를 맺음에 따라, 그들의 정신과 건강이 모두 나아질 것이기 때문에 더욱 사회적으로 활발해지는 방법을 찾는 것이 중요하다고 강조한다.

① 건강하지 못한 생활 방식과 심장 질환 사이의 관계
② 노년에 심장 질환을 피할 수 있는 최고의 방법
③ 외로운 사람들에게 의학적 치료가 필요한 이유
④ 외로움이 신체 건강에 끼치는 영향

포인트 해설

지문 전반에 걸쳐 외로움은 심장동맥병을 비롯한 치명적인 신체적 손상을 가져올 가능성이 있기 때문에, 외로움을 경험하는 사람들은 사회적으로 활발하게 지내면서 정신과 건강을 모두 회복하는 것이 중요하다고 강조하고 있다. 따라서 ④ '외로움이 신체 건강에 끼치는 영향'이 이 글의 제목이다.

정답 ④

어휘

loneliness 외로움, 고독 consequence 결과
fatal 치명적인, 돌이킬 수 없는 acute 극심한, 격렬한 isolation 고립, 분리
partly 어느 정도 maintenance 지속, 유지 engage 관계를 맺다, 고용하다
treatment 치료, 대우

09 독해 빈칸 완성 - 구 난이도 중 ●●○

밑줄 친 부분에 들어갈 말로 가장 적절한 것은?

With its magnificent natural beauty, stable economy, and relative safety, New Zealand has attracted a great deal of interest from international real estate investors. This has been incredibly beneficial for New Zealanders looking to sell their properties, as prices in the remote island nation have risen more than 60 percent—and even doubled in Auckland—over the span of a decade. But the inflation in the property values has not been matched by an increase in salaries, so locals looking for a home simply cannot compete in the market with wealthy foreign buyers. As a result, the country's parliament has banned non-resident foreigners from _____. The officials hope that this move will make property ownership available to the average New Zealand citizen.

① constructing new housing developments
② applying for visa extensions
③ investing in global ventures
④ purchasing existing homes in the country

해석

그것의 장엄한 자연의 아름다움과, 안정된 경제, 그리고 상대적인 안전성 때문에, 뉴질랜드는 국제적인 부동산 투자자들로부터 많은 관심을 끌어왔다. 이것은 그들의 부동산을 파는 것을 고려해 보는 뉴질랜드인들에게 믿을 수 없을 정도로 이로운데, 10년이라는 기간 동안 그 외딴 섬나라에서의 (부동산) 가격이 60퍼센트 이상 올랐고, 심지어 오클랜드에서는 두 배가 되었기 때문이다. 그러나 부동산 가치의 폭등은 급여의 인상과 부합하지 않았고, 그래서 집을 구하는 현지인들은 부유한 외국의 구매자들과 시장에서 그야말로 경쟁할 수 없다. 결과적으로, 그 나라의 국회는 비거주 외국인들이 그 나라에 있는 기존 주택들을 구매하는 것을 금지했다. 공무원들은 이러한 조치가 일반적인 뉴질랜드 시민들에게 부동산 소유를 가능하게 할 것이라고 희망한다.

① 새로운 주택 단지를 건설하는 것
② 비자 연장을 신청하는 것
③ 세계적인 벤처 기업에 투자하는 것
④ 그 나라에 있는 기존 주택들을 구매하는 것

포인트 해설

빈칸 앞 문장에서 뉴질랜드에서 부동산 가치의 폭등이 급여의 인상과 부합하지 않았기 때문에 현지인들이 부유한 외국 구매자들과 경쟁할 수 없다고 했으므로, 그 나라의 국회가 비거주 외국인들이 '그 나라에 있는 기존 주택들을 구매하는 것'을 금지했다고 한 ④번이 정답이다.

정답 ④

어휘

magnificent 장엄한 stable 안정된 relative 상대적인
attract 끌다, 매료시키다 real estate 부동산 investor 투자자
beneficial 이로운, 유익한 property 부동산 span 기간; (범위) 걸치다
decade 10년 inflation 폭등, 인플레이션 match 부합하다, 어울리다
salary 급여 simply 그야말로, 단순하게 compete 경쟁하다
parliament 국회 ban 금지하다 move 조치, 움직임 ownership 소유(권)

10 독해 문장 삽입 난이도 중 ●●○

주어진 문장이 들어갈 위치로 가장 적절한 것은?

Thus, when Britain passed a series of legal acts aimed at raising taxes to finance its growing war debt, the colonists were outraged.

In the early 17th century, Britain began sending settlers to colonize what is now the United States. (①) As time went by, these colonists developed a culture that was different from that of their homeland and unique to the new country. (②) Even though they were British citizens, with each successive generation born and raised in the colonies, people felt more disconnected from the crown and more loyal to America. (③) This shift in attitude led to resentment, as many colonists felt they were being exploited by Great Britain, which controlled trade with the colonies and required them to pay taxes. (④) Feeling these taxes were unfair, American colonists began to rebel against Britain, culminating in the country declaring its independence in 1776.

해석

따라서, 영국이 그것(영국)의 늘어나는 전쟁 부채에 자금을 대기 위해 세금을 인상하는 것을 목표로 한 일련의 합법적인 법령을 통과시켰을 때, 식민지 사람들은 격분했다.

17세기 초에, 영국은 현재의 미국을 식민지로 만들기 위해 정착민들을 보내기 시작했다. ① 시간이 지날수록, 이 식민지 사람들은 그들의 고국의 것과는 다르고, 새로운 국가 특유의 문화를 발달시켰다. ② 비록 그들은 영국 시민들이었지만, 각각의 연속된 세대들이 식민지에서 태어나고 길러지면서, 사람들은 (영국) 왕권과 동떨어진 느낌을 받았고 미국에 더 충성심을 느꼈다. ③ 이러한 태도의 변화는 억울함으로 이어졌는데, 다수의 식민지 사람들이 식민지들과의 거래를 통제하고 그들에게 세금을 내도록 요구하는 영국에 의해 착취당하고 있다고 느꼈기 때문이다. ④ 이러한 세금들이 부당하다고 느끼면서, 미국 식민지 사람들은 영국에 저항하기 시작했고, 1776년에 그 나라에서 독립을 선언하는 것으로 끝이 난다.

포인트 해설

④번 앞 문장에 미국 식민지 사람들이 식민지들과의 거래를 통제하고 세금을 요구하는 영국에 의해 착취당하고 있다고 느끼면서 억울함을 느꼈다는 내용이 있고, 뒤 문장에 이러한 세금들(these taxes)이 부당하다고 느낀 미국 식민지 사람들이 영국에 저항하기 시작했다는 내용이 있으므로, ④번 자리에 따라서(Thus) 영국이 늘어나는 전쟁 부채에 자금을 대기 위해 세금을 인상하는 것을 목표로 한 법령을 통과시켰을 때 식민지 사람들은 격분했다는 내용, 즉 부당하다고 느낀 세금이 무엇이었는지에 대해 설명하는 주어진 문장이 나와야 지문이 자연스럽게 연결된다.

정답 ④

어휘

a series of 일련의 legal 합법적인 act 법령 aim 목표로 하다
finance 자금을 대다; 자금 debt 부채, 빚 colonist 식민지 사람
outrage 격분시키다 settler 정착민 as time go by 시간이 지날수록
successive 연속적인, 연이은 generation 세대
disconnected 동떨어진, 단절된 crown 왕권, 왕관 loyal 충성스러운
resentment 억울함, 분개 exploit 착취하다 unfair 부당한, 불공평한
rebel 저항하다 culminate 끝이 나다 declare 선언하다
independence 독립

구문 분석

Feeling these taxes were unfair, / American colonists began to rebel against Britain, (생략).

: 이처럼 분사구문이 문장 앞 또는 뒤에 올 경우, 종종 문장과 동시에 일어나는 상황을 나타내는데, 이때 분사구문은 '~하면서', '~하며' 또는 '~한 채'라고 해석한다.

DAY 07 하프모의고사 07회

해커스 공무원시험연구소 총평

난이도 금융 및 기술 관련 지문들을 정확하게 해석하기에 다소 시간이 소요되었을 수 있지만, 유형별 문제풀이 전략을 잘 적용하였다면 정답을 어렵지 않게 찾을 수 있었습니다.

어휘·생활영어 영역 사람의 성향과 관련된 형용사 어휘들은 어휘 영역에 등장할 가능성이 높으므로, 문제풀이를 마친 뒤 모르는 어휘들이 있었다면 별도로 정리하여 암기합니다.

문법 영역 각 명사절 접속사의 특성을 구분하여 잘 알아 둔다면, 문법 영역뿐만 아니라 독해 영역을 풀어낼 때도 도움이 될 것입니다.

독해 영역 9번 문제와 같이 지문에 특정 분야에 대한 전문 용어들이 사용되어 개별 문장을 해석하기 까다롭더라도, 빈칸 앞뒤 문장과 지문의 전반적인 흐름에 근거하여 정답을 찾도록 합니다.

정답

01	④	어휘	06	③	독해
02	③	문법	07	④	독해
03	③	문법	08	③	독해
04	②	생활영어	09	①	독해
05	③	독해	10	③	독해

취약영역 분석표

영역	맞힌 답의 개수
어휘	/ 1
생활영어	/ 1
문법	/ 2
독해	/ 6
TOTAL	/ 10

---

01 어휘 obedient   난이도 중 ●●○

밑줄 친 부분에 들어갈 말로 가장 적절한 것은?

The teacher instructed the students to be _____ and follow directions carefully to promote readiness for potential risks and uncertainties during off-campus field trips.

① curious
② independent
③ generous
④ obedient

해석
그 교사는 교외 현장 학습 중에 발생할 수 있는 위험과 불확실성에 대비된 상태를 강화하기 위해 학생들에게 말을 잘 들을 것과 통솔에 주의를 기울여 따를 것을 지시했다.

① 호기심 많은
② 독립적인
③ 관대한
④ 말을 잘 듣는

정답 ④

어휘
instruct 지시하다, 가르치다 direction 통솔, 방침, 방향
promote 강화하다, 고취하다, 홍보하다 readiness 대비(된 상태), 채비
uncertainty 불확실성 field trip 현장 학습 curious 호기심 많은
independent 독립적인 generous 관대한
obedient 말을 잘 듣는, 순응하는

이것도 알면 합격!

'말을 잘 듣는'의 의미를 갖는 유의어
= compliant, submissive, amenable, disciplined

---

02 문법 명사절   난이도 중 ●●○

밑줄 친 부분에 들어갈 말로 가장 적절한 것은?

_____ the team will win the championship remains uncertain.

① If
② That
③ Whether
④ What

해석
그 팀이 우승을 차지할지 못할지는 여전히 불확실한 상태이다.

포인트 해설
③ 명사절 접속사 빈칸은 완전한 절(the team will win championship)을 이끌면서 동사 remains의 주어 자리에 올 수 있는 명사절 접속사 자리이다. 따라서 불완전한 절을 이끄는 명사절 접속사 ④ What은 정답이 될 수 없고, 문맥상 '그 팀이 우승을 차지할지 못할지는 여전히 불확실한 상태이다'라는 의미가 되어야 자연스러우므로 확실한 사실을 나타내

는 명사절 접속사 ② That 또한 정답이 될 수 없다. 이때 '~인지 아닌지'는 명사절 접속사 whether 또는 if로 나타낼 수 있는데, if가 이끄는 명사절은 문장의 주어 자리에 쓰일 수 없으므로 ③ Whether가 정답이다.

정답 ③

이것도 알면 합격!

또한 whether는 whether or not의 형태로 쓸 수 있지만, if는 if or not의 형태로 쓸 수 없다는 것도 함께 알아 두자.

- We need to check (**whether**, if) **or not** the package has been delivered.
  우리는 그 소포가 배송되었는지 여부를 확인해야 한다.

어휘

convince 확신시키다   preparation 준비(한 것)
without a second thought 더 생각할 것도 없이 바로   rush 서두르다
certain 확신하는, 일정한

이것도 알면 합격!

재귀대명사는 주어나 목적어를 강조할 때 강조하는 대상 바로 뒤나 문장 뒤에 쓰일 수 있으며, 이때 재귀대명사는 생략할 수도 있다는 것을 알아 두자.

- The manager **himself** completed the entire project.
  그 관리자가 직접 전체 프로젝트를 끝마쳤다.

03 문법 도치 구문 | 동명사 | 분사 | 대명사   난이도 중 ●●○

밑줄 친 부분 중 어법상 옳지 않은 것은?

> She had spent hours ① studying for the exam, ② convinced that she understood all the material. Confident in her preparation, she quickly answered the questions and submitted her test without a second thought. Only when she saw the correct answers ③ she did realize her mistakes. She regretted rushing and promised ④ herself to take more time to double-check her answers, no matter how certain she felt.

해석

그녀는 시험공부하는 데 몇 시간을 보내면서, 자신이 모든 자료를 이해했다고 확신했다. 준비한 것에 자신이 있었기 때문에, 그녀는 빠르게 문제를 풀었고 더 생각할 것도 없이 바로 시험지를 제출했다. 정답을 봤을 때 비로소 그녀는 자신의 실수를 깨달았다. 그녀는 서두른 것을 후회하며 아무리 확신이 든다 할지라도, 답을 다시 확인하는 데 더욱 많은 시간을 갖겠다고 스스로 다짐했다.

포인트 해설

③ **도치 구문** 제한을 나타내는 부사구(Only when ~ answers)가 강조되어 절의 맨 앞에 나오면 주어와 조동사가 도치되어 '조동사(did) + 주어(she) + 동사(realize)'의 어순이 되어야 하므로 she did realize를 did she realize로 고쳐야 한다.

[오답 분석]
① **동명사 관련 표현** 문맥상 '시험공부하는 데 몇 시간을 보냈었다'가 되어야 자연스러운데, '-하는 데 시간을 보내다'는 동명사 관련 표현 'spend + 시간(hours) + -ing'의 형태로 나타낼 수 있으므로 동명사 studying이 올바르게 쓰였다.
② **분사구문의 형태** 주절의 주어(She)와 분사구문이 '그녀가 확신하다(확신하게 되다)'라는 의미의 수동 관계이므로 과거분사 convinced가 올바르게 쓰였다.
④ **재귀대명사** 동사(promised)의 목적어가 지칭하는 대상이 문장의 주어(She)와 동일하므로 동사 promised의 목적어 자리에 재귀대명사 herself가 올바르게 쓰였다.

정답 ③

04 생활영어 You should contact his assistant, Mr. Hansen, instead.   난이도 중 ●●○

밑줄 친 부분에 들어갈 말로 가장 적절한 것은?

Amelia Scott
Do you have the budget plan for next month's city festival?
14:20

Andrew Harris
My responsibilities were recently reassigned. The fall festival budget is now handled by Mr. Russell.
14:22

Amelia Scott
Oh, I see. I'll reach out to him then.
14:23

Andrew Harris
Wait a moment. _____
14:23

Amelia Scott
Why?
14:24

Andrew Harris
Mr. Russell is on leave this week.
14:26

Amelia Scott
Thanks for letting me know.
14:27

① You could also try looking in the shared drive.
② You should contact his assistant, Mr. Hansen, instead.
③ Is there any specific information you're looking for?
④ Do you need me to help you get in touch with him?

DAY 07 하프모의고사 07회

해석

Amelia Scott: 다음 달에 있을 시 축제의 예산안을 가지고 계신가요?
Andrew Harris: 제 업무가 최근에 재배치되어서요. 가을 축제 예산안은 이제 Mr. Russell이 처리할 겁니다.
Amelia Scott: 오, 그렇군요. 그럼 그에게 연락해 볼게요.
Andrew Harris: 잠깐만요. 당신은 그의 조수인 Mr. Hansen에게 대신 연락하셔야 해요.
Amelia Scott: 왜죠?
Andrew Harris: Mr. Russell이 이번 주 휴가 중이에요.
Amelia Scott: 알려 주셔서 감사해요.

① 당신은 또한 공유 드라이브를 찾아볼 수 있습니다.
② 당신은 그의 조수인 Mr. Hansen에게 대신 연락하셔야 해요.
③ 찾고 있는 특정 정보가 있나요?
④ 그와 연락하도록 제가 도와드릴까요?

포인트 해설

가을 축제 예산안을 Mr. Russell이 처리할 것이라는 Andrew의 말에 Amelia가 그에게 연락해 보겠다고 하자 Andrew가 잠깐 기다려 달라고 하고, 이어서 이유를 묻는 Amelia에게 빈칸 뒤에서 다시 Andrew가 Mr. Russell is on leave this week(Mr. Russell이 이번 주 휴가 중이에요)이라고 설명하고 있으므로, '당신은 그의 조수인 Mr. Hansen에게 대신 연락하셔야 해요'라는 의미의 ② 'You should contact his assistant, Mr. Hansen, instead'가 정답이다.

정답 ②

어휘

budget 예산(안) reassign 재배치하다, 다시 맡기다
reach out to ~에게 연락하다 be on leave 휴가 중이다
contact 연락하다, 접촉하다 get in touch with ~와 연락하다

이것도 알면 합격!

업무 분장에 대해 말할 때 쓸 수 있는 다양한 표현들을 알아 두자.

- Here's the list of your responsibilities.
  여기 당신의 담당 업무 목록이에요.
- You're in charge of general office work.
  당신은 일반 사무 업무를 담당합니다.
- He will be the right person for the position.
  그가 그 자리에 적임자일 것입니다.
- Could you substitute for me? 저를 대신해 주실 수 있나요?

05~06 다음 글을 읽고 물음에 답하시오.

To	National Communication Commission
From	Claire Evans
Date	October 14
Subject	Unwanted Telephone Calls

Dear Sir or Madam,

I hope you are well. Today, I am writing about a growing problem with unwanted telemarketing calls, specifically the automated recorded calls known as robocalls.

These calls seem to have become much more common lately. Every day, I receive at least three of them. I have signed up for the national "Do Not Call" list and have even changed my number, but the fake calls persist. It has become very annoying and a major waste of my time.

I would like you to look into regulations that could prevent these types of calls so that people are not disturbed by them all the time. I look forward to any solutions that you can come up with.

Respectfully,
Claire Evans

해석

수신: 국가 통신 위원회
발신: Claire Evans
날짜: 10월 14일
제목: 원치 않는 전화

관계자분께,

안녕하세요. 오늘, 저는 원치 않는 텔레마케팅 전화로 인해 점점 커져 가고 있는 문제, 특히 로보콜이라고 알려진 자동 녹음 전화의 문제에 관해서 편지를 씁니다.

이러한 전화는 최근 훨씬 더 흔해진 것 같습니다. 매일, 저는 최소 세 통의 (자동 녹음) 전화를 받습니다. 국가의 '수신 거부' 목록에 등록하고 심지어 제 번호를 바꾸기까지 했지만, 가짜 전화는 계속되고 있습니다. 그것은 매우 성가시며 심한 시간 낭비입니다.

저는 귀하가 이러한 유형의 전화를 하지 못하게 하여 언제든 사람들이 그것들에 의해 방해받지 않을 수 있도록 하는 규제를 검토해 주시기를 바랍니다. 귀하가 제시할 수 있는 어떠한 해결책이든 기대하겠습니다.

정중히,
Claire Evans

어휘

automated 자동의 sign up for ~에 등록하다 fake 가짜의
persist 계속되다, 주장하다, 존속하다 annoying 성가신
waste of time 시간 낭비 look into ~을 검토하다
regulation 규제, 규정, 법규 prevent ~하지 못하게 하다, 막다
disturb 방해하다

05 독해 목적 파악 난이도 하 ●○○

윗글의 목적으로 가장 적절한 것은?

① To ask about regulations regarding phone services
② To report a problem with a national database of phone numbers
③ To request that something be done about unwanted phone calls
④ To complain about being interrupted while on a telephone call

해석
① 전화 서비스 관련 규제에 대해 문의하려고
② 국가의 전화번호 데이터베이스와 관련된 문제를 보고하려고
③ 원치 않는 전화에 대해 무언가가 행해져야 함을 탄원하려고
④ 전화 통화 중에 차단당하는 것에 대해 항의하려고

포인트 해설
지문 전반에 걸쳐 자동 녹음 전화인 텔레마케팅 전화를 너무 자주 수신하여 성가시고 시간 낭비가 심하기 때문에 이러한 유형의 전화를 하지 못하게 할 규제를 검토해달라고 요청하고 있으므로, ③ '원치 않는 전화에 대해 무언가가 행해져야 함을 탄원하려고'가 이 글의 목적이다.

정답 ③

어휘
interrupt 차단하다, 방해하다

06 독해 유의어 파악 난이도 중 ●●○

밑줄 친 "persist"의 의미와 가장 가까운 것은?

① insist
② extend
③ continue
④ maintain

해석
① 고집하다
② 연장하다
③ 계속되다
④ 유지하다

포인트 해설
밑줄 친 부분이 포함된 문장에서 persist는 국가의 '수신 거부' 목록에 등록하고 자신의 번호를 바꾸기까지 했지만 가짜 전화가 '계속된다'는 의미로 쓰였으므로, '계속되다'라는 의미의 ③ continue가 정답이다.

정답 ③

어휘
insist 고집하다 extend 연장하다, 확대하다 continue 계속되다
maintain 유지하다

07 독해 내용 불일치 파악 난이도 중 ●●○

X-Change 앱에 관한 다음 글의 내용과 일치하지 않는 것은?

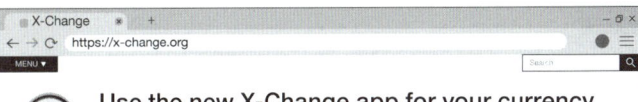

Use the new X-Change app for your currency needs.

Use the new X-Change app for your next international money transfer. The X-Change app provides real-time exchange rates for nearly 100 currencies. Users can send and receive money to and from over 150 countries, and, in most cases, payments are processed within 24 hours. The latest software update introduced the Entrepreneur Exchange feature. This service offers business owners reduced fees for frequent transactions with employees or suppliers abroad. To access the X-Change app, personal users can set up a free account with their name and bank information. Companies must pay a sign-up fee and provide their business license details. Confirmation of business details usually takes about a week.

① It allows money transfers to more than a hundred countries.
② Most payments are completed within a day.
③ Personal users can access the app for free.
④ Businesses can instantly use the app after paying a fee.

해석
여러분 화폐 수요를 위해 새로워진 X-Change 앱을 사용해 보세요.

여러분의 다음번 국제 송금을 위해 새로워진 X-Change 앱을 사용해 보세요. X-Change 앱은 대략 100개의 화폐에 대해 실시간 환율을 제공합니다. 사용자는 150개 이상의 국가로 돈을 보내고 받을 수 있으며, 대부분의 경우, 24시간 이내에 결제가 처리됩니다. 최신 소프트웨어 업데이트는 기업 환전 기능을 도입했습니다. 이 서비스는 해외에 있는 직원이나 공급 업체와의 빈번한 거래에 대해 사업주분들께 인하된 수수료를 제공합니다. X-Change 앱을 이용하기 위해, 개인 사용자는 본인의 이름과 은행 정보로 무료 계정을 생성할 수 있습니다. 기업들은 가입비를 납부하고 사업자 면허의 세부 정보를 제공하셔야 합니다. 기업 세부 정보의 확인은 일반적으로 약 일주일이 소요됩니다.

① 그것은 100개 이상의 국가로 송금할 수 있게 한다.
② 대부분의 결제는 하루 이내에 완료된다.
③ 개인 사용자는 앱을 무료로 이용할 수 있다.
④ 기업은 비용을 납부하고 나서 즉시 앱을 사용할 수 있다.

포인트 해설
④번의 키워드인 paying a fee(비용을 납부하는 것)를 바꾸어 표현한 지문의 pay a sign-up fee(가입비를 납부하다) 주변의 내용에서 앱 사용을 위해 기업들은 가입비를 납부하고 사업자 면허의 세부 정보를 제공해야 하는데, 이 기업 세부 정보의 확인은 일반적으로 약 일주일이 소요된다고 했으므로,

④ '기업은 비용을 납부하고 나서 즉시 앱을 사용할 수 있다'는 지문의 내용과 다르다.

정답 ④

어휘

currency 화폐, 통화 money transfer 송금, 돈거래
real-time 실시간 payment 결제 entrepreneur 기업(가)
frequent 빈번한 transaction 거래 supplier 공급 업체, 공급자
sign-up 가입 confirmation 확인 complete 완료하다 instantly 즉시

08 독해 제목 파악   난이도 중 ●●○

다음 글의 제목으로 가장 적절한 것은?

With widespread interest, two of the world's richest people blasted into space in 2021. It was the surest sign yet that space travel—once the pride of competing national powers—has become the province of the private sector. But the question remains: what will these billionaires do with their newfound mastery of space in the coming years? The optimists, of course, would argue that the extreme wealth and outsized ambitions of our new billionaire space explorers will finally succeed in colonizing space. They trust that the economic and technological benefits of their actions will eventually help the people on Earth. Skeptics, however, wonder if there's much reason to be hopeful. Even if the billionaire's "moon shots" pay dividends, the riches generated would likely remain in the hands of a select few, while the issues on our home planet remain unaddressed.

① Private Citizens in Space: A Historic Achievement
② Why Space Colonization is More Important Than Ever
③ Conflicting Perspectives on Private Space Travel
④ How Private Space Flight will Solve Problems on Earth

해석

폭넓은 관심을 받으면서, 2021년에 세계에서 가장 부유한 두 사람이 우주로 쏘아 올려졌다. 그것은 한때 경쟁하는 국력들의 자존심이었던 우주여행이 민간 부문의 영역이 되었다는, 지금까지 있던 것 중 가장 확실한 신호이다. 그러나 의문은 남아 있는데, 이러한 억만장자들은 앞으로 그들이 새로 얻은 우주에 대한 지배력으로 무엇을 할 것인가? 물론, 낙관론자들은 우리의 새로운 억만장자 우주 탐험가들이 가진 막대한 부와 거대한 야망이 마침내 우주에 식민지를 건설하는 데 성공할 것이라고 주장할 것이다. 그들(낙관론자들)은 그들의 행동이 갖는 경제적이고 기술적인 이점이 결국 지구에 있는 사람들을 도울 것이라고 믿는다. 하지만, 회의론자들은 희망적일 많은 이유들이 있는지 궁금해한다. 비록 억만장자의 '달 탐측선 발사'가 큰 이익을 주더라도, 발생된 부는 엄선된 극소수의 손에 남아 있게 될 것인 반면에, 우리 고향 행성의 문제들은 계속 다뤄지지 않은 채 남아 있을 것이다.

① 우주의 민간인들: 역사적인 업적
② 우주 식민지화가 어느 때보다 더 중요한 이유
③ 민간 우주여행에 대한 상충하는 관점들
④ 민간 우주 비행이 지구의 문제들을 해결할 방법

포인트 해설

지문 전반에 걸쳐 우주여행이 민간 부문의 영역이 된 것에 대한 낙관론자들과 비관론자들의 상반된 관점에 대해 설명하고 있으므로, ③ '민간 우주여행에 대한 상충하는 관점들'이 이 글의 제목이다.

정답 ③

어휘

blast 쏘아 올리다 province 영역, 주, 지방 sector 부문
billionaire 억만장자 newfound 새로 얻은 mastery 지배력
optimist 낙관론자 argue 주장하다, 다투다 ambition 야망
colonize 식민지를 건설하다 skeptic 회의론자
pay dividends 큰 이익을 주다 unaddressed 다뤄지지 않은
achievement 업적, 성취 conflicting 상충하는

구문 분석

They trust / that the economic and technological benefits of their actions / will eventually help the people on Earth.
: 이처럼 that이 이끄는 절(that + 주어 + 동사 ~)이 목적어 자리에 온 경우, '주어가 동사하다는 것을' 또는 '주어가 동사하다고'라고 해석한다.

09 독해 빈칸 완성 - 구   난이도 중 ●●○

밑줄 친 부분에 들어갈 말로 가장 적절한 것은?

Collaborative editing has transformed the workplace over the last twenty years. While the first collaborative real-time editor debuted in 1968, technical limitations prevented widespread adoption until 2006, when Google released what would later be known as Google Docs. The product allows multiple users in different locations to edit text files, spreadsheets, and other documents with _____ that appear in real time and reflect edits instantly. Within a few years, a variety of competing technologies and open-source solutions hit the market, and iterative infrastructures began to be developed. Now, working together through collaboration software has become ubiquitous, with few offices working on local files or sending documents back and forth between employees.

① simultaneous changes
② cumulative questions
③ customized assignments
④ advanced searches

해석

공동 편집은 지난 20년에 걸쳐 업무 현장을 변화시켜 왔다. 최초의 공동 실시간 편집기가 1968년에 처음으로 나왔지만, 기술적 한계는 Google이 이후 Google Docs로 알려지게 된 것을 출시했던 2006년까지 광범위한 도입을 방해했다. 그 제품은 다른 장소에 있는 다수의 사용자가, 실

시간으로 나타나고 편집을 즉시 반영하는 동시 수정을 이용하여 텍스트 파일, 스프레드시트, 그리고 여타 문서들을 편집할 수 있게 해 준다. 몇 년 사이에, 다양한 경쟁 기술들과 오픈 소스 솔루션들이 시장에 출시되었고, 반복 적용 인프라들이 개발되기 시작했다. 현재는 협업 소프트웨어를 통해 함께 일하는 것은 아주 흔하게 되었고, 로컬 파일들을 작업하거나 직원들 간에 문서를 이리저리 보내는 사무실들이 거의 없어졌다.

① 동시 수정
② 누적되는 질문
③ 맞춤형 과업
④ 상세 검색

포인트 해설

지문 앞부분에서 Google Docs의 출시로 공동 편집이 광범위하게 도입되었음을 알 수 있고, 빈칸이 있는 문장에서 Google Docs는 실시간으로 나타나고 편집을 즉시 반영하는 것을 통해 다른 장소에 있는 다수의 사용자가 각종 문서를 편집할 수 있게 한다고 했으므로, '동시 수정'을 이용한다고 한 ①번이 정답이다.

정답 ①

어휘

collaborative 공동의 editing 편집 transform 변화시키다
debut 처음으로 나오다; 첫 출연 limitation 한계 widespread 광범위한
adoption 도입, 입양 release 출시하다, 공개하다 instantly 즉시
hit the market 시장에 출시되다 iterative 반복 적용의
infrastructure 인프라, 토대 ubiquitous 아주 흔한, 어디에나 있는
simultaneous 동시의 cumulative 누적되는 customized 맞춤형

---

10 독해 문단 순서 배열   난이도 중 ●●○

주어진 문장 다음에 이어질 글의 순서로 가장 적절한 것은?

Although the majority of Singaporeans are of Chinese ethnicity, the government of this city-state has embraced multilingualism.

(A) This shared usage of English is due to an education policy that has been in effect since 1960. All elementary and secondary students are taught in both English and one of the three other languages. This commitment to English has resulted in numerous advantages for the state, especially in terms of international business.

(B) With English as its primary language, Singapore has attracted a significant level of foreign investment and has become a global financial hub.

(C) The small island nation has four official languages—English, Malay, Mandarin, and Tamil—and most citizens are at least bilingual, with English being the most commonly spoken language among citizens.

① (B) – (A) – (C)
② (B) – (C) – (A)
③ (C) – (A) – (B)
④ (C) – (B) – (A)

해석

비록 싱가포르인들 중 대다수가 중국 민족이지만, 이 도시 국가의 정부는 다언어 사용을 수용해 왔다.

(A) 영어의 이러한 공유 사용은 1960년대 이후로 시행되어 온 교육 정책 때문이다. 모든 초등학생과 중등학생들은 영어와 나머지 세 가지 언어 모두로 교육받는다. 영어에 대한 이러한 열중은 그 국가에 수많은 이점을 가져다주었는데, 특히 해외 사업의 측면에서 그러하다.

(B) 영어가 그 나라의 주된 언어가 되면서, 싱가포르는 상당한 수준의 해외 투자를 유치해 왔고 국제 금융의 중심이 되었다.

(C) 그 작은 섬나라는 영어, 말레이어, 표준 중국어, 그리고 타밀어의 네 개의 공식 언어를 가지고 있으며 대부분의 국민들이 최소한 두 개의 언어를 할 줄 아는데, 영어가 국민들 사이에서 가장 흔하게 구사되는 언어이다.

포인트 해설

주어진 문장에서 싱가포르 정부가 다언어 사용을 수용해 왔다고 말한 뒤, (C)에서 그 작은 섬나라(The small island nation)는 영어, 말레이어, 표준 중국어, 타밀어의 네 개의 공식 언어를 가지고 있으며 이 중 영어가 가장 흔하게 구사된다고 설명하고 있다. 이어서 (A)에서 영어의 이러한 공유 사용(This shared usage of English)은 교육 정책에 기인하며, 해외 사업을 비롯하여 그 국가에 수많은 이점을 가져다주었다고 하고, (B)에서 싱가포르는 영어의 사용으로 국제 금융의 중심이 되었다고 알려주고 있다. 따라서 ③ (C) – (A) – (B)가 정답이다.

정답 ③

어휘

majority 대다수 ethnicity 민족, 민족성 city-state 도시 국가
embrace 수용하다, (껴)안다 multilingualism 다언어 사용
in effect 시행 중인, 사실상
secondary student 중등학생(중학교와 고등학교 학생)
commitment 열중, 전념, 헌신 in terms of ~의 측면에서 primary 주된
attract 유치하다, 끌어들이다 significant 상당한, 중요한 hub 중심
at least 최소한 bilingual 두 개의 언어를 할 줄 아는

DAY 08 하프모의고사 08회

▶ 해커스 공무원시험연구소 총평

난이도 어휘와 생활영어 영역에서 풀이 시간을 단축하여 문법 및 독해 영역에 사용했다면, 안정적인 문제풀이가 가능했을 것입니다.

어휘·생활영어 영역 빈칸에 들어갈 어휘에 대한 선택지가 동사나 분사 형태로 구성되는 경우, 주어 또는 목적어의 동작이나 상태를 가장 잘 나타내는 것이 정답임을 알아 둡니다.

문법 영역 가정법은 전체 문장 구조의 형태가 고정되어 있는 만큼, 정확하게 암기해 놓지 않는다면 답을 찾기가 쉽지 않습니다. 2번 문제와 함께 '이것도 알면 합격!'에 정리된 내용까지 꼭 살펴보고 넘어갑니다.

독해 영역 독해 영역에서 출제되는 유의어 파악 유형의 경우, 밑줄 친 부분의 다의어로 구성된 보기나, 6번 문제와 같이 다의어가 아닌 단어들로 구성된 보기, 두 가지 유형으로 세분화할 수 있습니다.

▶ 정답

01	②	어휘	06	③	독해
02	④	문법	07	④	독해
03	②	문법	08	③	독해
04	③	생활영어	09	②	독해
05	①	독해	10	②	독해

▶ 취약영역 분석표

영역	맞힌 답의 개수
어휘	/ 1
생활영어	/ 1
문법	/ 2
독해	/ 6
TOTAL	/ 10

---

01 어휘 reject 난이도 하 ●○○

밑줄 친 부분에 들어갈 말로 가장 적절한 것은?

> Despite preparing for months, the student's entrance exam scores failed to meet the standard, and his application to the university was _____.

① suggested   ② rejected
③ transmitted   ④ modified

해석

수개월을 준비했음에도 불구하고, 그 학생의 입학시험 점수는 기준을 충족하지 못했고, 그의 대학 원서는 받아들여지지 않았다.

① 제안된   ② 받아들여지지 않은
③ 전송된   ④ 수정된

정답 ②

어휘

application 원서, 지원(서), 적용   suggest 제안하다
reject 받아들이지 않다, 거부하다   transmit 전송하다   modify 수정하다

이것도 알면 합격!

'받아들이지 않다'의 의미를 갖는 유의어
= deny, decline, dismiss, refuse

---

02 문법 가정법 난이도 중 ●●○

밑줄 친 부분에 들어갈 말로 가장 적절한 것은?

> _____ the weather take a drastic turn, the outdoor event will be canceled.

① If   ② That
③ When   ④ Should

해석

만약 날씨가 급작스럽게 변한다면, 야외 행사는 취소될 것입니다.

포인트 해설

④ **가정법 도치** 문맥상 '만약 날씨가 급작스럽게 변한다면, 야외 행사는 취소될 것입니다'라는 의미로 가능성이 희박한 미래를 가정하고 있고, 가정법 미래에서 주절에 쓰일 수 있는 '주어 + will + 동사원형' 형태가 왔으므로 If절에도 가정법 미래 'If + 주어 + should + 동사원형' 형태가 와야 한다. 이때, If절에 If가 생략되고 주어와 조동사 should가 도치되면 'Should + 주어(the weather) + 동사원형(take)'의 형태가 되므로 ④ Should가 정답이다. 참고로, 해당 문장이 조건절로 쓰여 빈칸에 If가 들어간다고 가정하더라도, if절의 주어 자리에 온 단수 명사 the weather를 복수 동사 take로 수 일치시킬 수 없으므로 올바르지 않다.

정답 ④

어휘

drastic 급작스러운

이것도 알면 합격!

가정법 미래에는 'If + 주어 + were to + 동사원형, 주어 + would/should/could/might + 동사원형'의 형태도 있음을 함께 알아 두자.

- If you **were to arrive** early, you **might get** a better seat.
  만약 네가 빨리 도착한다면, 너는 더 나은 자리를 차지할 수 있을 것이다.

이것도 알면 합격!

①번의 few와 같이, 가산 복수 명사 앞에 오는 수량 표현들을 알아 두자.

• many 많은	• a few 약간
• numerous 많은	• both 둘 다의
• various 다양한	• several 몇몇의
• a couple of 몇몇의	• one of ~ 중 하나
• a variety of 다양한	• a number of 많은 ~
• thousands of 수천의 ~	• millions of 수백만의 ~
• each of ~의 각각	• hundreds of 수백의 ~

---

03 문법 관계절 | 형용사 | to 부정사 | 분사 난이도 중 ●●○

밑줄 친 부분 중 어법상 옳지 않은 것은?

Few ① inventions have impacted people's quality of sleep like the hammock. The first hammocks were created by tribes in Central America ② whom wanted to sleep above the ground, away from dangerous creatures. In no time, the use of hammocks spread to Europe because they helped ③ ease the burden of sea travel. With hammocks ④ installed on a ship, more sailors could sleep more comfortably in the confined space.

해석

해먹처럼 사람들의 수면의 질에 영향을 미친 발명품은 거의 없다. 최초의 해먹은 위험한 동물들로부터 피해 땅 위에서 잠들기를 원했던, 중앙 아메리카에 사는 부족들에 의해 만들어졌다. 머지않아, 해먹의 사용은 유럽으로 퍼져 나갔는데 그것들이 해상 여행의 부담을 덜도록 도왔기 때문이다. 배 위에 해먹들이 설치되면서, 더 많은 선원들이 비좁은 공간에서 더 편안하게 잠들 수 있었다.

포인트 해설

② 관계대명사 선행사(tribes)가 사람이고, 관계절 내에서 동사 wanted의 주어 역할을 하므로 목적격 관계대명사 whom을 사람을 가리키는 주격 관계대명사 who로 고쳐야 한다.

[오답 분석]
① 수량 표현 few는 가산 복수 명사 앞에 오는 수량 표현이므로 Few 뒤에 복수 명사 inventions가 올바르게 쓰였다.
③ 원형 부정사를 목적격 보어로 취하는 동사 준 사역동사 help는 목적어와 목적격 보어로 원형 부정사와 to 부정사가 모두 올 수 있으므로 원형 부정사 ease가 올바르게 쓰였다.
④ 분사구문의 역할 이유를 나타낼 때에는 'with + 명사 + 분사'의 형태로 나타낼 수 있는데, 수식받는 명사 hammocks와 분사가 '해먹들이 설치되다'라는 의미의 수동 관계이므로 과거분사 installed가 올바르게 쓰였다.

정답 ②

어휘

tribe 부족 creature 동물, 생물 in no time 머지않아, 곧
spread 퍼지다, 확산되다 ease 덜다, 완화하다
burden 부담, 짐; 부담을 지우다 install 설치하다 sailor 선원
confined 비좁은, 한정된

---

04 생활영어 My former boss's letter of reference convinced them. 난이도 하 ●○○

밑줄 친 부분에 들어갈 말로 가장 적절한 것은?

A: You'll never believe what happened!
B: What's that?
A: After months of waiting, I finally got that interview I was hoping for!
B: Congratulations! You must have written an outstanding resume.
A: Not quite. _____.
B: It was incredibly nice of him to say such kind things, but I'm sure you earned it.
A: Thanks. I'll definitely need to call and thank him.
B: That seems appropriate, since he's done so much for you.

① They were impressed by my time in the industry
② It was college transcripts that led me to the interview offer
③ My former boss's letter of reference convinced them
④ One of them had read a paper I published

해석

A: 너는 무슨 일이 일어났는지 절대 믿지 못할 거야!
B: 뭔데 그래?
A: 몇 달을 기다린 끝에, 내가 바라던 그 면접을 마침내 보게 됐어!
B: 축하해! 네가 눈에 띄는 이력서를 쓴 것이 틀림없어.
A: 그렇지는 않아. 내 이전 상사의 추천서가 그들을 확신시켰어.
B: 그가 그렇게 좋은 말들을 해 준 건 대단히 고맙지만, 넌 분명 그럴 자격이 있는 거야.
A: 고마워. 아무래도 그에게 전화해서 감사를 전해야 할 것 같아.
B: 그가 널 위해 많은 것을 했기 때문에, 그게 좋겠다.

① 그들은 내가 그 업계에서 보낸 시간에 의해 감명받았어
② 나를 그 면접 제안으로 이끈 것은 대학 성적 증명서였어
③ 내 이전 상사의 추천서가 그들을 확신시켰어
④ 그들 중 한 명이 내가 발표한 논문을 읽었어

DAY 08 하프모의고사 08회

포인트 해설
눈에 띄는 이력서를 쓴 것이 틀림없다는 B의 칭찬에 대해 A가 그렇지는 않다고 대답한 후, 빈칸 뒤에서 B가 It was incredibly nice of him to say such kind things(그가 그렇게 좋은 말들을 해 준 건 대단히 고맙네)라고 말하고 있으므로, '내 이전 상사의 추천서가 그들을 확신시켰어'라는 의미의 ③ 'My former boss's letter of reference convinced them'이 정답이다.

정답 ③

어휘
outstanding 눈에 띄는, 우수한 resume 이력서
incredibly 대단히, 놀라울 정도로 earn 자격이 있다, (돈을) 벌다
impress 감명을 주다 transcript 성적 증명서 letter of reference 추천서
convince 확신시키다 publish 발표하다, 출판하다

이것도 알면 합격!
상대에게 감사함을 전할 때 쓸 수 있는 다양한 표현들을 알아 두자.
· How nice of you! 정말 친절하시네요!
· Thanks for the tip. 알려 줘서 고마워.
· How can I ever repay you? 어떻게 보답하죠?
· I can't thank you enough. 뭐라고 감사해야 할지 모르겠네요.

05~06 다음 글을 읽고 물음에 답하시오.

Human Rights Council

Mission
We promote and protect the basic rights of all individuals in the country in keeping with international human rights standards. We also advocate for government regulations and practices that are consistent with human rights principles and investigate any violation of them by public or private entities.

Long-Term Goals
We aim to foster a society in which everyone can participate freely and equally, free from discrimination based on uncontrollable factors, such as social status, race, religion, gender, and national origin, and in which all members of society are respected for who they are.

Organization Values
1) We strive for all people to be treated justly and with respect.
2) We work to hold individuals and organizations accountable for human rights violations.

해석
인권위원회

사명
우리는 국제 인권 기준에 발맞추어 국가 내 모든 개인의 기본권을 증진하고 보호합니다. 우리는 또한 인권 원칙에 부합하는 정부 규정과 관행을 옹호하고 공공 또는 민간단체들에 의한 모든 인권 침해를 조사합니다.

장기적인 목표
우리는 모두가 사회적 지위, 인종, 종교, 성별 및 국적과 같은 통제할 수 없는 요인들에 기반한 차별에서 벗어나, 자유롭고 평등하게 참여할 수 있는 사회, 그리고 모든 사회 구성원들이 있는 그대로 존중받는 사회를 조성하는 것을 목표로 합니다.

조직의 가치관
1) 우리는 모든 사람들이 공정하고 정중히 대우받도록 노력합니다.
2) 우리는 인권 침해에 대하여 개인과 조직이 책임을 지게 하기 위해 노력합니다.

어휘
promote 증진하다, 홍보하다 in keeping with ~에 발맞추어, ~와 일치하여
advocate 옹호하다 consistent 일치하는, 한결같은 principle 규정, 원칙
investigate 조사하다 violation 침해, 위반 entity 단체, 실재
foster 조성하다, 양육하다 equally 평등하게 discrimination 차별
uncontrollable 통제할 수 없는 factor 요인 status 지위, 신분
race 인종 religion 종교 gender 성별 origin 출신, 기원
strive 노력하다 hold accountable for ~에 대하여 책임을 지우다

05 독해 내용 일치 파악 난이도 중 ●●○

윗글에서 Human Rights Council에 관한 내용과 일치하는 것은?

① It follows globally recognized human rights standards.
② It enacts laws related to human rights.
③ It advocates for eliminating uncontrollable social factors.
④ It does not hold individuals accountable for human rights violations.

해석
① 그것은 국제적으로 인정받은 인권 기준을 따른다.
② 그것은 인권과 관련된 법률을 제정한다.
③ 그것은 통제할 수 없는 사회적 요인들을 제거하는 것을 옹호한다.
④ 그것은 인권 침해에 대하여 개인이 책임지게 하지 않는다.

포인트 해설
①번의 키워드인 globally recognized human rights standards(국제적으로 인정받은 인권 기준)를 바꾸어 표현한 지문의 international human rights standards(국제 인권 기준) 주변 내용에서 인권위원회는 국제 인권 기준에 발맞추어 국가 내 모든 개인의 기본권을 증진하고 보호한다고 했으므로, ① '그것은 국제적으로 인정받은 인권 기준을 따른다'가 지문의 내용과 일치한다.

[오답 분석]
② 인권위원회가 인권 원칙에 부합하는 정부 규정과 관행을 옹호한다고는 했지만, 인권과 관련된 법률을 제정하는지는 알 수 없다.
③ 인권위원회가 사회적 지위 등과 같은 통제할 수 없는 요인들에 기반한 차별에서 벗어나 모두가 자유롭고 평등하게 참여할 수 있는 사회를 조성하는 것을 목표로 한다고는 했지만, 그것이 통제할 수 없는 사회적 요인들을 제거하는 것을 옹호하는지는 알 수 없다.
④ 인권위원회는 인권 침해에 대하여 개인과 조직이 책임을 지게 하기 위해 노력한다고 했으므로, 인권 침해에 대하여 개인이 책임지게 하지 않는다는 것은 지문의 내용과 다르다.

정답 ①

어휘

recognize 인정하다, 인식하다   enact 제정하다   eliminate 제거하다

---

06 독해 유의어 파악   난이도 중 ●●○

밑줄 친 foster의 의미와 가장 가까운 것은?

① adopt   ② explain
③ generate   ④ exemplify

해석

① 채택하다   ② 설명하다
③ 조성하다   ④ 전형적인 예가 되다

포인트 해설

밑줄 친 부분이 포함된 문장에서 foster는 문맥상 모두가 자유롭고 평등하게 참여할 수 있는 사회를 '조성하는' 것을 목표로 한다는 의미로 쓰였으므로, '조성하다'라는 의미의 ③ generate가 정답이다.

정답 ③

어휘

adopt 채택하다   explain 설명하다   generate 조성하다, 발생시키다
exemplify 전형적인 예가 되다

---

07 독해 내용 불일치 파악   난이도 중 ●●○

다음 글의 내용과 일치하지 않는 것은?

To	Tenants@HortonArmsApts.com
From	Management@HortonArmsApts.com
Date	June 22
Subject	Heat wave

Dear Tenants,

As temperatures are expected to reach record highs during next week's heat wave, our tenants' safety and comfort are our top priorities. To help you stay safe and cool, here are five tips to manage the heat effectively:

1. Drink plenty of water to stay hydrated at all times.
2. Keep your home cool by blocking the sunlight with curtains and keeping fans running during the day.
3. Limit your outdoor activities during the hottest part of the day (10 a.m. – 4 p.m.).
4. Use the city's designated cooling centers if your apartment becomes too hot.
5. Check on your neighbors who may have trouble dealing with the heat, especially the elderly.

Following these simple tips can make sure that we all get through the heat wave. If you would like more information or need assistance, please contact the management office at any time.

Sincerely,
Horton Arms Apartments

① Record high temperatures may be observed next week.
② Keeping curtains closed during the day helps keep indoor temperatures down.
③ Avoiding outdoor activity from 10 a.m. to 4 p.m. is recommended.
④ The apartment management office has established places for people to stay cool.

해석

수신: Tenants@HortonArmsApts.com
발신: Management@HortonArmsApts.com
날짜: 6월 22일
제목: 무더위

세입자 여러분께,

다음 주의 무더위 중에 기온이 최고 기록에 이를 것으로 예상되기 때문에, 세입자 여러분의 안전과 안락함이 저희의 최우선 과제입니다. 여러분이 안전하고 시원하게 지내도록 돕기 위해, 더위를 효과적으로 관리할 수 있는 다섯 가지 조언이 여기 있습니다.

1. 수분을 유지하기 위해 항상 물을 충분히 마십니다.
2. 낮 동안 커튼으로 햇빛을 차단하고 선풍기를 가동하여 집을 시원하게 유지하세요.
3. 하루 중 가장 더운 시간대(오전 10시 – 오후 4시)에는 야외 활동을 제한하세요.
4. 아파트가 너무 더워지면 도시의 지정된 무더위 쉼터를 이용하세요.
5. 더위에 대처하는 데 어려움을 겪을 수 있는 이웃, 특히 어르신들을 살피세요.

이 간단한 조언들을 따르는 것은 우리 모두가 무더위를 헤쳐 나가게 할 수 있습니다. 더 많은 정보를 원하시거나 도움이 필요하시다면, 언제든지 관리 사무소에 연락해 주세요.

진심을 담아,
Horton Arms 아파트

① 최고 기온이 다음 주에 관측될 수 있다.
② 낮 동안 커튼을 닫아 두는 것은 실내 온도를 낮게 유지하도록 돕는다.

③ 오전 10시에서 오후 4시 사이에는 야외 활동을 피하는 것이 권장된다.
④ 아파트 관리 사무소에서 사람들이 시원하게 있을 수 있는 공간을 만들었다.

포인트 해설

④번의 키워드인 places for people to stay cool(사람들이 시원하게 있을 수 있는 공간)을 바꾸어 표현한 지문의 cooling centers(무더위 쉼터) 주변의 내용에서 아파트가 너무 더워지면 도시의 지정된 무더위 쉼터를 이용하라고 했으므로, ④ '아파트 관리 사무소에서 사람들이 시원하게 있을 수 있는 공간을 만들었다'는 지문의 내용과 다르다.

정답 ④

어휘

tenant 세입자 heat wave 무더위, 혹서 comfort 안락함
priority 우선 과제, 우선순위 effectively 효과적으로
stay hydrated 수분을 유지하다 designate 지정하다, 임명하다
get through ~을 헤쳐 나가다 observe 관측하다, 관찰하다 avoid 피하다
establish 만들다, 확립하다

---

08 독해 주제 파악   난이도 중 ●●○

다음 글의 주제로 가장 적절한 것은?

Psychologists estimate that we make 2,000 decisions per waking hour. Fortunately, the majority are made without conscious thought, like choosing between coffee or tea in the morning. But when faced with life-altering decisions, what's the best way to get through them? Psychologists say that the first thing you need to do is to manage your emotions. Anger and excitement can cause you to rush into a decision without considering the implications, while sadness can make you more likely to choose a less favorable option. To effectively modulate your emotions, you should try to identify your mood, understand why you're feeling that way, and then focus on the facts regarding the decision. With enough practice, emotions can become reliable allies when making difficult choices because your feelings articulate your physical and mental reactions to the pending decision.

① benefits of making smart choices
② the number of decisions made every day
③ emotion's role in decision-making
④ implications of life-changing decisions

해석

심리학자들은 우리가 깨어 있는 시간마다 2천 가지의 결정들을 내린다고 추정한다. 다행히도, 대부분은 아침에 커피와 차 사이에서 선택하는 것처럼 의식적인 사고 없이 행해진다. 그러나 인생을 바꿀 결정들을 마주할 때, 그것들을 해낼 최선의 방법은 무엇일까? 심리학자들은 당신이 해야 할 첫 번째 일이 당신의 감정을 다스리는 것이라고 말한다. 분노와 흥분은 당신이 결과들에 대해 고려하지 않고 급하게 결정하게 하는 한편, 슬픔은 당신이 덜 적합한 선택을 할 가능성이 크게 만든다. 당신의 감정을 효과적으로 조절하기 위해서, 당신은 당신의 기분을 확인하고, 왜 당신이 그렇게 느끼는지 이해하고, 그다음에 결정과 관련된 사실들에만 집중하도록 노력해야 한다. 충분한 연습으로, 감정은 어려운 선택을 할 때 믿을 만한 협력자가 될 수 있는데, 이는 당신의 감정이 보류 중인 결정에 대한 신체적이고 정신적인 반응들을 분명하게 표현하기 때문이다.

① 현명한 선택을 하는 것의 이점
② 매일 내려지는 결정의 수
③ 의사 결정에 있어 감정이 하는 역할
④ 인생을 바꾸는 결정의 결과

포인트 해설

지문 중간에서 우리가 인생을 바꿀 결정들을 마주할 때 감정을 잘 다스리는 것이 중요하다고 언급했고, 지문 마지막에서 충분히 연습하면 감정이 어려운 선택을 할 때 믿을 만한 협력자가 될 수 있다고 설명하고 있으므로, ③ '의사 결정에 있어 감정이 하는 역할'이 이 글의 주제이다.

정답 ③

어휘

estimate 추정하다 majority 대부분 conscious 의식적인 face 직면하다
alter 바꾸다, 변하다 get through ~을 해내다, 해결하다
rush into 급하게 ~하다 implication 결과, 암시
favorable 적합한, 호의적인, 찬성하는 modulate 조절하다
identify 확인하다 mood 기분 reliable 믿을 만한 ally 협력자, 동맹
articulate 분명하게 표현하다, 또렷하게 발음하다
pending 보류 중인, 미결의

---

09 독해 빈칸 완성 - 단어   난이도 중 ●●○

밑줄 친 부분에 들어갈 말로 가장 적절한 것은?

Banks, companies, and even local communities created their own currencies to survive the cash shortage during the Great Depression. The most famous example was from Tenino, Washington, a town of only 1,000 citizens. Cash became completely unobtainable when Tenino's only bank closed down during the height of the Great Depression. In response, the town's chamber of commerce sought a cash substitute and asked the federal government for permission to print wooden money that was backed by funds in frozen bank accounts. The currency was used in stores throughout the town, with business owners able to _____ them for American dollars when cash became available again.

① utilize   ② exchange
③ distinguish   ④ abolish

해석

대공황 시기에 은행들, 회사들, 심지어 지역 사회들도 현금 부족에서 살아남기 위해 자신들의 통화를 만들었다. 가장 유명한 사례는 겨우 천 명의 시민들이 있던 도시인 워싱턴 주 Tenino에서 왔다. 현금은 대공황이 정점이던 시기에 Tenino의 유일한 은행이 문을 닫았을 때 전혀 얻을 수 없게 되었다. 이에 대응하여, 그 도시의 상공회의소는 현금 대용품을 찾았고 동결

된 은행 계좌 속 자금에 의해 뒷받침되는 나무로 만든 돈을 발행하는 것에 대한 허가를 연방 정부에 요청했다. 그 통화는 마을 전역에 있는 상점들에서 사용되었고, 현금이 다시 이용 가능해졌을 때 상점 주인들이 그것들을 미국 달러로 교환할 수 있었다.

① 활용하다
② 교환하다
③ 구별하다
④ 폐지하다

포인트 해설

빈칸 앞부분에 Tenino의 상공 회의소는 현금 대용품을 찾기 위해 동결된 은행 계좌 속 자금에 의해 뒷받침되는 나무로 된 돈을 발행하는 것에 대해 연방 정부에 허가를 요청했다는 내용이 있고, 빈칸이 있는 문장에서 그 통화는 마을 전역의 상점들에서 사용되었다는 내용이 있으므로, 현금이 다시 이용 가능해졌을 때 상점 주인들이 나무로 만든 돈을 미국 달러로 '교환할' 수 있었다고 한 ②번이 정답이다.

정답 ②

어휘

currency 통화 shortage 부족, 결핍 unobtainable 얻을 수 없는
height 정점, 높음 chamber of commerce 상공회의소
substitute 대용품; 대신하다 federal government 연방 정부
permission 허가 back 뒷받침하다 fund 자금 frozen 동결된, 냉담한
bank account 은행 계좌 available 이용 가능한 utilize 활용하다
exchange 교환하다 distinguish 구별하다 abolish 폐지하다

---

10 독해 문단 순서 배열   난이도 중 ●●○

주어진 글 다음에 이어질 글의 순서로 가장 적절한 것은?

Hyenas have long been known to live in large, highly structured groups with a distinct matriarchal hierarchy. But until recently, scientists were unsure if participation in these group dynamics was inherited genetically or if it was a learned behavior.

(A) What they noticed was that not only do hyena cubs follow their mothers everywhere, but in doing so, they emulate the rules, expectations, and manner that their mothers exhibit in social situations.

(B) Researchers combined an existing theoretical model of social networks in the animal kingdom with over a year's worth of wildlife observations to find out how these remarkable social structures formed in the first place.

(C) Therefore, hyena cubs will mimic and eventually adopt the behaviors associated with a hyena at the top of the hierarchy, thus giving the young animal a longer life expectancy and a better chance to reproduce.

*matriarchal: 모계 중심의

① (A) – (B) – (C)
② (B) – (A) – (C)
③ (B) – (C) – (A)
④ (C) – (B) – (A)

해석

하이에나가 독특한 모계 중심의 계층제를 가진 거대하고 고도로 구조화된 집단에서 산다는 것은 오랫동안 알려져 왔다. 그러나 최근까지, 과학자들은 이러한 집단 역학 관계로의 참여가 유전적으로 물려받은 것이었는지 아니면 학습된 행동이었는지 확신하지 못했다.

(A) 그들이 알게 된 것은 새끼 하이에나들이 어디든지 그들의 어미들을 따라다닐 뿐만 아니라, 그렇게 함으로써 그들의 어미들이 사회적 상황에서 보이는 규칙, 기대, 그리고 태도까지 모방한다는 것에 주목했다.
(B) 연구원들은 이러한 주목할 만한 사회적 구조들이 처음에 어떻게 형성되었는지 알아내기 위해 동물계의 사회관계망에 대한 기존의 이론 모형과 일 년간의 야생 동물 관찰 결과를 결합했다.
(C) 그러므로, 새끼 하이에나들은 결국 계층의 맨 위에 있는 하이에나와 관련된 행동들을 흉내 내고 결국 받아들이게 되며, 따라서 이것은 어린 동물에게 더 긴 기대 수명과 더 나은 번식할 기회를 제공한다.

포인트 해설

주어진 글에서 하이에나가 모계 중심의 계층제 집단에서 산다는 것이 오랫동안 알려졌지만, 과학자들은 최근까지도 그것이 유전적 행동인지 학습된 행동인지 확신하지 못했다고 언급한 뒤, 그것을 알아내기 위해 (B)에서 연구자들이 기존의 동물계의 사회관계망 이론 모형과 야생 동물 관찰 결과를 결합했다고 설명하고 있다. 그 후 (A)에서 그들(they)이 새끼 하이에나들이 어미 흉내 내기를 통해 사회적 학습을 한다는 것에 주목했다고 하고, 뒤이어 (C)에서 그러므로(Therefore) 새끼 하이에나들이 계층의 맨 위에 있는 하이에나와 관련된 행동들을 받아들임으로써 더 긴 기대 수명과 더 나은 번식의 기회를 얻게 된다고 설명하고 있다. 따라서 ② (B) – (A) – (C)가 정답이다.

정답 ②

어휘

structure 구조화하다; 체계 distinct 독특한 hierarchy 계층(제)
unsure 확신하지 못하다 dynamics 역학 관계, 원동력 inherit 물려받다
genetically 유전적으로 cub 새끼 emulate 모방하다
exhibit 보이다, 전시하다 combine 결합하다 existing 기존의
theoretical model 이론 모형 observation 관찰 (결과), 감시
remarkable 주목할 만한 in the first place 처음에 mimic 흉내 내다
adopt 받아들이다 life expectancy 기대 수명 reproduce 번식하다

구문 분석

Researchers combined / an existing theoretical model of social networks / in the animal kingdom / with over a year's worth of wildlife observations / to find out / how these remarkable social structures formed / in the first place.
: 이처럼 to 부정사(to find out ~ place)가 문장을 꾸며 주는 경우, '~하기 위해'라고 해석한다.

DAY 09 하프모의고사 09회

해커스 공무원시험연구소 총평

난이도	눈에 띄게 어려운 문제가 없어, 일반적인 9급 공무원 시험과 비슷한 난이도의 회차입니다.
어휘·생활영어 영역	생활영어 영역에서 빈칸의 위치가 대화 후반부일 경우, 빈칸 앞 문장을 중심으로 빈칸 앞부분에서 정답의 단서를 찾습니다.
문법 영역	사역동사와 관련하여 목적격 보어 자리에 무엇이 들어갈지 정확하게 파악하기 위해서는 올바른 해석이 뒷받침되어야 함을 명심합니다.
독해 영역	무관한 문장 삭제 유형은 반드시 출제되는 유형 가운데 하나입니다. 9번 문제의 정답인 ②번 문장에 elephants가 쓰인 것과 같이, 무관한 문장에도 지문의 중심 소재가 그대로 등장하여 혼동을 주는 경우에 주의합니다.

정답

01	③	어휘	06	③	독해
02	②	문법	07	④	독해
03	②	문법	08	④	독해
04	④	생활영어	09	②	독해
05	④	독해	10	③	독해

취약영역 분석표

영역	맞힌 답의 개수
어휘	/ 1
생활영어	/ 1
문법	/ 2
독해	/ 6
TOTAL	/ 10

---

01 어휘 substantial   난이도 중 ●●○

밑줄 친 부분에 들어갈 말로 가장 적절한 것은?

> The inspector found _____ evidence that confirmed the suspect's involvement in the crime, leading to an immediate arrest.

① unreliable   ② deficient
③ substantial   ④ conflicting

해석
그 조사관은 용의자의 범죄 연루를 입증하는 중요한 증거를 찾아냈고, 이는 즉각적인 체포로 이어졌다.
① 신뢰할 수 없는   ② 부족한
③ 중요한   ④ 모순되는

정답 ③

어휘
inspector 조사관, 감독관 suspect 용의자; 의심하다
involvement 연루, 관여, 참여 immediate 즉각적인 arrest 체포; 체포하다
unreliable 신뢰할 수 없는 deficient 부족한, 모자라는
substantial 중요한, 상당한 conflicting 모순되는, 상충하는

이것도 알면 합격!
'중요한'의 의미를 갖는 유의어
= significant, compelling, convincing, conclusive

---

02 문법 동사의 종류   난이도 중 ●●○

밑줄 친 부분에 들어갈 말로 가장 적절한 것은?

> He let his photographs _____ in an article about the city's historic district.

① included   ② be included
③ include   ④ to include

해석
그는 자신의 사진이 그 도시의 역사 지구에 관한 기사에 포함되게 했다.

포인트 해설
② 5형식 동사 빈칸은 사역동사 let의 목적격 보어 자리이다. 사역동사 let은 목적어와 목적격 보어가 수동 관계일 때 목적격 보어로 'be + p.p.' 형태를 취하는데, 목적어 his photographs와 목적격 보어가 '자신의 사진이 포함되다'라는 의미의 수동 관계이므로 ② be included가 정답이다.

정답 ②

어휘
historic district 역사 지구

이것도 알면 합격!

일반적으로 사역동사/지각동사의 목적어와 목적격 보어가 '~가 -되다'라는 의미의 수동 관계이면 목적격 보어로 과거분사가 온다는 것을 알아 두자.

- He **watched** the cake **baked** in the oven.
  그는 오븐에서 케이크가 구워지는 것을 보았다.

이것도 알면 합격!

주격 보어로 to 부정사를 취하는 동사들도 함께 알아 두자.

- seem to ~인 것 같다
  ex) The building's plumbing **seems to need** a number of repairs.
  그 건물의 배관은 많은 수리가 필요한 것 같다.
- appear to ~인 것처럼 보이다
  ex) A special camera trick was used to make the magician **appear to walk** on water.
  마술사가 물 위를 걷는 것처럼 보이게 하려고 특별한 카메라 기법이 사용되었다.

03 문법 to 부정사 | 병치 구문 | 동사의 종류 | 분사 난이도 하 ●○○

밑줄 친 부분 중 어법상 옳지 않은 것은?

> There are two types of lighthouses, with those built on land being taller and ① more common than those found offshore. Both types tend ② to paint with unique shapes and designs so sailors can easily identify them. Though all boats, including small, private ones, ③ depend on some sort of GPS equipment nowadays, lighthouses ④ flashing near bodies of water are still in use because they provide points of navigational reference that can withstand any technological malfunction.

해석

앞바다에서 발견되는 것들보다 더 크고 더 보편적이면서 육지에 지어진 것들을 포함하여, 두 유형의 등대들이 있다. 두 유형 모두 선원들이 그것들을 쉽게 확인할 수 있기 위해서 독특한 모양들과 디자인들로 페인트칠 되는 경향이 있다. 비록 작고 개인 소유인 것들을 포함한 모든 배들이 오늘날 일종의 GPS 장비에 의존할지라도, 근처 수역들을 비추는 등대들은 여전히 사용되고 있는데, 이는 그것들이 어떠한 기술적 오작동도 견뎌낼 수 있는 항해 기준점을 제공하기 때문이다.

포인트 해설

② **to 부정사를 취하는 동사 | to 부정사의 형태** 동사 tend는 to 부정사를 목적어로 취하는데, to 부정사 뒤에 목적어가 없고, 주절의 주어 Both types와 to 부정사가 '두 유형 모두 페인트칠 되다'라는 의미의 수동 관계이므로 to 부정사의 능동형 to paint를 to 부정사의 수동형 to be painted로 고쳐야 한다.

[오답 분석]
① **병치 구문** 접속사(and)로 연결된 병치 구문에서는 같은 구조끼리 연결되어야 하는데, and 앞에 비교급(taller)이 왔으므로 and 뒤에도 비교급 more common이 올바르게 쓰였다.
③ **자동사** 동사 depend는 전치사(on) 없이 목적어를 취할 수 없는 자동사이므로 depend on이 올바르게 쓰였다.
④ **현재분사 vs. 과거분사** 수식받는 명사(lighthouses)와 분사가 '등대들이 비추다'라는 의미의 능동 관계이므로 현재분사 flashing이 올바르게 쓰였다.

정답 ②

어휘

lighthouse 등대 common 보편적인 offshore 앞바다에서
identify 확인하다 be in use 사용되고 있다 navigational 항해의
reference 기준, 참조, 문의 withstand 견뎌내다 malfunction 오작동

04 생활영어 Just go to the training portal and fill out the registration form. 난이도 하 ●○○

밑줄 친 부분에 들어갈 말로 가장 적절한 것은?

 Emily Carter
Are you planning to take part in the Excel online lecture this month?
10:15

 Daniel Lee
I'm not sure. I have a submission that is nearing its deadline, so I might have to wait until the next session.
10:16

 Emily Carter
Oh, that's a shame. This lecture offers a certificate upon completion.
10:17

 Daniel Lee
Really? In that case, I might need to find a way to make time for it.
10:18

 Emily Carter
You definitely should. The course materials will be provided for free, too.
10:18

 Daniel Lee
Do you know how to register for it?
10:19

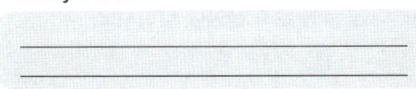
Emily Carter
_____
10:20

① You could apply some of the lessons to your current project immediately.
② If you decide to take it, let's join the same lecture.
③ You could talk to your manager about adjusting your workload.
④ Just go to the training portal and fill out the registration form.

DAY 09 하프모의고사 09회

해석

Emily Carter: 이번 달에 엑셀 온라인 강의에 참여할 예정인가요?
Daniel Lee: 잘 모르겠어요. 마감 기한이 가까운 제출물이 있어서, 저는 다음 기간까지 기다려야 할 것 같아요.
Emily Carter: 오, 그건 유감인데요. 이번 강의는 수료 시에 자격증을 제공하거든요.
Daniel Lee: 정말인가요? 그런 경우라면, 그것을 위한 시간을 낼 방법을 찾아야겠네요.
Emily Carter: 꼭 그러세요. 강의 자료도 무료로 제공될 거고요.
Daniel Lee: 그것을 어떻게 등록하는지 아시나요?
Emily Carter: 교육 포털 사이트에 들어가서 등록 양식을 작성하기만 하면 됩니다.

① 당신의 현재 프로젝트에 강의들 중 일부를 바로 적용해 볼 수 있어요.
② 그것을 듣기로 결정했다면, 같은 강의에 참여합시다.
③ 당신은 관리자에게 업무량을 조절해 달라고 얘기해 볼 수 있어요.
④ 교육 포털 사이트에 들어가서 등록 양식을 작성하기만 하면 됩니다.

포인트 해설

엑셀 온라인 강의 수료 시 자격증을 제공하고 강의 자료 또한 무료라는 Emily의 설명에 대해 빈칸 앞에서 Daniel이 Do you know how to register for it?(그것을 어떻게 등록하는지 아시나요?)이라고 묻고 있으므로, '교육 포털 사이트에 들어가서 등록 양식을 작성하기만 하면 됩니다'라는 의미의 ④ 'Just go to the training portal and fill out the registration form'이 정답이다.

정답 ④

어휘

submission 제출(물), 항복   session (활동) 기간, 시간   certificate 자격증
completion 수료, 완성   register 등록하다   adjust 조절하다, 적응하다
workload 업무량

이것도 알면 합격!

추천/제안할 때 쓸 수 있는 다양한 표현들을 알아 두자.
• Take a chance. 한번 해 봐.
• Can I suggest something? 제가 제안 하나 해도 될까요?
• Why don't you take a taxi? 택시를 타는 게 어때요?
• It doesn't sound easy, but it must be rewarding.
  쉽게 들리지는 않지만, 분명 보람 있을 거예요.

05~06 다음 글을 읽고 물음에 답하시오.

_____(A)_____

Are you aware of the growing threat invasive species pose to our local environment?

While some invasive species are already present and currently being controlled as much as possible by local conservation teams and trained volunteers, there are steps we can take to prevent the spread of others.

The McClure County Natural Resources Management Division will be hosting a public meeting detailing what you can do to stop invasive species from taking over our forests, rivers, and parks. County Commissioner Norah Liu will be in attendance to answer any questions you might have.

The best way to fight invasive species is to prevent them from occurring in the first place.

- Location: Waverly Park Environment Center, 358 Bradley Street
  (Please note: Parking is available two blocks away on Franco Avenue.)
- Date: Sunday, August 7
- Time: 3:00 p.m. – 5:00 p.m.

For more information, please visit www.mcclurenrmdivision.org or contact our office at (402) 558-3911.

해석

(A) 침입종들을 막을 수 있습니다

침입종들이 우리의 지역 환경에 가하는, 커지는 위협에 대해 인지하고 계신가요?

몇몇 침입종들이 이미 존재하고 있고 현재 지역 보존 팀과 훈련된 자원봉사자들에 의해 최대한 통제되고 있지만, 다른 것(침입종)들의 확산을 막기 위해 우리가 취할 수 있는 조치들이 있습니다.

McClure 자치주 천연자원 관리부는 침입종들이 우리의 숲, 강, 공원을 장악하는 것을 막기 위해 여러분이 무엇을 할 수 있는지 자세히 설명하는 공청회를 주최할 예정입니다. 여러분이 갖고 있을 수 있는 모든 질문들에 답변하기 위해 Norah Liu 자치주 의원이 참석할 예정입니다.

침입종들과 싸우는 가장 좋은 방법은 애초에 그것들이 발생하지 않도록 하는 것입니다.

- 장소: Waverly 공원 환경 센터, Bradley로 358번지
  (참고해 주세요: 주차는 두 블록 떨어진 Franco가에서 가능합니다)
- 날짜: 8월 7일, 일요일
- 시간: 오후 3시 – 오후 5시

자세한 정보를 얻으시려면, www.mcclurenrmdivision.org를 방문하시거나 저희 사무실인 (402) 558-3911로 문의해 주세요.

어휘

threat 위협; 위협하다   invasive species 침입종   pose 가하다, 제기하다
conservation 보존, 보호   public meeting 공청회
take over ~을 장악하다, 인계받다   in the first place 애초에, 처음부터

05 독해 제목 파악 난이도 중 ●●○

(A)에 들어갈 윗글의 제목으로 가장 적절한 것은?

① Impact of Native Species Loss
② Natural Habitats in Need of Rehabilitation
③ Pollution in Forests, Rivers, and Parks
④ Invasive Species Can Be Stopped

해석
① 토착종 감소로 인한 영향
② 회복이 필요한 자연 서식지들
③ 숲, 강, 그리고 공원의 오염
④ 침입종들을 막을 수 있습니다

포인트 해설
지문 전반에 걸쳐 침입종들이 지역 환경에 가하는 위협이 커지는 상황에서, 침입종의 확산을 막기 위해 취할 수 있는 조치들에 대해 자세히 설명하고자 공청회를 주최할 예정이라고 말하며 공청회의 장소와 일시에 대해 알리고 있다. 따라서 ④ '침입 종들을 막을 수 있습니다'가 이 글의 제목이다.

정답 ④

어휘
habitat 서식지 rehabilitation 회복, 재활 pollution 오염

---

06 독해 내용 불일치 파악 난이도 중 ●●○

위 안내문의 내용과 일치하지 않는 것은?

① Existing invasive species are currently being controlled.
② An official will attend the meeting to answer questions.
③ Attendees may park their cars at the meeting venue.
④ The meeting will take place on Sunday afternoon.

해석
① 기존 침입종들은 현재 통제되고 있다.
② 공무원 한 명이 질문들에 답변하기 위해 회의에 참석할 예정이다.
③ 참석자들은 회의 장소에 그들의 차를 주차할 수 있다.
④ 회의는 일요일 오후에 열릴 예정이다.

포인트 해설
③번의 키워드인 park(주차하다)를 바꾸어 표현한 지문의 Parking(주차) 주변의 내용에서 주차는 두 블록 떨어진 Franco가에서 가능하다고 했으므로, ③ '참석자들은 회의 장소에 그들의 차를 주차할 수 있다'는 지문의 내용과 다르다.

정답 ③

어휘
existing 기존의, 존재하는 attendee 참석자 take place 열리다, 개최되다

---

07 독해 목적 파악 난이도 중 ●●○

다음 글의 목적으로 가장 적절한 것은?

To	customers@herbaluck.com
From	marketing@herbaluck.com
Date	February 3
Subject	Exciting news!

Dear Valued Customers,

In today's competitive market, we know you have many choices when it comes to your wellness needs. To thank you for choosing us, we're thrilled to introduce our new referral program, designed to reward you for letting your friends and family know about Herbaluck. Follow these simple steps to get started:

[1] Once logged in to your account, go to the new "Referral Program" section in your My Page to find your unique referral link.
[2] Copy your referral link and share it with others by pasting it to social media or sending it via email or text message.
[3] When someone clicks your link and makes their first purchase, both you and your referral will receive $25 in credit to use on any Herbaluck purchase.
[4] The more people who use your referral link, the more credit you'll earn.

Start sharing today and reap the rewards! Thank you for being part of the Herbaluck community.

Sincerely,
The Herbaluck Marketing Team

① to offer customers $25 in credit for creating a Herbaluck account
② to provide instructions on how to review products
③ to encourage customers to follow Herbaluck on social media
④ to explain how to participate in a new program

해석
수신: customers@herbaluck.com
발신: marketing@herbaluck.com
날짜: 2월 3일
제목: 신나는 소식입니다!

친애하는 고객 여러분께,

오늘날의 경쟁 시장에서, 저희는 여러분이 건강 관리 욕구에 관한 많은 선택지들을 가지고 있다는 것을 알고 있습니다. 저희를 선택해 주신 것에 감사드리며, 저희는 여러분의 친구와 가족들이 Herbaluck에 대해 알게 만드는 것에 대해 여러분께 보상하고자 고안된, 새로운 추천 프로그램을 도입하게 되어 기쁩니다. 다음의 간단한 단계들에 따라 시작해 보세요:

[1] 일단 계정에 로그인한 다음, '마이 페이지'의 새로운 '추천 프로그램' 부분으로 이동하여 고유한 추천 링크를 찾습니다.
[2] 여러분의 추천 링크를 복사하여 소셜 미디어에 붙여 넣거나 이메일이나 문자 메시지를 통해 발송함으로써 그것을 다른 사람들과 공유하세요.
[3] 누군가 여러분의 링크를 클릭하여 첫 구매를 하게 되면, 고객님과 고객님의 추천을 받은 사람은 모두 어떤 Herbaluck 구매에라도 사용하기 위한 25달러의 크레딧을 받게 됩니다.
[4] 여러분의 추천 링크를 사용한 사람들이 더 많을수록, 여러분은 더 많은 크레딧을 얻을 것입니다.

지금 공유를 시작하고 보상을 받으세요! Herbaluck 커뮤니티의 일원이 되어 주셔서 고맙습니다.

진심을 담아,
Herbaluck 마케팅팀

① Herbaluck의 계정을 만든 것에 대해 25달러의 크레딧을 고객에게 제공하기 위해
② 제품의 후기를 쓰는 방법에 대한 설명을 제공하기 위해
③ 고객들이 소셜 미디어상에서 Herbaluck을 팔로우하도록 장려하기 위해
④ 새로운 프로그램에 참여하는 방법을 설명하기 위해

포인트 해설

지문 앞부분에서 새로운 추천 프로그램을 도입하게 되어 기쁘다고 한 후, 이어서 추천 프로그램 항목에 있는 고유한 추천 링크를 공유함으로써 구매에 사용하기 위한 크레딧을 얻을 수 있는 절차를 순차적으로 설명하고 있다. 따라서 ④ '새로운 프로그램에 참여하는 방법을 설명하기 위해'가 이 글의 목적이다.

정답 ④

어휘

competitive 경쟁의, 경쟁적인 wellness 건강 (관리)
referral 추천, 소개, 소개받은 사람 account 계정, 계좌
reap (보답 등을) 받다, 수확하다 instruction 설명, 지침
participate in ~에 참여하다

구문 분석

we're thrilled to introduce our new referral program, / designed to reward you / for letting your friends and family know about Herbaluck.
: 이처럼 동사원형(know)이 목적격 보어 자리에 와서 목적어의 의미를 보충해 주는 경우, '목적어가 ~하게' 또는 '목적어가 ~하도록'라고 해석한다.

---

08 독해 주제 파악 난이도 중 ●●○

다음 글의 주제로 가장 적절한 것은?

The Swedish word *fika* functions as both a noun and a verb and is often translated to English to mean "a break for coffee and cake." But in Sweden, *fika* is more than just a simple coffee break; it is an essential everyday ritual. In fact, most Swedish companies mandate two *fika* breaks per day, which provide opportunities for workers to slow down, ignore their phones and email accounts, and socialize with colleagues. The simple activity of chatting about something nonwork related while enjoying a warm drink and a tasty baked good not only refreshes the mind, but also strengthens relationships in the workplace, which ultimately leads to having happier and more productive employees.

① origin of the word *fika*
② benefits of ceremonies in the workplace
③ various snacks enjoyed in Sweden
④ the importance of breaks in the Swedish workday

해석

스웨덴어인 'fika'는 명사와 동사 둘 다로서 기능하며 보통 '커피와 케이크를 위한 휴식'을 의미하는 영어로 번역된다. 그러나 스웨덴에서 'fika'는 단지 순전히 커피를 마시기 위한 휴식 시간 그 이상인데, 그것은 필수적인 일상 의식이다. 실제로, 대부분의 스웨덴 회사들은 매일 두 번의 'fika' 휴식을 지시하는데, 이것은 직원들이 여유를 갖고, 그들의 전화와 이메일 계정을 무시하고, 동료들과 어울릴 수 있는 기회를 제공한다. 따뜻한 음료와 맛있게 구운 먹거리를 즐기면서 업무와 관련 없는 무언가에 대해 수다를 떠는 그 간단한 활동은 정신을 상쾌하게 할 뿐만 아니라, 직장에서의 관계를 강화시키는데, 이는 결국 더 행복하고 더 생산적인 직원들을 갖는 것으로 이어진다.

① 단어 'fika'의 기원
② 직장에서의 의식의 이점
③ 스웨덴에서 즐기는 다양한 간식
④ 스웨덴의 근무 시간에서 휴식의 중요성

포인트 해설

지문 전반에 걸쳐 스웨덴에서 'fika'는 커피를 마시기 위한 휴식 시간 그 이상인데, 이것을 통해 직원들은 정신을 상쾌하게 하고 직장에서의 관계를 강화시키며, 이는 결국 스웨덴 회사들이 더 행복하고 더 생산적인 직원들을 갖는 것으로 이어진다고 설명하고 있으므로, ④ '스웨덴의 근무 시간에서 휴식의 중요성'이 이 글의 주제이다.

정답 ④

어휘

function 기능하다, 작용하다 translate 번역하다
essential 필수적인, 근본적인 ritual 의식, 의례 mandate 지시하다
slow down 여유를 가지다 socialize 어울리다 colleague 동료
chat 수다를 떨다; 잡담, 수다 refresh 상쾌하게 하다 mind 정신
ultimately 결국, 궁극적으로 lead to ~로 이어지다
productive 생산적인, 풍부한 origin 기원, 유래
workday (하루의) 근무 시간, 작업일

09 독해 무관한 문장 삭제　　난이도 중 ●●○

다음 글의 흐름상 어색한 문장은?

Fifteen countries that have prominent elephant populations are in favor of keeping the ivory trade illegal and destroying, either by burning or crushing, stockpiles of seized ivory to keep it off the market. ① To back their position, these countries cite the fact that poachers kill 30,000 elephants every year to meet the demand of the ivory trade. ② In the wild, elephants have been observed mourning the death of a herd member for several days. ③ South Africa, Botswana, and Zimbabwe, on the other hand, believe that destroying ivory only lowers the supply, and thus increases the demand for it and the incentive for poachers to continue to hunt elephants. ④ Unique amongst this group, South Africa also favors legalizing the ivory trade, with the idea being that by permitting it, the sale of ivory can be regulated. However, this proposition has failed to gain support because officials from other countries consider the approach to be overly simplistic.

해석

현저한 코끼리 개체 수를 보유한 15개 국가들은 상아 무역을 계속 불법으로 유지하는 것과, 압수된 상아 비축량이 시장에 나오지 못하게 태우거나 으스러뜨려 파괴하는 것에 찬성한다. ① 그들의 입장을 뒷받침하기 위해, 이 국가들은 밀렵꾼들이 상아 무역의 수요를 충족시키기 위해서 매년 3만 마리의 코끼리들을 죽인다는 사실을 언급한다. ② 야생에서, 코끼리들은 무리 구성원의 죽음을 며칠 동안 애도하는 것이 관찰되었다. ③ 반면, 남아프리카공화국, 보츠와나, 짐바브웨에서는 상아를 파괴하는 것이 그 공급을 낮출 뿐이며, 따라서 그것에 대한 수요와 밀렵꾼들이 코끼리를 사냥하는 것을 계속할 동기를 증가시킨다고 생각한다. ④ 이 집단 중에서는 독특하게, 남아프리카공화국은 상아 무역을 허락함으로써 상아의 판매가 규제될 수 있다는 생각을 가지고, 그것을 합법화하는 것에 찬성하기도 한다. 하지만, 이 제안은 지지를 얻는 데 실패했는데 다른 나라들의 공무원들이 그 접근법을 지나치게 단순화된 것으로 여기기 때문이다.

포인트 해설

첫 문장에서 '상아 무역을 계속 불법으로 유지하는 것과 상아 비축량을 제거하는 것에 대한 15개국들의 찬성'에 대해 언급하고, ①번은 '그러한 입장을 뒷받침하는 많은 코끼리들의 죽음', ③번은 '상아를 파괴하는 것에 반대하는 국가들의 입장', ④번은 '상아 무역 합법화에 찬성하는 한 국가의 입장'에 대해 설명하고 있다. 그러나 ②번은 '무리 구성원의 죽음을 애도하는 야생 코끼리'에 대한 내용으로, 첫 문장의 내용과 관련이 없다.

정답 ②

어휘

prominent 현저한, 두드러진　population 개체 수, 인구
be in favor of ~에 찬성하다　ivory 상아　illegal 불법의　destroy 파괴하다
crush 으스러뜨리다　stockpile 비축량; 비축하다　seize 압수하다
keep off ~이 나오지 못하게 하다, ~을 멀리하다　cite 언급하다
poacher 밀렵꾼　mourn 애도하다, 슬퍼하다　herd 무리, 떼
incentive 동기, 격려　legalize 합법화하다　regulate 규제하다
proposition 제안　overly 너무　simplistic 지나치게 단순화된

10 독해 문단 순서 배열　　난이도 중 ●●○

주어진 문장 다음에 이어질 글의 순서로 가장 적절한 것은?

In a study, children from ages four to ten were asked to rate different items—people, animals, and concepts—by how much they cared about them.

(A) However, children over the age of seven were more inclusive and caring, expressing their concern for more items, even those connected with abstract concepts.
(B) The youngest participants were the most exclusive in their ratings, limiting the number of items they cared about.
(C) They also showed the same low level of concern for tangible objects like shoes as they did for abstract concepts like the environment and sick people.

① (A) – (C) – (B)　　② (B) – (A) – (C)
③ (B) – (C) – (A)　　④ (C) – (A) – (B)

해석

한 연구에서, 4세에서 10세의 아이들은 그들이 그것들에 얼마나 많이 관심을 가지는지에 따라 사람, 동물, 그리고 개념과 같은 서로 다른 항목들을 평가하도록 요청받았다.

(A) 하지만, 7세가 넘는 아이들은 더 포괄적이고 더 남을 배려했으며, 더 많은 항목들에 대한 그들의 관심을 표현했으며, 심지어 추상적인 개념들과 관련이 있는 것에도 관심을 표했다.
(B) 가장 어린 참가자들은 그들의 평가에 있어서 가장 한정적이었으며, 그들이 관심을 가지는 항목들의 수를 제한했다.
(C) 그들은 또한 그들이 환경과 아픈 사람들 같은 추상적인 개념들에 대해 보여 줬던 것처럼, 신발과 같은 실재하는 사물들에 대해서도 동일하게 낮은 관심 수준을 보였다.

포인트 해설

주어진 문장에서 4세에서 10세의 아이들은 사람, 동물, 개념에 얼마나 많은 관심을 갖는지에 대해 평가하도록 요청받았다고 한 뒤, (B)에서 가장 어린 참가자들의 경우 제한적인 항목들에 대해 한정적으로 평가했음을 알려 주고 있다. 이어서 (C)에서 그들은 또한(They also) 추상적인 개념과 실재하는 물체 모두에 낮은 관심 수준을 보였다고 하고, (A)에서 하지만(However) 7세 이상 아이들은 더 많은 항목들에 관심을 표현하고 심지어 추상적인 개념과 관련 있는 것에도 그러했다고 설명하고 있다. 따라서 ③ (B) – (C) – (A)가 정답이다.

정답 ③

어휘

rate 평가하다; 속도, 비율　inclusive 포괄적인　caring 남을 배려하는
concern 관심(사), 걱정; 관련되다, 걱정하게 만들다　abstract 추상적인
exclusive 한정적인, 배타적인　tangible 실재하는, 유형의

DAY 10 하프모의고사 10회

해커스 공무원시험연구소 총평

난이도 신유형 문제들이 다소 쉽게 출제된 반면, 심리 및 이념 관련 지문들은 전체 내용을 이해하기에 까다롭게 느껴졌을 수 있습니다.

어휘·생활영어 영역 1번 문제에서는 공무원 영어 시험에 자주 등장하는 어휘로 보기가 구성되었습니다. 각각의 의미를 바로 떠올려 정답을 찾는 데 어려움이 있었다면, 어휘 영역에 보다 시간을 투자하여 학습하는 것이 좋습니다.

문법 영역 최신 출제경향인 조동사 포인트 중에서도 2번 문제와 같이 조동사 should의 생략을 묻는 문제는 반드시 학습해야 하는 기본적인 내용이므로, '이것도 알면 합격!'까지 완벽하게 숙지합니다.

독해 영역 이메일의 경우 전반적으로 인사 – 주제 또는 목적 확인 – 세부 사항 – 추가 요청 또는 결론 강조 – 끝맺음의 흐름을 따라가므로, 문제 유형에 따라 지문의 각 부분을 집중하여 읽음으로써 정답의 단서를 빠르게 찾을 수 있습니다.

정답

01	①	어휘	06	③	독해
02	③	문법	07	②	독해
03	②	문법	08	③	독해
04	③	생활영어	09	③	독해
05	②	독해	10	④	독해

취약영역 분석표

영역	맞힌 답의 개수
어휘	/ 1
생활영어	/ 1
문법	/ 2
독해	/ 6
TOTAL	/ 10

---

01 어휘 scatter   난이도 중 ●●○

밑줄 친 부분에 들어갈 말로 가장 적절한 것은?

> The large crowd that had amassed around the street musician _____ when she announced that her performance was over for the night.

① scattered ② conceded
③ assembled ④ flourished

해석
거리 음악가 주위에 모였던 많은 군중은 그녀가 그날 밤 공연이 끝났음을 알렸을 때 흩어졌다.

① 흩어졌다 ② 양보했다
③ 모였다 ④ 번영했다

정답 ①

어휘
crowd 군중, 사람들 amass 모이다, 축적하다 announce 알리다, 발표하다
scatter 흩어지다, 흩뿌리다 concede 양보하다, 인정하다 assemble 모이다
flourish 번영하다, 잘 자라다

이것도 알면 합격!
'흩어지다'의 의미를 갖는 표현
= disperse, disassemble, break up, split up, dissolve

---

02 문법 조동사 | 수동태   난이도 중 ●●○

밑줄 친 부분에 들어갈 말로 가장 적절한 것은?

> The manager firmly demanded that the finalized report _____ by noon to ensure it could be included in the afternoon board meeting.

① is submitted ② submit
③ be submitted ④ submitted

해석
관리자는 최종 보고서가 오후의 이사진 회의에 반드시 포함될 수 있게 하기 위해 정오까지 그것이 제출될 것을 단호하게 요구했다.

포인트 해설
③ 조동사 should의 생략 | 능동태·수동태 구별 빈칸은 종속절(the finalized report ~ by noon)의 동사 자리이다. 주절에 요청을 나타내는 동사(demand)가 나오면 종속절에는 '(should +) 동사원형'이 와야 하므로 동사원형 형태의 ② submit, ③ be submitted가 정답 후보이다. 이때 종속절의 주어 the finalized report와 동사가 '최종 보고서가 제출되다'라는 의미의 수동 관계이므로 수동태 ③ (should) be submitted가 정답이다.

정답 ③

이것도 알면 합격!

동사 demand와 같이, 종속절에 '(should +) 동사원형'이 와야 하는 제안·의무·요청·주장을 나타내는 동사들을 알아 두자.

- request 요청하다
- ask 요청하다
- command 명령하다
- order 명령하다
- require 요구하다
- desire 요구하다
- suggest 제안하다
- propose 제안하다
- recommend 추천하다
- move 제의하다
- insist 주장하다

---

03 문법 관계절|대명사|명사절|전치사|동명사 난이도 중 ●●○

밑줄 친 부분 중 어법상 옳지 않은 것은?

People living in gated communities expect their neighbors' homes to be as well maintained as ① theirs. One of the areas of focus is the front lawns, ② that need to be mowed weekly. However, while keeping the neighborhood tidy is important, having meaningful relationships is ③ what neighbors care about the most. For these relationships, the members of the community must all constantly commit to ④ being the best neighbor they can be.

해석

외부인 출입 제한 주택지에 사는 사람들은 그들 이웃의 집들이 그들의 것들만큼 잘 관리되었을 것이라고 기대한다. 관심이 집중되는 장소들 중 하나는 앞 잔디밭인데, 이 잔디밭은 매주 깎아야 한다. 하지만, 주변을 깔끔하게 유지하는 것이 중요하다고 해도, 의미 있는 관계를 맺는 것이 이웃들이 가장 많이 신경을 쓰는 것이다. 이러한 관계를 위해서는, 그 지역 사회의 구성원들이 모두 그들이 될 수 있는 최고의 이웃이 되는 것에 지속적으로 전념해야 한다.

포인트 해설

② 관계대명사 that 관계대명사 that은 콤마(,) 뒤에서 계속적 용법으로 쓰일 수 없는데, 선행사(the front lawns)가 사물이고 관계절 내에서 동사 need의 주어 역할을 하므로 that을 콤마(,) 뒤에서 계속적 용법으로 쓰일 수 있고 사물을 나타내는 주격 관계대명사 which로 고쳐야 한다.

[오답 분석]

① 인칭대명사 문맥상 '그들 이웃의 집들이 그들의 것들만큼 잘 관리되었을 것이라고 기대한다'라는 의미가 되어야 자연스러우므로, 대명사가 지시하는 것은 '그들의 집들'이다. 이때, '소유격(their) + 명사(homes)'는 소유대명사로 나타낼 수 있으므로 소유대명사 theirs가 올바르게 쓰였다.

③ 명사절 접속사 전치사의 목적어가 없는 불완전한 절(neighbors ~ the most)을 이끌면서 동사 is의 보어 자리에 올 수 있는 명사절 접속사 what이 올바르게 쓰였다.

④ 기타 전치사 | 동명사의 역할 문맥상 '최고의 이웃이 되는 것에 (지속적으로) 전념해야 한다'라는 의미가 되어야 자연스러운데, '~하는 데 전념하다'는 전치사 숙어 표현 commit to로 나타낼 수 있고, 전치사(to)의 목적어 자리에는 명사 역할을 하는 것이 와야 하므로 동명사 being이 올바르게 쓰였다.

정답 ②

어휘

gated community 외부인 출입 제한 주택지 lawn 잔디밭
mow (잔디를) 깎다 tidy 깔끔한 constantly 지속적으로 commit 전념하다

이것도 알면 합격!

한편, 관계대명사 that은 '전치사 + 관계대명사'의 형태에서 전치사 뒤에도 올 수 없다는 것을 알아 두자.

- She introduced her friends to the man (to whom, to that) she was engaged.
  그녀는 그녀가 약혼한 남자에게 자신의 친구들을 소개했다.

---

04 생활영어 He is such a confident speaker. 난이도 하 ●○○

두 사람의 대화 중 자연스럽지 않은 것은?

① A: I spent all weekend preparing for my school presentation.
   B: Then I'm sure you'll do a great job.
② A: I heard you're feeling down these days.
   B: It's because I had to take my kitten to the vet.
③ A: Can you believe he told them my secret?
   B: He is such a confident speaker.
④ A: What were you two talking about?
   B: My friend just asked me to help plan her birthday party.

해석

① A: 나는 학교 발표를 준비하며 주말을 다 보냈어.
   B: 그럼 너는 분명 잘 해낼 거야.
② A: 네가 요즘 울적해한다고 들었어.
   B: 그건 내가 내 새끼 고양이를 수의사에게 데려가야 했기 때문이야.
③ A: 그가 그들에게 내 비밀을 말했다는 걸 믿을 수 있겠어?
   B: 그는 아주 자신만만한 연설가야.
④ A: 너희 둘이 무슨 이야기 하고 있었어?
   B: 내 친구가 방금 내게 생일 파티를 계획하는 걸 도와줄 수 있냐고 물어봤어.

포인트 해설

③번에서 A는 그가 그들에게 자신의 비밀을 말했다는 걸 믿을 수 없다고 말하고 있으므로, 그가 아주 자신만만한 연설가라는 B의 대답 ③ 'He is such a confident speaker'(그는 아주 자신만만한 연설가야)는 어울리지 않는다.

정답 ③

어휘

feel down (마음이) 울적하다 vet 수의사 confident 자신만만한, 대담한

이것도 알면 합격!

상대방을 격려할 때 쓸 수 있는 다양한 표현들을 알아 두자.

- Hang in there. 조금만 참아.
- Chin up! 기운 내세요!
- Snap out of it! 기운을 내!
- Keep your spirits up. 기운 내.
- You've got this! 할 수 있어!

DAY 10 하프모의고사 10회

05~06 다음 글을 읽고 물음에 답하시오.

To	Manager@PremiereEvents.com
From	WilliamBates@EvansvilleCity.com
Date	February 10
Subject	Planning services

Dear Sir or Madam,

I am writing to inquire about your services for an upcoming event at City Hall.

We are planning a party for the city's anniversary celebration in April. There will be approximately 200 guests attending the event. We will need to have food and beverage service for the guests, including both snacks and a sit-down meal. There also need to be some options available for people with dietary restrictions, such as vegans, vegetarians, and those with sensitivity to foods like gluten. In addition, we would like to arrange for a live band or singer for the evening.

Could you please create a plan for the event and let me know the approximate total cost? We will need to finalize the plan by March 1, so please forward this information to me as soon as possible.

I look forward to seeing what you can offer.

Respectfully,
William Bates, City Manager

해석

수신: Manager@PremiereEvents.com
발신: WilliamBates@EvansvilleCity.com
날짜: 2월 10일
제목: 기획 서비스

관계자분들께,

시청에서 곧 있을 행사를 위해 귀하의 서비스에 관해 문의드리고자 메일을 씁니다.

저희는 4월에 있을 시의 기념 축하 행사를 위한 파티를 계획하고 있습니다. 행사에는 약 200명의 손님이 참석할 예정입니다. 저희는 간식과 앉아서 먹을 식사를 포함하여, 손님분들을 위한 식음료 서비스가 필요합니다. 비건, 채식주의자, 그리고 글루텐 같은 음식에 민감한 사람 등 식이 제한이 있는 사람들이 이용 가능한 몇 가지 선택지 또한 필요합니다. 그뿐만 아니라, 저희는 저녁에 라이브 밴드나 가수를 섭외하고 싶습니다.

행사에 대한 계획을 세워 주시고 대략적인 총비용을 알려 주실 수 있나요? 저희가 3월 1일까지 계획을 마무리해야 해서, 이 정보를 가능한 한 빨리 전달해 주시기를 바랍니다.

제공 가능한 사항을 보게 되기를 기대합니다.

정중히,
William Bates, 시 관리자

어휘

inquire 문의하다   celebration 축하 행사   dietary 식이 요법의
restriction 제한   sensitivity 민감함   forward 전달하다

05 독해 목적 파악   난이도 하 ●○○

위 이메일의 목적으로 가장 적절한 것은?

① 시청 행사에 수신인을 초대하려고
② 행사에 필요한 서비스와 견적을 문의하려고
③ 채식주의자들을 위한 대체 식단을 제안하려고
④ 저녁 행사를 위해 가수 섭외를 요청하려고

포인트 해설

지문 전반에 걸쳐 시청에서 곧 있을 행사를 위해 식음료와 공연 서비스가 필요하므로, 행사에 대한 계획을 세우고 대략적인 총비용을 알려 달라고 요청하고 있다. 따라서 ② '행사에 필요한 서비스와 견적을 문의하려고'가 이 글의 목적이다.

정답 ②

06 독해 내용 불일치 파악   난이도 하 ●○○

위 이메일의 내용과 일치하지 않는 것은?

① The party will be attended by 200 guests.
② Snacks and an actual meal are needed.
③ The menu should not include any meat.
④ The plan must be finished no later than March 1.

해석

① 파티에는 200명의 손님이 참석할 예정이다.
② 간식과 실제 식사가 필요하다.
③ 메뉴는 고기를 포함하지 않아야 한다.
④ 계획은 늦어도 3월 1일까지 완료되어야 한다.

포인트 해설

③번의 키워드인 should not include any meat(고기를 포함하지 않아야 한다)을 바꾸어 표현한 지문의 vegans, vegetarians(비건, 채식주의자) 주변의 내용에서 비건, 채식주의자, 글루텐 같은 음식에 민감한 사람 등 식이 제한이 있는 사람들이 이용 가능한 몇 가지 선택지 또한 필요하다고는 했지만, ③ '메뉴가 고기를 포함하지 않아야' 하는지는 알 수 없다.

정답 ③

어휘

no later than 늦어도 ~까지는

07 독해 내용 일치 파악   난이도 중 ●●○

National Fisheries Commission에 관한 다음 글의 내용과 일치하는 것은?

The National Fisheries Commission (NFC) Responsibilities

The NFC is the nation's highest-level agency for creating and protecting a sustainable fishing industry. The NFC works with environmental agencies to keep coastal waters clean and monitor the number of fish in them. In addition, the NFC sets annual quotas for the amount of each species that can be harvested so that the impact of the industry does not threaten the fish population or the marine ecosystem. It is the goal of the agency to not only increase the industry's revenue, but also the number of fish available. Fishing vessels found to be in violation of the commission's rules are subject to fines and confiscation of their catch.

① It focuses on the management of rivers flowing into the sea.
② It keeps track of how many fish are in the waters.
③ It establishes monthly allocations on how much seafood can be caught.
④ It can seize the boats of people who break its rules.

해석

국립해양어업위원회(NFC)의 책무
국립해양어업위원회는 지속 가능한 해양 어업 산업을 창출하고 보호하기 위한 국가 최고 수준의 기관입니다. 국립해양어업위원회는 연안 해역을 청결하게 유지하고 그 안의 어류의 수를 추적 관찰하기 위해 환경 기관들과 협력합니다. 게다가, 국립해양어업위원회는 산업의 영향으로 어류의 개체 수나 해양 생태계가 위협받지 않도록 각각의 종들에 대해 포획할 수 있는 양의 연간 할당량을 설정합니다. 그 산업의 수익뿐만 아니라, 이용 가능한 어류의 수를 증가시키는 것 또한 기관의 목표입니다. 위원회 규정을 위반한 것으로 밝혀진 어선은 벌금 및 어획물 몰수의 대상이 됩니다.

① 그것은 바다로 흘러드는 하천의 관리에 초점을 둔다.
② 그것은 해역에 얼마나 많은 어류가 있는지를 추적한다.
③ 그것은 해산물이 얼마나 포획될 수 있는지에 대한 월간 할당량을 정한다.
④ 그것은 규칙을 어기는 사람의 배를 나포할 수 있다.

포인트 해설

②번의 키워드인 keeps track of how many fish are(얼마나 많은 어류가 있는지를 추적한다)를 바꾸어 표현한 지문의 monitor the number of fish(어류의 수를 추적 관찰한다) 주변의 내용에서 국립해양어업위원회는 연안 해역의 어류의 수를 추적 관찰하기 위해 환경 기관들과 협력한다고 했으므로, ② '그것은 해역에 얼마나 많은 어류가 있는지를 추적한다'가 지문의 내용과 일치한다.

[오답 분석]
① 국립해양어업위원회가 연안 해역을 청결하게 유지하고 그 안의 어류의 수를 추적 관찰하기 위해 환경 기관들과 협력한다고는 했지만, 그것이 바다로 흘러드는 하천의 관리에 초점을 두는지는 알 수 없다.
③ 국립해양어업위원회가 각각의 어류 종들에 대해 포획할 수 있는 연간 할당량을 설정한다고 했으므로, 그것이 해산물이 얼마나 포획될 수 있는지에 대한 월간 할당량을 정한다는 것은 지문의 내용과 다르다.
④ 국립해양어업위원회의 규정을 위반한 어선이 벌금 및 어획물 몰수의 대상이 된다고는 했지만, 그것이 규칙을 어기는 사람의 배를 나포할 수 있는지는 알 수 없다.

정답 ②

어휘

sustainable 지속 가능한 coastal 연안의, 해안의 annual 연간의, 해마다의
quota 할당량, 한도 species 종 revenue 수익 available 이용 가능한
violation 위반 fine 벌금; 좋은 confiscation 몰수
keep track of ~을 추적하다 allocation 할당량, 배분
seize 나포하다, 체포하다

08 독해 요지 파악   난이도 중 ●●○

다음 글의 요지로 가장 적절한 것은?

Every year, millions of tons of dust from the Sahara Desert, the largest in the world, float over the Atlantic Ocean and settle in the Americas. For humans, the tiny rock particles in this dust can cause an array of respiratory conditions, but these dust plumes actually have a positive impact on the health of various ecosystems, and in particular, the Amazon Rainforest. Despite being home to the most biodiversity on the planet, the heavy rains and floods that occur in the Amazon have left the soil nutrient deficient. For thousands of years now, the South American rainforest has relied on Saharan dust clouds, which contain minerals like iron and phosphorus, to replenish the soil and help plant life prosper.

① Animals are struggling to cope with the side effects of dust inhalation.
② Ecosystems are in competition for nutrient-rich soil.
③ Plant growth in the Amazon depends on plumes of dust.
④ Soil in African rainforests requires high amounts of phosphorus.

해석

매년, 세계에서 가장 큰 사하라 사막에서 온 수백만 톤의 먼지는 대서양 위를 떠다니다가 아메리카 대륙에 내려앉는다. 사람들에게, 이 먼지 안에 있는 아주 작은 바위 입자들은 다양한 호흡기 질환들을 야기하지만, 이러한 먼지기둥들은 사실 다양한 생태계들, 특히 아마존 열대 우림의 건강에 긍정적인 영향을 미친다. 지구에서 가장 많은 생물 다양성의 본거지임에도 불구하고, 아마존에서 발생하는 폭우와 홍수는 토양이 영양소가 결핍된 상태가 되게 해 왔다. 지금까지 수천 년 동안, 남아메리카의 열대 우림은

토양을 원래대로 다시 채우고 식물이 번성하도록 돕기 위해 철과 인 같은 무기질이 들어 있는 사하라 사막의 먼지구름에 의존해 왔다.
① 동물들은 먼지 흡입의 부작용들을 극복하기 위해서 애쓰고 있다.
② 생태계들은 영양소가 풍부한 토양을 두고 경쟁하고 있다.
③ 아마존에서 식물의 성장은 먼지기둥에 달려 있다.
④ 아프리카 열대 우림들의 토양은 다량의 인을 필요로 한다.

포인트 해설

지문 전반에 걸쳐 사하라 사막에서 온 먼지기둥이 아메리카 대륙에 내려앉으면 사람에게 호흡기 질환들을 야기하기도 하지만, 폭우와 홍수로 영양소가 결핍된 아마존 열대 우림의 토양에는 무기질을 보충해 준다고 설명하고 있으므로, ③ '아마존에서 식물의 성장은 먼지기둥에 달려 있다'가 이 글의 요지이다.

정답 ③

어휘

dust 먼지 float 떠다니다 particle 입자 an array of 다양한
respiratory 호흡기의 condition 질환, 상태 plume 기둥, 깃털
biodiversity 생물 다양성 flood 홍수 nutrient 영양소
deficient 결핍된, 불충분한 phosphorus (화학) 인
replenish (원래대로) 다시 채우다, 보충하다 prosper 번성하다
struggle 애쓰다 cope with ~을 극복하다 side effect 부작용
inhalation 흡입

(B) 결국, 신체를 조종하는 이 능력은 중독성을 띠게 된다. 그것이 바로 사람들이 매운 음식을 먹고, 무서운 영화를 보고, 롤러코스터를 타는 것을 계속하는 이유이다.
(C) 이 현상은 사람들이 안전한 환경에서 최소한의 위험을 감수하고자 할 때 발생한다. 이러한 상황에서, 신체는 엔도르핀과 고통을 쾌락으로 바꾸는 다른 화학 물질들을 만들어낸다.

포인트 해설

주어진 문장에서 부정적인 느낌이나 감정을 불러오는 활동들에 참여하고 즐기는 것이 온화한 자기 학대로 알려져 있다고 하고, (C)에서 이 현상(This phenomenon)은 안전한 환경에서 최소한의 위험을 감수하고자 할 때 발생하며 이때 신체에서 고통을 쾌락으로 바꾸는 화학 물질들을 만들어낸다고 설명하고 있다. 이어서 (A)에서 두뇌를 속여서 이러한 호르몬들(these hormones)을 내보낸 결과 우리는 손쉽게 호르몬들의 방출로 인한 이로움을 얻는다고 하고, (B)에서 결국(Eventually) 신체를 조종하는 그 능력이 중독성을 띠게 된다는 것을 예시를 들어 설명하고 있다. 따라서 ③ (C) – (A) – (B)가 정답이다.

정답 ③

어휘

partake in ~에 참여하다 sensation 느낌, 감각 emotion 감정
psychology 심리학 benign 온화한, 유순한 masochism 자기 학대
trick A into B A를 속여서 B하게 하다 exertion 노력, 분발
trigger 유발하다; 계기 release 방출, 석방, 공개
manipulate 조종하다, 다루다 addictive 중독성을 띠는
phenomenon 현상 take a risk 위험을 감수하다 chemical 화학 물질

---

09 독해 문단 순서 배열 　　난이도 중 ●●○

주어진 문장 다음에 이어질 글의 순서로 가장 적절한 것은?

Partaking in and enjoying activities that bring negative sensations and emotions is known in psychology as benign masochism.

(A) By tricking the brain into sending out these hormones, we gain their benefit without the risk or exertion that usually triggers their release.
(B) Eventually, this ability to manipulate the body becomes addictive. That's why people continue to eat spicy food, watch scary movies, and ride roller coasters.
(C) This phenomenon occurs when people take minimal risks in safe environments. In these situations, the body produces endorphins and other chemicals that turn pain into pleasure.

① (A) – (B) – (C)　　② (A) – (C) – (B)
③ (C) – (A) – (B)　　④ (C) – (B) – (A)

해석

부정적인 느낌들이나 감정들을 불러오는 활동들에 참여하고 즐기는 것은 심리학에서 온화한 자기 학대로 알려져 있다.
(A) 두뇌를 속여서 이러한 호르몬들을 내보내게 함에 따라, 우리는 그것들의 방출을 주로 유발하는 위험 또는 노력 없이 그것들의 이로움을 얻는다.

---

10 독해 빈칸 완성 – 구 　　난이도 상 ●●●

밑줄 친 부분에 들어갈 말로 가장 적절한 것은?

Transhumanism is an ideology that advocates for humans to use technology to enhance their bodies and prolong their lives, perhaps to the point of immortality. While critics assert that such ambitious goals could only be achieved in a science fiction novel, transhumanists can point to existing technology as _____ _____. Examples include artificial hip and knee joint replacements. These procedures were once considered to be major surgeries, but now they are routine and people are electing to get joint replacements at younger ages to improve their movement. In addition, those suffering from organ failure or heart disease have better chances of living longer lives thanks to organ transplants and pacemakers. And for people with disabilities, their quality of life has improved with advancements in communication aids and mobility solutions, which are now controlled by the brain.

① confirmation that doctors should work with engineers
② proof that artificial body parts will soon be developed
③ acknowledgement that treatments require more testing
④ evidence that these goals are in fact attainable

해석

트랜스휴머니즘은 인간이 아마 불사라고 할 정도로 그들의 신체를 강화하고 그들의 생명을 연장하기 위해 기술을 사용하는 것을 옹호하는 이념이다. 비평가들이 그러한 어마어마한 목표들은 공상 과학 소설에서만 이루어질 수 있다고 주장하는 반면, 트랜스휴머니스트들은 이러한 목표들을 실제로 달성할 수 있다는 증거로 현존하는 기술을 지목할 수 있다. 그 예는 인공 고관절과 인공 무릎 관절 교체를 포함한다. 이러한 수술들은 한때 큰 수술로 여겨졌지만, 현재 그것들은 일상적이며 사람들은 그것들의 움직임을 향상시키기 위해서 더 젊은 나이에 관절 교체를 하기로 결정하고 있다. 게다가, 장기 손상이나 심장 질환들로부터 고통받는 사람들은 장기 이식이나 심박 조율기 덕분에 더 오랜 삶을 살 가능성이 높다. 그리고 장애를 가진 사람들에게 있어서, 그들의 삶의 질은 현재 뇌에 의해 통제되는 의사소통 보조 기구와 이동 수단의 발전으로 개선되어 왔다.

① 의사들이 기술자들과 함께 일해야 한다는 증거
② 인공 신체 부위가 곧 개발될 것이라는 증거
③ 치료가 더 많은 검사를 필요로 한다는 인식
④ 이러한 목표들을 실제로 달성할 수 있다는 증거

포인트 해설

빈칸 앞부분에서 인간의 생명을 연장하기 위해 기술을 사용하는 것을 옹호하는 트랜스휴머니즘을 설명하며, 비평가들은 이런 목표들이 공상 과학 소설에서만 이루어질 수 있다고 주장한다고 하고, 빈칸 뒷부분에서 기술을 이용하여 트랜스휴머니즘이 이뤄진 실제 사례들을 소개하고 있다. 따라서 트랜스휴머니스트들은 '이러한 목표들을 실제로 달성할 수 있다는 증거'로 현존하는 기술을 지목할 수 있다고 한 ④번이 정답이다.

정답 ④

어휘

ideology 이념 advocate 옹호하다 enhance 강화하다
prolong 연장하다 immortality 불사 critic 비평가 assert 주장하다
ambitious 어마어마한, 야심 있는 existing 현존하는
artificial 인공의, 거짓된 joint 관절, 연결 부위 procedure 수술, 절차
routine 일상적인 elect 결정하다, 선출하다 organ 장기
transplant 이식; 이식하다 pacemaker 심박 조율기 disability 장애
mobility solution 이동 수단 confirmation 증거, 확인
acknowledgement 인식, 인정 attainable 달성할 수 있는

구문 분석

(생략), transhumanists can point to existing technology / as evidence / that these goals are in fact attainable.
: 이처럼 that이 이끄는 절이 evidence, opinion, idea, fact, news, belief, statement 등의 명사 뒤에 와서 명사와 동격을 이루는 경우, '주어가 동사한다는 명사' 또는 '주어가 동사라는 명사'라고 해석한다.

DAY 11 하프모의고사 11회

해커스 공무원시험연구소 총평

난이도 가장 많은 시간이 소요되는 독해 영역이 특히 쉽게 출제되어, 고득점을 기대해 볼 수 있는 회차였습니다.

어휘·생활영어 영역 생활영어 영역의 경우 대화의 길이가 길어지는 추세이며, 그렇기 때문에 대화 도중 화제가 바뀔 수 있음에 유의합니다.

문법 영역 준동사구의 출제 가능성이 높으므로, 동명사 관련 표현/to 부정사 관련 표현/분사구문 관용 표현 등 암기를 필요로 하는 세부 포인트들까지 꼼꼼하게 학습해 두는 것이 좋습니다.

독해 영역 우리에게 친숙한 일상생활 관련 소재의 지문이 등장하는 경우, 배경지식으로 답을 고르는 것이 아니라 지문의 내용에 근거하여 정확하게 문제를 푸는 것이 중요함을 명심합니다.

정답

01	③	어휘	06	④	독해
02	②	문법	07	③	독해
03	③	문법	08	②	독해
04	②	생활영어	09	③	독해
05	③	독해	10	④	독해

취약영역 분석표

영역	맞힌 답의 개수
어휘	/ 1
생활영어	/ 1
문법	/ 2
독해	/ 6
TOTAL	/ 10

---

01 어휘 comprehend   난이도 중 ●●○

밑줄 친 부분에 들어갈 말로 가장 적절한 것은?

> Centuries of weathering made it impossible to _____ the inscription on the plaque, so it remains a mystery to this day.

① carve
② obscure
③ comprehend
④ renew

해석
수 세기 동안의 풍화 작용에 변해 온 것은 명판에 적힌 그 글을 이해하는 것을 불가능하게 만들어서, 그것은 오늘날까지 불가사의로 남아 있다.
① 새기다
② 흐리게 하다
③ 이해하다
④ 갱신하다

정답 ③

어휘
weathering 풍화 (작용) inscription 적힌 글, 비명 plaque 명판
carve 새기다, 조각하다 obscure 흐리게 하다, 모호하게 하다
comprehend 이해하다, 파악하다 renew 갱신하다, 재개하다

이것도 알면 합격!

'이해하다'의 의미를 갖는 표현
= grasp, interpret, make out

---

02 문법 동명사 | 병치 구문   난이도 중 ●●○

밑줄 친 부분에 들어갈 말로 가장 적절한 것은?

> Since the car's problem is beyond our expertise, I think it's no use _____ to fix it yourself or discussing it among ourselves.

① try
② trying
③ tried
④ to try

해석
그 차의 문제는 우리가 가진 전문 기술을 넘어서기 때문에, 그것을 당신이 직접 고치려고 하거나 우리끼리 논의하려고 해 봐도 소용없다고 생각합니다.

포인트 해설
② 동명사 관련 표현 | 병치 구문 문맥상 '해 봐도 소용없다'라는 의미가 되어야 자연스러운데, '-해도 소용없다'는 동명사구 관용 표현 'it's no use -ing'를 사용하여 나타낼 수 있으므로 동명사 ② trying이 정답이다. 한편, 빈칸을 등위접속사(or) 앞에 오는 것의 자리로 볼 때, or 뒤에 동명사(discussing)가 왔으므로 or 앞에도 동명사가 와야 함을 근거로 동명사 ② trying을 정답으로 고를 수도 있다.

정답 ②

어휘
expertise 전문 기술, 전문 지식

이것도 알면 합격!

다양한 동명사구 관용 표현들을 함께 알아 두자.

- go -ing –하러 가다
- be worth -ing –할 가치가 있다
- be busy in -ing –하느라 바쁘다
- on -ing –하자마자
- end up -ing 결국 –하다
- spend + 시간/돈 + (in) -ing –하는 데 시간/돈을 쓰다
- have difficulty (in) -ing –하는 데 어려움을 겪다
- cannot help -ing –하지 않을 수 없다

어휘

lifespan 수명 vulnerable 취약한 viral 바이러스성의
bacterial 세균에 의한 infection 전염병, 감염 immunity 면역력, 면제
antibiotic 항생제 heal 치료하다 affect 병이 나게 하다, 영향을 미치다
inclined ~하는 경향이 있는, ~을 하고 싶은

이것도 알면 합격!

주격 보어를 필요로 하는 2형식 동사들을 함께 알아 두자.

- look ~처럼 보이다
- taste ~한 맛이 나다
- seem ~처럼 보이다
- smell ~한 냄새가 나다
- feel ~처럼 느끼다
- become ~이 되다
- sound ~처럼 들리다

03 문법 | 분사 | 보어 | 수 일치 | to 부정사   난이도 중 ●●○

밑줄 친 부분 중 어법상 옳지 않은 것은?

For most of history, the human lifespan was limited because people were ① vulnerable to viral and bacterial infections. However, a variety of options for preventing and treating infections ② were developed by researchers in the twentieth century. Advanced vaccines gave people immunity to many infections, and powerful antibiotics quickly healed those ③ affecting by bacterial infections, both of which made people more inclined ④ to live longer than previous generations.

해석

대부분의 역사 동안, 인간의 수명은 사람들이 바이러스와 세균에 의한 전염병에 취약했기 때문에 제한되어 있었다. 하지만, 전염병을 예방하고 치료하는 다양한 선택지들이 연구원들에 의해 20세기에 개발되었다. 진보된 백신은 사람들에게 많은 전염병들에 대한 면역력을 제공했고, 강력한 항생제는 세균에 의한 전염병에 걸린 사람들을 빠르게 치료했는데, 이 둘 모두는 사람들이 이전 세대보다 더 오래 사는 경향이 있도록 만들었다.

포인트 해설

③ **현재분사 vs. 과거분사** 수식받는 대명사 those와 분사가 '사람들이 (병)에 걸리다'라는 의미의 수동 관계이므로 현재분사 affecting을 과거분사 affected로 고쳐야 한다. 참고로, 지시대명사 those는 '~한 사람들'이라는 뜻으로 쓰일 수 있고, 이때 뒤에서 수식어의 꾸밈을 받는다.

[오답 분석]

① **보어 자리** be 동사(were)는 주격 보어를 취하는데, 보어 자리에는 명사나 형용사 역할을 하는 것이 올 수 있으므로 형용사 vulnerable이 올바르게 쓰였다.

② **수량 표현의 수 일치** 주어 자리에 복수 취급하는 수량 표현 'a variety of + 복수 명사(options)'가 왔으므로 복수 동사 were가 올바르게 쓰였다.

④ **to 부정사를 취하는 형용사** 문맥상 '더 오래 사는 경향이 있는'이라는 의미가 되어야 자연스러운데, '~하는 경향이 있는'은 to 부정사를 취하는 형용사 inclined를 사용하여 나타낼 수 있으므로 inclined 뒤에 to 부정사 to live가 올바르게 쓰였다.

정답 ③

04 생활영어 Do you require delivery and setup services?   난이도 중 ●●○

밑줄 친 부분에 들어갈 말로 가장 적절한 것은?

 Anne Reardon

Hi. I'm preparing for a meeting and need to arrange some items.

11:05

 Stationery Nest

Thank you for reaching out. We can help with various supplies, including tables, nameplates, and stationery. What exactly do you need?

11:07

 Anne Reardon

I'll need two small tables for snacks and 30 nameplates for the attendees.

11:08

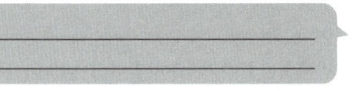 Stationery Nest

_____

11:09

 Anne Reardon

I don't think so. It seems like something we could do ourselves.

11:10

 Stationery Nest

Okay. If you change your mind, it would only add about $10 to the cost of the merchandise.

11:11

① What is the date and time of your meeting?
② Do you require delivery and setup services?
③ Would you prefer to purchase or rent?
④ Are there any other items we can provide for you?

해석

Anne Reardon: 안녕하세요. 제가 회의를 준비하고 있는데 몇몇 물품들을 준비해야 해서요.
Nest 문구점: 연락 주셔서 감사합니다. 저희는 테이블, 명찰, 문구류를 포함한, 다양한 물품 관련 도움을 드릴 수 있습니다. 정확히 무엇이 필요하신가요?
Anne Reardon: 간식을 비치할 작은 테이블 두 개와 참석자 명찰 서른 개가 필요합니다.
Nest 문구점: 배송 및 설치 서비스가 필요하신가요?
Anne Reardon: 필요 없을 것 같아요. 저희가 직접 할 수 있을 것 같네요.
Nest 문구점: 알겠습니다. 마음이 바뀌신다면, 상품 비용에 10달러만 추가하시면 됩니다.

① 회의의 날짜와 시간이 어떻게 되나요?
② 배송 및 설치 서비스가 필요하신가요?
③ 구매하시기를 선호하시나요, 대여를 선호하시나요?
④ 저희가 제공해 드릴 수 있는 다른 물품은 없으신가요?

포인트 해설

Anne이 회의 준비를 위해 작은 테이블과 명찰이 필요하다고 하자 Nest 문구점 직원이 말을 한 후, 빈칸 뒤에서 다시 Anne이 I don't think so. It seems like something we could do ourselves(필요 없을 것 같아요. 저희가 직접 할 수 있을 것 같네요)라고 대답하고 있으므로, '배송 및 설치 서비스가 필요하신가요?'라는 의미의 ② 'Do you require delivery and setup services?'가 정답이다.

정답 ②

어휘

arrange 준비하다, 배열하다   reach out 연락을 취하다
nameplate 명찰, 명패   stationery 문구류   merchandise 상품

이것도 알면 합격!

물품을 주문할 때 쓸 수 있는 다양한 표현들을 알아 두자.
• Is this what you're looking for? 당신이 찾는 것이 이것인가요?
• What does the set include? 세트에는 무엇이 포함되나요?
• May I have the model number, please? 제품 번호를 알려 주시겠어요?
• That style is temporarily out of stock. 그 스타일은 일시 품절입니다.

05~06 다음 글을 읽고 물음에 답하시오.

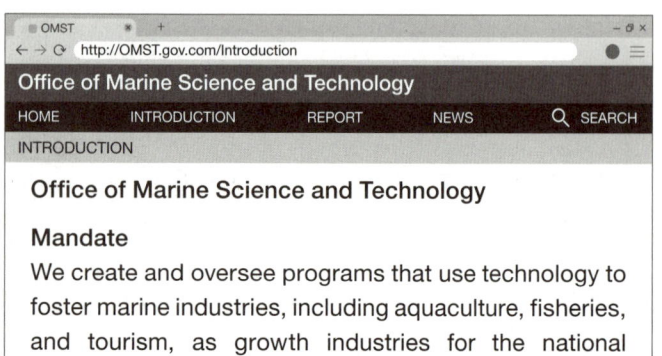

Office of Marine Science and Technology

Mandate
We create and oversee programs that use technology to foster marine industries, including aquaculture, fisheries, and tourism, as growth industries for the national economy. We also develop tools that make the maritime industries sustainable for the future, such as carbon production monitors, more efficient vessels, and marine navigation software.

Vision
We hope to play the role of trusted partner for industry actors to make local marine industries competitive with their counterparts abroad while helping citizens enjoy the benefits of the country's peninsular location and the bounty that it provides as a source of nourishment, entertainment, and natural beauty.

Core Values
• Innovation: We work hard to develop the most advanced tools for our partners.
• Cooperation: We work with assorted domestic and international governmental organizations to remain informed of industry changes.

해석

해양 과학 기술 연구소
권한
우리는 양식업, 수산업 및 관광업을 포함하여 해양 산업을 국가 경제를 위한 성장 산업으로 육성하기 위해 기술을 활용하는 프로그램을 만들고 감독합니다. 우리는 또한 탄소 생산 감시 장치, 보다 효율적인 선박, 해양 내비게이션 소프트웨어 등 해양 산업이 미래에도 지속 가능하게 만드는 도구들 또한 개발합니다.

미래상
우리는 국민들이 나라의 반도 위치와, 영양, 오락, 자연미의 원천으로서 그것(반도 위치)이 제공하는 풍족함의 혜택을 누리도록 돕는 동시에 지역 해양 산업이 해외의 경쟁자들과 경쟁할 수 있게 만들기 위해 산업 관계자들의 믿을 수 있는 동반자의 역할을 하기를 희망합니다.

핵심 가치
• 혁신: 우리는 동반자들을 위한 가장 진보된 도구를 개발하기 위해 열심히 노력합니다.
• 협력: 업계 변화에 대한 정보를 계속해서 잘 알고 있기 위해 여러 국내외 정부 기관과 협력합니다.

어휘

mandate 권한, 명령; 명령하다   oversee 감독하다   foster 육성하다
aquaculture 양식업   sustainable 지속 가능한   carbon 탄소
efficient 효율적인   vessel 선박   marine 해양의
competitive 경쟁할 수 있는, 경쟁력 있는   counterpart 경쟁자, 상대방
peninsular 반도의   bounty 풍족함, 풍부함   nourishment 영양(분)
cooperation 협력   assorted 여러 가지의

05 독해 내용 일치 파악 난이도 중 ●●○

윗글에서 Office of Marine Science and Technology에 관한 내용과 일치하는 것은?

① It selects the country's leading growth industries annually.
② It is meant to improve the industry worldwide.
③ It is committed to promoting the advantages of the nation being a peninsula.
④ It cooperates with the public to determine the future of the industry.

해석
① 그것은 나라의 주요한 성장 산업을 매년 선정한다.
② 그것은 전 세계적으로 산업을 개선하려 한다.
③ 그것은 국가가 반도인 것의 이점을 증진하는 데 전념한다.
④ 그것은 산업의 미래를 결정하기 위해 대중과 협력한다.

포인트 해설
③번의 키워드인 the nation being a peninsula(국가가 반도인 것)를 바꾸어 표현한 지문의 the country's peninsular location(나라의 반도 위치) 주변의 내용에서 해양 과학 기술 연구소는 국민들이 나라의 반도 위치와 그것이 제공하는 풍족함을 누리도록 돕는다고 했으므로, ③ '그것은 국가가 반도인 것의 이점을 증진하는 데 전념한다'가 지문의 내용과 일치한다.

[오답 분석]
① 해양 과학 기술 연구소가 해양 산업을 국가 경제를 위한 성장 산업으로 육성하는 것을 목표로 한다고는 했지만, 그것이 나라의 주요한 성장 산업을 매년 선정하는지는 알 수 없다.
② 해양 과학 기술 연구소는 지역 해양 산업이 해외의 경쟁자들과 경쟁할 수 있도록 동반자 역할을 하기를 희망한다고는 했지만, 그것이 전 세계적으로 산업을 개선하려 하는지는 알 수 없다.
④ 해양 과학 기술 연구소가 여러 국내외 정부 기관과 협력한다고는 했지만, 그것이 산업의 미래를 결정하기 위해 대중과 협력하는지는 알 수 없다.

정답 ③

어휘
annually 매년 promote 증진하다, 촉진하다, 홍보하다 cooperate 협력하다

06 독해 유의어 파악 난이도 중 ●●○

밑줄 친 counterparts의 의미와 가장 가까운 것은?

① participants
② performers
③ influencers
④ rivals

해석
① 관계자들
② 실행자들
③ 인플루언서들
④ 경쟁자들

포인트 해설
밑줄 친 부분이 포함된 문장에서 counterparts는 문맥상 지역 해양 산업이 해외의 '경쟁자들'과 경쟁할 수 있게 만든다는 의미로 쓰였으므로, '경쟁자들'이라는 의미의 ④ rivals가 정답이다.

정답 ④

어휘
participant 관계자, 참가자 performer 실행자, 연기자, 연주자 rival 경쟁자

07 독해 내용 불일치 파악 난이도 하 ●○○

다음 글의 내용과 일치하지 않는 것은?

Silverpine National Park offers visitors the ability to camp in the park from March 1 to November 30. Campers must reserve a space at least one month in advance using the park's online reservation system. Once a campsite is reserved and paid for, the user will receive a confirmation email that must be printed out and presented when entering the park.

• Online Reservations:
www.SilverpineNationalPark.com/Camping

Silverpine National Park (a property of the National Park System) offers a variety of campsites. Full-service campsites provide full electrical and water hook-ups starting at $30 per night. Primitive campsites with no services start at $10 per night. Group campsites are available, with rates depending on the number of campers and tents.

• **Check-in time:** After 2:00 p.m.
• **Check-out time:** 11:00 a.m.

There is no park admission fee for up to two campers per reserved campsite.

For additional information, call 1 (800) 555-7275.

① The park does not allow camping from December through February.
② Campers must make online reservations in advance.
③ No electricity is available at campsites in the park.
④ Two campers per campsite can enter the park at no charge.

해석
Silverpine 국립 공원은 3월 1일부터 11월 30일까지 방문객 여러분이 공원에서 캠핑할 수 있게 해 드립니다. 캠핑객분들은 공원의 온라인 예약 시스템을 이용하여 최소 한 달 전에 자리를 예약하셔야 합니다. 캠핑장이 예약되고 결제가 완료되면, 이용자분께서는 출력하셔서 공원 입장 시에 제시되어야 하는 확인 이메일을 받으시게 될 겁니다.

• 온라인 예약:
www.SilverpineNationalPark.com/Camping

DAY 11 하프모의고사 11회

> Silverpine 국립 공원(국립 공원 제도의 재산)은 다양한 캠핑장을 제공합니다. 포괄적인 편의를 제공하는 캠핑장은 완전한 전기 및 수도 연결을 제공하며 1박에 30달러부터 시작합니다. 제공되는 서비스가 없는 기본 캠핑장은 1박에 10달러부터 시작합니다. 단체 캠핑장이 이용 가능하며, 비용은 캠핑 인원과 텐트 수에 따라 결정됩니다.
> - 체크인 시간: 오후 2시 이후
> - 체크아웃 시간: 오전 11시
>
> 예약된 캠핑장당 최대 2명의 캠핑객에게는 공원 입장료가 없습니다. 추가 정보를 원하신다면, 1 (800) 555-7275로 전화 주세요.

① 공원은 12월부터 2월까지 캠핑을 허용하지 않는다.
② 캠핑객은 미리 온라인 예약을 해야 한다.
③ 공원에 있는 캠핑장에서는 전기를 이용할 수 없다.
④ 캠핑장당 두 명의 캠핑객이 무료로 공원에 입장할 수 있다.

포인트 해설
③번의 키워드인 electricity(전기)를 바꾸어 표현한 지문의 electrical(전기의) 주변의 내용에서 포괄적인 편의를 제공하는 캠핑장은 완전한 전기 및 수도 연결을 제공한다고 했으므로, ③ '공원에 있는 캠핑장에서는 전기를 이용할 수 없다'는 지문의 내용과 다르다.

정답 ③

어휘
confirmation 확인 property 재산, 부동산 hook-up 연결
primitive 기본의, 초기의, 원시의 admission 입장

08 독해 제목 파악   난이도 하 ●○○

다음 글의 제목으로 가장 적절한 것은?

> Over the last century, the amount of processed food consumed in the United States has risen drastically, and with this, so has the amount of sugar. Today, the average American consumes 22 teaspoons of added sugar a day. This has had a dramatic effect on our physical health, causing dangerous conditions like obesity and diabetes, but also on psychological health. Multiple studies have found that diets high in refined sugars correlate to an increase in mood disorders, such as depression. In addition, high blood sugar levels can affect the balance of hormones in the body like cortisol, which regulates stress. Unfortunately, this can reduce our ability to deal with stressful situations naturally and increase our overall anxiety level.

① Why Processed Food Consumption Has Increased
② The Connection between Sugar and Mental Health
③ The Key to Maintaining a Healthy Body Weight
④ How People Deal with Stress in Their Lives

해석
지난 세기에 걸쳐, 미국에서 소비되는 가공식품의 양은 급격히 증가해 왔고, 이와 더불어, 설탕의 양도 역시 그러했다. 오늘날, 일반적인 미국인은 하루에 22티스푼의 첨가당을 먹는다. 이는 비만과 당뇨병 같은 위험한 질병을 초래하며 우리의 신체적 건강에 극적인 영향을 주었을 뿐만 아니라, 정신적 건강에도 영향을 주었다. 다수의 연구는 정제당이 많이 든 식단들이 우울증과 같은 감정 장애의 증가와 연관성이 있다는 것을 발견했다. 게다가, 고혈당 수치는 코르티솔과 같은 체내 호르몬들의 균형에 영향을 미치는데, 이것은 스트레스를 조절하는 호르몬이다. 유감스럽게도, 이것은 스트레스를 유발하는 상황들에 자연스럽게 대처하는 우리의 능력을 감소시키고 전반적인 불안 수준을 높인다.

① 가공식품 소비가 증가해 온 이유
② 설탕과 정신 건강과의 관련성
③ 건강한 몸무게를 유지하는 비결
④ 사람들이 그들의 삶에서 스트레스에 대처하는 방법

포인트 해설
지문 전반에 걸쳐 설탕 소비량이 급격하게 증가하면서 위험한 질병을 초래했을 뿐 아니라 정신 건강에도 영향을 주었다고 하며, 정제당이 많이 든 식단은 우울증 같은 감정 장애의 증가와 연관성이 있고, 고혈당 수치는 체내 호르몬들의 균형에 영향을 미쳐 스트레스에 대처하는 우리의 능력을 감소시키고 불안 수준을 높인다고 설명하고 있다. 따라서 ② '설탕과 정신 건강과의 관련성'이 이 글의 제목이다.

정답 ②

어휘
processed food 가공식품 consume 소비하다, 먹다 drastically 급격히
obesity 비만 diabetes 당뇨병 psychological 정신적인
correlate 연관성이 있다 depression 우울증 regulate 조절하다
deal with ~에 대처하다, ~을 다루다 anxiety 불안

구문 분석
(생략) the amount of processed food consumed in the United States / has risen drastically, and with this, / so has the amount of sugar.
: 이처럼 '~ 역시 그렇다'라는 표현인 so, neither/no가 절 앞에 와서 주어와 조동사가 도치된 경우. 주어와 조동사가 무엇인지 빠르게 파악한 다음 '주어(the amount of sugar) + 조동사(has)'의 순서대로 해석한다.

09 독해 빈칸 완성 - 구   난이도 중 ●●○

밑줄 친 부분에 들어갈 말로 가장 적절한 것은?

> Educators have embraced the use of technology in the classroom, which has greatly changed how lessons are presented to students today. In addition to allowing students to learn remotely, technology permits material to be presented in more dynamic ways, such as through AI digital textbooks, interactive virtual reality and augmented reality exercises, and the use of gamification platforms. But some question whether the ubiquity of technology is actually having a detrimental effect on the educational

system. These naysayers worry that all of this technology _____. With such a strong emphasis on digital devices, traditional assignments focused on book reading and note-taking may be abandoned, along with the essential skills they help develop.

① is tailored for only one purpose in the classroom
② makes educators less likely to put time into planning lessons
③ contributes to a decline in students' literacy levels
④ is not adapted for use by learners of various ages

해석

교육자들은 교실에서의 기술 사용을 수용해 왔는데, 이것은 오늘날 학생들에게 수업이 제공되는 방식을 크게 변화시켜 왔다. 학생들이 원격으로 학습하게 할 뿐만 아니라, 기술은 AI 디지털 교과서, 쌍방향 가상 현실 및 증강 현실 활동, 그리고 게임화 플랫폼의 사용을 통해서와 같이 자료가 더 역동적으로 제시되는 것을 가능하게 한다. 그러나 일부는 기술의 편재가 교육 시스템에 실제로 해로운 영향을 미치고 있는지에 대해 의문을 제기한다. 이 부정론자들은 이 모든 기술이 학생들의 문해력 수준의 감소에 일조할 것을 걱정했다. 디지털 기기에 크게 중점을 두면서, 독서와 노트 필기에 초점이 맞춰진 전통적인 과제들은 그것들이 발달을 도와주는 필수적인 능력들과 함께 버려질 수 있다.

① 교실에서의 단 하나의 목적에 맞춰진다
② 교육자들이 수업을 계획하는 데 시간을 덜 들이게 만든다
③ 학생들의 문해력 수준의 감소에 일조한다
④ 다양한 연령의 학습자들이 사용하기에 알맞지 않다

포인트 해설

빈칸 앞 문장에 기술의 편재가 교육 시스템에 실제로 해로운 영향을 미치고 있는지에 대해 의문을 제기하는 사람들이 있다는 내용이 있고, 빈칸 뒤 문장에 디지털 기기에 중점을 두면서 독서와 노트 필기에 초점이 맞춰진 전통적인 과제들은 그것들이 발달을 도와주는 필수적인 능력들과 함께 버려질 수 있음을 우려하고 있다. 따라서 부정론자들은 이 모든 기술이 '학생들의 문해력 수준의 감소에 일조할' 것을 걱정했다고 한 ③번이 정답이다.

정답 ③

어휘

embrace 수용하다, 껴(안다) remotely 원격으로
permit 가능하게 하다, 허용하다 interactive 쌍방향의
virtual reality 가상 현실 augmented reality 증강 현실
ubiquity 편재, 도처에 존재함 detrimental 해로운, 유해한
naysayer 부정론자, 부정적인 의견을 가진 사람 emphasis 중점, 주안점
assignment 과제, 임무 abandon 버리다, 포기하다 tailor 맞추다
contribute 기여하다, 공헌하다 decline 감소; 줄어들다
adapted 알맞은, 적당한 literacy 문해력, 읽고 쓰는 능력

10 독해 문장 삽입   난이도 중 ●●○

주어진 문장이 들어갈 위치로 가장 적절한 것은?

> These storage chambers gave the Maya access to clean freshwater throughout the rest of the year.

The ancient Maya thrived on Mexico's Yucatan Peninsula despite the region's lack of surface water. (①) The area is devoid of rivers, ponds, lakes, or other sources of freshwater and most of its annual precipitation occurs during the relatively short summer rainy season. (②) Archaeologists who study the civilization believe that the Maya's success was only possible due to the civilization's advanced aquatic engineering. (③) In order to survive through the dry season, the Maya built large underground reservoirs called *chultuns* that were filled by the abundant rainfall of the summer months. (④) They also constructed a system of underground aqueducts that allowed them to transport water to their farmland to irrigate the crops that sustained the large population.

해석

> 이러한 저장 공간은 마야 사람들이 한 해의 남은 기간 동안 깨끗한 담수를 이용 가능하게 했다.

고대 마야는 그 지역에 지표수가 없었음에도 불구하고 유카탄반도에서 번성했다. ① 그곳은 강, 연못, 호수, 또는 다른 담수 공급원이 없는 지역이며 대부분의 연 강수량이 상대적으로 짧은 여름 장마철 기간 동안 발생한다. ② 그 문명을 연구하는 고고학자들은 마야의 성공이 오직 그 문명의 진보한 물과 관련된 공학 기술 때문에 가능했다고 생각한다. ③ 건기 동안 살아남기 위해서, 마야인들은 여름철의 풍부한 빗물로 가득 채워진 'chultuns'라고 불리는 큰 지하 저수조를 지었다. ④ 그들은 또한 많은 인구를 부양하는 작물들에 물을 대기 위해, 물을 농지로 이동시키도록 하는 지하 송수로 장치를 건설하기도 했다.

포인트 해설

④번 앞 문장에서 마야인들은 건기 동안 살아남기 위해 지하 저수조를 지었다고 하고, ④번 뒤 문장에서 그들은 또한(also) 농업용 지하 송수로 장치를 건설했다고 했으므로, ④번 자리에 이러한 저장 공간(These storage chambers)은 마야 사람들이 한 해의 남은 기간 동안 깨끗한 담수를 이용 가능하게 했다는 내용, 즉 지하 송수로 장치 건설을 언급하기에 앞서 지하 저수조의 사용 용도에 대해 설명하는 주어진 문장이 나와야 지문이 자연스럽게 연결된다.

정답 ④

어휘

chamber -실, 회의실 thrive 번성하다 devoid of ~이 없는 pond 연못
annual 연간의 precipitation 강수량 relatively 상대적으로
rainy season 장마철 archaeologist 고고학자 civilization 문명
aquatic 물과 관련된 engineering 공학 기술 dry season 건기
reservoir 저수조, 저수지 abundant 풍부한 rainfall 빗물, 강우(량)
aqueduct 송수로 farmland 농지 irrigate 물을 대다, 관개하다 crop 작물
sustain 부양하다, 유지시키다

DAY 12 하프모의고사 12회

해커스 공무원시험연구소 총평

난이도 문법 영역의 난도가 비교적 높은 회차 가운데 하나입니다. 두 문제 모두 막힘없이 풀었다면, 어휘 또는 독해 중 취약한 영역에 조금 더 집중하여 학습해도 좋습니다.

어휘·생활영어 영역 빈칸에 들어갈 어휘에 대한 선택지가 형용사로 구성되는 경우, 형용사가 서술하거나 수식하는 명사로부터 정답의 단서를 찾을 수 있음을 알아 둡니다.

문법 영역 4형식 동사의 수동태는 4형식 동사의 일반적인 구조에서 한 단계 더 나아감으로써 까다롭게 느껴질 수 있지만, 공무원 시험에 등장하는 4형식 동사의 수는 한정적인 편이므로 3번 문제와 '이것도 알면 합격!'에 정리된 내용을 꼼꼼히 학습하고 넘어가도록 합니다.

독해 영역 안내문의 제목 또는 요지를 찾는 문제에서는 소제목이 등장하기 전 안내문의 앞쪽에서 핵심 내용이 다루어지고 있을 가능성이 크다는 점에 유의합니다.

정답

01	③	어휘	06	③	독해
02	③	문법	07	②	독해
03	④	문법	08	②	독해
04	④	생활영어	09	③	독해
05	②	독해	10	①	독해

취약영역 분석표

영역	맞힌 답의 개수
어휘	/ 1
생활영어	/ 1
문법	/ 2
독해	/ 6
TOTAL	/ 10

---

01 어휘 abundant 난이도 중 ●●○

밑줄 친 부분에 들어갈 말로 가장 적절한 것은?

> Production at the factory was halted as the day's output was already more than _____.

① variable
② wholesome
③ abundant
④ accurate

해석
그날의 생산량이 이미 매우 충분해서 공장에서의 생산이 중단되었다.
① 변동이 심한
② 유익한
③ 충분한
④ 정확한

정답 ③

어휘
halt 중단하다 output 생산량 variable 변동이 심한
wholesome 유익한, 건강에 좋은 abundant 충분한, 풍부한
accurate 정확한

이것도 알면 합격!
'충분한'의 의미를 갖는 유의어
= plentiful, ample, sufficient

---

02 문법 도치 구문 | 시제 난이도 중 ●●○

밑줄 친 부분에 들어갈 말로 가장 적절한 것은?

> Scarcely _____ when the power went out.

① the meeting began
② the meeting had begun
③ had the meeting begun
④ have the meeting begun

해석
회의가 시작되자마자 정전이 되었다.

포인트 해설
③ 도치 구문 | 시제 일치 부정을 나타내는 부사(Scarcely)가 강조되어 문장 맨 앞에 오면 주어와 조동사가 도치되어 '조동사 + 주어 + 동사'의 어순이 되어야 하므로, 과거완료 시제가 도치된 ③번과 현재완료 시제가 도치된 ④번이 정답 후보이다. 이때 주절에 scarcely가 오고 종속절에 when이 오는 경우 주절에는 과거완료 시제를 사용하고 종속절에는 과거 시제를 사용하므로, 과거완료 시제가 쓰인 ③ had the meeting begun이 정답이다.

정답 ③

이것도 알면 **합격!**

부사 scarcely처럼, 문장의 맨 앞에 나올 때 주어와 조동사가 도치되는, 부정을 나타내는 부사(구)들을 알아 두자.

- never 결코 ~않다
- hardly / seldom / rarely / little 거의 ~않다
- not until ~하고 나서야 비로소 -하다
- no sooner ~ than - ~하자마자 -하다
- no longer 더 이상 ~않다
- nor / neither ~도 역시 -않다
- nowhere 어디에서도 ~않다
- at no time 결코 ~않다
- on no account 결코 ~않다
- under no circumstance 어떤 일이 있어도 ~않다

---

03 문법 수동태 | to 부정사 | 수 일치 | 관계절   난이도 상 ●●●

밑줄 친 부분 중 어법상 옳지 않은 것은?

Nowadays, teachers are relying more on gamification ① <u>in order to enliven</u> classroom lessons and inspire their pupils. Competitions devised to encourage participation ② <u>are</u> especially popular with students because they can gain privileges ③ <u>that</u> can be used in the classroom. In these contests, learners ④ <u>are given to</u> points when they answer a question correctly, and they can redeem these points for rewards, such as being able to wear a hat during class.

해석

오늘날, 교사들은 교실 수업을 재미있게 만들고 그들의 학생들을 고무하기 위해서 게임화에 더욱 의존하고 있다. 참여를 장려하기 위해 마련된 경쟁은 학생들이 교실에서 사용될 수 있는 특혜를 얻을 수 있기 때문에 특히 그들에게 인기가 있다. 이러한 경쟁에서, 학습자들은 질문에 정확하게 대답했을 때 점수를 받고, 그들은 이 점수를 수업 중에 모자를 쓸 수 있는 것과 같은 보상으로 교환할 수 있다.

포인트 해설

④ **4형식 동사의 수동태** 동사 give는 두 개의 목적어를 '간접 목적어(learners) + 직접 목적어(points)'의 순서로 취하는 4형식 동사로, 수동태가 되어 간접 목적어가 주어로 간 경우 직접 목적어(points)는 수동태 동사(are given) 뒤에 그대로 남는다. 따라서 are given to를 are given으로 고쳐야 한다. 참고로, 4형식 동사 give가 수동태가 되었을 때 직접 목적어가 주어로 간 경우 수동태 동사 뒤에 남는 간접 목적어 앞에는 전치사 to를 써야 한다.

[오답 분석]

① **to 부정사의 역할** 문맥상 '재미있게 만들고 고무하기 위해서'라는 의미가 되어야 자연스러우므로 '~하기 위해서'라는 의미를 가질 수 있으며 부사 역할을 할 수 있는 to 부정사를 사용해 나타낼 수 있다. 이때 to 부정사가 목적을 나타내는 경우 to 대신 in order to를 쓸 수 있으므로, in order to enliven이 올바르게 쓰였다.

② **주어와 동사의 수 일치** 주어 자리에 복수 명사 Competitions가 왔으므로 복수 동사 are가 올바르게 쓰였다. 참고로, 주어와 동사 사이의 수식어 거품(devised ~ participation)은 동사의 수 결정에 영향을 주지 않는다.

③ **관계대명사** 선행사(privileges)가 사물이고, 관계절 내에서 동사 can be used의 주어 역할을 하므로 사물을 나타내는 주격 관계대명사 that이 올바르게 쓰였다.

정답 ④

어휘

rely on ~에 의존하다   gamification 게임화   enliven 재미있게 만들다
inspire 고무하다, 영감을 주다   pupil 학생   competition 경쟁
devise 마련하다, 고안하다   participation 참여   privilege 특혜, 특권
redeem 교환하다, 만회하다   reward 보상(금); 보상하다

이것도 알면 **합격!**

동사 give 외에, 두 개의 목적어를 '간접 목적어(~에게) + 직접 목적어(-을/를)'의 순서로 취하는 4형식 동사들을 알아 두자.

- bring 가져다주다
- tell 말해 주다
- make 만들어 주다
- lend 빌려주다
- offer 제공하다
- send 보내 주다
- ask 질문하다
- show 보여 주다
- owe 빚지다
- buy 사 주다

---

04 생활영어 I'll have an IT technician diagnose the issue.   난이도 하 ●○○

밑줄 친 부분에 들어갈 말로 가장 적절한 것은?

A: Excuse me. My computer isn't turning on.
B: I see. Did you reset the system?
A: I tried everything I could, but nothing seems to work.
B: In that case, it must be a hardware issue.
A: What should I do?
B: _____

① I guess I'll need to look for a newer model.
② There will be a software update soon.
③ You can probably continue using it as it is.
④ I'll have an IT technician diagnose the issue.

해석

A: 실례합니다. 제 컴퓨터가 켜지지 않아서요.
B: 그렇군요. 시스템을 재작동해 보셨나요?
A: 제가 할 수 있는 모든 것을 시도해 봤지만, 아무것도 효과가 없는 것 같아요.
B: 그런 경우라면, 분명 하드웨어 문제일 겁니다.
A: 제가 이제 뭘 해야 하죠?
B: <u>IT 기술자가 그 문제를 진단하게 하겠습니다.</u>

DAY 12 하프모의고사 12회

① 제가 더 새로운 모델을 찾아봐야 할 것 같아요.
② 곧 소프트웨어 업데이트가 있을 예정입니다.
③ 당신은 그 상태 그대로 계속해서 사용할 수 있을 텐데요.
④ IT 기술자가 그 문제를 진단하게 하겠습니다.

포인트 해설

A의 컴퓨터가 켜지지 않는 이유가 하드웨어 문제일 것이라는 B의 설명에 대해 빈칸 앞에서 A가 What should I do?(제가 이제 뭘 해야 하죠?)라고 묻고 있으므로, 'IT 기술자가 그 문제를 진단하게 하겠습니다'라는 의미의 ④ 'I'll have an IT technician diagnose the issue'가 정답이다.

정답 ④

어휘

turn on 켜지다 reset 재작동하다, 재설정하다, 다시 맞추다
diagnose 진단하다

이것도 알면 합격!

일상생활에서 문제가 생겼을 때 쓸 수 있는 다양한 표현들을 알아 두자.
• What is the root of the problem? 문제의 원인이 뭐가요?
• I'll ring up the plumber. 배관공을 부를게요.
• The bike is beyond repair. 그 자전거는 수리할 수 없을 정도입니다.
• We'd better call maintenance. 관리실에 전화하는 편이 낫겠어요.

05~06 다음 글을 읽고 물음에 답하시오.

_____(A)_____

For the third consecutive summer, the Children's EduFair is returning for a weekend of fun and learning. You won't want to miss out on this event dedicated to teaching and entertaining the youngest in our community through interactive activities.

Details
• **Dates:** Saturday, July 7 – Sunday, July 8
• **Times:** 10:00 a.m. – 5:00 p.m. (Saturday)
　　　　　11:00 a.m. – 4:00 p.m. (Sunday)
• **Location:** Stewart Fairgrounds (In the event of cancelation due to rain, guests will receive a full refund.)

Main Attractions
• Science Corner
Take part in fascinating and fun experiments that will inspire children to want to discover more about science.
• Mini Zoo
Get the chance to interact with and learn about all kinds of interesting animals including goats, rabbits, and snakes.

To view the festival map of attractions or to purchase tickets to the event, please visit our website at www.stewartedufair.com.

해석

(A) 놀이를 통해 지식을 얻어 보세요

연이은 세 번째 여름에, 어린이 교육 박람회가 재미와 배움이 있는 주말을 위해 돌아옵니다. 여러분은 상호 작용하는 활동들을 통해 우리 지역 사회의 어린이들을 가르치고 즐겁게 하는 것에 전념하는 이 행사를 놓치고 싶지 않으실 겁니다.

세부 사항
• 날짜: 7월 7일 토요일 – 7월 8일 일요일
• 시간: 오전 10시 – 오후 5시 (토요일)
　　　오전 11시 – 오후 4시 (일요일)
• 장소: Stewart 박람회장 (우천으로 취소될 경우, 방문객들은 전액 환불받으실 수 있습니다.)

주요 볼거리
• 과학 코너
아이들이 과학에 대해 더 많이 알고 싶어 하도록 영감을 줄, 흥미롭고 재미있는 실험에 참여하세요.
• 작은 동물원
염소, 토끼, 뱀을 포함한 온갖 종류의 흥미로운 동물들과 상호 작용하고 그것들에 대해 배울 수 있는 기회를 잡아 보세요.

볼거리에 대한 행사 지도를 보거나 행사 표를 구매하시려면, 저희의 웹사이트 www.stewartedufair.com에 방문하세요.

어휘

consecutive 연이은, 연속적인 miss out ~을 놓치다, 빠뜨리다
dedicate 전념하다, 헌신하다 interactive 상호 작용의, 대화형의
fairground 박람회장 refund 환불; 환불하다 attraction 볼거리, 끌어당기기
take part in ~에 참여하다 fascinating 흥미로운, 매력적인
inspire 영감을 주다 interact 상호 작용하다 all kinds of 온갖 종류의

05 독해 제목 파악   난이도 중 ●●○

(A)에 들어갈 윗글의 제목으로 가장 적절한 것은?

① Test Your Understanding of Science
② Gain Knowledge through Amusement
③ Have Fun on a Rainy Day
④ Spend a Summer Day at the Zoo

해석

① 과학에 대한 여러분의 이해력을 시험해 보세요
② 놀이를 통해 지식을 얻어 보세요
③ 비 오는 날을 재미있게 보내 보세요
④ 동물원에서 여름날 하루를 보내세요

포인트 해설

지문 앞부분에서 재미와 배움이 있는 주말을 위해 어린이 교육 박람회가 돌아온다고 한 후, 이어서 행사의 세부 사항과 주요 볼거리에 대해 안내하고 있으므로, ② '놀이를 통해 지식을 얻어 보세요'가 이 글의 제목이다.

정답 ②

어휘

amusement 놀이, 오락

---

06 독해 내용 불일치 파악 난이도 중 ●●○

Children's EduFair에 관한 윗글의 내용과 일치하지 않는 것은?

① The Saturday event will end an hour later.
② It may be canceled due to the weather.
③ Viewing dangerous animals like snakes is prohibited.
④ Tickets can be bought online.

해석

① 토요일의 행사는 한 시간 더 늦게 끝날 것이다.
② 그것은 날씨로 인해 취소될 수 있다.
③ 뱀처럼 위험한 동물을 관람하는 것은 금지된다.
④ 표는 온라인으로 구매될 수 있다.

포인트 해설

③번의 키워드인 snakes(뱀)가 그대로 언급된 지문 주변의 내용에서 작은 동물원에서 염소, 토끼, 뱀을 포함한 온갖 종류의 동물들과 상호 작용하는 기회를 잡으라고 했으므로, ③ '뱀처럼 위험한 동물을 관람하는 것은 금지된다'는 지문의 내용과 다르다.

정답 ③

어휘

prohibit 금지하다

---

07 독해 목적 파악 난이도 중 ●●○

다음 글의 목적으로 가장 적절한 것은?

To: Users@DataPulse.net
From: CustomerService@DataPulse.net
Date: September 30
Subject: Important Warning

Dear DataPulse Customers,

Recently, many customers have fallen victim to online phishing scams. As your Internet service provider, we would like to help you avoid being preyed upon by cybercriminals. Here are some ways to protect yourself:

1) Verify the source of emails and ensure you're on official websites.
2) Don't click on files or links in emails from unknown senders.
3) Look for red flags such as generic greetings, spelling and grammar errors, or the use of unusual or personal email accounts for businesses.
4) Enable two-factor authentication for your accounts to increase their security if possible.
5) Update your device's software to remain protected against security breaches.

To learn more about staying safe online, visit our Cybersecurity Site. By taking a few precautions, you can greatly reduce your chances of being the victim of online crime.

Best regards,
DataPulse Internet

① to announce a new site dedicated to cybersecurity
② to suggest strategies to avoid becoming a victim of cyber scams
③ to explain the importance of regularly updating security software
④ to request more information about a recent cybercrime

해석

수신: Users@DataPulse.net
발신: CustomerService@DataPulse.net
날짜: 9월 30일
제목: 중요한 경고

DataPulse 고객 여러분께,

최근, 많은 고객분들이 온라인 피싱 사기의 피해자가 되고 있습니다. 여러분의 인터넷 서비스 제공 업체로서, 저희는 여러분께서 사이버 범죄자들에 의해 피해를 보지 않게 도와드리고자 합니다. 스스로를 보호하는 몇 가지 방법은 다음과 같습니다:

1) 이메일의 출처를 확인하고 여러분이 공식 웹사이트에 접속했는지 확인하세요.
2) 알 수 없는 발신자로부터 온 이메일에서 파일이나 링크를 클릭하지 마세요.
3) 포괄적인 인사말, 철자 및 문법 오류, 또는 비정상적이거나 사적인 업무용 이메일 계정의 사용과 같은 위험 신호를 찾아보세요.
4) 가능하면 여러분 계정의 이중 인증을 통해 보안을 강화하세요.
5) 기기의 소프트웨어를 업데이트하여 보안 침해로부터 보호받는 상태를 유지하세요.

온라인에서 안전을 유지하는 방법에 대해 더 자세히 알아보시려면, 저희의 사이버 보안 사이트를 방문해 보세요. 몇 가지 예방 조치를 취함으로써, 온라인 범죄의 피해자가 될 가능성을 크게 줄일 수 있습니다.

안부를 전하며,
DataPulse 인터넷

① 사이버 보안에 전념하는 새로운 사이트를 알리기 위해
② 사이버 사기의 피해자가 되는 것을 막기 위한 전략을 제시하기 위해
③ 보안 소프트웨어를 정기적으로 업데이트하는 것의 중요성을 설명하기 위해
④ 최근의 사이버 범죄에 관한 추가 정보를 요청하기 위해

DAY 12 하프모의고사 12회

포인트 해설
지문 전반에 걸쳐 고객들이 사이버 범죄자들에 의해 온라인 피싱 사기의 피해자가 되지 않게 스스로를 보호할 다섯 가지 방법을 고객들에게 소개하고 있으므로, ② '사이버 사기의 피해자가 되는 것을 막기 위한 전략을 제시하기 위해'가 이 글의 목적이다.

정답 ②

어휘
fall victim to ~의 피해자가 되다   phishing scam 피싱 사기
prey upon ~에 해를 끼치다, 괴롭히다   verify 확인하다   red flag 위험 신호
generic 포괄적인, 통칭의   greeting 인사말, 안부   spelling 철자
two-factor 이중의, 2단계의   authentication 인증   breach 침해, 위반
take precautions 예방 조치를 취하다

포인트 해설
지문 전반에 걸쳐 새해를 맞이하는 풍습으로 발리에서는 자기 성찰과 정화를 위해 'Nyepi'라는 '침묵의 날'을 기념하는데, 발리섬 주민들은 그 공휴일의 24시간 동안 대화와 일상적인 활동을 삼가며 다가오는 해에 순수함이 회복될 것을 기대한다고 설명하고 있으므로, ② ''Nyepi'는 새해의 시작에 성찰하는 기간이다'가 이 글의 요지이다.

정답 ②

어휘
firework 불꽃놀이   inhabitant 주민   celebrate 기념하다, 축하하다
reserve 지정하다, 남겨 두다   self-reflection 자기 성찰
refrain from ~을 삼가다   observe 기념하다, 관찰하다   leisure 여가의
restrict 제한하다   devoted 열심인, 헌신적인   adherent 지지자
go so far as to do 심지어 ~하기까지 하다
abstain from ~을 자제하다, 기권하다   purity 순수함   enforce 시행하다

---

08 독해 요지 파악   난이도 중 ●●○

다음 글의 요지로 가장 적절한 것은?

While other places around the world begin the new year with fireworks, parades, and parties, inhabitants of the Indonesian island of Bali celebrate *Nyepi*, a holiday reserved for self-reflection and cleansing. *Nyepi* marks the first day of the local calendar and is Indonesian for "Day of Silence." True to its name, people refrain from talking during the 24 hours in which the holiday is observed. Working, traveling, and other leisure activities are restricted by the local police as well, with devoted adherents going so far as to not eat or use electricity either. The Balinese believe that by abstaining from these activities for one whole day, their purity will be restored for the upcoming year.

① Balinese police are strict about enforcing regulations during *Nyepi*.
② *Nyepi* is a period of reflection at the start of a new year.
③ Inhabitants of Bali decrease their energy usage on *Nyepi*.
④ New year celebrations involve many activities in Bali.

해석
세계의 다른 곳들이 불꽃놀이, 가두 행진, 파티로 새해를 시작하는 반면, 인도네시아 발리섬의 주민들은 자기 성찰과 정화를 위해 지정된 공휴일인 'Nyepi'를 기념한다. 'Nyepi'는 그 지역 달력의 첫 번째 날을 기념하며 '침묵의 날'이라는 뜻의 인도네시아어이다. 그 이름에 걸맞게, 사람들은 그 공휴일이 기념되는 24시간 동안 말하는 것을 삼간다. 일하는 것과 이동하는 것, 그리고 여타 여가 활동들 또한 지역 경찰에 의해 제한되며, 열성 지지자들은 심지어 먹거나 전기를 쓰는 것까지도 하지 않는다. 발리 사람들은 이러한 활동들을 온종일 자제함으로써, 다가오는 해에 그들의 순수함이 회복될 것이라고 믿는다.

① 발리 경찰은 'Nyepi' 기간 동안 단속을 시행하는 것에 엄격하다.
② 'Nyepi'는 새해의 시작에 성찰하는 기간이다.
③ 발리의 주민들은 'Nyepi'에 자신들의 에너지 사용을 줄인다.
④ 발리의 새해 의식들은 다양한 활동을 포함한다.

---

09 독해 무관한 문장 삭제   난이도 상 ●●●

다음 글의 흐름상 어색한 문장은?

Among predictable astronomical phenomena, a transit of Venus is one of the rarest, with pairs of transits roughly occurring every 120 years. ① This event is similar to a solar eclipse, but instead of the Moon, the planet Venus moves across the face of the Sun. ② During transit, Venus has a halo surrounding it, which scientists correctly concluded to be the planet's atmosphere. The tools and techniques used to examine transits of Venus are now being used to study exoplanets, planets outside the solar system. ③ The nearest planet to Venus is Mercury, the transits of which occur more frequently at about 13 times per century. ④ By analyzing the transits of exoplanets as they pass their parent star, astronomers can determine the planets' size, temperature, and atmosphere.

해석
예측 가능한 천문학적 현상들 중에, 금성의 일면 통과는 가장 드문 현상 중 하나이며, 대략 120년마다 한 쌍의 통과가 발생한다. ① 이 사건은 일식과 유사하지만, 달 대신에 금성이 태양의 표면을 가로질러 이동한다. ② 통과하는 동안에, 금성은 그것을 둘러싸는 후광을 지니는데, 이것은 과학자들이 그 행성의 대기라고 정확하게 결론을 내린 것이다. 금성의 일면 통과를 조사하는 데 사용되었던 장비와 기술들은 태양계 바깥에 있는 행성들인, 외계 행성들을 연구하는 데 현재 사용되고 있다. ③ 금성과 가장 가까운 행성은 수성인데, 수성의 일면 통과는 한 세기마다 약 13배 더 자주 일어난다. ④ 외계 행성들이 자신들의 모항성을 지나갈 때 그것들의 통과를 분석함으로써, 천문학자들은 그 행성들의 크기, 온도, 그리고 대기를 알아낼 수 있다.

포인트 해설
첫 문장에서 '약 120년마다 발생하는 금성의 일면 통과'에 대해 언급한 뒤, ①, ②번에서 '금성의 일면 통과 시 관찰되는 현상'을, ④번에서 '행성의 통과에 대한 분석을 통해 얻을 수 있는 정보'를 설명하고 있다. 그러나 ③번은

'금성과 가장 가까운 행성인 수성의 잦은 일면 통과'에 대한 내용으로, 첫 문장 및 지문 전반의 내용과 관련이 없다.

정답 ③

어휘

predictable 예측 가능한　astronomical 천문학적인　phenomenon 현상
transit 통과, 횡단　roughly 대략　solar eclipse 일식　halo 후광
correctly 정확하게　atmosphere 대기, 분위기
examine 조사하다, 살펴보다　exoplanet 외계 행성　solar system 태양계
analyze 분석하다　determine 알아내다, 결정하다　temperature 온도

---

10 독해 빈칸 완성 – 절　난이도 중 ●●○

밑줄 친 부분에 들어갈 말로 가장 적절한 것은?

Agatha Christie was a British author who wrote more than 70 mystery and crime novels, many of which featured poison as an instrument of death. Unlike her novels' fictional characters and plots, the poisons she referenced were real. In fact, her descriptions of poisons were so accurate that multiple medical professionals have credited her books with helping them recognize poison symptoms in patients. Christie was able to gain such astute expertise because she volunteered as a pharmacist's assistant during both World Wars. While in that role, she passed a pharmacy exam, dispensed medicines, and acquired hands-on experience mixing different chemicals. She put what she learned to good use as her books have sold over two billion copies worldwide. Until her death, Christie was incredibly grateful for her time working at the pharmacy, admitting that without the knowledge she acquired there, _____.

① she never would have achieved the same level of success
② she might have pursued a career as a medical professional
③ she would have regretted participating in the war efforts
④ she never would have figured out how to plot a novel

해석

Agatha Christie는 70편이 넘는 추리 소설과 범죄 소설을 쓴 영국 작가인데, 이것들 중 대부분은 살인의 도구로써의 독약의 특징을 그렸다. 그녀의 소설들의 허구적인 인물들과 줄거리와는 달리, 그녀가 참고했던 독약들은 실존하는 것이었다. 실제로, 독약들에 대한 그녀의 서술이 너무 정확해서 다수의 의료 전문가들은 그들이 환자들의 독약 증상을 알아채도록 도운 공이 그녀의 책에 있다고 말했다. Christie는 두 세계 대전 동안 약사의 조수로 자원했기 때문에 그렇게 예리한 전문 지식을 얻을 수 있었다. 그 역할을 하면서, 그녀는 약학 시험에 통과했고, 약들을 조제했으며, 화학 약품들을 혼합하는 실제 경험을 얻었다. 그녀의 책들이 전 세계적으로 20억 부가 넘게 팔리면서 그녀는 배운 것을 잘 활용했다. 그녀가 죽을 때까지, Christie는 조제실에서 일했던 시간에 대단히 고맙게 생각했는데, 그녀는 그곳에서 얻은 경험이 없었다면, 그녀가 같은 수준의 성공을 결코 거두지 못했을 것임을 인정했다.

① 그녀가 같은 수준의 성공을 결코 거두지 못했을 것이다
② 그녀가 의료 전문가로서의 경력을 추구했을지도 모른다
③ 그녀가 전쟁 활동에 참여한 것을 후회했을 것이다
④ 그녀가 어떻게 소설의 줄거리를 구상할지 생각해 내지 못했을 것이다

포인트 해설

지문 중간에서 Christie의 소설 속 독약들에 대한 서술이 너무 정확해서 다수의 의료 전문가들이 환자들의 독약 증상을 알아챌 수 있었던 공이 그녀의 책에 있다고 할 정도였다고 하고, 지문 후반에서 그녀의 저서가 20억 부 넘게 팔리면서 Christie는 세계 대전 동안 약사의 조수로 자원하면서 얻은 독약에 대한 전문 지식을 잘 활용했다고 했으므로, 그녀가 그곳(조제실)에서 얻은 경험이 없었다면 '그녀가 같은 수준의 성공을 결코 거두지 못했을 것임'을 인정했다고 한 ①번이 정답이다.

정답 ①

어휘

feature ~의 특징을 그리다; 특징　poison 독약　instrument 도구
fictional 허구적인　plot 줄거리　reference 참고하다
description 서술, 묘사, 표현　accurate 정확한
credit A with B B의 공이 A에 있다고 말하다　recognize 알아채다
symptom 증상　astute 예리한　expertise 전문 지식
pharmacist 약사　pharmacy 약학, 조제실
dispense 조제하다, 나누어 주다　hands-on 실제의, 수동의
chemical 화학 약품　put to good use ~을 잘 활용하다　incredibly 대단히
grateful 고맙게 생각하는, 감사하는　pursue 추구하다
figure out ~을 생각해 내다

구문 분석

(생략), admitting that / without the knowledge she acquired there, / she never would have achieved the same level of success.

: 이처럼 if 없이 without을 사용하여 상황을 반대로 가정하는 경우, 'would/could/should/might + have p.p.'에 유의하며 '~ 없다면, ~했을 것이다'라고 해석한다.

DAY 13 하프모의고사 13회

해커스 공무원시험연구소 총평

난이도 두드러지게 어려운 문제는 없었지만, 어휘 영역에 표현을 묻는 문제가 출제되고 독해 영역에서 꼼꼼한 해석이 필요한 내용 불일치 파악 유형이 두 문제 포함되면서, 풀이 시간이 부족하다고 느꼈을 수 있습니다.

어휘·생활영어 영역 출제 가능성이 낮아지는 추세이기는 하지만, '동사 + 부사', '동사 + 전치사' 등 다양한 형태를 가진 동사구 표현의 뜻을 묻는 문제가 꾸준히 출제되어 왔습니다. 빈출 표현들을 비롯하여 문제풀이를 통해 접하는 표현들은 별도로 정리해 암기해 두는 것이 좋습니다.

문법 영역 to 부정사 중에서도 to 부정사의 형태를 묻는 문법 포인트의 경우 최근 출제경향이므로, 여러 형태의 문제들을 풀어 보고 지체없이 답을 찾는 훈련이 되어 있어야 합니다.

독해 영역 문장 삽입 유형에서는 주어진 문장이 들어갈 위치에 대한 결정적인 단서가 반드시 주어진 문장에 포함되어 있음을 명심합니다.

정답

01	③	어휘	06	②	독해
02	①	문법	07	③	독해
03	④	문법	08	④	독해
04	④	생활영어	09	④	독해
05	③	독해	10	①	독해

취약영역 분석표

영역	맞힌 답의 개수
어휘	/ 1
생활영어	/ 1
문법	/ 2
독해	/ 6
TOTAL	/ 10

---

01 어휘 cut back 난이도 중 ●●○

밑줄 친 부분에 들어갈 말로 가장 적절한 것은?

> In light of recent consumers' preference for electric SUVs, the company will _____ its production of gas-powered sedans.

① abide by ② set off
③ cut back ④ sort out

해석
전기 SUV에 대한 최근 소비자들의 선호를 고려하여, 그 회사는 휘발유로 움직이는 세단의 생산을 줄일 것이다.

① ~을 준수하다 ② ~을 일으키다
③ ~을 줄이다 ④ ~을 분류하다

정답 ③

어휘
in light of ~을 고려하여 abide by ~을 준수하다
set off ~을 일으키다, 터뜨리다 cut back ~을 줄이다, 축소하다
sort out ~을 분류하다

이것도 알면 합격!

'~을 줄이다'의 의미를 갖는 표현
= scale back, decrease, trim down, curtail

---

02 문법 수동태 | to 부정사 난이도 중 ●●○

밑줄 친 부분에 들어갈 말로 가장 적절한 것은?

> The project fell behind schedule, so the department manager was forced _____ additional employees to the team.

① to reassign ② reassigning
③ to be reassigned ④ to reassigning

해석
그 프로젝트가 일정보다 늦어지고 있어서, 그 부서의 관리자는 그 팀에 추가 직원들을 재배정해야 했다.

포인트 해설

① 5형식 동사의 수동태 | to 부정사의 형태 to 부정사를 목적격 보어로 취하는 5형식 동사(force)가 수동태가 되면 to 부정사는 수동태 동사(was forced) 뒤에 그대로 남아야 하므로, to 부정사 형태의 ① to reassign, ③ to be reassigned가 정답 후보이다. 이때 to 부정사의 행위 주체인 명사(the department manager)와 to 부정사가 '그 부서의 관리자가 재배정하다'라는 의미의 능동 관계이므로 to 부정사의 능동형 ① to reassign이 정답이다.

정답 ①

13회 정답·해설·해설

어휘

fall behind ~보다 늦어지다, ~에 뒤지다   reassign 재배정하다

이것도 알면 합격!

한편, 목적격 보어로 원형 부정사를 취하는 5형식 동사가 수동태가 되는 경우, 목적격 보어는 to 부정사가 되어 수동태 동사 뒤에 남는다는 것을 알아두자.

I'll **make** my assistant **call** you later today.
오늘 이따가 제 비서가 당신에게 전화하게 하겠습니다.
→ My assistant will **be made to call** you later today.

03   문법 동사의 종류|관계절|상관접속사|동명사   난이도 상 ●●●

밑줄 친 부분 중 어법상 옳지 않은 것은?

> *The Bill of Rights* protects American citizens by listing the rights ① to which they are entitled. These include not only the freedoms of speech and religion ② but also the right to bear arms and to peacefully assemble. However, despite ③ being outlined in the founding documents, these rights are not absolute, and questions often arise about where the line between an allowable restriction and an unconstitutional overstep of authority ④ lays.

해석

『권리 장전』은 미국인들이 자격을 갖는 권리들을 열거함으로써 미국 시민들을 보호한다. 이것(권리)들은 언론과 종교의 자유뿐만 아니라 무기를 소지하고 평화롭게 집회할 권리 역시 포함한다. 하지만, 건국 문서들에 기술되어 있음에도 불구하고, 이러한 권리들은 절대적이지 않으며, 허용되는 제한과 헌법에 위배되는 권한을 넘은 행위 사이의 경계가 어디에 놓여 있는지에 대해 의문이 종종 생겨난다.

포인트 해설

④ **혼동하기 쉬운 자동사와 타동사** 문맥상 '경계가 놓여 있다'라는 의미가 되어야 자연스러우므로, 타동사 lay(~을 놓다)의 단수형 lays를 자동사 lie(놓여 있다)의 단수형 lies로 고쳐야 한다.

[오답 분석]
① **전치사 + 관계대명사** 완전한 절(they are entitled) 앞에는 '전치사 + 관계대명사'의 형태가 올 수 있는데, 이때 '전치사 + 관계대명사'에서 전치사는 선행사나 관계절의 동사에 따라 결정된다. 관계절의 동사 are entitled는 전치사 to와 짝을 이루어 '~에 자격을 갖다'라는 의미로 사용되므로 to which가 올바르게 쓰였다.
② **상관접속사** '언론과 종교의 자유뿐만 아니라 무기를 소지하고 평화롭게 집회할 권리 역시'는 상관접속사 not only A but also B(A뿐만 아니라 B도)를 사용하여 나타낼 수 있으므로, not only the freedoms of speech and religion 뒤에 but also가 올바르게 쓰였다.
③ **동명사의 형태** 동명사의 행위 주체인 명사 these rights와 동명사가 '이러한 권리들이 기술되다'라는 의미의 수동 관계이므로 동명사의 수동형 being outlined가 올바르게 쓰였다.

정답 ④

어휘

Bill of Rights 권리 장전   entitle 자격을 주다, 제목을 붙이다   religion 종교   arms 무기   assemble 집회하다, 모이다   found 건국하다, 설립하다   document 문서, 기록; 기록하다   absolute 절대적인   allowable 허용되는   unconstitutional 헌법에 위배되는   authority 권한

이것도 알면 합격!

다양한 상관접속사들을 함께 알아 두자.

- both A and B A와 B 둘 다
- not A but B A가 아니라 B
- either A or B A 또는 B 중 하나
- neither A nor B A도 B도 아닌
- A as well as B B뿐만 아니라 A도

04   생활영어   I'll forward you the email I received with the details.   난이도 중 ●●○

밑줄 친 부분에 들어갈 말로 가장 적절한 것은?

 Anna Lee
Are you planning to go to the job fair for public agencies next week?
11:00

Stanley Newman
I haven't even heard of it.
11:00

 Anna Lee
Oh, it's a great opportunity to learn about various public agencies and their job openings.
11:01

Stanley Newman
That sounds interesting! Who can attend?
11:01

 Anna Lee
It's open to anyone looking for a job, but they have specific requirements for each agency.
11:02

Stanley Newman
Where can I check the requirements?
11:02

 Anna Lee
_____
_____
11:03

DAY 13 하프모의고사 13회

① You must pass the national exam to become a public servant.
② Make sure to bring several copies of your résumé.
③ The fair will offer both in-person and virtual options.
④ I'll forward you the email I received with the details.

해석

Anna Lee: 다음 주에 있을 공공 기관 채용 박람회에 갈 계획인가요?
Stanley Newman: 저는 그것에 대해 듣지도 못했는걸요.
Anna Lee: 아, 그 박람회는 다양한 공공 기관들 그리고 그들의 채용 공고에 대해 알아볼 수 있는 좋은 기회예요.
Stanley Newman: 흥미롭네요! 누가 참석할 수 있나요?
Anna Lee: 일자리를 찾는 사람이라면 누구에게나 열려 있지만, 각 기관마다 특정한 자격 요건이 있어요.
Stanley Newman: 자격 요건은 어디에서 확인할 수 있는데요?
Anna Lee: 세부 사항에 대해 제가 받았던 이메일을 당신에게 발송해 줄게요.

① 공무원이 되려면 국가 시험에 합격해야 합니다.
② 반드시 이력서를 여러 부 가져오세요.
③ 박람회는 대면 방식과 온라인 방식 모두를 제공할 것입니다.
④ 세부 사항들에 대해 제가 받았던 이메일을 당신에게 발송해 줄게요.

포인트 해설

공공 기관 채용 박람회는 누구나 참석할 수 있지만 각 기관마다 특정 자격 요건이 있다는 Anna의 말에 대해 빈칸 앞에서 Stanley가 Where can I check the requirements?(자격 요건은 어디에서 확인할 수 있는데요?)라고 묻고 있으므로, '세부 사항에 대해 제가 받았던 이메일을 당신에게 발송해 줄게요'라는 의미의 ④ 'I'll forward you the email I received with the details'가 정답이다.

정답 ④

어휘

agency 기관, 대행사 requirement 자격 요건, 필요조건
public servant 공무원 résumé 이력서 in-person 대면의, 직접
virtual 온라인의, 가상의 forward 발송하다, 전송하다

이것도 알면 합격!

구직할 때 쓸 수 있는 다양한 표현들을 알아 두자.
• I hope I land this job. 이 일자리를 얻고 싶어요.
• The position has been filled. 그 자리는 충원되었어요.
• I want to get a full-time position. 저는 정규직을 얻길 원합니다.
• Do you have any openings for a manager?
  관리자직 자리가 있습니까?

05~06 다음 글을 읽고 물음에 답하시오.

To: datawise@infobank.com
From: emile.armand@clemens.org
Date: July 15
Subject: Information on minorities

Dear Sir or Madam:

I am writing to request information for a study the Clemens Research Institute is undertaking.

Our study involves the growth and development of minority groups in rural areas. We hope to use this data in designing assistance programs for these groups in the countryside. Therefore, we would very much appreciate it if you could provide us with details on the ethnicity of these groups, the languages they speak, their age range, their population growth over time, and their employment information.

In addition, if you have similar studies in your databank, we would like to have copies or links to these studies. Please let me know the cost of obtaining this information.

I look forward to hearing from you.

Yours truly,
Emile Armand, Research Head

해석

수신: datawise@infobank.com
발신: emile.armand@clemens.org
날짜: 7월 15일
제목: 소수 집단에 관한 정보

담당자분께,

저는 Clemens 연구소에서 맡고 있는 연구에 관한 정보를 요청드리고자 메일을 씁니다.

저희의 연구는 농촌 지역에 사는 소수 집단의 성장 및 발전과 관련된 것입니다. 저희는 이 데이터를 시골 지역에 사는 이러한 집단을 위한 지원 프로그램 설계에 활용하기를 희망합니다. 그러므로, 이들 집단의 민족성, 그들이 사용하는 언어, 그들의 연령대, 시간에 따른 그들의 인구 증가, 그들의 고용 정보에 대한 세부 정보를 저희에게 제공해 주실 수 있다면 대단히 감사하겠습니다.

추가로, 귀하의 자료은행에 유사한 연구가 있는 경우, 그러한 연구에 대한 사본이나 링크를 얻고 싶습니다. 이 정보를 얻는 데 드는 비용을 알려 주시기를 부탁드립니다.

답변 기다리겠습니다.

이만 줄이겠습니다,
Emile Armand, 연구팀 팀장

어휘

minority 소수 집단 undertake 맡다, 착수하다 rural 농촌의
assistance 지원 ethnicity 민족성 population 인구

05 독해 목적 파악   난이도 중 ●●○

위 이메일의 목적으로 가장 적절한 것은?

① 농촌 지원 프로그램을 설계하기 위해 조언을 요청하려고
② 지역 내 소수 집단의 인구 증감률을 확인하려고
③ 농촌에 사는 특정 사람들에 대한 자료 제공을 부탁하려고
④ 이전에 있었던 비슷한 연구의 총비용에 대해 문의하려고

포인트 해설

지문 앞부분에서 농촌 지역에 사는 소수 집단을 위한 지원 프로그램 설계에 활용될 연구를 위해 소수 집단 관련 세부 정보 제공을 요청하고 있으므로, ③ '농촌에 사는 특정 사람들에 대한 자료 제공을 부탁하려고'가 이 글의 목적이다.

정답 ③

06 독해 내용 불일치 파악   난이도 중 ●●○

위 이메일의 내용과 일치하지 않는 것은?

① The Clemens Research Institute is conducting the study.
② The institute provides minority groups with employment options.
③ Access to similar studies in the databank is also needed.
④ The Clemens Research Institute is willing to obtain paid information.

해석

① Clemens 연구소는 연구를 실시하고 있다.
② 연구소는 소수 집단에게 일자리 선택지를 제공한다.
③ 자료은행에 있는 유사한 연구에 대한 접근 또한 필요하다.
④ Clemens 연구소는 유료 정보를 구할 의향이 있다.

포인트 해설

②번의 키워드인 employment(일자리)가 그대로 언급된 지문 주변의 내용에서 Clemens 연구소의 연구 담당자가 농촌 지역에 사는 소수 집단의 민족성, 인구 증가, 고용 정보 등에 대한 세부 정보를 제공해 달라고 요청은 했지만, ② '연구소가 소수 집단에게 일자리 선택지를 제공'하는지는 알 수 없다.

정답 ②

어휘

conduct 실시하다, 행동하다

07 독해 빈칸 완성 – 연결어   난이도 하 ●○○

밑줄 친 (A), (B)에 들어갈 말로 가장 적절한 것은?

What you eat says a lot about your physical health, but can it tell more? According to new research, it can. A series of five studies conducted by North Dakota University show that people who have a sweet tooth may have kinder personalities. They found that those who enjoy sugary foods are more likely to display traits like agreeableness, helpfulness, and overall niceness. ___(A)___, enjoying spicy flavors like hot peppers correlates to a more adventurous character and more openness to try new things. While these may seem like random connections, researchers were able to find a logical explanation. ___(B)___, they found that the part of the brain that handles tastes and smells is also the area responsible for our personality and it develops at around the same time as our inclinations toward certain food.

	(A)	(B)
①	Consequently	Therefore
②	Likewise	Conversely
③	On the other hand	In fact
④	Moreover	For example

해석

당신이 먹는 것은 당신의 신체 건강에 대해 많은 것을 말해 주지만, 그것이 더 많은 것을 말해 줄 수도 있을까? 새로운 연구에 따르면, 그것은 가능하다. 노스다코타 대학에서 시행된 일련의 다섯 가지 연구들은 단것을 좋아하는 사람들이 더 친절한 성격을 가질 수도 있다는 것을 보여 준다. 그것들은 단 음식을 즐기는 사람들이 상냥함, 이타적임, 그리고 전반적인 친절함 같은 특성들을 보여 줄 가능성이 더 높다는 것을 확인했다. (A) 한편, 고춧가루와 같이 매운맛을 즐기는 것은 더 모험심이 강한 성격과 새로운 것을 시도하는 것에 대해 더욱 열린 태도와 연관이 있다. 이러한 것들은 임의적인 연관성처럼 보일 수도 있지만, 연구자들은 논리적인 설명을 찾을 수 있었다. (B) 실제로, 그들은 맛과 냄새를 다루는 뇌의 부분은 또한 우리의 성격을 담당하는 부분이고 그것은 특정 음식에 대한 우리의 기호가 발달하는 시기와 같은 시기에 발달한다는 것을 발견했다.

	(A)	(B)
①	결과적으로	그러므로
②	마찬가지로	대조적으로
③	한편	실제로
④	게다가	예를 들어

포인트 해설

(A) 빈칸 앞 문장은 단 음식을 즐기는 사람들은 상냥함, 이타적임, 그리고 친절함 같은 성격 특성을 지닐 가능성이 높다는 내용이고, 빈칸이 있는 문장은 매운맛을 즐기는 것은 더 모험심이 강한 성격과 연관이 있다는, 전환되는 내용이다. 따라서 빈칸에는 전환을 나타내는 연결어인 On the other hand(한편)가 들어가야 한다.
(B) 빈칸 앞 문장은 선호하는 맛과 성격의 연관성이 임의적인 것처럼 보일 수 있지만 연구자들은 논리적인 설명을 찾을 수 있었다는 내용이고, 빈칸이 있는 문장은 연구자들이 뇌에서 맛과 냄새를 다루는 부분과 성격을 다루는 부분이 일치하며 같은 시기에 발달한다는 것을 발견했다고 강조하는 내용이다. 따라서 빈칸에는 강조를 나타내는 연결어인 In fact(실제로)가 들어가야 한다.

정답 ③

DAY 13 하프모의고사 13회

어휘

have a sweet tooth 단것을 좋아하다 **sugary food** 단 음식 **trait** 특성
agreeableness 상냥함, 우호성 **overall** 전반적인 **niceness** 친절함
spicy 매운 **correlate** 연관이 있다 **adventurous** 모험심이 강한
random 임의적인 **logical** 논리적인 **inclination** 기호, 성향

08 독해 문장 삽입   난이도 중 ●●○

주어진 문장이 들어갈 위치로 가장 적절한 것은?

> The physical activity of gardening provides a low-impact way to exercise that strengthens muscles and improves coordination and balance.

Throughout history, horticultural therapy has been used to ease the burden of those suffering from mental and physical ailments. (①) In ancient Egypt, doctors prescribed garden walks that allowed patients with mental illnesses to experience the peacefulness of nature. (②) Therapy gardens have also been in operation for centuries in Europe and the United States, with a rise in their use after the Second World War to help soldiers recover from post-traumatic stress disorder and physical injuries. (③) In these gardens, patients can cultivate plants and crops, which has many benefits. (④) In addition, scientific studies have shown that those who spend time gardening have a deeper sense of community, as working in a garden is a cooperative activity that builds social relationships among individuals with a shared interest.

해석

정원 가꾸기와 관련된 신체 활동은 근육을 강화하면서 조화와 균형을 향상시키는, 충격이 적은 운동 방식을 제공한다.

역사상, 원예 치료는 정신적·신체적 질병들로부터 고통받는 사람들의 부담을 덜기 위해 사용되어 왔다. ① 고대 이집트에서, 의사들은 정신 질환이 있는 환자들로 하여금 자연의 평온함을 경험하게 하는 정원 산책을 처방했다. ② 치료 정원은 또한 수 세기 동안 유럽과 미국에서 운영되어 왔고, 2차 세계 대전 이후에는 군인들이 외상 후 스트레스 장애와 신체적 부상들로부터 회복하는 것을 돕기 위해 이용이 증가했다. ③ 이러한 정원에서, 환자들은 식물과 작물을 경작할 수 있는데, 이것은 많은 이점을 가진다. ④ 게다가, 과학 연구들은 정원 가꾸기를 하며 시간을 보내는 사람들이 더 깊은 공동체 의식을 가진다는 것을 보여 주었는데, 이는 정원에서 작업하는 것이 공통된 관심사를 지닌 개인들 사이에서 사회적인 관계를 쌓는 하나의 협력 활동이기 때문이다.

포인트 해설

④번 앞 문장에 환자들이 정원에서 식물과 작물을 경작하는 것은 많은 이점을 가진다는 내용이 있고, ④번 뒤 문장에 게다가(In addition) 과학 연구들은 정원을 가꾸는 사람들이 더 깊은 공동체 의식을 가진다는 것을 보여 준다는 내용이 있으므로, ④번 자리에 정원 가꾸기와 관련된 신체 활동이 충격이 적으면서 신체 발달도 돕는다는 내용, 즉 정원에서의 식물과 작물을 경작하는 것이 갖는 첫 번째 이점을 설명하는 주어진 문장이 들어가야 지문의 흐름이 자연스럽게 연결된다.

정답 ④

어휘

coordination 조화, 공동 작용 **ease** 덜다, 완화시키다 **burden** 부담
ailment 질병 **prescribe** 처방하다 **patient** 환자
be in operation 운영되다 **post-traumatic** (정신적) 외상 후의
disorder 장애 **injury** 부상 **cultivate** 경작하다 **cooperative** 협력하는

09 독해 내용 불일치 파악   난이도 중 ●●○

YouReport 앱에 관한 다음 글의 내용과 일치하지 않는 것은?

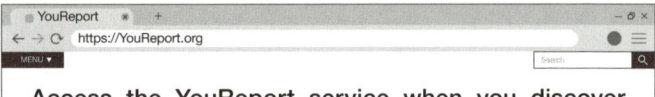

Access the YouReport service when you discover safety issues.

Use the new YouReport service to notify emergency services about safety issues as they happen. The YouReport service allows users to send notices about dangers or crimes in a variety of formats, including photos, video, and in-app reporting. This gives responders accurate, detailed information about issues as they arise. The service also has a live, interactive map that shows users where reports have been received, helping them avoid affected areas and clearing the way for emergency personnel. To use YouReport, download the app to your mobile device or sign on to the web version. Although anyone can see posts, reporting requires registration.

① It allows people to send notices to emergency services.
② Reports can be made using video or photographs.
③ The service includes a map with the locations of reports.
④ Users must register to see alerts about problems.

해석

안전 문제를 발견하시는 경우 YouReport 서비스를 이용하세요.

새로운 YouReport 서비스를 사용하셔서 안전 문제가 발생했을 때 긴급 구조대에 그 문제들을 알리세요. YouReport 서비스는 사용자 여러분이 사진, 동영상, 앱에서의 신고를 포함한 다양한 형태로 위험이나 범죄에 대한 알림을 보내게 합니다. 이것은 문제가 발생했을 때 대응하는 사람에게 그것에 대한 정확하고, 상세한 정보를 제공합니다. 서비스는 또한 사용자들에게 신고가 어디에서 접수되었는지를 보여 주는 실시간 대화형 지도를 갖추고 있는데, 이는 그들이 영향받은 지역을 피하고 응급 요원들을 위해 길을 비켜 주도록 돕습니다. YouReport를 사용하시려면, 여러분의 모바일 기기에 앱을 다운로드하시거나 웹 버전에 가입하세요. 게시물은 누구나 볼 수 있지만, 신고는 등록을 필요로 합니다.

① 그것은 사람들이 긴급 구조대에 알림을 보낼 수 있게 한다.
② 신고는 동영상이나 사진을 사용하여 이루어질 수 있다.
③ 서비스는 신고 위치가 표시되는 지도를 포함한다.
④ 사용자는 문제에 대한 경보를 보기 위해 등록해야 한다.

포인트 해설

④번의 키워드인 see alerts(경보를 보다)를 바꾸어 표현한 지문의 see posts(게시물을 보다) 주변의 내용에서 YouReport의 게시물은 누구나 볼 수 있다고 했으므로, ④ '사용자는 문제에 대한 경보를 보기 위해 등록해야 한다'는 지문의 내용과 다르다.

정답 ④

어휘

notify 알리다 accurate 정확한 detailed 상세한 arise 발생하다
interactive 대화형의, 상호적인 clear the way 길을 비키다
sign on 가입하다 registration 등록 alert 경보; 경계하는; 알리다

---

10 독해 문단 순서 배열 난이도 중 ●●○

주어진 문장 다음에 이어질 글의 순서로 가장 적절한 것은?

One of the rarest and most unusual natural disasters is a firestorm, which develops when conditions allow a fire's intensity to grow strong enough to generate a powerful wind system.

(A) This builds into a full wind system, eventually reaching storm-force strength, or speeds between 89 and 102 km/h. This violent wind system can result in fire tornadoes forming within the blaze.
(B) As a fire burns hotter and pushes air upward in a thermal column, air from outside the conflagration rushes in to replace the evacuated air.
(C) Additionally, the wind fans the flames of the fire and raises temperatures to extraordinary levels, enabling the radiant heat from these storms to melt asphalt and turn surrounding roads into scorching liquid.

*conflagration: 큰불

① (B) – (A) – (C)   ② (B) – (C) – (A)
③ (C) – (A) – (B)   ④ (C) – (B) – (A)

해석

가장 드물고 가장 이례적인 자연재해 중 하나는 '화재 폭풍'인데, 이것은 환경이 불의 강도가 강력한 풍계를 발생시킬 만큼 충분히 강해지게 할 때 생긴다.

(A) 이것은 완전히 발달한 풍계를 형성하고, 결국 폭풍의 세기에 이르는 강도, 즉 시속 89km에서 102km 사이의 속도에 도달한다. 이 맹렬한 풍계는 불길 안에서 형성되는 화염 토네이도를 일으킬 수 있다.
(B) 불이 더 뜨겁게 타오르고 열 기둥 안에서 공기를 위로 밀어 올림에 따라, 큰불 바깥쪽의 공기는 비워진 공기를 대신하기 위해 몰려들어 온다.
(C) 게다가, 그 바람은 화재의 화염을 더 거세지게 하고 엄청난 수준까지 온도를 상승시켜서, 이 폭풍으로부터의 극심한 열이 아스팔트를 녹이고 주변 도로들을 몹시 뜨거운 액체가 되게 한다.

포인트 해설

주어진 문장에서 드문 자연재해인 화재 폭풍은 불의 강도가 강력한 풍계를 발생시킬 만큼 충분히 강할 때 생긴다고 한 후, 이어서 (B)에서 타오르는 불길이 공기를 위로 밀어 올리면서 바깥쪽 공기가 열 기둥 안으로 몰려들어 온다고 설명하고 있다. 그다음 (A)에서 이것(This)이 완전히 발달한 풍계를 형성하여 화염 토네이도를 일으킬 수도 있다고 하고, (C)에서 게다가(Additionally) 그 바람(the wind)은 화염을 더 거세지게 함으로써 그로 인한 열이 아스팔트와 도로를 녹인다고 설명하고 있다. 따라서 ① (B) – (A) – (C)가 정답이다.

정답 ①

어휘

rare 드문 unusual 이례적인, 드문 intensity 강도
violent 맹렬한, 폭력적인 blaze 불길, 화재 thermal 열의 column 기둥
rush in 몰려들다 evacuate 비우다, 대피하다
fan 거세게 하다, 부채질을 하다 flame 화염 extraordinary 엄청난
radiant 극심한, 빛나는 melt 녹이다 scorching 몹시 뜨거운, 태우는

구문 분석

(생략), which develops / when conditions allow a fire's intensity to grow strong enough / to generate a powerful wind system.
: 이처럼 '… enough to ~' 구문이 정도를 나타내는 경우, '~할 만큼 충분히 …하다'라고 해석한다.

DAY 14 하프모의고사 14회

해커스 공무원시험연구소 총평

난이도   특별히 난도 높은 문제가 출제되지 않아, 전반적으로 수월하게 풀어낼 수 있는 회차입니다.

어휘·생활영어 영역   간결하게 전개되는 대화의 문맥을 파악하는 생활영어 문제의 경우 절대 틀려서는 안 됩니다.

문법 영역   병치 구문에서는 무엇보다 등위접속사나 상관접속사가 무엇을 연결하고 있는지 정확하게 파악하는 것이 중요합니다. 올바른 해석 여부에 따라 자칫 정답을 혼동할 수 있으므로, 선택한 답을 빈칸에 넣고 전체 문장을 해석해 봄으로써 검토해 보도록 합니다.

독해 영역   내용 일치/불일치 파악 유형에서는 보기에서 지문에 제시된 정보를 그대로 언급하기도 하지만 비슷한 의미의 다른 표현으로 언급할 수도 있으므로, 보기 전체를 꼼꼼하게 읽어 보고 지문의 내용과 대조하여야 합니다.

정답

01	④	어휘	06	④	독해
02	④	문법	07	③	독해
03	③	문법	08	③	독해
04	②	생활영어	09	②	독해
05	①	독해	10	④	독해

취약영역 분석표

영역	맞힌 답의 개수
어휘	/ 1
생활영어	/ 1
문법	/ 2
독해	/ 6
TOTAL	/ 10

---

01   어휘 modesty   난이도 중 ●●○

밑줄 친 부분에 들어갈 말로 가장 적절한 것은?

Even upon winning the Lifetime Achievement Award, the author maintained her _____ by diverting all the praise to her publisher and team of editors.

① integrity
② liberty
③ priority
④ modesty

해석

심지어 평생 공로상을 받은 직후에도, 그 작가는 모든 찬사를 자신의 출판사와 편집팀에 돌림으로써 겸손을 유지했다.

① 고결함
② 자유
③ 우선순위
④ 겸손

정답 ④

어휘

win 받다, 이기다   Lifetime Achievement Award 평생 공로상
divert A to B A를 B에게 돌리다   publisher 출판사   editor 편집자
integrity 고결함, 진실성   liberty 자유   priority 우선순위   modesty 겸손

이것도 알면 합격!

'겸손'의 의미를 갖는 유의어
= humility, humbleness

---

02   문법 병치 구문   난이도 하 ●○○

밑줄 친 부분에 들어갈 말로 가장 적절한 것은?

The importance lies not in how we can maximize the resources at our disposal but _____ to achieve from the project.

① hope
② to hope
③ what we hope
④ in what we hope

해석

중요한 것은 우리가 어떻게 자원을 우리 마음대로 최대한 활용할 수 있는지가 아니라 우리가 프로젝트로부터 무엇을 이루고자 하는지에 있다.

포인트 해설

④ 병치 구문   빈칸은 상관접속사 not A but B(A가 아니라 B)에서 B 위치에 오는 것의 자리이다. 상관접속사는 짝이 맞는 것끼리 쓰여야 하는데, not 뒤에 전치사 in이 이끄는 전치사구(in how we can maximize the resources at our disposal)가 왔으므로 but 뒤에도 전치사구가 와야 한다. 따라서 ④ in what we hope가 정답이다.

정답 ④

어휘

maximize 최대한 활용하다, 극대화하다
at one's disposal ~의 마음대로 (사용할 수 있게)

이것도 알면 합격!

한편, 상관접속사 not A but B로 연결된 주어는 동사를 B에 수 일치시켜야 한다는 것을 함께 알아 두자.

- Not the players but **the coach** **decides** the team's strategy.
  선수들뿐만 아니라 코치도 그 팀의 전략을 결정한다.

이것도 알면 합격!

한편, 원급 형태로 최상급 의미를 만드는 표현도 함께 알아 두자.

- no other + 단수 명사/nothing ~ so[as] + 원급 + as
  다른 어떤 ~도 −만큼 ···하지 않다

ex) **No other** idea is **so** innovative **as** the one she proposed.
  다른 어떤 아이디어도 그녀가 제안한 것만큼 획기적이지 않다.

---

03 문법 수동태 | 시제 | 관계절 | 비교 구문   난이도 중 ●●○

밑줄 친 부분 중 어법상 옳지 않은 것은?

Employers ① have been working under the assumption that salary is the motivating factor for employees. However, a study ② where two groups built figures out of toy blocks showed that a job's meaningfulness may outweigh monetary gain. Both groups ③ were instructing to build figures from blocks. The first group earned ④ as much money as the second group per completed figure, but soon quit because their figures were taken apart at the end of the day.

해석

고용주들은 급여가 직원들에게 있어서 동기를 부여하는 요인이라는 가정 아래 일해 왔다. 하지만, 두 집단이 장난감 블록들로 피규어를 만들어 냈던 연구는 일의 의미가 금전적인 이익을 넘어설지도 모른다는 것을 보여 주었다. 두 집단은 블록들로 피규어를 만들 것을 지시받았다. 첫 번째 집단은 완성된 피규어 하나당 두 번째 집단만큼 많은 돈을 벌었지만, 하루가 끝날 무렵에 그 피규어들이 분해되었기 때문에 곧 그만두었다.

포인트 해설

③ **능동태·수동태 구별** 주어(Both groups)와 동사가 '두 집단은 지시받았다'라는 의미의 수동 관계이므로 능동태 were instructing을 수동태 were instructed로 고쳐야 한다.

[오답 분석]
① **현재완료진행 시제** 문맥상 '~라는 가정 아래 일해 왔다'라며 과거에 시작된 일이 현재까지 계속되는 것을 표현하고 있으므로 현재완료진행 시제 have been working이 올바르게 쓰였다.
② **관계부사와 관계대명사 비교** 관계사 뒤에 완전한 절(two groups ~ blocks)이 왔으므로, 뒤에 완전한 절을 이끌 수 있는 관계부사 where가 올바르게 쓰였다.
④ **원급** 문맥상 '두 번째 집단만큼 많은 돈'이라는 의미가 되어야 자연스러운데, '~만큼 많은 −'은 원급 표현 'as + much/many + 명사 + as'를 사용하여 나타낼 수 있다. 이때 as ~ as 사이의 수량 형용사는 뒤의 명사에 따라 선택되는데 뒤에 불가산 명사 money가 왔으므로, 불가산 명사와 함께 쓰이는 수량 형용사 much가 온 as much money as가 올바르게 쓰였다.

정답 ③

어휘

assumption 가정, 가설   motivate 동기를 부여하다   factor 요인
meaningfulness 의미   outweigh 넘어서다, 능가하다   monetary 금전적인
instruct 지시하다, 가르치다   quit 그만두다   take apart ~을 분해하다

---

04 생활영어 Are there any alternatives?   난이도 하 ●○○

밑줄 친 부분에 들어갈 말로 가장 적절한 것은?

A: How should we get to the seminar venue on the weekend?
B: Do you want to share a rental car? It'll save us money.
A: _____
B: Well, flying would be faster. But wouldn't driving together be much cheaper?
A: I already checked the flights. Tickets are only slightly more expensive than what we'd pay for gas.
B: Then, let's take a flight to save time.

① Are you sure we can get a rental car?
② Are there any alternatives?
③ Can we plan our budgets together?
④ Can you tell me how to get to the airport?

해석

A: 주말에 세미나 장소로 우리가 어떻게 이동해야 할까?
B: 렌터카를 같이 타는 게 어때? 우린 돈이 절약될 거야.
A: 다른 대안은 없어?
B: 음, 비행기가 더 빠르겠지. 그렇지만 함께 차를 타고 가는 게 훨씬 더 저렴하지 않을까?
A: 내가 이미 항공편을 확인해 봤어. 티켓은 우리가 기름값으로 지불할 것보다 약간 더 비쌀 뿐이야.
B: 그러면, 시간을 절약하기 위해 비행기를 타자.

① 우리가 렌터카를 대여할 수 있을까?
② 다른 대안은 없어?
③ 예산을 함께 계획해도 될까?
④ 공항에 어떻게 가는지 알려 줄 수 있어?

포인트 해설

돈을 절약하기 위해 세미나 장소까지 렌터카로 함께 가자는 B의 제안에 대해 빈칸에서 A가 되묻고, 빈칸 뒤에서 다시 B가 flying would be faster. But wouldn't driving together be much cheaper?(비행기가 더 빠르겠지. 그렇지만 함께 차를 타고 가는 게 훨씬 더 저렴하지 않을까?)라고 제안하고 있으므로, '다른 대안은 없어?'라는 의미의 ② 'Are there any alternatives?'가 정답이다.

정답 ②

DAY 14 하프모의고사 14회

어휘

venue 장소 slightly 약간 alternative 대안 budget 예산, 비용

이것도 알면 합격!

교통수단을 이용할 때 쓸 수 있는 표현들을 알아 두자.
- It's a flat rate to the airport. 공항까지는 고정 요금입니다.
- Could you drop me off on the way? 가는 길에 저 좀 내려 주시겠어요?
- You're better off grabbing a cab. 당신은 택시를 타는 편이 더 나아요.
- Would you like a one-way or round-trip ticket? 편도 티켓을 원하시나요, 왕복 티켓을 원하시나요?

05~06 다음 글을 읽고 물음에 답하시오.

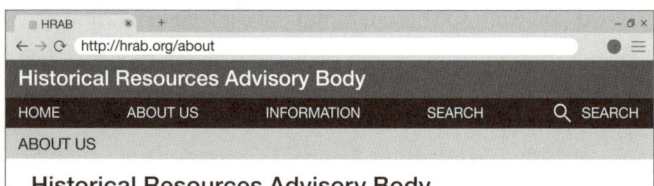

Historical Resources Advisory Body

Mission Statement
The HRAB promotes the preservation and sustainable use of the nation's diverse historic resources. We advise the President and Congress on policy when national historic resource preservation is involved.

Who is the HRAB
The Historical Resources Advisory Body is an independent national agency consisting of members from local government agencies, university faculty, and expert private citizens. Its main tasks are to carry out reviews of cases where historic preservation is warranted, to provide training in historic preservation law and property, and to conduct timely communication campaigns to let the public know about the importance of preserving historic sites.

Policy
The HRAB has issued several policy statements on historic preservation issues. These are designed to assist agencies, ethnic tribes, and organizations in maximizing the preservation of their locale's historic resources.

해석

역사 자원 자문 기구

강령
역사 자원 자문 기구는 국가의 다양한 역사 자원의 보존과 지속 가능한 이용을 촉진합니다. 우리는 국가의 역사 자원 보존이 관련되는 경우 정책에 대해 대통령과 의회에 조언합니다.

역사 자원 자문 기구는 어떤 기관인가
역사 자원 자문 기구는 지방 정부 기관, 대학 교수진 및 민간 전문가 구성원들로 이루어진, 독립적인 국가 기관입니다. 주요 임무는 역사 보존이 필요한 사례에 대한 검토를 수행하고, 역사 보존 법률과 자산에 대한 교육을 제공하며, 대중이 사적지를 보존하는 것의 중요성에 대해 알게 하기 위해 시기적절한 소통 캠페인을 실시하는 것입니다.

정책
역사 자원 자문 기구는 역사 보존 문제에 대한 여러 정책 성명을 발표했습니다. 이러한 것들은 기관, 민족 집단 및 단체들이 그들 지역의 역사 자원의 보존을 극대화하는 데 도움을 주기 위한 것입니다.

어휘

advisory 자문의 mission statement 강령 promote 촉진하다, 홍보하다
preservation 보존 sustainable 지속 가능한 Congress 의회
independent 독립적인 faculty 교수진 carry out ~을 수행하다
property 자산, 부동산, 건물 timely 시기적절한
statement 성명(서), 진술(서) ethnic 민족의, 종족의 tribe 집단, 부족

05 독해 내용 일치 파악 난이도 중 ●●○

윗글에서 Historical Resources Advisory Body에 관한 내용과 일치하는 것은?

① It gives advice to the government on preserving historical resources.
② Its body is entirely composed of persons who are authorities in government.
③ It purchases historical properties and other resources to safeguard them.
④ It receives assistance from ethnic tribes to maximize the preservation of its historic resources.

해석
① 그것은 역사 자원 보존에 관해 정부에 조언을 한다.
② 그 기구는 전적으로 정부 관계자들로 구성되어 있다.
③ 그것은 역사적 자산과 기타 자원들을 보호하기 위해 그것들을 매입한다.
④ 그것은 역사 자원의 보존을 극대화하기 위해 민족 집단의 지원을 받는다.

포인트 해설

①번의 키워드인 gives advice(조언을 한다)를 바꾸어 표현한 지문의 advise(조언한다) 주변의 내용에서 역사 자원 자문 기구는 국가의 역사 자원 보존이 관련되는 경우 정책에 대해 대통령과 의회에 조언한다고 했으므로, ① '그것은 역사 자원 보존에 관해 정부에 조언을 한다'가 지문의 내용과 일치한다.

[오답 분석]
② 역사 자원 자문 기구는 지방 정부 기관, 대학 교수진, 민간 전문가 구성원들로 이루어진 기관이라고 했으므로, 그 기구가 전적으로 정부 관계자들로 구성되어 있다는 것은 지문의 내용과 다르다.
③ 역사 자원 자문 기구가 역사적 자산과 기타 자원들을 보호하기 위해 그것들을 매입하는지는 언급되지 않았다.
④ 역사 자원 자문 기구가 기관, 민족 집단 등이 그들 지역의 역사 자원 보존을 극대화하는 데 도움을 주기 위한 여러 정책 성명을 발표했다고

는 했지만, 역사 자원의 보존을 극대화하기 위해 민족 집단의 지원을 받는지는 알 수 없다.

정답 ①

어휘

compose 구성하다   authorities 관계자, 정부 당국   safeguard 보호하다

---

06 독해 유의어 파악   난이도 중 ●●○

밑줄 친 timely의 의미와 가장 가까운 것은?

① dependable
② appealing
③ accurate
④ expedient

해석

① 믿을 수 있는
② 호소력 있는
③ 정확한
④ 적절한

포인트 해설

밑줄 친 부분이 포함된 문장에서 timely는 문맥상 '시기적절한' 소통 캠페인을 실시한다는 의미로 쓰였으므로, '적절한'이라는 의미의 ④ expedient가 정답이다.

정답 ④

어휘

dependable 믿을 수 있는   appealing 호소력 있는   accurate 정확한
expedient 적절한, 쓸모 있는

---

07 독해 내용 불일치 파악   난이도 중 ●●○

다음 글의 내용과 일치하지 않는 것은?

The Centerville Living History Museum performs reenactments of life during the town's founding. Shows take place daily from March to October and on weekends from November to February. Attendees can walk through the historic district and stop at any of the homes to learn about the first family that inhabited it and see a demonstration of a particular aspect of life in early Centerville.

• Tickets: CentervilleLivingHistory.com/tickets

The Centerville Living History Museum is open from 8:00 a.m. to 6:00 p.m. and offers both self-led and guided tours. Self-led tours are included with the $5 admission fee. Guided tours are an additional $10 per person and require a group of at least 10 participants. (Additional fee is waived for school groups)

• Holiday closures:
Thanksgiving Day
Winter Break (December 23–January 3)

For more information, call 1 (877) 555-1598.

① 9월에는 평일 공연을 관람할 수 있다.
② 박물관은 저녁 6시에 문을 닫는다.
③ 셀프 투어를 원하는 방문객은 총 15달러를 내야 한다.
④ 학교 단체들은 가이드 투어에 대한 추가 요금이 없다.

해석

Centerville 생활사 박물관은 마을이 세워지던 시기의 삶을 재현합니다. 공연은 3월부터 10월까지는 매일, 11월부터 2월까지는 주말에 열립니다. 참가자들은 역사적인 지역을 가로질러 걸으며 그곳에 거주했던 최초의 가족에 대해 알아보기 위해 집들 중 아무 곳에 멈춰서서 초기 Centerville의 특정 생활 단면을 시연하는 모습을 볼 수 있습니다.

• 입장권: CentervilleLivingHistory.com/tickets

Centerville 생활사 박물관은 오전 8시부터 오후 6시까지 운영되며 셀프 투어와 가이드 투어를 모두 제공합니다. 셀프 투어는 입장료 5달러에 포함되어 있습니다. 가이드 투어는 1인당 10달러가 추가되며 최소 10명의 참가자가 필요합니다. (추가 요금은 학교 단체의 경우 면제됩니다)

• 휴관일:
추수감사절
겨울 방학 (12월 23일 – 1월 3일)

더 많은 정보를 원하신다면, 1 (877) 555-1598로 전화 주세요.

포인트 해설

③번의 키워드인 '셀프 투어'가 그대로 언급된 지문 주변의 내용에서 셀프 투어는 입장료 5달러에 포함되어 있다고 했으므로, ③ '셀프 투어를 원하는 방문객은 총 15달러를 내야 한다'는 지문의 내용과 다르다.

정답 ③

어휘

reenactment 재현   district 지역, 지구, 구역   demonstration 시연, 입증
waive 면제하다, 포기하다   Thanksgiving Day 추수감사절
winter break 겨울 방학

---

08 독해 빈칸 완성 – 절   난이도 중 ●●○

밑줄 친 부분에 들어갈 말로 가장 적절한 것은?

In the classroom, traditional lesson plans are designed to teach multiple learning objectives over a long class time, often using books and other print materials. Unfortunately, this way of teaching is not well-suited to the current generation of learners who have shorter attention spans. That's why "bite-sized learning" is becoming a more prevalent education technique. Not only are these exclusively digital lessons short—usually less than 15 minutes—but they also focus on just one learning objective, so it's much easier for students to stay engaged. Ultimately, teaching methods need to adjust to the learners and not the other way around, and bite-sized learning offers one successful example of how _____.

① teachers have increased the number of learning objectives
② student have collaborated with their instructors
③ education has continued to evolve over time
④ generations manage to exceed educational expectations

해석
교실에서, 전통적인 수업 계획은 주로 책과 다른 인쇄물들을 이용하여 다수의 학습 목표들을 긴 수업 시간 동안 가르치기 위해 고안된다. 유감스럽게도, 이 교육 방식은 더 짧은 주의 지속 시간을 가지고 있는 현재의 학습자 세대에게는 적절하지 않다. 그것이 '한입 크기 학습'이 더 일반적인 교육 기법으로 되고 있는 이유이다. 이러한 전적으로 디지털 방식인 수업들은 보통 15분보다 짧을 뿐만 아니라, 그것들은 또한 단 한 가지 학습 목표에만 집중하고, 그래서 학생들이 몰두한 상태를 유지하기 훨씬 더 쉽다. 결국, 교육 방법은 학습자에 맞출 필요가 있고, 그 반대는 아니며, 한입 크기 학습은 어떻게 교육이 시간이 지남에 따라 발전해 왔는지를 보여 주는 하나의 성공적인 예시를 제공한다.

① 교사들은 학습 목표의 수를 늘려 왔다
② 학생들은 교사들과 협력해 왔다
③ 교육이 시간이 지남에 따라 발전해 왔다
④ 세대는 교육적 기대를 가까스로 넘어선다

포인트 해설
지문 전반에 걸쳐 전통적인 수업 계획들은 주의 지속 시간이 짧은 현재의 학습자 세대에게 적합하지 않아 짧은 학습 시간을 특징으로 하고 한 가지 목표에 집중하는 '한입 크기 학습'이 더 일반적인 교육 기법이 되어 효과를 보고 있고, 그러므로 교육 방법은 학습자에 맞출 필요가 있다고 했으므로, 한입 크기 학습은 어떻게 '교육이 시간이 지남에 따라 발전해 왔는지'를 보여 준다고 한 ③번이 정답이다.

정답 ③

어휘
design 고안하다 multiple 다수의 objective 목표
well-suited 적절한, 편리한 attention 주의 span (지속) 시간, 기간
bite-sized 한입 크기의 prevalent 일반적인, 만연한
exclusively 전적으로, 배타적으로 engaged 몰두한 ultimately 결국
adjust 맞추다, 조정하다 the other way around 반대로
collaborate 협력하다 evolve 발전하다, 진화하다

---

09 독해 주제 파악 난이도 중 ●●○

다음 글의 주제로 가장 적절한 것은?

If asked to describe a stethoscope, most people would mention the two earpieces connected by a rubber tube to a metal disc, but this now ubiquitous instrument looks nothing like it did when it was first invented over 200 years ago. Before the stethoscope, doctors would place one of their ears directly on the chest of the patient. This was neither comfortable for the parties involved, nor did it produce strong enough sounds of the heart and lungs for the doctor to accurately determine if anything was wrong. Wanting to avoid this awkward interaction with female patients, René Laennec, a French doctor in the 19th century, invented the stethoscope. This first version of the tool was made of heavy wood and brass, and resembled a trumpet more than a piece of medical equipment. Despite having just one earpiece, the stethoscope proved to be far more effective than the previous ear-to-chest method.

*stethoscope: 청진기

① the numerous medical contributions made by French doctors
② the origin of one of the most common medical devices
③ the flaws with the ear-to-chest method of the 1800s
④ the materials used in making modern stethoscopes

해석
만약 청진기를 묘사하라고 요청을 받는다면, 대부분의 사람들은 고무관에 의해 철제 원판에 연결된 두 개의 귀꽂이를 말하겠지만, 지금의 이 아주 흔한 도구는 그것이 200년보다도 더 전에 처음 발명되었을 때와는 전혀 닮지 않았다. 청진기 이전에, 의사들은 그들의 한쪽 귀를 환자의 가슴에 직접 댔을 것이다. 이는 관련된 당사자들 어느 누구에게도 편안하지 않았고, 의사가 어떤 것이 잘못되었는지를 정확히 알아낼 만큼 충분히 큰, 심장과 폐의 소리를 만들어 내지도 않았다. 여성 환자들과의 이 불편한 상호 작용을 피하고 싶어서, 19세기에 프랑스 의사였던 René Laennec는 청진기를 발명했다. 그 도구의 최초의 형태는 무거운 목재와 황동으로 만들어졌고, 의료 장비보다는 트럼펫과 비슷했다. 단지 하나의 귀꽂이만 있었지만, 그 청진기는 이전에 귀를 가슴에 대는 방식보다는 훨씬 더 효과적인 것으로 입증되었다.

① 프랑스 의사들에 의해 행해진 많은 의료 공헌들
② 가장 보편적인 의료 기기 중 하나의 기원
③ 1800년대의 귀를 가슴에 대는 방식의 결점들
④ 현대 청진기를 만드는 데 사용되는 재료들

포인트 해설
지문 전반에 걸쳐 지금은 아주 흔한 도구인 청진기는 의사가 한쪽 귀를 환자의 가슴에 직접 대는 진찰 방식의 불편함을 극복하기 위해 발명되었는데, 최초의 청진기는 무거운 목재와 황동으로 만들어져 트럼펫과 비슷했다고 했으므로, ② '가장 보편적인 의료 기기 중 하나의 기원'이 이 글의 주제이다.

정답 ②

어휘
describe 묘사하다, 서술하다 rubber 고무 disc 원판
ubiquitous 아주 흔한 instrument 도구, 기구 chest 가슴
party 당사자, 정당 involve 관련시키다 lung 폐 accurately 정확히
awkward 불편한, 어색한 interaction 상호 작용 version 형태
brass 황동 resemble 비슷하다, 닮다 contribution 공헌, 기여
flaw 결점, 결함

구문 분석

(생략), nor did it produce / strong enough sounds of the heart and lungs / for the doctor to accurately determine / if anything was wrong.

: 이처럼 if가 이끄는 절(if ~ wrong)이 목적어 자리에 온 경우, '주어가 동사한지'라고 해석한다.

10 독해 문장 삽입   난이도 중 ●●○

주어진 문장이 들어갈 위치로 가장 적절한 것은?

The study also noted that having long-term relationships with the same industry professionals contributes to people paying for more expensive, but not objectively better, services.

When it comes to things like health, money, and home construction, people make decisions based on the advice of industry experts like doctors, financial advisors, and contractors. (①) Over time, however, as longstanding professional relationships develop, consumers can become too trusting of these experts and display an overreliance on their guidance. (②) To better understand this, researchers conducted a study to analyze the phenomenon in great detail. (③) Researchers found that people who rely on such experts are reluctant to seek a second opinion on a matter for fear of upsetting the goodwill they've cultivated in the existing relationship. (④) This suggests that some expert advisors take advantage of consumers' trust to propose ideas that benefit themselves but which come at a steep cost to their clients.

해석

연구는 또한 동일한 업계 전문가들과 장기적인 관계를 갖는 것이 사람들로 하여금 더 비싸지만, 객관적으로는 더 좋지 않은 서비스에 돈을 지불하는 것의 원인이 된다는 것을 지적했다.

건강, 돈, 그리고 주택 건설에 관해 말하자면, 사람들은 의사들, 재정 고문들 및 계약자들 같은 업계 전문가들의 조언에 근거하여 결정을 내린다. ① 하지만 시간이 지남에 따라, 오래 지속되는 전문 관계가 발전할수록, 소비자들은 이러한 전문가들을 지나치게 신뢰하게 될 수 있고 그들의 안내에 지나친 의존을 보일 수 있다. ② 이것을 더 잘 이해하기 위해, 연구자들은 그 현상을 자세히 분석하는 연구를 수행했다. ③ 연구자들은 그러한 전문가들에게 의존하는 사람들은 기존의 관계에서 그들이 일궈온 온정을 잘못되게 할까 두려워, 그 문제에 대한 다른 사람의 의견을 구하는 것을 꺼린다는 것을 확인했다. ④ 이는 일부 전문 고문들이 자신들에게 이익이 되지만 그들의 고객들에게는 엄청난 비용이 되는 아이디어들을 제안하기 위해서 소비자들의 신뢰를 이용한다는 것을 시사한다.

포인트 해설

④번 앞 문장에 수행된 연구에서 전문가들에게 의존하는 사람들이 기존의 관계에서 그들이 일궈낸 온정을 잘못되게 하는 것이 두려워서 외부의 의견을 구하기를 주저한다는 내용이 있고, ④번 뒤 문장에 이는 전문 고문들이 자신들에게 이익이 되는 아이디어들을 제안하기 위해 소비자 신뢰를 이용한다는 것을 시사한다는 내용이 있으므로, ④번 자리에 연구는 또한(also) 동일한 업계 전문가들과 장기적인 관계를 갖는 것이 더 비싸지만 더 좋지 않은 서비스에 돈을 지불하게 되는 원인이 된다는 것을 지적했다는 내용, 즉 동일 업계 전문가와 장기적으로 관계를 갖는 것의 단점에 대한 추가적인 연구 결과인, 주어진 문장이 나와야 지문이 자연스럽게 연결된다.

정답 ④

어휘

long-term 장기적인 contribute 원인이 되다, 기부하다
objectively 객관적으로 when it comes to ~에 관해 말하자면
contractor 계약자 longstanding 오래 지속되는
overreliance 지나친 의존 conduct 수행하다, 실시하다 analyze 분석하다
reluctant 꺼리는 second opinion 다른 사람의 의견
for fear of ~이 두려워 upset 잘못되게 하다 goodwill 온정, 호의
cultivate 일구다, 경작하다 take advantage of ~을 이용하다
steep 엄청난, 가파른

DAY 15 하프모의고사 15회

해커스 공무원시험연구소 총평

난이도 독해 영역에서 철학·정치 등 전문적인 분야의 심층적인 내용을 다루는 지문들이 연달아 등장하여 체감 난도가 높았을 것입니다.

어휘·생활영어 영역 문맥만으로 빈칸에 들어갈 의미를 유추하기 어려운 경우, 보기를 먼저 확인하여 성격이 다른 보기를 정답 후보로 좁혀 나가며 문제를 해결할 수도 있습니다.

문법 영역 3번 문제와 같이 선행사의 종류와 격에 따라 어떤 관계대명사가 쓰여야 하는지는 관계절과 관련된 가장 기본적인 문법 포인트이므로, 3번 문제를 틀렸다면 관련 이론부터 다시 한번 차근차근 짚어 봅니다.

독해 영역 철학은 많은 수험생들이 어려움을 느끼는 독해 주제입니다. 하지만 추상적이고 생소한 내용이라 할지라도, 유형별로 문제풀이 전략을 적용하고 오답을 소거해 답을 찾는 연습을 반복함으로써, 실전에 대비할 수 있습니다.

정답

01	③	어휘	06	②	독해
02	②	문법	07	④	독해
03	③	문법	08	④	독해
04	②	생활영어	09	④	독해
05	③	독해	10	③	독해

취약영역 분석표

영역	맞힌 답의 개수
어휘	/ 1
생활영어	/ 1
문법	/ 2
독해	/ 6
TOTAL	/ 10

---

01 어휘 ineffective 난이도 중 ●●○

밑줄 친 부분에 들어갈 말로 가장 적절한 것은?

> While many people choose to relax after a long day at the office, putting off other obligations, this can be _____ in the long term, as it can create a cycle of avoidance rather than resolution.

① feasible ② innovative
③ ineffective ④ strategic

해석
많은 사람들이 사무실에서의 긴 하루 후에 쉬는 것을 택하며, 다른 의무들을 미뤄 두려 하지만, 이는 장기적으로 비효율적일 수 있는데, 그것이 해결보다는 회피의 순환을 만들어낼 수 있기 때문이다.

① 실현 가능한 ② 혁신적인
③ 비효율적인 ④ 전략적인

정답 ③

어휘
put off ~을 미루다 obligation 의무, 책임 avoidance 회피, 방지 resolution 해결(책) feasible 실현 가능한 innovative 혁신적인 ineffective 비효율적인 strategic 전략적인

이것도 알면 합격!

'비효율적인'의 의미를 갖는 유의어
= unproductive, futile, unsuccessful

---

02 문법 분사 난이도 중 ●●○

밑줄 친 부분에 들어갈 말로 가장 적절한 것은?

> Forty percent of the students _____ the seminar are preparing research papers on emerging technologies.

① are attending ② attending
③ attend ④ attended

해석
그 세미나에 참석하는 학생의 40퍼센트가 최근 생겨난 기술들에 관한 연구 논문을 준비하고 있다.

포인트 해설
② 분사의 역할 | 현재분사 vs. 과거분사 주어(Forty percent of the students)와 동사(are preparing)를 모두 갖춘 완전한 절에 또 다른 동사는 올 수 없으므로, 빈칸은 명사를 수식하는 분사 자리이다. 따라서 동사 형태의 ① are attending과 ③ attend는 정답이 될 수 없

다. 이때 수식받는 명사(the students)와 분사가 '학생들이 참석하다' 라는 의미의 능동 관계이므로, 과거분사 ④ attended가 아닌 현재분사 ② attending이 정답이다.

정답 ②

어휘

emerging 최근 생겨난, 신생의

이것도 알면 합격!

부사구 역할을 하는 분사구문의 완료형(having p.p.)은 주절의 동사보다 이전의 시점에 일어난 일을 나타낸다는 것도 알아 두자.

- **Having studied** all night, he finally understood the complex concept.
  밤새워 공부했었기 때문에, 그는 마침내 그 복잡한 개념을 이해했다.

03 문법 관계절 | 대명사 | 도치 구문 | 동사의 종류

난이도 중 ●●○

밑줄 친 부분 중 어법상 옳지 않은 것은?

Over the weekend I completed a CPR training course at my local community college. ① The other participants in the class were either medical students or professionals in emergency care fields. Not only ② was I older than everyone else there, but I also was the only person ③ who career does not require CPR certification. However, the instructor commended me and informed the class ④ that with proper CPR training anyone can save a life.

해석

주말 동안 나는 우리 지역 전문 대학에서 심폐 소생술 교육 과정을 마쳤다. 그 수업의 나머지 다른 참가자들은 의대생들 또는 응급처치 분야의 전문가들이었다. 나는 거기에 있는 다른 모든 사람보다 나이가 많았을 뿐만 아니라, 심폐 소생술 자격증을 필요로 하지 않는 직업을 가진 유일한 사람이었다. 하지만, 그 강사는 나를 칭찬했고 그 반 학생들에게 적절한 심폐 소생술 교육으로 누구든지 생명을 구할 수 있다는 것을 알렸다.

포인트 해설

③ **관계대명사** 관계대명사의 선행사(the only person)가 사람이고, 관계절 내에서 직업(career)이 누구의 것인지 나타내고 있으므로, 주격 관계대명사 who를 소유격 관계대명사 whose로 고쳐야 한다.

[오답 분석]
① **부정대명사** 문맥상 '그 수업의 나머지 다른 참가자들'이라는 의미가 되어야 자연스러우므로 '정해진 것 중 남은 것의'라는 의미의 부정형용사 The other가 올바르게 쓰였다.
② **도치 구문** 부정을 나타내는 부사구(Not only)가 강조되어 문장의 맨 앞에 나오면 주어와 동사가 도치되어 '동사 + 주어'의 어순이 되므로 was I가 올바르게 쓰였다.
④ **4형식 동사** inform은 'inform + 간접 목적어 + 직접 목적어(that절)'의 형태를 취하는 4형식 동사이므로 informed the class 뒤에 that절을 이끄는 명사절 접속사 that이 올바르게 쓰였다.

정답 ③

어휘

CPR 심폐 소생술 community college 전문 대학 certification 자격증 instructor 강사 commend 칭찬하다, 추천하다 proper 적절한, 적당한

이것도 알면 합격!

④번의 inform처럼 직접 목적어로 that절을 취하는 4형식 동사들을 알아 두자.

tell / notify 알리다	+ 간접 목적어	+ 직접 목적어
assure / convince 확신시키다	[~에게]	[that절]

04 생활영어 Do you have a timeframe and budget in mind?

난이도 중 ●●○

밑줄 친 부분에 들어갈 말로 가장 적절한 것은?

Jeff Baker

Hello. We're hosting a seminar on AI tools for public services. Do you have any programs you could offer?
2:15 pm

Olivia Grace
What area of AI are you interested in?
2:15 pm

Jeff Baker

We are particularly interested in how AI can be used to improve public services and for data analysis.
2:16 pm

Olivia Grace
We have seven programs available.
_____
2:16 pm

Jeff Baker
We are thinking of a maximum of three days of training, with a budget of up to 300,000 won per person.
2:17 pm

Olivia Grace
We have three programs that match those conditions, and all include practical training.
2:17 pm

Jeff Baker
That sounds great. Is there a brochure with the details?
2:18 pm

① Are you looking for introductory-level programs?
② Do you have a timeframe and budget in mind?
③ How many participants do you expect to join the seminar?
④ What specific outcomes are you hoping to achieve?

DAY 15 하프모의고사 15회

해석

Jeff Baker: 안녕하세요. 저희는 공공 서비스를 위한 AI 도구에 대한 세미나를 개최하려 합니다. 제공할 만한 프로그램이 있으실까요?
Olivia Grace: AI의 어떤 분야에 관심이 있으신가요?
Jeff Baker: 저희는 AI가 공공 서비스를 개선하고 데이터를 분석하는 데 어떻게 사용되는지에 대해 특히 관심이 있습니다.
Olivia Grace: 이용 가능한 7개의 프로그램이 있습니다. 생각하고 계시는 기간과 예산이 있으신가요?
Jeff Baker: 최대 3일간의 교육을 생각하고 있고, 1인당 예산은 최대 30만 원입니다.
Olivia Grace: 그 조건에 맞는 프로그램은 3개가 있고, 모두 실습을 포함합니다.
Jeff Baker: 그것 좋은데요. 자세한 내용을 담고 있는 안내 책자가 있을까요?

① 입문 수준의 프로그램을 찾고 계시나요?
② 생각하고 계시는 기간과 예산이 있으신가요?
③ 그 세미나에는 몇 명의 참가자가 함께할 것으로 예상하시나요?
④ 어떤 구체적인 성과를 얻고 싶으신가요?

포인트 해설

공공 서비스를 위한 AI 도구에 대한 세미나에 제공할 만한 프로그램이 있는지 묻는 Jeff에게 Olivia가 이용 가능한 7개의 프로그램이 있다고 알려 주고, 빈칸 뒤에서 다시 Jeff가 We are thinking of a maximum of three days of training, with a budget of up to 300,000 won per person(최대 3일간의 교육을 생각하고 있고, 1인당 예산은 최대 30만 원입니다)이라고 알려 주고 있으므로, '생각하고 계시는 기간과 예산이 있으신가요?'라는 의미의 ② 'Do you have a timeframe and budget in mind?'가 정답이다.

정답 ②

어휘

host 개최하다, 열다; 주최자 analysis 분석 budget 예산
brochure (안내) 책자 introductory 입문의, 서두의 outcome 성과, 결과

이것도 알면 합격!

가격에 대해 말할 때 쓸 수 있는 다양한 표현들에 대해 알아 두자.
• Can you come down a little? 조금 할인해 주실 수 있나요?
• That's beyond my budget. 제 예산에서 벗어나네요.
• It costs an arm and a leg! 엄청나게 비싸군요!
• It's a bargain. 정말 싸게 사는 거예요.

05~06 다음 글을 읽고 물음에 답하시오.

Weather Event Preparedness
Proactive preparation for weather events is the number one goal of the Bureau of Meteorology and Climate (BMC). Weather events pose a threat to both individual citizens and society as a whole due to potentially devastating impacts on the economy, food and water supplies, and public health.

Extreme Weather Events
An extreme weather event (EWE) is an unusual weather occurrence that _____, such as a major hurricane, drought, or heatwave that has the potential to devastate the country due to its severity.

The BMC employs a team of meteorologists and climate scientists to analyze weather patterns and provide warnings before EWEs occur. When an alert is issued, the government is spurred into action, offering various ways for the public to deal with the EWE and remain safe.

해석

기상 사건 대비
기상기후청(BMC)의 최우선 목표는 기상 사건에 대한 사전적인 대비입니다. 기상 사건은 잠재적으로 경제, 식량 및 수도 공급, 그리고 공중 보건에 치명적인 영향을 미칠 수 있기 때문에 개인의 국민과 사회 전체 모두에 위협을 가합니다.

기상 이변
기상 이변은 정상적인 기후 패턴을 거스르는 이례적인 기상 현상으로, 그 심각함으로 인해 나라를 황폐하게 할 가능성이 있는, 큰 허리케인, 가뭄, 또는 폭염과 같은 것입니다.

기상기후청은 기상 패턴을 분석하고 기상 이변이 일어나기 전에 경고를 하기 위해 기상학자 및 기후 과학자팀을 고용합니다. 경보가 발령되면, 정부는 행동에 돌입하도록 박차가 가해지며, 국민들이 기상 이변에 대처하고 안전을 유지할 수 있게 하는 다양한 방법을 제공합니다.

어휘

proactive 사전적인, 상황에 앞서서 주도하는 preparation 대비, 준비
pose 가하다, 제기하다 threat 위협, 협박 devastating 치명적인, 파괴적인
supplies 공급 (업체) public health 공중 보건 unusual 이례적인, 특이한
occurrence 현상, 발생 drought 가뭄 heatwave 폭염 severity 심각함
meteorologist 기상학자 analyze 분석하다 alert 경보; 기민한; 알리다
spur 박차를 가하다, 자극하다

---

05 독해 요지 파악   난이도 중 ●●○

윗글의 요지로 가장 적절한 것은?

① BMC's primary job is to educate people about the weather.
② BMC encourages people to store food and water in case of an EWE.
③ BMC prepares for and mitigates the impacts of EWEs.
④ BMC focuses on ensuring people are ready for weather events.

해석

① 기상기후청의 주요한 업무는 기상에 대해 사람들을 교육하는 것이다.
② 기상기후청은 기상 이변이 발생할 경우 사람들에게 음식과 물을 비축할 것을 권장한다.
③ 기상기후청은 기상 이변의 영향에 대비하고 그것을 완화한다.
④ 기상기후청은 사람들이 기상 사건에 대비하게 하는 데 중점을 둔다.

포인트 해설

지문 처음에서 기상기후청은 기상 사건이 개개인의 국민과 사회 전체에 위협을 가하기 때문에 그것에 대한 사전적인 대비를 최우선 목표로 한다고 하고, 지문 마지막에서 기상기후청은 기상 패턴을 분석하고 기상 이변이 일어나기 전에 경고를 하기 위해 전문가들을 고용한다고 했으므로, ③ '기상기후청은 기상 이변의 영향에 대비하고 그것을 완화한다'가 이 글의 요지이다.

정답 ③

어휘

primary 주요한, 기본적인, 최초의 mitigate 완화하다

---

06 독해 빈칸 완성 - 구 난이도 중●●○

밑줄 친 부분에 들어갈 말로 가장 적절한 것은?

① follows meteorological precedent
② defies normal climate patterns
③ poses an insignificant threat
④ takes place far from a populated area

해석

① 기상학적인 선례를 따른다
② 정상적인 기후 패턴을 거스른다
③ 사소한 위협을 제기한다
④ 인구가 밀집한 지역으로부터 멀리 떨어져 발생한다

포인트 해설

빈칸이 있는 문장에서 기상 이변은 그 심각함으로 인해 나라를 황폐하게 할 가능성이 있는, 큰 허리케인, 가뭄, 또는 폭염과 같은 것이라고 했으므로 '정상적인 기후 패턴을 거스르는' 이례적인 기상 현상이라고 한 ②번이 정답이다.

정답 ②

어휘

meteorological 기상학적인 precedent 선례, 전례 defy 거스르다
insignificant 사소한 populated 인구가 밀집한

---

07 독해 내용 불일치 파악 난이도 중●●○

다음 글의 내용과 일치하지 않는 것은?

To	hhmembers@househardware.com
From	househardware@hhmail.com
Date	November 19
Subject	DIY Painting Tips

Dear Esteemed Members,

We know you are capable of accomplishing any DIY (Do it yourself) project, especially with some help from the experts at House Hardware. For those planning to paint their home walls, we have gathered a few useful tips to make sure your project is a success.

1. Calculate how much paint you need by using the paint calculator on our website.
2. Make sure you have all the right tools for the job.
3. Place a drop cloth on the floor and use plastic wrap to protect furniture.
4. Keep windows open to speed up the drying process and eliminate the smell of paint.
5. Once finished, remove excess paint from brushes and wash them with soapy water so you can reuse them for your next painting project.

If you have any questions, feel free to reach out to a House Hardware staff member in person or by phone regarding tools, techniques, or safety concerns.

Kind regards,
House Hardware

① Customers are encouraged to work on projects themselves.
② The House Hardware homepage has a paint calculator.
③ House Hardware recommends reusing cleaned brushes for other projects.
④ Customers with questions can contact staff members via email.

해석

수신: hhmembers@househardware.com
발신: househardware@hhmail.com
날짜: 11월 19일
제목: DIY 페인트칠 정보

존경하는 회원 여러분께,

저희는 여러분들께서 특히 House Hardware 전문가로부터의 약간의 도움과 함께 한다면, 어떤 DIY 프로젝트든 완수하실 수 있다는 것을 알고 있습니다. 집 담장에 페인트를 칠하는 것을 계획하고 계신 분들을 위해, 저희는 여러분의 프로젝트가 확실하게 성공할 수 있도록 몇 가지 유용한 정보들을 모아 보았습니다.

1. 저희 웹사이트의 페인트 계산기를 사용하여 여러분에게 필요한 페인트의 양을 계산하세요.

2. 여러분이 그 작업에 적합한 모든 도구를 가지고 있는지 확인하세요.
3. 가구를 보호하기 위해 바닥에 페인트받이 천을 두고 비닐 랩을 사용하세요.
4. 건조 과정을 빠르게 하고 페인트 냄새를 없애기 위해 창문을 열어 두세요.
5. 일단 완료되면, 붓에 묻은 여분의 페인트를 떼어내고 그것들을 비눗물로 세척함으로써 여러분은 그것을 다음 페인트칠 프로젝트에 재사용할 수 있습니다.

질문이 있으시다면, 도구, 기술, 또는 안전 문제와 관련하여 직접 또는 전화로 House Hardware 직원에게 언제든 연락해 주세요.
안부를 전하며,
House Hardware

① 고객은 스스로 프로젝트를 수행하도록 권장된다.
② House Hardware 홈페이지는 페인트 계산기를 갖추고 있다.
③ House Hardware는 세척된 붓을 다른 프로젝트에 재사용할 것을 권장한다.
④ 질문이 있는 고객은 이메일을 통해 직원에게 연락할 수 있다.

포인트 해설

④번의 키워드인 questions(질문)가 그대로 언급된 지문 주변의 내용에서 질문이 있다면 직접 또는 전화로 House Hardware 직원에게 연락하라고 했으므로, ④ '질문이 있는 고객은 이메일을 통해 직원에게 연락할 수 있다'는 지문의 내용과 다르다.

정답 ④

어휘

esteemed 존경하는 gather 모으다 calculate 계산하다
drop cloth 페인트받이 천 furniture 가구 eliminate 없애다, 제거하다
excess 여분의, 과잉의 reach out 연락하다 in person 직접
concern 문제, 관심사; 관련되다

③ Answering Philosophical Questions Using Physics
④ Difficulties in Explaining the Existence of Matter

해석

수천 년 동안, 철학자들은 왜 우주에 아무것도 없는 대신에 무언가가 존재하는지 숙고해 왔다. 그 물음에 대한 해답들은 불만족스러웠는데, 그것(해답)들이 제안된 각 원인의 기원이 어디인지 설명되어야 하는 끝없는 질문의 연쇄를 촉발하기 때문이다. 예를 들어, Stephen Hawking과 Wuhan의 물리학자들에 의해 제시된, 양자 진공 상태에서 입자들이 저절로 생겨난다는 것을 밝혀낸 한 가지 해답에 대한 반응으로, 일부 사람들은 양자 상태 자체가 설명되지 않았다고 주장했다. 하지만, 더 최근에, 많은 철학자들은 그 물음 자체가 결함이 있다고 주장하는데, 물질적 우주 내부에서 물질적 우주 외부에 있는 물음에 대답하는 것은 불가능하기 때문이다.

① 인간이 왜 존재하는지를 밝혀내기 위한 실험들
② 물질: 어떻게 그것을 변화시킬 수 있을까?
③ 철학적인 질문들에 물리학을 이용하여 대답하는 것
④ 물질의 존재를 설명하는 것의 어려움

포인트 해설

지문 앞부분에서 철학자들은 왜 우주에 무언가가 존재하는지 숙고해 왔는데, 그 물음에 대한 해답들이 끝없는 질문의 연쇄를 촉발하는 문제가 있었다고 하고, 지문 마지막에서 이처럼 물질적 우주 내부에서 우주 외부에 있는 물음에 대답하는 것은 불가능하다는 주장이 제기되고 있다고 했으므로, ④ '물질의 존재를 설명하는 것의 어려움'이 이 글의 제목이다.

정답 ④

어휘

philosopher 철학자 ponder 숙고하다
rather than ~ 대신에, ~라기보다는 unsatisfactory 불만족스러운
spark 촉발하다, 일으키다 physicist 물리학자 quantum 양자
vacuum 진공 particle 입자 spontaneously 저절로, 자연스럽게
contend 주장하다 flawed 결함이 있는 matter 물질

---

08 독해 제목 파악 난이도 상 ●●●

다음 글의 제목으로 가장 적절한 것은?

For thousands of years, philosophers have pondered why there is anything in the universe rather than nothing. Solutions to the question have been unsatisfactory, as they spark an endless chain of questions where the origin of each proposed cause must be explained. For example, in response to a solution presented by Stephen Hawking and physicists from Wuhan—determining that in a quantum vacuum state, particles will spontaneously come into being—some argued that the quantum state itself had not been explained. However, more recently, many philosophers contend that the question itself is flawed, as it is impossible to answer a question that is outside a material universe from within a material universe.

① Experiments to Determine Why Humans Exist
② Matter: How Can We Change It?

09 독해 내용 불일치 파악 난이도 중 ●●○

다음 글의 내용과 일치하지 않는 것은?

In most political cabinets, one of the most important roles is that of the communications director. The individual filling this role is vital not only during the campaign leading up to elections but also once a candidate is in office. They are tasked with overseeing any external communication, including directing the creation of speeches, advertisements, and press briefings, and shaping public perception of both the candidate and his or her actions. However, their role extends beyond simply writing speeches and crafting a cohesive message, as they are deeply involved with gauging the public's interest in specific issues and helping to craft policies that the people will perceive favorably. For candidates, selecting a skilled communications director is of the utmost importance and can be the difference between success and failure.

① External messaging decisions are made by the communications director.
② The communications director manages speeches given by a politician.
③ Policy decisions are frequently influenced by the communications director.
④ Communication directors choose candidates who are likely to succeed.

해석
대다수의 정치 내각에서, 가장 중요한 역할 중 하나는 홍보부장의 역할이다. 이 역할을 하는 개인은 선거로 이어지는 선거 운동 기간뿐만 아니라, 후보자가 재직하고 있을 때도 매우 중요하다. 그들은 연설문, 광고문, 그리고 기자 회견문의 작성을 총괄하는 것을 포함하는 어떠한 외부 커뮤니케이션이라도 감독하고, 후보자와 그 사람의 행동 모두에 대한 대중의 인식을 형성하는 과업을 맡는다. 하지만, 그들의 역할은 단순히 연설문을 작성하고 응집력이 있는 문구를 공들여 만드는 것 이상으로 확장되는데, 그들이 특정한 문제에 대한 대중의 관심을 측정하고 사람들이 호의적으로 여길 정책을 만들어내는 것을 돕는 데 깊이 관여하기 때문이다. 후보자들에게, 노련한 홍보부장을 선택하는 것은 가장 중요하고 성공과 실패의 차이가 될 수 있다.
① 외부로의 메시지 전달 결정은 홍보부장에 의해 이루어진다.
② 홍보부장은 정치인이 하는 연설을 관리한다.
③ 정책 결정은 홍보부장에 의해 자주 영향을 받는다.
④ 홍보부장들은 성공할 것 같은 후보자를 선택한다.

포인트 해설
지문 마지막에서 노련한 홍보부장을 선택하는 것이 후보자들의 성공과 실패를 가를 수 있다는 내용이 있지만, ④ '홍보부장들이 성공할 것 같은 후보자를 선택'하는지는 알 수 없다.

정답 ④

어휘
cabinet 내각, 각료, 캐비닛 communication director 홍보부장
fill (일·역할을) 하다 vital 매우 중요한 candidate 후보자
be in office 재직하고 있다 oversee 감독하다 external 외부의
press briefing 기자 회견 perception 인식 extend 확장되다
craft 공들여 만들다 cohesive 응집력 있는, 결합하는 involve 관여시키다
gauge 측정하다

---

10 독해 빈칸 완성 – 단어   난이도 중 ●●○

밑줄 친 부분에 들어갈 말로 가장 적절한 것은?

The hammer and sickle is a symbol that began with the Russian Revolution in 1917 and has since gone on to represent communist ideologies as a whole. The symbol features the silhouette of a hammer and a sickle with their handles crossed in the shape of the letter "X." Eventually, the outline became widespread enough to be adopted as a general symbol for labor, before being subsequently featured on the flag of the Soviet Union. Russian revolutionaries argued that the working class was oppressed by the upper-class bourgeoisie, and the only way to abolish this pattern was to join together for a common cause, overthrowing the system through spontaneous revolution. The symbol is meant to show the _____ of the exploited, with the hammer and sickle representing the working class and the farmers, respectively.

① diplomacy   ② hardship
③ unity   ④ autonomy

해석
'망치와 낫'은 1917년에 러시아 혁명과 함께 시작된 상징이며 그 이후로 이어서 공산주의자의 이념을 전체적으로 나타내기 시작했다. 그 상징은 손잡이가 문자 'X'의 모양으로 교차된 망치와 낫의 윤곽을 특징으로 했다. 결국, 그 윤곽은 나중에 소비에트 연방의 국기의 특징이 되기 이전에, 노동자의 일반적인 상징으로 채택될 정도로 충분히 널리 퍼지게 되었다. 러시아 혁명가들은 노동자 계급이 상류 계급인 자본가 계급에 의해 억압받았으며, 이 패턴을 없애기 위한 유일한 방법은 공동의 목적을 위해 함께 모여, 자발적 혁명을 통해 그 체제를 전복시키는 것이라고 주장했다. 그 상징은 노동자 계급과 농민들을 각각 상징하는 망치와 낫으로써, 착취당하는 사람들의 단결을 나타내고자 했다.
① 외교   ② 고난
③ 단결   ④ 자율권

포인트 해설
지문 앞부분에서 러시아 공산주의의 상징은 손잡이가 문자 'X'의 모양으로 교차된 망치와 낫의 윤곽을 특징으로 했다고 하고, 빈칸 앞 문장에 러시아 혁명가들은 노동자 계급이 상류 계급인 자본가 계급에 의해 억압받는 패턴을 없애기 위한 유일한 방법이 함께 모여 자발적 혁명을 통해 그 체제를 전복시키는 것이라고 주장했다는 내용이 있으므로, 그 상징은 착취당하는 사람들의 '단결'을 나타내고자 했다고 한 ③번이 정답이다.

정답 ③

어휘
sickle 낫 go on to 이어서 ~을 하기 시작하다 represent 나타내다, 대표하다
communist 공산주의자의; 공산주의자 ideology 이념
as a whole 전체적으로 feature 특징으로 하다 silhouette 윤곽, 외형
outline 윤곽, 외형 adopt 채택하다 labor 노동자, 노동
subsequently 나중에 revolutionary 혁명가; 혁명의 oppress 억압하다
bourgeoisie 자본가 계급 abolish 없애다, 폐지하다 cause 목적, 대의, 이유
overthrow 전복시키다, 타도하다 spontaneous 자발적인 revolution 혁명
exploit 착취하다 respectively 각각 diplomacy 외교
hardship 고난, 어려움 unity 단결, 통합 autonomy 자율권

구문 분석
The symbol features the silhouette of a hammer and a sickle / with their handles crossed / in the shape of the letter "X."
: 이처럼 'with + 명사(their handles) + 분사(crossed)'가 문장을 꾸며 주는 경우, '~가 -한 채로/하면서' 또는 '~ 때문에'의 의미로 동시에 일어나는 상황이나 이유를 나타낸다.

DAY 16 하프모의고사 16회

▶ 해커스 공무원시험연구소 총평

난이도	어휘와 문법 영역을 빠르게 풀며 단축한 시간을 독해 영역에 사용하면서, 실전을 염두에 둔 시간 분배 훈련을 할 수 있었습니다.
어휘·생활영어 영역	빈칸에 들어갈 어휘를 묻는 문제에서 형용사 어휘를 고르는 경우, 수식받는 또는 서술되는 명사 자체와 호응하는 오답 선택지가 있을 수 있으므로, 문맥에서 정답의 단서를 반드시 파악한 후 답을 찾아야 합니다.
문법 영역	3번을 통해 최신 출제경향을 한눈에 확인할 수 있었습니다. 수동태로 쓸 수 없는 동사 관련 문법 포인트는 자동사 포인트와도 맞닿아 있으므로, '이것도 알면 합격'과 함께 정확하게 알아 둡니다.
독해 영역	8번과 같은 전체 내용 파악 유형에서는 특히 지문의 일부 내용만을 포함하는 오답 보기에 혼동하지 않도록 주의합니다.

▶ 정답

01	②	어휘	06	①	독해
02	②	문법	07	③	독해
03	④	문법	08	②	독해
04	③	생활영어	09	①	독해
05	③	독해	10	②	독해

▶ 취약영역 분석표

영역	맞힌 답의 개수
어휘	/1
생활영어	/1
문법	/2
독해	/6
TOTAL	/10

---

01 어휘 relevant 난이도 중 ●●○

밑줄 친 부분에 들어갈 말로 가장 적절한 것은?

> Those writing about scientific topics are advised to include examples _____ to the point they are trying to make in order to help readers understand.

① identical
② relevant
③ adjacent
④ opposed

해석
과학적 주제들에 대해 글을 쓰는 사람들은 독자들이 이해하도록 돕기 위해서 그들이 주장하려 하는 요점과 관련 있는 예시들을 포함할 것이 권장된다.

① 동일한
② 관련 있는
③ 근접한
④ 반대되는

정답 ②

어휘
make a point 주장하다, 요점을 말하다 identical 동일한, 똑같은
relevant 관련 있는 adjacent 근접한 opposed 반대되는, 아주 다른

🔔 이것도 알면 합격!

'관련 있는'의 의미를 갖는 유의어
= pertinent, related, applicable

---

02 문법 관계절 난이도 중 ●●○

밑줄 친 부분에 들어갈 말로 가장 적절한 것은?

> The research facility is a place _____ groundbreaking discoveries in medicine are conducted on a regular basis.

① that
② at which
③ of which
④ what

해석
그 연구 시설은 의학에서의 획기적인 발견이 주기적으로 이루어지는 곳이다.

포인트 해설
② 전치사 + 관계대명사 빈칸은 완전한 절(groundbreaking ~ on a regular basis)을 이끌면서 명사(a place)를 수식하는 것의 자리이다. 따라서 불완전한 절을 이끄는 관계대명사 ① that과 명사절 접속사 ④ what은 정답이 될 수 없고, 완전한 절을 이끄는 '전치사 + 관계대명사' 형태인 ② at which와 ③ of which가 정답 후보이다. 문맥상 '~이 이루어지는 곳에서'라는 의미가 되어야 자연스러우므로 전치사 at(~에서)이 관계대명사 앞에 온 ② at which가 정답이다.

정답 ②

어휘
groundbreaking 획기적인 conduct (수행)하다, 처리하다; 지도
on a regular basis 주기적으로, 정기적으로

이것도 알면 합격!

that이 이끄는 명사절이 동격절로 쓰일 때는 뒤에 완전한 절이 올 수 있고, '동격절을 취하는 명사 + that'의 형태로 쓰인다는 것을 함께 알아 두자.

- fact that ~라는 사실
- statement that ~라는 언급
- opinion that ~라는 의견
- truth that ~라는 사실
- news that ~라는 소식
- report that ~라는 보도, 소문
- idea that ~라는 의견, 생각
- claim that ~라는 주장

이것도 알면 합격!

④번의 동사 consist(구성되다)와 같이 수동태로 쓸 수 없는 자동사들을 알아 두자.

- remain 남아 있다
- arise 발생하다
- occur 일어나다
- belong 속하다
- range 범위에 이르다
- emerge 나타나다
- rise 일어나다
- result 결과로 생기다
- wait 기다리다

---

03 문법 수동태 | 분사 | 시제   난이도 중 ●●○

밑줄 친 부분 중 어법상 옳지 않은 것은?

① Discovered in 1799, the Rosetta Stone proved to be the key to our understanding of an ancient culture that ② had evaded archaeologists and anthropologists for centuries. The stone carved in 196 BC ③ contains a royal decree issued by King Ptolemy V Epiphanes, the king of Egypt at the time. The declaration, which ④ is consisted of three different languages—ancient Greek, hieroglyphic, and Demotic scripts—enabled scholars to decipher the previously mysterious Egyptian writing systems.

해석

1799년에 발견된 로제타석은 수 세기 동안 고고학자들과 인류학자들을 좌절시켜 왔던 한 고대 문화를 이해하는 열쇠임이 입증되었다. 기원전 196년에 조각된 그 돌은 그 당시 이집트 왕이었던 Ptolemy 5세 왕에 의해 공표된 칙령을 담고 있다. 그 선언문은 고대 그리스어, 상형문자 및 고대 이집트 문자의 세 가지 서로 다른 언어로 구성되어 있으며, 학자들이 이전에는 불가사의했던 이집트의 문자 체계를 해독할 수 있게 했다.

포인트 해설

④ **수동태로 쓸 수 없는 동사** 동사 consist(구성되다)는 목적어를 취하지 않는 자동사이기 때문에 수동태로 쓸 수 없으므로 is consisted of를 능동태 consists of로 고쳐야 한다.

[오답 분석]
① **분사구문의 형태** 주절의 주어(the Rosetta Stone)와 분사구문이 '로제타석이 발견되다'라는 의미의 수동 관계이므로 과거분사 Discovered가 올바르게 쓰였다.
② **과거완료 시제** '한 고대 문화가 고고학자들과 인류학자들을 좌절시켜 왔던' 것이 '로제타석이 한 고대 문화를 이해하는 열쇠임이 입증된' 특정 과거 시점보다 더 이전에 일어난 일이므로 과거완료 시제 had evaded가 올바르게 쓰였다.
③ **현재 시제** 문맥상 '그 돌은 칙령을 담고 있다'라는 의미로 일반적 사실을 나타내고 있으므로 현재 시제 contains가 올바르게 쓰였다.

정답 ④

어휘

prove 입증하다 evade 좌절시키다, 회피하다 archaeologist 고고학자
anthropologist 인류학자 carve 조각하다 royal decree 칙령
issue 공표하다, 발표하다; 주제 declaration 선언(문)
hieroglyphic 상형 문자; 상형 문자의 decipher 해독하다

---

04 생활영어 Do you think it's better for us to abandon the project?   난이도 중 ●●○

밑줄 친 부분에 들어갈 말로 가장 적절한 것은?

A: Do you think the economic downturn will affect our construction project?
B: Unfortunately, it has already begun to.
A: Really? How so?
B: Material prices have gone up a lot. Our current budget has been overrun.
A: Oh, I see. _____
B: That would cause even greater losses. We have no choice but to deal with it.

① What other aspects of the project might be impacted?
② How much has the cost of materials increased?
③ Do you think it's better for us to abandon the project?
④ Is there a possibility of getting additional funding?

해석

A: 너는 경기 침체가 우리의 건설 프로젝트에 영향을 미칠 것이라고 생각하니?
B: 유감스럽게도, 그게 이미 피해를 주기 시작했어.
A: 정말? 어떻게?
B: 자재 가격이 많이 올랐어. 우리 현재 예산은 초과되었고.
A: 아, 이해했어. 우리가 그 프로젝트를 포기하는 게 낫다고 생각해?
B: 그건 더 큰 손실을 초래할 거야. 우리는 그것을 극복하는 수밖에 없어.

① 그 프로젝트의 다른 어떤 측면들이 영향받을까?
② 자재 가격이 얼마나 올랐는데?
③ 우리가 그 프로젝트를 포기하는 게 낫다고 생각해?
④ 추가적인 자금 지원을 받을 가능성이 있어?

포인트 해설

경기 침체로 인해 자재 가격이 오르면서 현재 예산이 초과되었다는 B의 설명에 대해 A가 이해했다고 대답하고, 빈칸 뒤에서 다시 B가 That would cause even greater losses. We have no choice but to deal with it(그건 더 큰 손실을 초래할 거야. 우리는 그것을 극복하는 수밖에 없어)이라고 말하고 있으므로, '우리가 그 프로젝트를 포기하는 게 낫다고 생각해?'라는

의미의 ③ 'Do you think it's better for us to abandon the project?'가 정답이다.

정답 ③

어휘

economic downturn 경기 침체 go up 오르다, 들어서다 budget 예산
overrun 초과하다; 급속히 퍼지다

이것도 알면 합격!

동의하지 않을 때 쓸 수 있는 다양한 표현들을 알아 두자.
- That doesn't seem likely. 그럴 것 같지 않아요.
- That makes no sense. 그건 말도 안 돼요.
- I doubt it. 그렇지 않을 거예요.
- We don't see eye to eye on this.
  우리는 이것에 대해 의견이 일치하지 않네요.

05~06 다음 글을 읽고 물음에 답하시오.

Fairfield Needs a Makeover

Have you noticed that Fairfield doesn't look as fair anymore?

Wherever you go, there seems to be trash, graffiti, and overgrown, untidy green spaces. While this is no one's fault, you can help be part of the solution.

Some residents want to put together a community beautification committee. Join us for our first meeting, where we will assign roles, suggest funding sources, and establish priority projects to make Fairfield more beautiful by cleaning up, adding public art, and revitalizing green spaces.

Together, we can make Fairfield look and feel better.

Hosted by the Fairfield Community Council

- Location: Fairfield City College, Humanities Building, Room 106
- Date: Saturday, February 9
- Time: 11:00 a.m.

To view the current list of proposed beautification projects and share your suggestions for community needs, please visit our website at www.fairfieldcommunity/beautification.com.

해석

Fairfield는 새 단장이 필요합니다

Fairfield가 더 이상 깨끗해 보이지 않는다는 것을 알아차리셨나요?

여러분이 어디를 가든, 쓰레기, 낙서, 무성하게 자라 있는 지저분한 녹지 공간이 있는 것처럼 보입니다. 이것이 누구의 잘못도 아니지만, 여러분은 해결책의 한 부분이 되어 도울 수 있습니다.

몇몇 주민들이 지역 공동체 미화 위원회를 구성하고자 합니다. 저희의 첫 번째 모임에 참여해 보세요, 그곳에서 우리는 역할을 배정하고, 자금 출처를 제안할 것이며, 청소하는 것, 공공 예술을 추가하는 것에 더해, 녹지 공간에 새로운 활력을 불어넣음으로써 Fairfield를 더욱 아름답게 만들 우선순위 프로젝트를 수립할 것입니다.

함께, 우리는 Fairfield를 더욱 보기 좋고 기분 좋게 만들 수 있습니다.

Fairfield 지역 공동체 위원회 주최

- 장소: Fairfield시 대학, 인문학 건물, 106호실
- 날짜: 2월 9일 토요일
- 시간: 오전 11시

제안된 미화 프로젝트의 최신 목록을 확인하고 지역 공동체의 필요에 대한 여러분의 제안을 공유하시려면, 저희 웹사이트 www.fairfieldcommunity/beautification.com을 방문하세요.

어휘

makeover 새 단장, 변신, 수리 notice 알아차리다 fair 깨끗한, 공정한
trash 쓰레기 graffiti 낙서 overgrown 무성하게 자란 untidy 지저분한
fault 잘못 resident 주민, 거주자 beautification 미화
assign 배정하다, 임명하다 revitalize 새로운 활력을 불어넣다
host 주최하다; 주최(측) council 위원회, 자문회 humanities 인문학

05 독해 내용 일치 파악   난이도 중 ●●○

위 안내문의 내용과 일치하는 것은?

① Fairfield's untidiness is the fault of the beautification department.
② Committee members should make donations to increase funding.
③ The meeting will be held at a Fairfield City College building.
④ Participants can sign up for committee roles on the website.

해석

① Fairfield의 지저분함은 미화 부서의 잘못이다.
② 위원회 구성원들은 자금을 늘리기 위해 기부를 해야 한다.
③ 모임은 Fairfield시 대학 건물에서 열릴 예정이다.
④ 참가자들은 웹사이트에서 위원회 역할에 등록할 수 있다.

포인트 해설

③번의 키워드인 Fairfield City College(Fairfield시 대학)가 그대로 등장한 지문 주변의 내용에서 지역 공동체 미화 위원회의 첫 번째 모임이 열리는 장소가 Fairfield시 대학 인문학 건물이라고 했으므로, ③ '모임은 Fairfield시 대학 건물에서 열릴 예정이다'가 지문의 내용과 일치한다.

[오답 분석]
① Fairfield의 쓰레기, 낙서, 지저분한 녹지 공간은 누구의 잘못도 아니라고 했으므로, Fairfield의 지저분함이 미화 부서의 잘못이라는 것은 지문의 내용과 다르다.
② 지역 공동체 미화 위원회의 첫 번째 모임에서 자금 출처를 제안할 것이라고는 했지만, 위원회 구성원들이 자금을 늘리기 위해 기부를 해야 하는지는 알 수 없다.
④ 제안된 미화 프로젝트의 최신 목록을 확인하고 제안을 공유하려면 웹사이트를 방문하라고는 했지만, 참가자들이 웹사이트에서 위원회 역할에 등록할 수 있는지는 알 수 없다.

정답 ③

어휘
untidiness 지저분함, 단정치 못함 donation 기부(금)
sign up for ~에 등록하다

---

06 독해 유의어 파악 난이도 중 ●●○

밑줄 친 assign의 의미와 가장 가까운 것은?

① designate
② discuss
③ perform
④ strengthen

해석
① 지정하다
② 논의하다
③ 수행하다
④ 강화하다

포인트 해설
밑줄 친 부분이 포함된 문장에서 assign은 문맥상 역할을 '배정한다'라는 의미로 쓰였으므로, '지정하다'라는 의미의 ① designate가 정답이다.

정답 ①

어휘
designate 지정하다 strengthen 강화하다

---

07 독해 제목 파악 난이도 상 ●●●

다음 글의 제목으로 가장 적절한 것은?

Nuclear Regulation Commission
A key function of the Nuclear Regulation Commission (NRC) is to pass judgments on matters presented to it in a fair manner. A thorough hearing process not only ensures that nuclear reactors comply with established policies but also addresses public concerns by demonstrating that these issues are being investigated properly.

The Hearing Process
Hearings are generally proposed by individuals, businesses, or citizen groups that reside near a nuclear facility who have reason to believe it poses environmental or safety risks.

The NRC's seven-member council considers risk assessments conducted by third-party research before reaching their decision. If a nuclear facility is found to be at fault, the NRC reserves the right to suspend its operations until the risk is mitigated, or even to impose sanctions on those violating regulations.

① The NRC is Evolving
② Appreciation of the Commission's Policies
③ An Overview of NRC Hearings
④ Broad Power of the NRC

해석

원자력규제위원회
원자력규제위원회(NRC)의 핵심 기능은 그곳에 정당한 방식으로 제출된 사안들에 대해 판단을 내리는 것입니다. 철저한 공청회 절차는 원자로가 기존 정책을 준수하도록 보장할 뿐만 아니라 이러한 문제들이 제대로 조사되고 있음을 입증함으로써 대중의 우려를 해결합니다.

공청회 절차
공청회는 일반적으로 원자력 시설 근처에 거주하여, 그것이 환경 또는 안전 위험을 가한다고 판단할 만한 이유가 있는 개인이나 기업 혹은 시민 단체에 의해 제안됩니다.

원자력규제위원회의 7명으로 구성된 자문회는 결정에 이르기 전에 제삼자 연구에 의해 수행된 위험 평가를 고려합니다. 원자력 시설에 결함이 있는 것으로 발견되는 경우, 원자력규제위원회는 그 위험이 완화될 때까지 그것의 운영을 중단하거나, 규정을 위반하는 시설들에 제재를 가할 권리를 보유합니다.

① 원자력규제위원회는 발전하고 있습니다
② 위원회의 정책에 대한 평가
③ 원자력규제위원회 공청회의 개요
④ 원자력규제위원회의 광범위한 권한

포인트 해설
지문 전반에 걸쳐 원자력규제위원회의 철저한 공청회 절차는 원자로가 정책을 준수하도록 보장하고 대중의 우려를 해결하는 역할을 한다고 한 후, 이어서 공청회가 열리게 되는 방식과 자문회가 하는 역할 등에 대해 설명하고 있다. 따라서 ③ '원자력규제위원회 공청회의 개요'가 이 글의 제목이다.

정답 ③

어휘
nuclear 원자력의 commission 위원회 function 기능; 기능하다
pass judgment 판단을 내리다 thorough 철저한 hearing 공청회
nuclear reactor 원자로 comply 준수하다 established 기존의, 확립된
concern 우려, 관심; 관련되다, 걱정스럽게 만들다 demonstrate 입증하다
investigate 조사하다 properly 제대로 pose 가하다, (질문을) 제기하다
assessment 평가 third-party 제3자 fault 결함; 잘못
reserve 보유하다, 예약하다 suspend 중단하다 operation 운영, 작동, 수술
mitigate 완화시키다 impose 시행하다, 부과하다
sanction 제재, 허가; 시행하다, 허가하다 violate 위반하다
appreciation 평가, 감사

DAY 16 하프모의고사 16회

08 독해 요지 파악 난이도 중

다음 글의 요지로 가장 적절한 것은?

Physical contact may seem like a random occurrence in human relationships, but research shows that it actually serves several purposes. By cuddling a child, patting a colleague on the back, or running one's fingers through a lover's hair, we reinforce our social relationships and stimulate the release of chemicals in the brain. This social connection through touch can be traced back to our ancient ancestors and is akin to the grooming activities of our closest primate relatives. Both physical contact in humans and grooming in great apes activate the release of endorphins, which cause relaxation and a sense of connection. So important is this for building relationships that some scientists refer to the skin as a "social organ."

① Chemicals released in the brain compel humans to engage in social touch.
② Physical touch in different group settings strengthens social bonds.
③ Modern humans and our ancient ancestors have different reactions to touch.
④ Contact from someone outside an established social relationship can be perceived as a danger.

해석
신체 접촉은 인간관계에서 무작위적인 사건인 것처럼 보이지만, 연구는 그것이 사실 여러 목적들을 충족시키는 것임을 보여 준다. 아이를 껴안거나, 동료의 등을 토닥여 주거나, 사랑하는 사람의 머리를 손가락으로 넘겨줌으로써, 우리는 우리의 사회적 관계를 강화하고 뇌 속 화학 물질들의 분비를 활발하게 한다. 접촉을 통한 이와 같은 사회적 관계는 우리의 고대 선조들에게까지 기원을 거슬러 추적할 수 있고 우리의 가장 가까운 영장류 친척들의 털 손질 활동과 유사하다. 인간의 신체 접촉과 유인원의 털 손질은 엔도르핀의 분비를 촉진하는데, 이는 기분 전환과 유대감을 일으킨다. 이것은 관계를 형성하는 데 있어서 너무 중요해서 일부 과학자들은 피부를 '사교를 위한 장기'라고 부른다.

① 뇌에서 분비되는 화학 물질은 인간이 사회적 접촉에 참여하도록 유도한다.
② 다양한 집단 환경에서의 신체 접촉은 사회적 유대를 강화한다.
③ 현대 인류와 고대 조상들은 신체 접촉에 대해 서로 다른 반응을 보인다.
④ 확립된 사회적 관계 밖에 있는 누군가와의 접촉은 위험으로 인식될 수 있다.

포인트 해설
지문 전반에 걸쳐 인간관계에서 무작위 사건인 것처럼 보이는 신체 접촉은 사실 우리의 사회적 관계를 강화하고 뇌 속 화학 물질들의 분비를 활발하게 하며, 기분 전환과 유대감을 일으킨다고 설명하고 있다. 따라서 ② '다양한 집단 환경에서의 신체 접촉은 사회적 유대를 강화한다'가 이 글의 요지이다.

정답 ②

어휘
occurrence 사건 serve 충족시키다, 근무하다 cuddle 껴안다
pat 토닥여 주다
run one's fingers through one's hair 머리를 손가락으로 넘겨주다
reinforce 강화하다 stimulate 활발하게 하다, 자극하다
release 분비, 발표, 해방; 풀어 주다 trace 기원을 추적하다 akin ~과 유사한
grooming 털 손질, 차림새 primate 영장류 relative 친척
great ape 유인원 relaxation 기분 전환, 완화 organ 장기 bond 유대
perceive 인식하다

구문 분석
So important is this / for building relationships / that some scientists refer to the skin as a "social organ."
: 이처럼 'so + 형용사/부사'가 문장 앞에 와서 조동사와 주어가 도치된 경우, 주어와 조동사가 무엇인지 빠르게 파악한 다음 '주어 + 조동사 + 동사' 또는 '주어(this) + 동사(is)'의 순서대로 해석한다.

09 독해 빈칸 완성 - 구 난이도 중

밑줄 친 부분에 들어갈 말로 가장 적절한 것은?

People who are able to perform many unrelated jobs at once are often praised for their ability to multitask. In fact, many HR executives say that the ability to multitask is one of the most important things they look for when hiring new employees. However, while this skill is seen as a great asset, researchers do not believe that the human brain is capable of multitasking. They believe that some people appear to be able to do it because they _____. While it seems like they are taking care of everything at once, their brains are only working on one thing at a time. When they complete a task, or a portion of one, they simply move on to the next, which their brains then focus on.

① prioritize tasks and do them in quick succession
② develop extraordinary skills after years of practice
③ delegate responsibilities and jobs to others effectively
④ thoroughly prepare for each task before beginning

해석
많은 관련 없는 일들을 한 번에 수행할 수 있는 사람들은 동시에 여러 가지 일을 처리하는 그들의 능력으로 자주 칭찬받는다. 실제로, 많은 인사 담당자들은 동시에 여러 가지 일을 처리하는 능력이 새로운 직원들을 고용할 때 그들이 찾는 가장 중요한 것 중 하나라고 말한다. 하지만, 이러한 능력이 큰 자산으로 여겨지는 반면, 연구자들은 사람의 뇌가 동시에 여러 가지 일을 처리할 능력이 있다고 생각하지 않는다. 그들은 일부 사람들이 업무들의 우선순위를 매기고 그것들을 연달아 처리하기 때문에 그것을 할 수 있는 것처럼 보이는 것이라고 생각한다. 그들이 동시에 모든 것을 처리하고 있는 것처럼 보이지만, 그들의 뇌는 한 번에 한 가지 일만을 하고 있다. 그들이 하나의 업무나 업무의 한 부분을 마쳤을 때, 그들은 단지 다음으로 넘어가는데, 이것이 그들의 뇌가 그다음으로 집중하는 것이다.

① 업무들의 우선순위를 매기고 그것들을 연달아 처리한다
② 다년간의 연습 후에 특별한 능력을 발달시킨다
③ 책임과 업무를 다른 사람들에게 효과적으로 위임한다
④ 시작하기 전에 각 업무를 철저히 준비한다

포인트 해설

빈칸 뒷부분에서 동시에 모든 것을 처리하고 있는 것처럼 보이더라도 사실 그들의 뇌는 한 번에 한 가지 일만 하며, 하나의 업무를 마쳤을 때 단지 다음으로 빠르게 넘어가서 집중하는 것이라고 했으므로, 일부 사람들이 '업무들의 우선순위를 매기고 그것들을 연달아 처리한다'고 한 ①번이 정답이다.

정답 ①

어휘

unrelated 관련 없는 multitask 동시에 여러 가지 일을 처리하다
HR executive 인사 담당자 asset 자산 be capable of ~할 능력이 있다
take care of ~을 처리하다, 돌보다 portion 부분
prioritize 우선순위를 매기다 in quick succession 연달아
extraordinary 특별한, 비범한 delegate 위임하다 thoroughly 철저히

---

10 독해 무관한 문장 삭제   난이도 중 ●●○

다음 글의 흐름상 어색한 문장은?

When people discuss the impact of glaciers, they often talk about sea levels and climate change, but this overlooks the influence mountain glaciers have on those who live near them. ① First of all, these ice masses create picturesque vistas that attract tourists who contribute greatly to local economies. ② Ski lodges and other resorts also attract visitors who enjoy outdoor sports to mountain regions. ③ Another important benefit is that they provide drinking water to areas that otherwise have little access to freshwater during certain periods of the year. Meltwater from Himalayan glaciers, for instance, supplies water to portions of India and China in late summer, when the region's snowmelt—a major source of freshwater—has dried up. ④ Glaciers can even provide renewable green power, as engineers have developed methods to create hydroelectric power by harnessing glacial meltwater.

해석

사람들이 빙하의 영향에 대해 논할 때, 그들은 보통 해수면과 기후 변화에 대해 말하지만, 이는 산악 빙하가 그것들 가까이에 사는 사람들에게 미치는 영향을 간과하는 것이다. ① 무엇보다, 이 얼음덩어리들은 지역 경제에 크게 기여하는 관광객들을 끌어들이는 그림 같은 경치를 만들어 낸다. ② 스키장들과 다른 휴양지들은 또한 산악 지대의 야외 스포츠를 즐기는 방문객들을 끌어들인다. ③ 또 다른 중요한 이점은 그렇지 않다면 한 해의 특정 기간 동안 담수를 거의 접할 수 없을 지역에 그것(산악 빙하)들이 식수를 제공한다는 것이다. 예를 들어, 히말라야 빙하의 해빙수는 그 지역의 주요 담수원인 눈 녹은 물이 말라붙는 늦여름에, 인도와 중국 일부 지역에 물을 공급한다. ④ 빙하는 심지어 재생 가능한 청정에너지를 제공할 수 있는데, 공학자들이 빙하의 해빙수를 이용함으로써 수력 발전을 일으키는 방식을 개발했기 때문이다.

포인트 해설

지문 앞부분에서 빙하의 영향을 논할 때 해수면과 기후 변화만을 이야기하는 것은 산악 빙하의 영향을 간과하는 것이라고 언급한 뒤, ①번에서 '산악 빙하가 관광객 유치로 지역 경제에 주는 이점', ③번에서 '산악 빙하가 제공하는 담수', ④번은 '산악 빙하가 제공하는 재생 가능한 청정에너지'에 대해 설명하고 있다. 그러나 ②번은 '산악 지대 휴양지들의 이점'에 대한 내용으로, 지문 앞부분의 내용과 관련이 없다.

정답 ②

어휘

glacier 빙하 sea level 해수면 overlook 간과하다 mass 덩어리; 대량의
picturesque 그림 같은 vista 경치 attract 끌어들이다, 마음을 끌다
ski lodge 스키장 meltwater 해빙수 snowmelt 눈 녹은 물
freshwater 담수 renewable 재생 가능한
hydroelectric power 수력 발전 harness 이용하다

DAY 17 하프모의고사 17회

해커스 공무원시험연구소 총평

난이도 모든 영역에 까다롭게 출제된 문제들이 포함되었기 때문에, 전반적인 난도가 높은 회차였습니다.

어휘·생활영어 영역 1번에 이례적으로 두 개의 빈칸에 적절한 어휘를 찾는 문제가 출제되었습니다. 빈칸의 개수가 늘었다 하더라도 문맥 속에서 정답의 단서를 찾는 전략은 바뀌지 않음을 알아 둡시다.

문법 영역 어떤 5형식 동사가 쓰였는지에 따라 목적격 보어 자리에 올 수 있는 것의 형태가 다르므로, 서로 다른 성격의 5형식 동사들을 구분하여 학습하는 것이 좋습니다.

독해 영역 9번 문제의 구문 분석에서 설명하고 있는 'not only A but (also) B' 구문은 문법 영역에서도 상관접속사·병치 구문 등 다양한 형태로 등장할 수 있으므로, 해석 연습을 반복함으로써 독해와 문법 두 영역을 동시에 대비합니다.

정답

01	②	어휘	06	④	독해
02	②	문법	07	②	독해
03	④	문법	08	③	독해
04	③	생활영어	09	②	독해
05	③	독해	10	②	독해

취약영역 분석표

영역	맞힌 답의 개수
어휘	/ 1
생활영어	/ 1
문법	/ 2
독해	/ 6
TOTAL	/ 10

---

01 어휘 consent | integrity 난이도 중 ●●○

밑줄 친 부분에 들어갈 말로 가장 적절한 것은?

The campaign manager was unsure if the candidate would ___(A)___ to the plan that involved insulting the opponent because it would undermine the candidate's ___(B)___.

(A)	(B)
① conclude	theory
② consent	integrity
③ conclude	transparency
④ consent	appointment

해석

선거 운동 담당자는 그 후보가 상대를 모욕하는 것을 수반하는 그 계획에 (A) 동의할지 확신하지 못했는데, 그것이 그 후보의 (B) 진실성을 약화시킬 것이기 때문이었다.

(A)	(B)
① 결론을 내리다	의견
② 동의하다	진실성
③ 결론을 내리다	투명성
④ 동의하다	임명

정답 ②

어휘

campaign 선거 운동, (사회적·정치적) 활동 candidate 후보
involve 수반하다, 관련시키다 insult 모욕하다 opponent 상대, 반대자
undermine 약화시키다 conclude 결론을 내리다 theory 의견, 이론
consent 동의하다 integrity 진실성 transparency 투명성
appointment 임명, 지명

> **이것도 알면 합격!**
>
> '동의하다'의 의미를 갖는 유의어
> = approve, agree, assent

---

02 문법 명사절 난이도 중 ●●○

밑줄 친 부분에 들어갈 말로 가장 적절한 것은?

_____ the new policy will improve employee productivity remains a matter of debate.

① Whom ② That
③ Which ④ What

해석

새로운 정책이 근로자 생산성을 향상시킬 것이라는 점은 여전히 논쟁의 여지가 남아 있다.

17회 정답·해석·해설 해커스공무원 매일 하프모의고사 영어 2

> **포인트 해설**

② **명사절 접속사** 빈칸은 완전한 절(the new policy ~ productivity)을 이끌면서 동사(remains)의 주어 자리에 올 수 있는 명사절 접속사 자리이다. 따라서 불완전한 절을 이끄는 의문사 ① Whom과 ③ Which, 명사절 접속사 ④ What은 정답이 될 수 없다. 따라서 '새로운 정책이 근로자 생산성을 향상시킬 것이라는 점'이라는 의미로 완전한 절을 이끌면서 문장에서 주어 역할을 할 수 있는 명사절 접속사 ② That이 정답이다. 참고로, ① Whom과 ③ Which를 관계대명사로 본다고 해도 불완전한 절을 이끌어야 하므로 정답이 될 수 없다.

정답 ②

> **이것도 알면 합격!**

참고로, 완전한 절을 이끄는 또 다른 형태인 의문부사에는 when/where/how/why가 있음을 함께 알아 두자.

- The professor couldn't remember **when** he last used his keys.
  그 교수는 자신이 언제 마지막으로 열쇠를 사용했는지 기억할 수 없었다.

② **부사절 접속사** 문맥상 '묘사되기 때문에'라는 의미가 되어야 자연스러우므로 '~ 때문에'라는 의미로 이유를 나타내는 부사절 접속사 As가 올바르게 쓰였다.

③ **동명사의 형태** 동명사가 가리키는 명사(a person)와 동명사가 '사람이 공격당하다'라는 의미의 수동 관계이므로 동명사의 수동형 being attacked가 올바르게 쓰였다.

정답 ④

> **어휘**

beachgoer 해변을 찾는 사람들 deathly 몹시, 죽은 듯이
unfounded 근거 없는 depict 묘사하다 prey on ~을 잡아먹다
perception 인식 violent 난폭한, 폭력적인 threat 위협, 협박

> **이것도 알면 합격!**

④번의 동사 find 외에 목적격 보어를 갖는 5형식 동사들을 알아 두자.

- make ~을 –으로 만들다
- leave ~을 –한 채로 남겨 두다
- keep ~을 계속 –하게 하다

---

03 문법 보어 | 수 일치 | 부사절 | 동명사 난이도 중 ●●○

밑줄 친 부분 중 어법상 옳지 않은 것은?

A number of beachgoers ① are deathly afraid of sharks, but their fears may stem from unfounded beliefs. ② As they are often depicted preying on other animals, sharks have the perception of being violent creatures, but a person has only a one in four million chance of ③ being attacked by one. Usually, sharks avoid humans because people pose a much greater threat to them. So, the next time you find yourself ④ hesitate to enter the water, just remember that sharks are more afraid of you than you are of them.

> **해석**

해변을 찾는 많은 사람들은 상어를 몹시 무서워하지만, 그들의 두려움은 근거 없는 믿음에서 기인했을지도 모른다. 그것들이 다른 동물들을 잡아먹는 것이 흔히 묘사되기 때문에, 상어는 난폭한 동물이라는 인식을 가졌지만, 사람이 그것에 의해 공격당할 가능성은 단 400만 분의 1이다. 상어는 사람들이 그것들에게 훨씬 더 큰 위협을 가하기 때문에 사람들을 주로 피한다. 그러므로, 다음 번에 당신이 물에 들어가길 주저하는 스스로를 발견한다면, 당신이 그것들을 두려워하는 것보다 상어가 당신을 더 두려워한다는 것을 기억하라.

> **포인트 해설**

④ **보어 자리** 동사 find는 5형식 동사로 쓰일 때 'find + 목적어(yourself) + 목적격 보어'의 형태를 취하는데, 보어 자리에는 명사나 형용사 역할을 하는 것이 와야 하므로 동사 hesitate를 형용사 hesitant나 형용사 역할을 하는 현재분사 hesitating으로 고쳐야 한다.

[오답 분석]
① **수량 표현의 수 일치** 주어 자리에 복수 취급하는 수량 표현 'a number of + 복수 명사'(A number of beachgoers)가 왔으므로 복수 동사 are가 올바르게 쓰였다.

---

04 생활영어 Are you registered as a city resident? 난이도 중 ●●○

밑줄 친 부분에 들어갈 말로 가장 적절한 것은?

 David
Can I rent an electric drill from the community center?
09:10

 City Rentals
What do you need it for?
09:10

 David
I need it to make some repairs at home.
09:11

 City Rentals
Since it's for non-commercial purposes, we can lend it to you.
_____
09:11

 David
I have maintained my status as a qualified resident for two years.
09:11

 City Rentals
Then there's no problem. You just need to make a reservation online and then come to the community center to pick it up.
09:12

DAY 17 하프모의고사 17회

David
What time do I need to visit?
09:12

City Rentals
Please come before 5 p.m.
09:13

① How long do you plan to keep the drill?
② We can provide additional tools with the drill.
③ Are you registered as a city resident?
④ Please provide a valid ID for confirmation.

해석

David: 제가 주민 센터에서 전기 드릴을 대여할 수 있을까요?
City Rentals: 그것이 어떤 용도로 필요하신가요?
David: 집에 수리할 곳이 있어서 필요합니다.
City Rentals: 비영리적인 목적이므로, 그것을 대여해 드릴 수 있습니다. 도시 주민으로 등록되어 있으신가요?
David: 저는 2년 동안 자격이 있는 주민 상태를 유지해 오고 있어요.
City Rentals: 그러면 문제없습니다. 온라인으로 예약하시고, 주민 센터에 오셔서 그것을 수령하시기만 하면 돼요.
David: 제가 몇 시까지 방문해야 하나요?
City Rentals: 오후 5시 전에 와 주시길 바랍니다.

① 드릴을 얼마나 오래 갖고 계실 계획이신가요?
② 드릴과 함께 다른 도구들도 제공해 드릴 수 있어요.
③ 도시 주민으로 등록되어 있으신가요?
④ 확인을 위해 유효한 신분증을 제시해 주세요.

포인트 해설

City Rentals 직원이 비영리적인 목적이라 전기 드릴을 대여해 줄 수 있다고 한 후, 빈칸 뒤에서 David가 I have maintained my status as a qualified resident for two years(저는 2년 동안 자격이 있는 주민 상태를 유지해 오고 있어요)라고 대답하고 있으므로, '도시 주민으로 등록되어 있으신가요?'라는 의미의 ③ 'Are you registered as a city resident?'가 정답이다.

정답 ③

어휘

non-commercial 비영리적인, 비상업적인 purpose 목적
lend 대여하다, 빌려주다 status 상태, 지위 qualify 자격을 주다
register 등록하다 valid 유효한 confirmation 확인

이것도 알면 합격!

물건을 대여할 때 쓸 수 있는 다양한 표현들을 알아 두자.
· Could you loan me a few bucks? 저에게 돈 좀 빌려줄 수 있어요?
· Do you mind if I use your charger?
  제가 당신의 충전기를 써도 괜찮을까요?
· You can keep it for a week. 그것을 일주일 동안 갖고 계셔도 괜찮아요.
· Please bring it back by tomorrow. 그것을 내일까지 가져와 주세요.

05~06 다음 글을 읽고 물음에 답하시오.

TO	Department of Energy
FROM	Marc Jones
DATE	August 11
SUBJECT	Energy Prices

Dear Energy Commissioner

I hope you are well. I am writing today regarding my concerns about the spike in energy prices, especially the price of electricity, since last summer.

This summer, my electric bill has gone up drastically. In fact, my latest bill was over $700. This is more than five times the amount I usually pay in July. It seems that my electric company has raised rates when customers need electricity the most. Without fans and air conditioning, the summer heat can be deadly!

I would like you to investigate this matter and determine if the electric company is engaging in _____ business practices. I thank you for your time in reading my concerns and hope that you will address this matter promptly.

Warm regards,
Marc Jones

해석

수신: 에너지 부서
발신: Marc Jones
날짜: 8월 11일
제목: 에너지 가격

친애하는 에너지 감독관님께

잘 지내고 계시는지요. 저는 지금 지난여름 이후의 에너지 가격, 특히 전기 요금에서의 급등에 관한 문제에 대해 메일을 쓰고 있습니다.

올여름, 제 전기 요금은 급격히 올랐습니다. 실제로, 저의 가장 최근 청구서는 700달러가 넘었습니다. 이것은 제가 일반적으로 7월에 지불하는 금액의 5배가 넘습니다. 제 전기 회사가 고객들이 전기를 가장 많이 필요로 할 때 요금을 인상한 것 같습니다. 선풍기와 에어컨이 없다면, 여름철 더위가 치명적일 수 있습니다!

저는 귀하께서 이 문제를 조사하고 그 전기 회사가 의심스러운 사업 관행에 관여하고 있는지 여부를 확인해 주셨으면 합니다. 시간을 내어 제 문제를 읽어 주신 것에 감사드리며 귀하께서 이 문제를 신속하게 해결해 주시기를 바라겠습니다.

안부를 전하며,
Marc Jones

어휘

commissioner 감독관, 위원 concern 문제, 우려; 걱정하게 만들다, 관련되다
spike 급등 bill 요금, 청구서 air conditioning 에어컨
investigate 조사하다 engage 관여하다, 참여하다 promptly 신속하게

05 독해 목적 파악   난이도 중 ●●○

윗글의 목적으로 가장 적절한 것은?

① 다가오는 공공요금 인상에 대한 재고를 부탁하려고
② 계절별로 전기 요금이 차이 나는 이유를 문의하려고
③ 비정상적으로 청구된 공과금의 조사를 요청하려고
④ 전기 회사의 통계 조작 가능성을 고발하려고

포인트 해설

지문 앞부분에서 지난여름 이후의 전기 요금 급등에 관한 문제에 대해 메일을 쓰고 있다고 하고, 지문 뒷부분에서 이 문제와 관련된 전기 회사에 대해 조사해 달라고 요청하고 있으므로, ③ '비정상적으로 청구된 공과금의 조사를 요청하려고'가 이 글의 목적이다.

정답 ③

06 독해 빈칸 완성 - 단어   난이도 중 ●●○

밑줄 친 부분에 들어갈 말로 가장 적절한 것은?

① generous
② competitive
③ conservative
④ questionable

해석

① 관대한
② 경쟁력 있는
③ 보수적인
④ 의심스러운

포인트 해설

빈칸 앞부분에 지난여름 이후 급격히 오른 전기 요금에 대해 전기 회사가 고객들이 전기를 가장 많이 필요로 할 때 요금을 인상한 것 같다고 추측하는 내용이 있고, 빈칸이 있는 문장에서 이 문제를 조사해 달라고 요청하고 있으므로, 그 전기 회사가 '의심스러운' 사업 관행에 관여하고 있는지 여부를 확인해 달라고 한 ④번이 정답이다.

정답 ④

어휘

generous 관대한   competitive 경쟁력 있는   conservative 보수적인
questionable 의심스러운

07 독해 내용 일치 파악   난이도 중 ●●○

National Cybersecurity Summit에 관한 다음 글의 내용과 일치하는 것은?

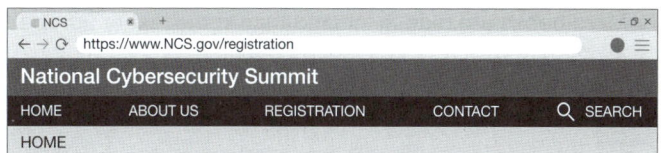

National Cybersecurity Summit (NCS)
November 1 – November 5

Guidelines for registering for the event

- **Fee:** Free for non-profit, academic, and government employees; $100 for private sector participants
- **Registration website:** www.ncs.gov/join
- **Registration deadline:** October 10

All registrations must include a full name, contact information, and a brief description of the participant's role in the cybersecurity industry.

A confirmation email will be sent as soon as registration is approved. If you do not receive the confirmation email, please check whether the registered email address is correct and also check your spam folder.

Note: Due to venue limitations, space is only available for 1,000 participants, so early registration is encouraged.

① The event will take place on October 10.
② Corporate attendees must pay to attend.
③ A detailed résumé is required when registering.
④ Admission tickets will be emailed to participants.

해석

국가 사이버 보안 정상 회의 (NCS)
11월 1일 – 11월 5일

행사 등록을 위한 지침

- **요금:** 비영리 단체, 학교 및 정부 근로자들은 무료, 민간 부문 참가자들은 100달러
- **등록 웹사이트:** www.ncs.gov/join
- **등록 마감일:** 10월 10일

모든 등록 서류는 성명, 연락처 정보, 그리고 사이버 보안 산업 내 참가자의 역할에 대한 간략한 설명을 포함해야 합니다.

확인 이메일은 등록이 승인되는 대로 발송될 것입니다. 만약 여러분이 확인 이메일을 받지 못하셨다면, 등록된 이메일 주소가 올바른지 확인해 보시고, 또 여러분의 스팸 메일함을 확인해 보시기 바랍니다.

참고: 장소 제한으로 인해, 1,000명의 참가자에 한해 공간이 이용 가능하므로, 조기 등록이 권장됩니다.

① 그 행사는 10월 10일에 열릴 예정이다.
② 기업 참가자들은 참가하기 위해 돈을 내야 한다.
③ 등록 시 상세한 이력서가 요구된다.
④ 입장권은 참가자들에게 이메일로 발송될 것이다.

포인트 해설

②번의 키워드인 Corporate attendees(기업 참가자들)를 바꾸어 표현한 지문의 private sector participants(민간 부문 참가자들) 주변의 내용에서 민간 부문 참가자들은 100달러의 참가 비용이 있다고 했으므로, ② '기업 참가자들은 참가하기 위해 돈을 내야 한다'가 지문의 내용과 일치한다.

[오답 분석]
① 국가 사이버 보안 정상 회의는 11월 1일부터 11월 5일까지 열린다

고 했으므로, 그 행사가 10월 10일에 열릴 예정이라는 것은 지문의 내용과 다르다.
③ 모든 등록 서류는 사이버 보안 산업 내 참가자의 역할에 대한 간략한 설명을 포함해야 한다고 했으므로, 등록 시 상세한 이력서가 요구된다는 것은 지문의 내용과 다르다.
④ 등록 확인 이메일이 등록이 승인되는 대로 발송된다고 했지만, 입장권이 참가자들에게 이메일로 발송되는지는 알 수 없다.

정답 ②

어휘

summit 정상 (회의)　**academic** 학교의, 학구적인　**sector** 부문, 분야
registration 등록 (서류)　**description** 설명　**confirmation** 확인
encourage 권장하다, 격려하다　**corporate** 기업의, 법인의　**résumé** 이력서

08　독해　문단 순서 배열　난이도 중 ●●○

주어진 글 다음에 이어질 글의 순서로 가장 적절한 것은?

During adolescence, teenagers begin to create their own identities and independent lives. In this search for individuality, they also become incredibly argumentative, much to the dismay of their parents.

(A) In fact, one study found that adolescents who argued with their parents were less responsive to negative peer pressure. In other words, they were more comfortable saying "no" to their friends when pushed to do something they didn't want to do.

(B) Besides, fostering healthy ways to argue has been proven to help teens become better critical thinkers who are more confident and capable of advocating their thoughts and beliefs.

(C) Psychologists, however, underscore the benefits of these verbal conflicts because they give teenagers opportunities to practice disagreeing, the techniques of which can later be used effectively with their peers.

① (A) – (B) – (C)
② (A) – (C) – (B)
③ (C) – (A) – (B)
④ (C) – (B) – (A)

해석

청소년기에, 십 대들은 자신들만의 정체성과 독립적인 삶을 만들어 내기 시작한다. 이러한 개성 추구 과정에서, 그들은 또한 엄청나게 따지기를 좋아하게 되는데, 이는 그들의 부모에게는 매우 실망스러운 일이다.

(A) 실제로, 한 연구는 그들의 부모와 언쟁을 하는 청소년들이 부정적인 또래의 압력에 덜 반응한다는 것을 알아냈다. 다시 말해서, 그들은 그들이 하고 싶지 않은 무언가를 하도록 강요받을 때 그들의 친구들에게 '아니'라고 말하는 것을 더 수월하게 생각했다는 것이다.

(B) 게다가, 언쟁을 하는 건전한 방법을 발전시키는 것은 십 대들이 더 자신감 있고 그들의 생각과 믿음을 옹호할 능력을 갖춘 더 나은 비판적 사고가 되도록 돕는다는 것이 입증되었다.

(C) 하지만, 심리학자들은 이 말로 하는 갈등이 십 대들에게 동의하지 않는 것을 연습할 기회를 준다는 점에서 그것들의 이점을 강조하는데, 이 기술들은 나중에 그들의 또래들에게 효과적으로 사용될 수 있다.

포인트 해설

주어진 글에서 청소년기에 십 대들이 부모에게 따지기를 좋아하게 된다고 한 후, (C)에서 하지만(however) 이 말로 하는 갈등(these verbal conflicts)은 십 대들에게 동의하지 않는 것을 연습할 기회를 주며, 이 기술들은 나중에 또래들에게 사용될 수 있다고 설명하고 있다. 이어 (A)에서 실제로(In fact) 부모와 언쟁을 하는 청소년들이 친구들의 강요를 거부하는 것을 수월하게 여겨 부정적인 또래의 압력에 덜 반응한다고 하고, (B)에서 게다가(Besides) 언쟁을 하는 건전한 방법을 발전시키는 것이 십 대들이 더 나은 비판적 사고가 되도록 돕는다는 것이 입증되었다고 설명하고 있다. 따라서 ③ (C) - (A) - (B)가 정답이다.

정답 ③

어휘

adolescence 청소년기　**identity** 정체성　**independent** 독립적인
individuality 개성　**incredibly** 엄청나게
argumentative 따지기를 좋아하는　**dismay** 실망　**adolescent** 청소년
responsive 반응하는, 민감한　**peer** 또래　**foster** 발전시키다, 촉진하다
critical 비판적인　**confident** 자신감이 있는　**advocate** 주장하다, 옹호하다
underscore 강조하다, 밑줄을 긋다　**verbal** 말로 된, 구두의　**conflict** 갈등

09　독해　요지 파악　난이도 중 ●●○

다음 글의 요지로 가장 적절한 것은?

Due to severe constraints on trade during the Second World War, many traditional gift items could not be imported into the island nation of Iceland. But paper goods were free from such restrictions, so when Christmas approached in 1944, droves of Icelanders bought books as presents for their loved ones and then stayed up all night reading them together on Christmas night. And thus, the "Christmas Book Flood" was born. This special tradition has created a nation of passionate readers. Today, Icelanders purchase more books per capita than any other European country, with nearly all the sales occurring in the few months before Christmas. They prefer novels and biographies, 93 percent of which are bought in their hardcover editions. Despite the popularity and ease of e-books, Icelanders refuse to buy them because they don't make good gifts.

① Rationing is routinely implemented during times of war.
② Iceland celebrates Christmas with its own unique tradition.
③ More books are read in Iceland than in the rest of Europe.
④ Icelanders are slowly adapting to the use of e-books.

해석

2차 세계 대전 동안의 엄격한 거래 제한 때문에, 많은 전통적인 선물 품목들이 섬나라인 아이슬란드로 수입될 수 없었다. 그러나 종이 제품들은 그

러한 제한으로부터 자유로웠고, 그래서 1944년에 크리스마스가 다가올 때, 수많은 아이슬란드 사람들은 그들의 사랑하는 사람들을 위한 선물로 책을 구입했고 크리스마스 밤에 그것들을 함께 읽으며 온밤을 지새웠다. 이렇게 하여, '크리스마스 책의 범람'이 탄생했다. 이 특별한 전통은 열정적인 독서가들의 나라를 만들어냈다. 오늘날, 아이슬란드 사람들은 다른 어떤 유럽 국가보다도 1인당 더 많은 책들을 구매하는데, 거의 모든 판매량이 크리스마스 이전 몇 달 동안 발생한다. 그들은 소설과 자서전을 선호하며, 이 중 93퍼센트는 양장본 판으로 구매된다. 전자책의 인기와 편의성에도 불구하고, 아이슬란드 사람들은 그것들이 좋은 선물이 되지 않기 때문에 그것들을 구매하는 것을 거부한다.
① 배급 제도는 전시 동안 일상적으로 시행된다.
② 아이슬란드는 크리스마스를 그것만의 독특한 전통으로 기념한다.
③ 나머지 유럽 국가들에서보다 아이슬란드에서 더 많은 책들이 읽힌다.
④ 아이슬란드 사람들은 전자책의 이용에 천천히 적응하고 있다.

포인트 해설

지문 전반에 걸쳐 2차 세계 대전의 거래 제한으로 아이슬란드에서는 종이 제품만이 수입에 자유로워서 크리스마스에 책을 선물하던 것이 '크리스마스 책의 범람'이라는 전통으로 굳혀졌고, 이에 따라 아이슬란드 사람들은 크리스마스 이전 몇 달 동안 많은 책을 구매한다고 했으므로, ② '아이슬란드는 크리스마스를 그것만의 독특한 전통으로 기념한다'가 이 글의 요지이다.

정답 ②

어휘

severe 엄격한 constraint 제한, 통제 import 수입하다 restriction 제한
droves of 수많은 flood 범람, 홍수 passionate 열정적인
per capita 1인당 biography 자서전 hardcover 양장본 edition 판
ease 편의성 rationing 배급 제도 routinely 일상적으로
implement 시행하다 celebrate 기념하다 adapt 적응하다

---

10 독해 내용 불일치 파악 난이도 중 ●●○

다음 글의 내용과 일치하지 않는 것은?

In addition to vision, smell, taste, touch, and hearing, humans have a mysterious sixth sense called proprioception, which is the ability to perceive the position and movement of the body. Not only does this sense allow humans to walk without looking at their feet, but it is also responsible for controlling the exact amount of force needed to accomplish a task, like when cracking an egg. While our current understanding of the proprioception process is limited, scientists have learned that the human body and brain are involved in a continuous feedback loop, in which sensors in the joints, muscles, and skin send signals to the brain, telling it where the limbs are in space. Scientists also know that proprioception can be diminished—like the other senses—by injury, illness, or old age. When this happens, people suffer from balance issues, uncoordinated movements, and overall clumsiness.

*proprioception: 고유 감각(고유 수용성 감각)

① Proprioception is the awareness of one's body in space.
② The sense of touch gauges how much strength to use for a task.
③ The brain receives information about the body's location.
④ Various factors can negatively influence one's proprioception abilities.

해석

시각, 후각, 미각, 촉각, 그리고 청각에 더하여, 인간은 고유 감각(고유 수용성 감각)이라고 불리는 신비로운 육감을 가지는데, 이는 몸의 위치와 움직임을 감지하는 능력이다. 이 감각은 인간이 자신의 발을 보지 않고 걷게 할 뿐만 아니라, 그것은 달걀을 깰 때처럼 하나의 일을 해내기 위해 필요한 정확한 힘의 양을 조절하는 것을 담당한다. 고유 감각의 작용에 대한 우리의 현재의 이해는 한정되어 있지만, 과학자들은 인간의 신체와 뇌가 지속적인 피드백 회로로 관련되어 있고, 그 안에서 관절, 근육, 그리고 피부의 감각 기관들은 뇌에 신호를 보내서, 팔다리가 공간 안에서 어디 있는지 뇌에 알린다는 것을 알게 되었다. 과학자들은 고유 감각이 다른 감각처럼 부상, 병, 혹은 노령으로 인해 감퇴될 수 있다는 것을 또한 알고 있다. 이러한 일이 발생할 때, 사람들은 균형 문제, 부자연스러운 움직임, 그리고 전반적인 서투름으로 고통받는다.

① 고유 감각은 공간에 있는 인간의 몸에 대한 인식이다.
② 촉각은 하나의 일을 위해 얼마나 많은 힘을 사용해야 할지를 판단한다.
③ 뇌는 몸의 위치에 대한 정보를 받는다.
④ 다양한 요인들이 사람의 고유 감각 능력에 부정적으로 영향을 미칠 수 있다.

포인트 해설

②번의 키워드인 how much strength to use(얼마나 많은 힘을 사용해야 할지)를 바꾸어 표현한 지문의 the exact amount of force needed(필요한 정확한 힘의 양) 주변의 내용에서 시각, 후각, 미각, 촉각, 청각 외의 여섯 번째 감각인 고유 감각은 하나의 일을 해내기 위해 필요한 정확한 힘의 양을 조절하는 것을 담당한다고 했으므로, ② '촉각은 하나의 일을 위해 얼마나 많은 힘을 사용해야 할지를 판단한다'는 지문의 내용과 다르다.

정답 ②

어휘

perceive 감지하다, 인지하다
be responsible for ~을 담당하다, ~에 책임이 있다 exact 정확한
accomplish 해내다 crack 깨다 involve 관련되다, 참여하다
continuous 지속적인 loop 회로, 고리 joint 관절 limb 팔다리
diminish 감퇴하다 uncoordinated 부자연스러운, 통합되지 않은
clumsiness 서투름, 어색함 awareness 인식, 의식
gauge 판단하다, 측정하다

구문 분석

Not only does this sense allow humans to walk / without looking at their feet, / but it is also responsible for controlling the exact amount of force / needed to accomplish a task, / like when cracking an egg.

: 이처럼 'not only A but (also) B' 구문의 A에는 기본이 되는 내용, B에는 첨가하는 내용이 나오며, 'A뿐만 아니라 B도'라고 해석한다.

DAY 18 하프모의고사 18회

▶ 해커스 공무원시험연구소 총평

난이도	일부 독해 문제에 관련 분야 전문 용어들이 사용되면서 적절한 시간 분배가 쉽지 않았을 수 있습니다.
어휘·생활영어 영역	업무 일정과 관련된 대화에서 자주 쓰이는 용어 및 표현은 한정되어 있으며, 4번 문제를 통해 그중 일부를 확인해 볼 수 있습니다.
문법 영역	비교급은 다양한 형태로 꾸준히 출제되어 왔고, 매번 새로운 형태로 등장하는 문법 포인트인 만큼 꼼꼼한 학습이 필요합니다. 3번 문제의 '이것도 알면 합격!'에 정리된, 비교급 관련 표현까지 암기해 둡니다.
독해 영역	문제에 한글 보기가 쓰인 경우, 한글 보기를 먼저 읽으면서 지문에 어떤 내용이 포함될지 예상해 볼 수 있습니다.

▶ 정답

01	①	어휘	06	②	독해
02	②	문법	07	②	독해
03	④	문법	08	④	독해
04	③	생활영어	09	③	독해
05	③	독해	10	④	독해

▶ 취약영역 분석표

영역	맞힌 답의 개수
어휘	/ 1
생활영어	/ 1
문법	/ 2
독해	/ 6
TOTAL	/ 10

---

01 어휘 curb = restrict 난이도 중 ●●○

밑줄 친 부분의 의미와 가장 가까운 것은?

> Although there are some exceptions, most countries adopt policies to <u>curb</u> underage smoking.

① restrict
② provoke
③ validate
④ affirm

해석
비록 일부 예외들이 있지만, 대부분의 국가들은 미성년자의 흡연을 제한하기 위한 정책들을 채택한다.
① 제한하다 ② 유발하다
③ 입증하다 ④ 긍정하다

정답 ①

어휘
exception 예외 adopt 채택하다, 입양하다 curb 제한하다, 억제하다
underage 미성년의 restrict 제한하다 provoke 유발하다, 화나게 하다
validate 입증하다 affirm 긍정하다, 단언하다

🔑 이것도 알면 합격!

'제한하다'의 의미를 갖는 유의어
= limit, constrain, suppress

---

02 문법 to 부정사 난이도 중 ●●○

밑줄 친 부분에 들어갈 말로 가장 적절한 것은?

> The explorer is believed to _____ new lands during his journey, although many details of his voyage remain unclear.

① have been discovered
② have discovered
③ be discovered
④ discover

해석
그의 항해에 대한 많은 세부 사항들이 여전히 불분명하게 남아 있지만, 그 탐험가는 그의 여정 중 새로운 땅을 발견했던 것으로 여겨진다.

포인트 해설
② to 부정사의 형태 to 부정사의 행위 주체인 주어(The explorer)와 to 부정사가 '그 탐험가가 발견하다'라는 의미의 능동 관계이므로 to 부정사의 능동태를 완성하는 ② have discovered, ④ discover가 정답 후보이다. 이때 '새로운 땅을 발견한' 시점이 '새로운 땅을 발견했던 것으로 여겨진'(is believed to) 시점보다 더 이전 시점이므로, to 부정사의 완료형을 만드는 ② have discovered가 정답이다.

정답 ②

어휘

explorer 탐험가   journey 여정   voyage 항해   discover 발견하다

이것도 알면 합격!

한편, 문장의 주어와 to 부정사의 행위 주체가 달라서 to 부정사의 의미상 주어가 필요한 경우, 'for + 명사' 또는 'for + 목적격 대명사'를 to 부정사 앞에 쓴다는 것을 알아 두자.

- It's hard **for me** to believe his story.
  그의 이야기는 내가 믿기 어려웠다.

---

03 문법 비교 구문 | 주어 | 분사 | to 부정사   난이도 중 ●●○

밑줄 친 부분 중 어법상 옳지 않은 것은?

> It is well known ① that Napoleon Bonaparte won a series of military campaigns and gained control over most of Western Europe. Then in 1812, Napoleon set his sights on Russia, ② invading the country during the summer. Napoleon's plan was ③ to use his overwhelming numbers for a quick victory, but the Russian forces avoided direct combat. The longer the battle dragged on, the ④ weakest Napoleon's army grew, and he was forced to pull back.

해석

Napoleon Bonaparte가 일련의 군사 작전들에서 승리했고 서유럽 대부분을 장악했다는 사실은 잘 알려져 있다. 그 후 1812년에, Napoleon은 러시아를 목표로 삼았고, 그해 여름 그 국가를 침공했다. Napoleon의 계획은 빠른 승리를 위해 자신의 압도적인 (군사의) 수를 이용하는 것이었으나, 러시아 군대는 직접적인 싸움을 피했다. 전투가 더 질질 끌수록, Napolean의 군대는 더 약해졌고 그는 후퇴할 수밖에 없었다.

포인트 해설

④ **비교급** '전투가 더 질질 끌수록, Napolean의 군대는 더 약해졌다'는 비교급 표현 'the + 비교급 + 주어 + 동사 ~, the + 주어 + 동사 -' (더 ~할수록, 더 -하다)의 형태로 나타낼 수 있으므로 최상급 weakest를 비교급 weaker로 고쳐야 한다.

[오답 분석]
① **가짜 주어 구문** that절(that ~ Western Europe)과 같이 긴 주어가 오면 진짜 주어인 that절을 맨 뒤로 보내고 가주어 it이 주어 자리에 대신해서 쓰이므로, 진짜 주어 자리에 that절을 이끄는 명사절 접속사 that이 올바르게 쓰였다.
② **분사구문의 형태** 주절의 주어 Napoleon과 분사구문이 'Napoleon이 침공하다'라는 의미의 능동 관계이므로 현재분사 invading이 올바르게 쓰였다.
③ **to 부정사의 역할** be 동사(was)의 주격 보어 자리에 명사 역할을 하는 to 부정사 to use가 올바르게 쓰였다.

정답 ④

어휘

set one's sights on ~을 목표로 삼다   invade 침공하다
combat 싸움, 전투   drag on 지연되다, 질질 끌다   pull back 후퇴하다

이것도 알면 합격!

비교급 관련 표현들을 함께 알아 두자.

- more than / less than 이상 / 이하
- all the more 더욱더
- much[still] less 하물며 ~아닌
- no later than ~까지는
- no longer 더 이상 ~않다
- no more than 단지 ~밖에 안 되는
- other than ~외에, ~말고, ~않은
- more often than not 대개, 자주
- no sooner ~ than - ~하자마자 -하다
- A no 비교급 than B B가 ~않은 만큼 A도 ~않은

---

04 생활영어 Then I'll call the manager to see if we can switch shifts.   난이도 하 ●○○

밑줄 친 부분에 들어갈 말로 가장 적절한 것은?

> A: I'm working this Friday, but I have an appointment that afternoon that I can't miss.
> B: If you really need to go, then I can cover your shift for you.
> A: Would you do that for me? That would be amazing.
> B: Sure thing. You've helped me out plenty of times before.
> A: Great. _____
> B: Unless there's something unusual, he should approve it.

① Do I need to submit anything in writing for the shift change?
② It wasn't difficult because our tasks are similar.
③ Then I'll call the manager to see if we can switch shifts.
④ How do we usually confirm shift changes?

해석

A: 이번 금요일에 근무가 예정되어 있는데, 그날 오후에 놓쳐선 안 되는 약속이 있어.
B: 네가 정말 가야만 한다면, 내가 네 근무 시간을 대신해 줄 수 있어.
A: 날 위해 그렇게 해 줄 수 있을까? 그렇다면 정말 좋을 거야.
B: 물론이지. 네가 전에 여러 번 나를 도와줬잖아.
A: 좋아. 그러면 내가 관리자에게 전화해서 우리가 근무 시간을 바꿀 수 있을지 알아볼게.
B: 특별한 일이 없다면, 그가 그것을 승인해 줄 거야.

① 근무 시간 변경을 위해 내가 무언가를 서면으로 제출해야 하니?
② 우리 업무가 비슷했기 때문에 그건 어렵지 않았어.
③ 그러면 내가 관리자에게 전화해서 우리가 근무 시간을 바꿀 수 있을지 알아볼게.
④ 우리는 근무 시간 변경을 보통 어떻게 확인해?

DAY 18 하프모의고사 18회

포인트 해설
근무 시간을 대신해 줄 수 있다는 B의 제안을 A가 받아들이자 B가 여러 번 도움받은 대가라고 이야기하고, 빈칸 뒤에서 다시 B가 Unless there's something unusual, he should approve it(특별한 일이 없다면, 그가 그것을 승인해 줄 거야)이라고 덧붙이고 있으므로, '그러면 내가 관리자에게 전화해서 우리가 근무 시간을 바꿀 수 있을지 알아볼게'라는 의미의 ③ 'Then I'll call the manager to see if we can switch shifts.'가 정답이다.

정답 ③

어휘
appointment 약속, 임명 cover 대신하다, 씌우다
shift (교대) 근무 시간, 변화 unusual 특별한, 드문 confirm 확인하다

이것도 알면 합격!

부탁할 때 쓸 수 있는 다양한 표현들을 알아 두자.
- Would you be kind enough to help me with this?
  이것을 도와주실 수 있나요?
- Would you do me a favor? 제 부탁 하나만 들어주시겠어요?
- I'm wondering if you can do anything with this.
  당신이 이것 좀 도와주실 수 있는지 궁금해요.
- I want you to back me up. 당신이 날 지지해 주길 바랍니다.

05~06 다음 글을 읽고 물음에 답하시오.

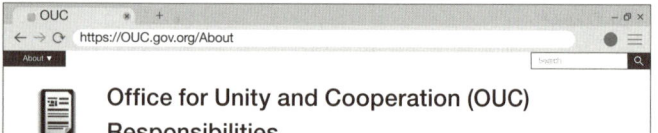

Office for Unity and Cooperation (OUC) Responsibilities

The OUC is the government's chief office for all matters related to unification with North Korea. The OUC formulates policies on the country's relations with the North, as well as those that create opportunities for cross-border cooperation and dialogue. In addition, the OUC sends humanitarian aid to ease the suffering during times of strife and educational support to ensure a smoother transition for North Korean residents when reunification does occur. The OUC also provides settlement support for refugees who flee North Korea, including free housing and employment assistance along with free university tuition and a dedicated staff to help them adjust to their new lives.

해석

통일 협력 사무소의 책무

통일 협력 사무소는 북한과의 통일과 관련된 모든 사안을 담당하는 정부의 최고 사무소입니다. 통일 협력 사무소는 북한과의 관계에 대한 정책뿐만 아니라, 국경을 넘는 협력과 대화의 기회를 창출하는 정책을 만들어 냅니다. 게다가, 통일 협력 사무소는 갈등의 시기 동안의 고통을 완화할 인도주의적인 원조와 통일이 일어나는 경우 북한 주민들의 원활한 과도기를 보장할 교육적 지원을 보냅니다. 또한 통일 협력 사무소는 탈북 난민에 대한 정착 지원을 제공하는데, 이것은 무료 대학 등록금과 그들이 새로운 삶에 적응하도록 도울 헌신적인 직원들과 더불어 무료 주거와 취업 지원을 포함합니다.

어휘
unity 통일, 통합 cooperation 협력 unification 통일
formulate 만들어 내다, 수립하다, 공식화하다 cross-border 국경을 넘는
dialogue 대화 humanitarian 인도주의적인 aid 원조, 도움; 돕다
suffering 고통, 괴로움 strife 갈등, 다툼 transition 과도기, 전환
settlement 정착 employment 취업, 직장 tuition 등록금
dedicated 헌신적인 adjust 적응하다

05 독해 내용 일치 파악 난이도 중 ●●○

윗글에서 Office for Unity and Cooperation에 관한 내용과 일치하는 것은?

① It creates opportunities for people to travel across the border.
② It teaches students about future reunification.
③ It provides personnel to assist refugees with the transition.
④ It offers jobs to people who flee North Korea.

해석
① 그것은 사람들이 국경을 넘어 여행할 기회를 창출한다.
② 그것은 학생들에게 미래의 통일에 대해 가르친다.
③ 그것은 과도기에 있는 난민들을 도울 인원을 제공한다.
④ 그것은 탈북자들에게 직업을 제공한다.

포인트 해설
③번의 키워드인 personnel to assist refugees(난민들을 도울 인원)를 바꾸어 표현한 지문의 a dedicated staff to help them(그들을 도울 헌신적인 직원들) 주변의 내용에서 통일 협력 사무소는 탈북 난민의 적응을 도울 헌신적인 직원들을 포함하는 정착 지원을 제공한다고 했으므로, ③ '그것은 과도기에 있는 난민들을 도울 인원을 제공한다'가 지문의 내용과 일치한다.

[오답 분석]
① 통일 협력 사무소가 국경을 넘는 협력과 대화의 기회를 창출하는 정책을 만들어낸다고는 했지만, 그것이 사람들이 국경을 넘어 여행할 기회를 창출하는지는 알 수 없다.
② 통일 협력 사무소는 통일이 일어나는 경우 북한 주민들의 원활한 과도기를 보장할 교육적 지원을 보낸다고는 했지만, 그것이 학생들에게 미래의 통일에 대해 가르치는지는 알 수 없다.
④ 통일 협력 사무소가 탈북 난민에게 취업 지원을 포함하는 정착 지원을 제공한다고는 했지만, 탈북자들에게 직업을 제공하는지는 알 수 없다.

정답 ③

어휘
personnel 인원, 직원

06 독해 유의어 파악　　　난이도 중 ●●○

밑줄 친 formulates의 의미와 가장 가까운 것은?

① considers　　　② devises
③ classifies　　　④ articulates

해석
① 고려한다　　　② 고안한다
③ 분류한다　　　④ 분명히 표현한다

포인트 해설
밑줄 친 부분이 포함된 문장에서 formulates는 문맥상 정책을 '만들어 낸다'라는 의미로 쓰였으므로, '고안한다'라는 의미의 ② devises가 정답이다.

정답 ②

어휘
devise 고안하다　classify 분류하다　articulate 분명히 표현하다, 설명하다

---

07 독해 요지 파악　　　난이도 중 ●●○

다음 글의 요지로 가장 적절한 것은?

Consumer Data Rights
Protecting consumer data has been a top priority for the Digital Privacy Protection Agency (DPPA) since the dawn of the digital age. Lack of adequate protection for consumer data can lead to serious consequences such as identity theft and financial fraud.

Consumer Data Breaches
A consumer data breach is the unauthorized access, use, or disclosure of sensitive personal information. A consumer data breach can occur through various means such as cyberattacks, phishing scams, and insider threats.

Upon detection of a consumer data breach, the DPPA will launch an immediate investigation to identify its source and scope before implementing containment measures and notifying the public. Detection of a breach may arise as a result of unusual network activity, which the DPPA monitors continuously through advanced security systems.

① The DPPA's investigations into consumer data breaches are more necessary now than ever.
② The DPPA's main goal is to respond to and manage consumer data breaches.
③ The DPPA keeps the public informed of ongoing phishing scams.
④ The DPPA aims to advance the security of its monitoring systems.

해석

소비자 데이터 권리
디지털 시대가 시작된 이래로 소비자 데이터 보호는 디지털 개인 정보 보호국(DPPA)의 최우선 과제였습니다. 소비자 데이터에 대한 적절한 보호의 부재는 신원 도용 및 금융 사기와 같은 심각한 결과로 이어질 수 있습니다.

소비자 데이터 침해
소비자 데이터 침해는 민감한 개인 정보에 대한 무단 접근, 사용 또는 공개를 말합니다. 소비자 데이터 침해는 사이버 공격, 피싱 사기, 내부자 위협과 같은 다양한 방식으로 발생할 수 있습니다.

소비자 데이터 침해가 발견되면, 디지털 개인 정보 보호국은 억제 조치를 시행하고 대중에게 알리기 전에 그것(침해)의 근원과 범위를 파악하기 위한 즉각적인 조사에 착수할 것입니다. 침해에 대한 발견은 비정상적인 네트워크 활동의 결과에서 비롯될 수 있는데, 디지털 개인 정보 보호국은 첨단 보안 시스템을 통해 그것을 지속적으로 감시합니다.

① 소비자 데이터 침해에 대한 디지털 개인 정보 보호국의 조사는 그 어느 때보다 더 필요하다.
② 디지털 개인 정보 보호국의 주요 목표는 소비자 데이터 침해에 대응하고 그것을 관리하는 것이다.
③ 디지털 개인 정보 보호국은 지속되는 피싱 사기에 대해 대중이 계속 알게 해 준다.
④ 디지털 개인 정보 보호국은 그것의 감시 시스템의 보안을 발전시키는 것을 목표로 한다.

포인트 해설
지문 앞부분에서 디지털 개인 정보 보호국의 최우선 과제가 소비자 데이터를 보호하는 것이라고 한 뒤, 소비자 데이터 침해가 발견되면 억제 조치를 시행하고 대중에게 알리기 전에 침해의 근원과 범위에 대한 조사를 한다고 설명하고 있으므로, ② '디지털 개인 정보 보호국의 주요 목표는 소비자 데이터 침해에 대응하고 그것을 관리하는 것이다'가 이 글의 요지이다.

정답 ②

어휘
adequate 적절한, 충분한　identity theft 신원 도용　fraud 사기
breach 침해, 위반　unauthorized 무단의, 허가되지 않은
disclosure 공개, 폭로　sensitive 민감한　phishing scam 피싱 사기
insider 내부자　detection 감지, 탐지　immediate 즉각적인
investigation 조사　scope 범위　implement 시행하다
containment 억제, 봉쇄　measure 조치, 방법

---

08 독해 빈칸 완성 – 단어　　　난이도 중 ●●○

밑줄 친 부분에 들어갈 말로 가장 적절한 것은?

Most sensible individuals assume that they would adjust their beliefs or opinions when presented with contradicting evidence. But as it turns out, because of a phenomenon known as the backfire effect, people who encounter new information that challenges what they think will—more often than not—reject the information and become more assured of their original _____. For example, a reader who initially liked and shared a politically-charged article will come to dismiss that same article if the information in it is later corrected in a way that refutes his beliefs. While the backfire effect inhibits thoughtful discussion and debate, there are techniques to get around it. One approach is to convey facts in a non-confrontational way that encourages a person to internalize the information so that they can reach their own conclusions themselves.

① objective
② communication
③ settlement
④ conviction

해석
대부분의 합리적인 사람들은 반박하는 증거를 제시받았을 때 그들이 그들의 믿음이나 견해를 조정할 것이라고 생각한다. 그러나 밝혀진 것처럼, 역효과 현상으로 알려진 현상으로 인해 그들이 생각하는 것에 이의를 제기하는 새로운 정보를 접한 사람들은 대개 그 정보를 거부하고 그들의 원래 신념을 더 확신하게 된다. 예를 들어, 처음에 한 정치적인 기사를 좋아하고 공유했던 독자는 그것의 정보가 나중에 그의 믿음을 반박하는 방향으로 정정되면, 같은 기사를 묵살하게 될 것이다. 역효과 현상은 사려 깊은 논의와 토론을 억제하지만, 그것을 해결하는 방법들이 있다. 한 가지 방법은 사람들이 정보를 내면화하도록 장려하는, 공격적이지 않은 방식으로 사실들을 전달하여 그들만의 결론에 스스로 도달할 수 있게 하는 것이다.

① 목적
② 의사소통
③ 합의
④ 신념

포인트 해설
빈칸 뒤 문장에 예를 들어 독자는 처음에 좋아했던 기사가 나중에 그의 믿음을 반박하는 방향으로 정정되면 그것을 묵살하게 될 것이라는 내용이 있으므로, 역효과 현상으로 알려진 현상으로 인해 자신의 생각에 이의를 제기하는 새로운 정보를 접한 사람들은 대개 그 정보를 거부하고 원래 '신념'을 더 확신하게 될 것이라고 한 ④번이 정답이다.

정답 ④

어휘
sensible 합리적인, 분별 있는 assume 생각하다, 가정하다 adjust 조정하다
present 제시하다, 주다 contradict 반박하다, 모순되다 evidence 증거
turn out 밝혀지다 phenomenon 현상 backfire 역효과
encounter 접하다, 맞닥뜨리다 challenge 이의를 제기하다
more often than not 대개 assure 확신하다, 보증하다 initially 처음에
politically-charged 정치적인 article 기사 dismiss 묵살하다, 해산시키다
refute 반박하다 inhibit 억제하다, 금하다 thoughtful 사려 깊은
debate 토론, 논쟁 get around ~을 해결하다
confrontational 공격적인, 대립하는 internalize 내면화하다, 받아들이다
objective 목적 settlement 합의 conviction 신념

09 독해 빈칸 완성 - 연결어 난이도 중 ●●○

밑줄 친 (A), (B)에 들어갈 말로 가장 적절한 것은?

In traditional classrooms, teachers introduce information about a concept and then assign material that students take home and work on, so that they can master the concept on their own time. ___(A)___, flipped classrooms invert this structure. Students watch short videos at home to preview the lessons, while class time is dedicated to activities designed to help pupils understand and reinforce the concepts that were introduced in the videos through interactive, hands-on, and group-based learning. This approach allows students to receive assistance from teachers or peers if they are confused about a topic. Additionally, students can be more flexible in their learning. They can watch the lectures when they have the most energy and they can pause, rewind, and take notes. So far, this teaching technique has proven popular among learners and faculty alike. ___(B)___, flipped classrooms have their downsides as well, namely that students who don't have access to or can't afford the requisite technology will struggle to keep up.

	(A)	(B)
①	In contrast	Similarly
②	Therefore	Moreover
③	In contrast	Nevertheless
④	Therefore	However

해석
전통적인 교실에서, 교사들은 개념에 대한 정보를 소개하고 그 후 학생들이 집에 가서 공부할 수 있는 자료를 부여하는데, 그 결과 그들(학생들)이 그들만의 시간에 그 개념을 숙달할 수 있다. (A) 대조적으로, '거꾸로 교실'에서는 이 구조를 반대로 한다. 학생들은 수업을 예습하기 위해 집에서 짧은 비디오를 시청하는 한편, 수업 시간은 상호적이며, 직접 해 보고, 그리고 집단에 기반한 학습을 통해 비디오에서 소개되었던 개념들을 학생들이 이해하고 보강하는 것을 돕도록 고안된 활동들에 전념한다. 이 접근법은 학생들이 주제에 대해 혼란스러운 경우, 교사들이나 또래들로부터 도움을 받을 수 있도록 한다. 게다가, 학생들은 그들의 학습에 있어서 더 유연해질 수 있다. 그들은 가장 기운이 넘칠 때 강의를 시청할 수 있고 멈추고, 되감고, 그리고 필기를 할 수도 있다. 지금까지, 이 교수법은 학습자들과 교직원들 사이에서 둘 모두에게 인기 있는 것으로 드러났다. (B) 그럼에도 불구하고, '거꾸로 교실'은 부정적인 면 또한 가지고 있는데, 즉 필요한 기술에 접근할 수 없거나 그것을 살 형편이 안 되는 학생들은 따라가기 위해 몹시 애써야 할 것이라는 점이다.

	(A)	(B)
①	대조적으로	마찬가지로
②	그러므로	게다가
③	대조적으로	그럼에도 불구하고
④	그러므로	그러나

포인트 해설

(A) 빈칸 앞 문장은 전통적인 교실에서는 교사들이 개념을 소개한 뒤 학생들이 자료를 집에 가져가서 그 개념을 숙달한다는 내용이고, 빈칸 뒤 문장은 '거꾸로 교실'에서는 학생들이 집에서 비디오를 통해 수업을 예습하고, 수업 시간에는 집단 기반의 학습을 통해 비디오로 예습한 개념들을 이해하고 보강하는 활동을 하게 된다는, 전통적인 교실 수업과 대조를 이루는 거꾸로 교실에 대한 내용이다. 따라서 빈칸에는 대조를 나타내는 연결어인 In contrast(대조적으로)가 들어가야 한다.

(B) 빈칸 앞 문장은 '거꾸로 교실' 교수법이 학습자들과 교직원들 사이에서 모두에게 인기가 있다는 내용이고, 빈칸 뒤 문장은 필요한 기술에 접근할 수 없거나 그것을 살 여유가 없는 학생들은 따라가기 위해 몹시 애써야 할 것이라며 거꾸로 교실의 부정적인 측면을 설명하는 양보적인 내용이다. 따라서 빈칸에는 양보를 나타내는 연결어인 Nevertheless(그럼에도 불구하고)가 들어가야 한다.

정답 ③

어휘

concept 개념   assign 부여하다, 맡기다   invert 반대로 하다
preview 예습하다   dedicate 전념하다   pupil 학생   reinforce 보강하다
interactive 상호적인   hands-on 직접 해 보는   peer 또래, 동료
confuse 혼란시키다   flexible 유연한   pause 잠시 멈추다   rewind 되감다
so far 지금까지   faculty 교직원, 교수단   downside 부정적인 면
namely 즉   have access to ~에 접근할 수 있다   afford ~을 살 형편이 되다
requisite 필요한   struggle 몹시 애쓰다   keep up 따라가다, 계속되다

---

10 독해 내용 일치 파악   난이도 중 ●●○

다음 글의 내용과 일치하는 것은?

> Researchers have noted that people consume more news than usual during crises because having access to up-to-date information provides a certain amount of control over the uncertainty of the situation. Regrettably, in the long term, watching too much news in times of tragedy has been linked with increased levels of anxiety and depression, with some people even exhibiting post-traumatic stress disorder symptoms. Therefore, experts recommend not only limiting our news intake but also monitoring our sources of information. Getting information from accurate, fact-based reporting instead of cable programs that sensationalize the news will help keep the viewer from being overwhelmed with fear. Also, checking the news every four or five hours for the latest update is proven to be better for our mental health than staying tuned in all day.

① 뉴스 소비량은 비상시에 지속적으로 떨어진다.
② 비극의 시기에는 잦은 뉴스 청취가 불안감 해소에 도움이 된다.
③ 케이블 뉴스 프로그램들은 가장 믿을 만한 정보들을 제공한다.
④ 뉴스를 이따금씩 청취하는 것이 권장된다.

해석

연구자들은 최신 정보에 접근할 수 있는 것이 상황의 불확실성에 대한 어느 정도의 통제감을 제공하기 때문에 사람들이 위기 중에 평소보다 더 많은 뉴스를 소비한다는 것을 주목해 왔다. 유감스럽게도 장기적으로는, 비극의 시기에 너무 많은 뉴스를 보는 것은 늘어난 불안과 우울의 수준과 연결되고, 심지어 몇몇 사람들은 외상 후 스트레스 장애 증상을 보여 왔다. 따라서, 전문가들은 우리의 뉴스 수용을 제한하는 것뿐만 아니라, 우리의 정보의 출처를 감시하는 것도 권한다. 뉴스를 과장하는 케이블 프로그램들 대신, 정확하고 사실을 기반으로 한 보도로부터 정보를 얻는 것은 그 시청자가 두려움에 휩싸이지 않도록 도울 것이다. 또한, 최신 정보를 위해 4시간 또는 5시간마다 뉴스를 확인하는 것이 온종일 시청하고 있는 것보다 우리의 정신 건강에 더 좋다는 것이 증명되었다.

포인트 해설

④번의 키워드인 '이따금씩 청취하는 것'을 바꾸어 표현한 지문의 checking the news every four or five hours(4시간 또는 5시간마다 뉴스를 확인하는 것) 주변의 내용에서 최신 정보를 위해 4시간 또는 5시간마다 뉴스를 확인하는 것이 온종일 시청하고 있는 것보다 우리의 정신 건강에 더 좋다는 것이 증명되었다고 했으므로, ④ '뉴스를 이따금씩 청취하는 것이 권장된다'가 지문의 내용과 일치한다.

[오답 분석]

① 연구자들은 사람들이 위기 중에 평소보다 더 많은 뉴스를 소비한다는 것을 주목해 왔다고 했으므로, 뉴스 소비량이 비상시에 지속적으로 떨어진다는 것은 지문의 내용과 반대이다.

② 비극의 시기에 너무 많은 뉴스를 보는 것이 늘어난 불안과 우울의 수준과 연결된다고 했으므로, 비극의 시기에는 잦은 뉴스 청취가 불안감 해소에 도움이 된다는 것은 지문의 내용과 반대이다.

③ 일부 케이블 프로그램들이 뉴스를 과장한다고 했으므로, 케이블 뉴스 프로그램들이 가장 믿을 만한 정보들을 제공한다는 것은 지문의 내용과 다르다.

정답 ④

어휘

note 주목하다, 적어 두다   consume 소비하다   crisis 위기
have access to ~에 접근할 수 있다   up-to-date 최신의
uncertainty 불확실성   regrettably 유감스럽게
in the long term 장기적으로   tragedy 비극   anxiety 불안
depression 우울   disorder 장애   symptom 증상   intake 수용, 섭취
accurate 정확한   sensationalize 과장하다   overwhelm 휩싸다, 압도하다
tune in 시청하다

구문 분석

Getting information from accurate, fact-based reporting / instead of cable programs / that sensationalize the news / will help keep the viewer / from being overwhelmed with fear.

: 이처럼 동명사구(Getting ~ news)가 주어 자리에 온 경우, '~하는 것은' 또는 '~하기는'이라고 해석한다.

DAY 19 하프모의고사 19회

해커스 공무원시험연구소 총평

난이도 제한 시간에 쫓기지 않고 풀 수 있는 회차입니다. 묻는 포인트가 명확한 빈칸형 문법 문제와, 일상과 밀접한 소재의 독해 지문들을 빠르게 읽고 정답을 찾아냄으로써 고득점을 얻을 수 있습니다.

어휘·생활영어 영역 지문과 보기에 모두 평이한 수준의 어휘가 쓰이면서, 지금까지 출제된 어휘들을 꼼꼼하게 학습해 왔다면 어렵지 않게 풀 수 있었을 것입니다.

문법 영역 3번의 어순 포인트는 자칫 혼동하기 쉬우므로, 예문을 함께 암기하여 문장 단위로 적용하는 연습을 해 두는 것이 좋습니다.

독해 영역 9번 문제와 같이 빈칸이 글의 중반부에 위치한 경우, 빈칸을 포함한 문장은 주제문을 뒷받침하는 구체적인 설명이나 예시일 가능성이 높음을 염두에 둡니다.

정답

01	③	어휘	06	③	독해
02	①	문법	07	②	독해
03	③	문법	08	②	독해
04	②	생활영어	09	③	독해
05	②	독해	10	③	독해

취약영역 분석표

영역	맞힌 답의 개수
어휘	/ 1
생활영어	/ 1
문법	/ 2
독해	/ 6
TOTAL	/ 10

---

01 어휘 discontinue · 난이도 중 ●●○

밑줄 친 부분에 들어갈 말로 가장 적절한 것은?

> With more online streaming platforms available, many people have decided to _____ their cable television service.

① subscribe
② utilize
③ discontinue
④ interrupt

해석
더 많은 온라인 스트리밍 플랫폼들이 이용 가능해짐에 따라, 많은 사람들은 그들의 케이블 TV 서비스를 중단하기로 결정했다.

① 구독하다 ② 활용하다
③ 중단하다 ④ 방해하다

정답 ③

어휘
available 이용 가능한 subscribe 구독하다 utilize 활용하다
discontinue 중단하다 interrupt 방해하다, 중단시키다

🔔 **이것도 알면 합격!**

'중단하다'의 의미를 갖는 유의어
= cease, quit, terminate

---

02 문법 시제 · 난이도 하 ●○○

밑줄 친 부분에 들어갈 말로 가장 적절한 것은?

> As soon as the meeting _____, we will discuss the next steps for the project.

① ends
② has ended
③ will end
④ will have ended

해석
회의가 끝나자마자, 우리는 그 프로젝트의 다음 단계에 대해 논의할 것이다.

포인트 해설
① 현재 시제   빈칸은 시간을 나타내는 부사절 접속사 As soon as가 이끄는 부사절의 동사 자리이다. 시간을 나타내는 부사절에서는 미래를 나타내기 위해 미래 시제 대신 현재 시제를 사용하므로, 현재 시제 ① ends 가 정답이다.

정답 ①

🔔 **이것도 알면 합격!**

단, 명사절에서는 when이나 if가 쓰였더라도 미래 시제를 그대로 사용한다는 것을 참고로 알아 두자.
I'm curious about when you (will finish, ~~finish~~) the project.
저는 당신이 그 프로젝트를 언제 마칠지 궁금합니다.

03 문법 어순|수동태|대명사|부사　　난이도 상 ●●●

밑줄 친 부분 중 어법상 옳지 않은 것은?

Tehching Hsieh ① is considered one of the masters of performance art due to his intense displays of endurance. For his first major performance art piece, Hsieh was confined to a cage with only enough room for a sink and a bed for a year and he did not permit ② himself to write, talk, or enjoy any type of entertainment. While most artists would have taken a break after ③ a such demanding performance, Hsieh ④ immediately moved on to a new challenge.

해석

Tehching Hsieh는 인내에 대한 강렬한 표현 때문에 행위 예술의 대가들 중 한 명으로 여겨진다. 자신의 첫 번째 주요 행위 예술 작품을 위해, Hsieh는 겨우 싱크대 하나와 침대 하나가 들어갈 공간만 있는 철창에 일 년 동안 갇혀 지냈고, 그는 스스로 쓰는 것, 말하는 것, 또는 어떠한 오락 유형도 즐기는 것을 허용하지 않았다. 대부분의 예술가들이 매우 힘든 공연 후에 휴식을 취했던 반면, Hsieh는 즉시 다음의 새로운 도전으로 넘어갔다.

포인트 해설

③ **혼동하기 쉬운 어순** such는 형용사(demanding)와 함께 쓰일 때 'such + a/an + 형용사 + 명사'의 어순이 되어야 하므로 a such demanding을 such a demanding으로 고쳐야 한다.

[오답 분석]
① **5형식 동사의 수동태** 동사 consider는 목적어 뒤에 '(to be) + 명사/형용사'를 취할 수 있는 5형식 동사인데, consider가 수동태가 되면 '(to be) + 명사(one)'는 수동태 동사 뒤에 그대로 남아야 하므로 is considered one이 올바르게 쓰였다.
② **재귀대명사** 동사 permit의 목적어가 지칭하는 대상이 and 뒤의 주어(he)와 동일하므로 재귀대명사 himself가 올바르게 쓰였다.
④ **부사 자리** 동사(moved)를 앞에서 수식할 수 있는 것은 부사이므로 moved 앞에 부사 immediately가 올바르게 쓰였다.

정답 ③

어휘

intense 강렬한　endurance 인내　confine 가두다　demanding 힘든
immediately 즉시　challenge 도전, 문제; 도전하다

이것도 알면 합격!

한편, such와 달리 so는 'so + 형용사 + a/an + 명사' 순으로 와야 한다는 것을 알아 두자.
- They encountered **so fierce a** storm.
  그들은 아주 강한 태풍을 마주했다.

04 생활영어 I thought that standard repairs of this type were usually cheaper.　난이도 중 ●●○

밑줄 친 부분에 들어갈 말로 가장 적절한 것은?

 Robert Wilson
Hi. Our copy machine is not printing properly, and the paper keeps jamming.
18:00

 Hannah Smith
Okay. I will visit and take a look.
18:00

 Robert Wilson
Could you come tomorrow morning?
18:01

 Hannah Smith
Sure. I can be there by 8 a.m.
18:02

 Robert Wilson
That sounds good. How much will the service cost?
18:02

 Hannah Smith
It will be at least 80 dollars.
18:03

 Robert Wilson
_____
_____
18:04

 Hannah Smith
The standard service fee is 80 dollars, and any parts needed for repair will incur an additional cost.
18:04

① I believe the warranty period for free repairs has already ended.
② I thought that standard repairs of this type were usually cheaper.
③ Do you charge any additional fees for urgent repairs?
④ Do you provide follow-up service if the issue returns?

해석

Robert Wilson: 안녕하세요. 저희 복사기가 제대로 인쇄되지 않아서요, 종이가 계속 걸리네요.
Hannah Smith: 그렇군요. 제가 방문해서 살펴보겠습니다.
Robert Wilson: 내일 아침에 와 주실 수 있나요?
Hannah Smith: 물론이죠. 오전 8시까지 그곳에 도착할 수 있습니다.
Robert Wilson: 좋네요. 서비스 비용은 얼마인가요?

Hannah Smith: 최소 금액이 80달러일 겁니다.
Robert Wilson: 저는 이러한 형태의 일반적인 수리가 보통 더 저렴했다고 생각했는데요.
Hannah Smith: 일반적인 서비스 요금은 80달러이고, 수리에 필요한 부품에 대해서는 추가 비용이 발생할 것입니다.

① 저는 무료 수리에 대한 보증 기간이 이미 끝났다고 알고 있어요.
② 저는 이러한 형태의 일반적인 수리가 보통 더 저렴했다고 생각했는데요.
③ 긴급한 수리에 대해 추가 요금이 부과되나요?
④ 문제가 재발하면 애프터서비스를 제공하시나요?

포인트 해설

복사기 방문 점검의 서비스 비용이 최소 80달러라는 Hannah의 설명에 대해 Robert가 말한 후, 빈칸 뒤에서 다시 Hannah가 The standard service fee is 80 dollars, and any parts needed for repair will incur an additional cost(일반적인 서비스 요금은 80달러이고, 수리에 필요한 부품에 대해서는 추가 비용이 발생할 것입니다)라고 설명하고 있으므로, '저는 이러한 형태의 일반적인 수리가 보통 더 저렴했다고 생각했는데요'라는 의미의 ② 'I thought that standard repairs of this type were usually cheaper'가 정답이다.

정답 ②

어휘

properly 제대로, 적절히 warranty 보증(서) urgent 긴급한
follow-up service 애프터서비스

이것도 알면 합격!

요금에 대해 말할 때 쓸 수 있는 다양한 표현들을 알아 두자.
· I'll take an all-inclusive package. 모든 비용이 포함된 패키지로 할게요.
· We can give you a special group rate.
  저희는 특별 단체 요금을 제공해 드릴 수 있습니다.
· There's a fee to change your routing.
  경로를 변경하는 데에는 요금이 발생합니다.

05~06 다음 글을 읽고 물음에 답하시오.

_____(A)_____

As a resident of the prairies, you want to do your part to protect the region's unique wildlife.

The local river otter, while not in imminent danger of extinction, is facing many perils. So, you will want to help this playful species thrive in our local waterways.

A group of concerned local citizens has set up an organization to protect the river otters. They have scheduled an information session about their work. Mark your calendars to attend, so you can find out how you can contribute.

Imagine local waterways without their indigenous species.

Sponsored by the Prairie Waterway Conservation Association

• Location: Springfield Central Park
• Date: Thursday, May 4
• Time: 5:00 p.m.

To learn more about the meeting or to volunteer with the organization, please visit SaveThePrairieWaterways.com or call (482) 555-2910.

해석

(A) 강 수달이 위험에 처해 있습니다

대초원 주민으로서, 여러분은 지역 고유의 야생 동물을 보호하기 위해 본분을 다하기를 원합니다.

현지의 강 수달은 임박한 멸종 위기에 처해 있지는 않지만, 많은 위험에 직면해 있습니다. 따라서, 여러분은 이 장난기 많은 종이 현지의 수로에서 번성하도록 돕고 싶을 것입니다.

한 무리의 우려하는 현지 주민들이 강 수달을 보호하기 위해 단체를 설립했습니다. 그들은 본인들의 일에 대한 설명회 일정을 잡았습니다. 달력에 표시하여 참석하시면, 여러분은 여러분이 기여할 수 있는 방법을 알게 되실 수 있습니다.

토착종이 없는 현지의 수로가 어떨지 상상해 보십시오.

대초원 수로 보전 협회 주관

• 장소: Springfield 센트럴 파크
• 날짜: 5월 4일, 목요일
• 시간: 오후 5시

모임에 대해 더 자세히 알아보시거나 단체와 함께 자원봉사를 하시려면, SaveThePrairieWaterways.com을 방문하시거나 (482) 555-2910으로 전화주세요.

어휘

prairie 대초원 otter 수달 imminent 임박한 extinction 멸종
peril 위험 playful 장난기 많은 thrive 번성하다, 잘 자라다
information session 설명회 indigenous 토착의, 고유한
conservation 보전

05 독해 제목 파악

난이도 중 ●●○

(A)에 들어갈 윗글의 제목으로 가장 적절한 것은?

① Enjoy a Day Out on the Water
② The River Otter Is in Danger
③ Habitat Change and Local Species
④ Importance of Native Wildlife

해석

① 물 위에서의 소풍을 즐기세요
② 강 수달이 위험에 처해 있습니다
③ 서식지 변화와 현지의 종
④ 토착 야생 동물의 중요성

포인트 해설

지문 앞부분에서 대초원 지역 고유의 야생 동물인 강 수달이 많은 위험에 처해 있다고 말한 후, 이를 우려한 현지 주민들이 설립한 단체가 설명회 일정을 잡았으니 참석하여 기여할 수 있는 방법을 알아볼 것을 권하고 있으므로, ② '강 수달이 위험에 처해 있습니다'가 이 글의 제목이다.

정답 ②

어휘

habitat 서식지

---

06 독해 내용 불일치 파악   난이도 하 ●○○

위 안내문의 내용과 일치하지 않는 것은?

① Local citizens have set up a group to protect river otters.
② People can learn what to do for wildlife from an information session.
③ The meeting will take place every Thursday.
④ Potential volunteers can call the organization to participate.

해석

① 현지의 시민들이 강 수달을 보호하기 위한 단체를 설립했다.
② 사람들은 설명회에서 야생 동물을 위해 무엇을 할지를 배울 수 있다.
③ 모임은 매주 목요일에 열릴 것이다.
④ 잠재적 자원봉사자들은 참여하기 위해 단체에 전화할 수 있다.

포인트 해설

③번의 키워드인 Thursday(목요일)가 그대로 언급된 지문 주변 내용에서 회의 날짜가 5월 4일 목요일이라고는 했지만, ③ '모임이 매주 목요일에 열릴 것'인지는 알 수 없다.

정답 ③

어휘

potential 잠재적인, 미래의, 가능성 있는

---

07 독해 목적 파악   난이도 하 ●○○

다음 글의 목적으로 가장 적절한 것은?

To	customers@chaya.com
From	returnscenter@chaya.com
Date	March 11
Subject	Easy Returns at Chaya

Dear Valued Customer,

We understand that sometimes your purchase might not work out the way you hoped. Whatever the reason for this, you can follow these simple steps to send back your purchase.

1. Make sure the item you wish to return is in the same condition as purchased and that fewer than 30 days have passed since delivery.
2. Visit the "Order History" section of your account. Select the item you wish to return from the list, and click "Start Return."
3. If your item is eligible for return, you'll receive an e-mail with a pre-paid shipping label. Print it out.
4. Pack your item. Secure the shipping label to it.
5. Drop your package off at any post office or shipping location. Be sure to keep your receipt with the tracking number until your return is processed.

Refunds will be issued to your initial payment method 5–7 business days after we receive your return.

Warm Wishes,
Chaya Returns Center

① To explain how to find out if an item is eligible for return
② To explain the procedures for returning an online purchase
③ To explain important considerations for refunds
④ To explain the necessity of retaining a shipping receipt

해석

수신: customers@chaya.com
발신: returnscenter@chaya.com
날짜: 3월 11일
제목: Chaya에서의 쉬운 반품

소중한 고객님께,

저희는 때때로 귀하의 구매가 원하시는 대로 잘 진행되지 않을 수 있다는 점을 이해하고 있습니다. 그 이유가 무엇이든, 구매품을 반송하기 위해 이러한 쉬운 단계들을 따라 보세요:

1. 반품하고 싶은 상품이 구매되었을 때와 같은 상태인지 그리고 배송 후 30일이 채 지나지 않았는지 반드시 확인하세요.
2. 계정의 "주문 내역" 부분으로 찾아가세요. 목록에서 반품하고 싶은 항목을 선택하고, "반품 시작"을 클릭합니다.
3. 귀하의 상품이 반품에 적합하다면, 선불 배송 라벨이 포함된 이메일을 받게 됩니다. 그것을 출력하세요.
4. 상품을 포장합니다. 그것에 배송 라벨을 단단히 고정시키세요.
5. 우체국이나 배송 위치에 소포를 갖다 두세요. 반품이 처리될 때까지 영수증과 배송 추적 번호를 반드시 가지고 계세요.

환불금은 저희가 반품을 접수한 후 영업일로 5일에서 7일 사이에 최초 결제 수단으로 지급됩니다.

따뜻한 마음을 전하며,
Chaya 반품 센터

① 상품이 반품에 적합한지 알아보는 방법을 설명하기 위해
② 온라인 구매품을 반품하는 절차를 설명하기 위해
③ 환불을 위한 중요 고려 사항을 설명하기 위해
④ 배송 영수증을 보관하는 것의 필요성을 설명하기 위해

포인트 해설
지문 앞부분에서 구매품을 반송하기 위해 쉬운 단계들을 따르라고 한 후 다섯 가지 단계에 대해 설명하고 있으므로, ② '온라인 구매품을 반품하는 절차를 설명하기 위해'가 이 글의 목적이다.

정답 ②

어휘
purchase 구매(품); 구매하다   section 부분, 분야   account 계정, 계좌
eligible 적합한, 자격이 있는   pre-paid 선불의
label 라벨, 표; 꼬리표를 붙이다   secure 단단히 고정시키다, 안전하게 하다
tracking 추적   process 처리하다   refund 환불(금); 환불하다
issue 지급하다, 발행하다, 발표하다   procedure 절차
consideration 고려 사항   retain 보관하다, 기억하다

---

08 독해 문장 삽입   난이도 중 ●●○

주어진 문장이 들어갈 위치로 가장 적절한 것은?

By pursuing this understanding, you will be better equipped to process what is being said by others.

One of the most important lessons to learn in life is that there's no shame in not knowing something; you don't have to have all the answers, and nobody expects you to. (①) This can be a truly liberating lesson to learn, as it frees you from the responsibility of feigning understanding, allowing you to devote yourself to gaining that comprehension. (②) However, the listener is not the only one who should work to boost comprehension; speakers should be more careful and mindful of how they speak. (③) This ensures that any conversation is productive for both parties, and helps to defuse disagreements, which are often fueled by misunderstandings. (④) As a result, it's best to abandon the natural embarrassment that accompanies a lack of knowledge.

해석
이러한 이해를 추구함으로써, 당신은 다른 사람들에게 전해 듣는 것을 더 잘 처리하는 능력을 갖게 될 것이다.

삶에서 배워야 할 가장 중요한 교훈 중 하나는 무언가를 모르는 것이 부끄러운 일이 아니라는 것이다. 당신은 모든 답을 가지고 있을 필요가 없고, 아무도 당신이 그러기를 기대하지 않는다. ① 이는 진정으로 자유롭게 해주는 배워야 할 교훈인데, 이는 그것이 당신을 이해를 가장하는 것에서 오는 부담감으로부터 해방시키고, 그 이해를 얻는 것에 전념하게 해주기 때문이다. ② 하지만, 청자만이 이해를 증진하기 위해 노력해야 하는 유일한 사람은 아니다. 화자들도 그들이 어떻게 말하는지에 주의하고 유념해야 한다. ③ 이것은 어떠한 대화라도 반드시 두 당사자들 모두에게 생산적이게 하고, 대개 오해에 의해 자극되는 의견 불일치를 완화하는 데 도움을 준다. ④ 결과적으로, 지식의 부족함과 동시에 일어나는 자연스러운 당혹감을 버리는 것이 가장 좋다.

포인트 해설
②번 앞 문장에서 무언가를 모르는 것이 부끄러운 일이 아니라는 교훈은 이해를 가장하는 것에서 오는 부담감으로부터 우리를 해방시키고 진정한 이해를 얻는 것에 전념하게 한다고 했으므로, ②번 자리에 이러한 이해(this understanding)를 추구함으로써, 당신은 다른 사람들에게 전해 듣는 것을 더 잘 처리하는 능력을 갖게 될 것이라는 내용, 즉 모르는 것을 인정하고 진정한 이해를 추구하는 것이 청자에게 주는 이점에 대해 설명하는 주어진 문장이 나와야 지문이 자연스럽게 연결된다.

정답 ②

어휘
pursue 추구하다   equip 능력을 기르다, 준비하다
process 처리하다, 정리하다   lesson 교훈   shame 부끄러움
liberate 자유롭게 하다   feign 가장하다   devote oneself to ~에 전념하다
comprehension 이해   boost 증진하다   mindful ~에 유념하는
ensure (반드시) ~하게 하다   productive 생산적인   party 당사자, 정당
defuse 완화하다   fuel 자극하다, 연료를 넣다   abandon 버리다
embarrassment 당혹감   accompany ~과 동시에 일어나다, 동반하다

---

09 독해 빈칸 완성 – 단어   난이도 중 ●●○

밑줄 친 부분에 들어갈 말로 가장 적절한 것은?

The *anchoring bias* is a common cognitive bias. It is an attempt made by the human mind to connect with a piece of information, and evaluate new or additional information relative to that "anchor." In one study, participants were split into two groups and asked to multiply all of the numbers between one and eight together within five seconds. Depending on the group they had been assigned, however, these numbers were presented in either ascending or descending _____. Because of the limited time, neither group was able to complete all of the arithmetic and instead estimated after multiplying the first few numbers. Though both final results should have been identical, the groups came up with wildly different guesses. This was because those who had been assigned the ascending order anchored their estimates to the small numbers they had managed to multiply, whereas the descending group anchored theirs to higher numbers.

① rankings   ② minutes
③ orders   ④ calculations

해석
'기준점 편향'은 흔한 인지 편향이다. 그것은 하나의 정보와 관련지으려는 인간의 생각에 의한 시도이고, 새롭거나 부가적인 정보를 그 '기준'과 관련하여 평가하려는 시도이다. 한 연구에서, 참가자들은 두 집단으로 나뉘

었고 5초 이내에 1부터 8 사이의 숫자를 함께 곱할 것을 요청받았다. 하지만, 그들이 배정되었던 집단에 따라, 이 숫자들은 오름 또는 내림 순서로 제시되었다. 제한된 시간 때문에, 어느 집단도 모든 계산을 끝마칠 수 없었고 그 대신 처음 몇 개의 숫자를 곱한 뒤에 추정했다. 비록 두 최종 결과가 동일했어야 했지만, 그 집단들은 대단히 다른 추측을 내놓았다. 이는 오름차순을 부여받은 사람들은 그들의 추정치를 그들이 간신히 곱했던 작은 숫자들에 고착시킨 반면, 내림차순 집단은 그들의 것(추정치)을 더 큰 숫자들에 고착시켰기 때문이었다.

① 순위 ② 분
③ 순서 ④ 계산

포인트 해설
빈칸 뒷부분에서 두 집단 모두 같은 숫자들을 곱할 것을 요청받았으나, 숫자를 오름차순으로 부여받은 집단은 그들의 추정치를 그들이 곱했던 처음 몇 개의 작은 숫자들에 고착시킨 반면, 숫자를 내림차순으로 부여받은 사람들은 처음 몇 개의 큰 숫자들에 고착시켜 서로 매우 다른 추정치를 내놓았다고 했으므로, 숫자들이 오름 또는 내림 '순서'로 제시되었다고 한 ③번이 정답이다.

정답 ③

어휘
anchoring bias 기준점 편향 cognitive bias 인지 편향
evaluate 평가하다 relative to ~과 관련된 anchor 기준, 닻; 고착시키다
split 나누다 multiply 곱하다 ascend 오르다 descend 내리다
arithmetic 계산 estimate 추정하다; 추정치 identical 동일한
order 순서 calculation 계산

구문 분석
Though both final results / should have been identical, (생략).
: 이처럼 조동사 should가 have + p.p.(have been)와 함께 쓰이는 경우, '~ 했어야 했다'라고 해석한다.

10 독해 내용 일치 파악   난이도 중 ●●○

다음 글의 내용과 일치하는 것은?

Many people visit the dentist less often than they should. In some cases, people find it difficult to fit dental appointments into their busy schedules. More frequently, they are trying to avoid the high costs associated with a visit to the dentist, especially if they don't have dental insurance. However, such trips are worth making time for, and as unpleasant as they may be, are worth paying for. While spending about 45 dollars for a cleaning may not sound enticing, the average cost of a root canal in South Korea without insurance is five times the insured price at around 200 dollars. This means that avoiding the dentist in an attempt to save money can end up costing a person tremendously. Cleaning one's teeth at home is generally insufficient, and biannual visits to the dentist are the best way to ensure the longevity of one's teeth.

① People generally visit the dentist more frequently than necessary.
② The cost of an uninsured root canal is 5 times higher than a cleaning.
③ Skipping dental visits can cost more in the long run.
④ Visiting the dentist once a year is the most effective way for teeth health.

해석
많은 사람들은 그들이 해야 하는 것보다 덜 자주 치과를 찾아간다. 몇몇 경우에는, 사람들은 그들의 바쁜 일정에 치과 진료 예약을 맞추는 것을 어려워한다. 더 흔하게는, 그들은 특히 치과 보험을 갖고 있지 않다면 치과 방문과 관련된 높은 비용을 피하려고 노력하고 있다. 하지만, 그러한 방문들은 시간을 낼 만한 가치가 있고, 그것(방문)들이 불쾌하기는 하겠지만 돈을 지불할 만한 가치가 있다. 한 번의 (치아) 세척에 45달러를 소비하는 것이 솔깃하게 들리지 않을 수도 있지만, 한국에서는 보험이 없는 상태에서 평균적인 치근관 치료 비용이 약 200달러이다. 이는 돈을 절약하기 위해 치과를 피하는 것이 결국 엄청난 비용을 치르게 할 수 있다는 것을 의미한다. 치아를 집에서 세척하는 것은 일반적으로 불충분하고, 연 2회의 치과 방문이 개인의 치아 수명을 보장하는 최고의 방법이다.

① 사람들은 일반적으로 필요 이상으로 치과를 방문한다.
② 보험 적용이 안 된 치근관 치료 비용은 세척 비용보다 다섯 배 더 높다.
③ 치과 방문을 빼먹는 것은 장기적으로 더 큰 비용이 들게 할 수 있다.
④ 일 년에 한 번 치과를 방문하는 것은 치아의 건강을 위한 가장 효과적인 방법이다.

포인트 해설
③번의 키워드인 Skipping dental visits(치과 방문을 빼먹는 것)를 지문에서 바꾸어 표현한 avoiding the dentist(치과를 피하는 것) 주변의 내용에서 돈을 절약하기 위해 치과를 피하는 것이 결국 엄청난 비용을 치르게 할 수 있다고 했으므로, ③ '치과 방문을 빼먹는 것은 장기적으로 더 큰 비용이 들게 할 수 있다'가 지문의 내용과 일치한다.

[오답 분석]
① 많은 사람들은 그들이 해야 하는 것보다 덜 자주 치과를 찾아간다고 했으므로, 사람들이 일반적으로 필요 이상으로 치과를 방문한다는 것은 지문의 내용과 반대이다.
② 보험이 없는 상태에서 평균적인 치근관 치료 비용은 약 200달러이고 세척 비용은 45달러라고 했으므로, 보험 적용이 안 된 치근관 치료 비용이 세척 비용보다 다섯 배 더 높다는 것은 지문의 내용과 다르다.
④ 연 2회의 치과 방문이 개인의 치아 수명을 보장하는 최고의 방법이라고 했으므로, 일 년에 한 번 치과를 방문하는 것이 치아의 건강을 위한 가장 효과적인 방법이라는 것은 지문의 내용과 다르다.

정답 ③

어휘
insurance 보험 trip 방문, 여행 unpleasant 불쾌한
worth ~할 만한 가치가 있는 enticing 솔깃한, 유혹적인
root canal 치근관(치료) end up -ing 결국 -하게 하다
tremendously 엄청나게 insufficient 불충분한 biannual 연 2회의
longevity 수명

DAY 20 하프모의고사 20회

해커스 공무원시험연구소 총평

난이도 문법과 생활영어 영역의 정답이 명확하고 독해 영역에 생소한 소재가 쓰이지 않아, 무난하게 풀어낼 수 있는 회차였습니다.

어휘·생활영어 영역 생활영어 문제에서 보기가 의문문으로 구성되는 경우, 빈칸 뒤에 나오는 대답을 확인하고 해당 내용으로 답변할 수 있는 질문을 정답으로 고릅니다.

문법 영역 관계대명사는 공무원 9급 영어 시험에서 가장 자주 등장한 문법 포인트 가운데 하나입니다. 관계대명사의 종류에서부터 전치사 + 관계대명사, 관계대명사 that의 쓰임과 같은 세부 포인트까지 확실하게 알아 두고 있어야 합니다.

독해 영역 내용 일치/불일치 파악 유형인 7번과 8번 문제는 지문에서 명확한 단서를 발견할 수 있어, 문제풀이에 어려움이 없었을 것입니다.

정답

01	①	어휘	06	②	독해
02	④	문법	07	③	독해
03	③	문법	08	③	독해
04	②	생활영어	09	④	독해
05	③	독해	10	②	독해

취약영역 분석표

영역	맞힌 답의 개수
어휘	/ 1
생활영어	/ 1
문법	/ 2
독해	/ 6
TOTAL	/ 10

---

01 어휘 compulsory 난이도 중 ●●○

밑줄 친 부분에 들어갈 말로 가장 적절한 것은?

> For more effective communication between citizens in countries where multiple languages are used, the teaching of supplementary languages in schools should be _____.

① compulsory   ② conditional
③ arbitrary   ④ abrupt

해석
다수의 언어가 사용되는 국가에서는 시민들 간의 더 효과적인 의사소통을 위해, 학교에서의 보충 언어 교육이 필수적이어야 한다.
① 필수적인   ② 조건부의
③ 임의적인   ④ 갑작스러운

정답 ①

어휘
effective 효과적인 multiple 다수의 supplementary 보충의, 추가의
compulsory 필수적인, 의무적인 conditional 조건부의, 잠정적인
arbitrary 임의적인, 제멋대로인 abrupt 갑작스러운, 퉁명스러운

이것도 알면 합격!

'필수적인'의 의미를 갖는 유의어
= mandatory, obligatory, essential

---

02 문법 관계절 난이도 중 ●●○

밑줄 친 부분에 들어갈 말로 가장 적절한 것은?

> I'm excited that the author _____ book I recommended is coming to our event.

① who   ② which
③ of which ④ whose

해석
제가 추천했던 책의 저자가 저희 행사에 오게 되어 기쁩니다.

포인트 해설
④ **관계대명사** 빈칸은 명사 the author를 수식하는 것의 자리이다. 관계절 내에서 book이 누구의 책인지를 나타내므로, 소유격 관계대명사인 ③ of which와 ④ whose가 정답 후보이다. 이때 선행사(the author)가 사람이므로, 사람을 나타내는 소유격 관계대명사 ④ whose가 정답이다.

정답 ④

이것도 알면 합격!

한편, 관계대명사 that은 소유격 관계대명사를 제외한 모든 관계대명사를 대신해서 쓸 수 있다는 것을 함께 알아 두자.

03 문법 동명사 | 수 일치 | 대명사   난이도 하 ●○○

밑줄 친 부분 중 어법상 옳지 않은 것은?

> Over the last decade, the cost of solar panels ① has fallen by nearly 90 percent, allowing many homeowners to disconnect from the traditional power grid. However, homeowners do not have to choose ② one or the other. Hybrid solar systems have photovoltaic panels for ③ create power, but are still connected to the grid. That way, either the solar system or the local utility company ④ is providing power to the home at all times.

*photovoltaic: 광발전의

해석
지난 10년에 걸쳐, 태양열 전지판의 가격은 거의 90퍼센트까지 떨어졌고, 많은 주택 소유주들을 전통적인 전력망으로부터 분리하게 해 주었다. 하지만, 주택 소유주들은 어느 한쪽을 선택할 필요가 없다. 하이브리드 태양열 시스템은 전력을 만들어내기 위한 광발전 전지판들을 갖추고 있지만, 여전히 그 망과 연결되어 있다. 그런 방식으로, 태양열 시스템 또는 지역 전력 회사 중 하나가 주택에 전력을 항상 공급한다.

포인트 해설
③ **동명사의 역할** 전치사(for)의 목적어 자리에는 명사 역할을 하는 것이 와야 하므로 동사원형 create를 동명사 creating으로 고쳐야 한다.

[오답 분석]
① **주어와 동사의 수 일치** 주어 자리에 단수 명사 the cost가 왔으므로 단수 동사 has가 올바르게 쓰였다. 참고로, 주어와 동사 사이의 수식어 거품(of solar panels)은 동사의 수 결정에 영향을 주지 않는다.
② **부정대명사** 문맥상 '어느 한쪽을 선택할 필요가 없다'라는 의미가 되어야 자연스러우므로 '어느 한쪽'을 의미하는 one or the other가 올바르게 쓰였다.
④ **접속사로 연결된 주어의 수 일치** either A or B(A 또는 B 중 하나)로 연결된 주어(either the solar system or the local utility company)는 B에 동사를 수 일치시켜야 하는데, B 자리에 단수 명사 the local utility company가 왔으므로 단수 동사 is가 올바르게 쓰였다.

정답 ③

어휘
solar panel 태양열 전지판   homeowner 주택 소유주
disconnect 분리하다, 연결을 끊다   power grid 전력망   at all times 항상

이것도 알면 합격!
한편, other는 '이미 언급한 것 이외의'란 뜻의 형용사로, others는 '이미 언급한 것 이외의 것들 중 몇몇'이란 뜻의 대명사로 쓰인다는 것을 알아 두자.
- The shop was closed, so we had to look for **other** options.
  그 가게가 문을 닫아서, 우리는 다른 선택지들(가게들)을 찾아야 했다.
- Some students finished the test early, while **others** were still working.
  일부 학생들은 시험을 일찍 마친 반면, 다른 학생들은 여전히 시험을 보고 있다.

04 생활영어 Do you have a specific quantity or option you would like?   난이도 하 ●○○

밑줄 친 부분에 들어갈 말로 가장 적절한 것은?

> A: Good morning. Welcome to Sports World.
> B: Hi. I was wondering if you sold swim gear.
> A: Of course. What exactly are you looking for?
> B: I have to get some swim caps for my team's next meet.
> A: We have plenty of colors to choose from. _____
> _____
> B: I'm looking to buy thirty medium-sized blue ones.

① Are you interested in any bulk discounts?
② Do you have a specific quantity or option you would like?
③ Would you like to try on a sample before placing the order?
④ Is there a brand you're leaning toward?

해석
A: 좋은 아침입니다. Sports World에 오신 것을 환영해요.
B: 안녕하세요. 여기서 수영복도 판매하시는지 궁금합니다.
A: 그럼요. 정확히 무엇을 찾는 중이신가요?
B: 저는 저희 팀의 다음 경기를 위해 수영 모자를 좀 사야 합니다.
A: 저희는 선택하실 수 있는 다양한 색상들을 보유하고 있습니다. <u>원하시는 구체적인 수량이나 옵션이 있으신가요?</u>
B: 저는 중간 크기로 파란색 수영 모자 서른 장을 사려고 해요.

① 대량 주문 할인에 관심 있으신가요?
② 원하시는 구체적인 수량이나 옵션이 있으신가요?
③ 주문하기 전에 샘플을 착용해 보시겠어요?
④ 선호하는 브랜드가 있으신가요?

포인트 해설
팀의 다음 경기를 위해 수영 모자를 사야 한다는 B의 말에 대해 A가 선택할 수 있는 다양한 색상들이 있다고 하고, 빈칸 뒤에서 다시 B가 I'm looking to buy thirty medium-sized blue ones(저는 중간 크기로 파란색 수영 모자 서른 장을 사려고 해요)라고 말하고 있으므로, '원하시는 구체적인 수량이나 옵션이 있으신가요?'라는 의미의 ② 'Do you have a specific quantity or option you would like?'가 정답이다.

정답 ②

어휘
bulk 대량 (주문)   quantity 수량
lean toward ~을 선호하다, ~쪽으로 마음이 기울다

이것도 알면 합격!
물건을 구매할 때 쓸 수 있는 다양한 표현들을 알아 두자.
- Can I put this purchase on a six-month payment plan?
  6개월 할부로 살 수 있을까요?
- Could I get a copy of the receipt? 영수증 사본을 받을 수 있을까요?
- I'll pay in cash. 현금으로 계산할게요.
- Keep the change. 거스름돈은 됐습니다.

DAY 20 하프모의고사 20회

05~06 다음 글을 읽고 물음에 답하시오.

Air Quality Monitoring
Monitoring air quality and providing safety recommendations when pollution levels are high are key responsibilities of the Air Quality Monitoring Agency (AQMA). Both short- and long-term exposure to pollutants in the air can lead to serious health consequences and even premature death.

Particulate Matter
Airborne particulate matter (PM) refers to a mixture of tiny particles and liquid droplets suspended in the air. These particles vary in size, but the most concerning for human health are those classified as PM2.5, which come from a variety of sources, such as vehicle exhaust and industrial emissions.

When the AQMA detects unsafe levels of PM2.5, it issues alerts and recommendations to the public, such as limiting outdoor activities or wearing protective masks. The agency also collaborates with industries and local governments to reduce emissions and improve air quality in affected areas.

해석

대기질 추적 관찰
오염 수준이 높을 때 대기질을 추적 관찰하여 안전 권고 사항을 제공하는 것은 대기질 추적 관찰 기관(AQMA)의 핵심 책무입니다. 대기 중 오염 물질에 대한 단기적인 노출과 장기적인 노출 모두 심각한 건강상의 결과로 이어질 수 있으며 심지어 조기 사망으로도 이어질 수 있습니다.

미세 먼지
공기 중의 미세 먼지(PM)는 대기에 떠다니는 작은 입자와 액체 방울의 혼합물을 말합니다. 이러한 입자는 크기가 다양하지만, 인간의 건강에 가장 우려되는 것들은 PM2.5로 분류되는 것들로, 차량 배기가스, 산업 배출물 등 다양한 원천에서 생겨납니다.

대기질 추적 관찰 기관이 안전하지 않은 수준의 PM2.5를 감지하면, 야외 활동을 제한하거나 보호용 마스크를 착용하는 것과 같은 경보 및 권고 사항을 대중에 발표합니다. 그 기관은 또한 산업 및 지방 정부와 협력하여 영향받는 지역의 배출물을 줄이고 대기질을 개선합니다.

어휘
pollution 오염 exposure 노출 pollutant 오염 물질
consequence 결과 particulate matter 미세 먼지
airborne 공기 중의, 공기로 운반되는 tiny 작은 particle 입자, 미립자
droplet 액체 방울, 비말 suspend 떠 있게 하다, 중지하다 classify 분류하다
exhaust 배기가스; 기진맥진하게 만들다 emission 배출(물)
detect 감지하다 issue 발표하다, 발행하다 alert 경보; 경고하다
protective 보호용의 collaborate 협력하다

---

05 독해 요지 파악 난이도 중 ●●○

윗글의 요지로 가장 적절한 것은?

① The AQMA promotes renewable energy sources to reduce industrial emissions.
② The AQMA is tasked with identifying the source of fine particulate matter.
③ The AQMA informs the public when air pollution reaches dangerous levels.
④ The AQMA is working to address the health consequences of air pollution.

해석
① 대기질 추적 관찰 기관은 산업 배출물을 줄이기 위해 재생 가능한 에너지원을 장려한다.
② 대기질 추적 관찰 기관은 초미세먼지의 원천을 확인하는 임무를 맡고 있다.
③ 대기질 추적 관찰 기관은 대기 오염이 위험 수준에 이르면 대중에게 알린다.
④ 대기질 추적 관찰 기관은 대기 오염으로 인한 건강상의 결과를 해결하기 위해 노력하고 있다.

포인트 해설
지문 앞부분에서 대기질 추적 관찰 기관의 핵심 책무는 오염 수준이 높을 때 대기질을 추적 관찰하여 안전 권고 사항을 제공하는 것이라고 했고, 지문 마지막에서 이 기관이 안전하지 않은 수준의 미세 먼지를 감지하면 야외 활동 제한과 같은 경보 및 권고 사항을 대중에 발표한다고 했으므로, ③ '대기질 추적 관찰 기관은 대기 오염이 위험 수준에 이르면 대중에게 알린다'가 이 글의 요지이다.

정답 ③

어휘
promote 장려하다, 촉진하다 renewable 재생 가능한
identify 확인하다, 식별하다 fine particulate matter 초미세먼지

---

06 독해 유의어 파악 난이도 중 ●●●

밑줄 친 premature의 의미와 가장 가까운 것은?

① unexpected   ② early
③ inevitable   ④ tragic

해석
① 예상치 못한   ② 이른
③ 불가피한   ④ 비극적인

포인트 해설
밑줄 친 부분이 포함된 문장에서 premature는 대기 중 오염 물질에 대한 단기적인 노출과 장기적인 노출 모두 '조기' 사망으로 이어질 수 있다는 의미로 쓰였으므로, '이른'이라는 의미의 ② early가 정답이다.

정답 ②

어휘
unexpected 예상치 못한 inevitable 불가피한 tragic 비극적인

07 독해 내용 일치 파악 난이도 중

Public Information and Awareness Office에 관한 다음 글의 내용과 일치하는 것은?

Public Information and Awareness Office (PIAO) Responsibilities

The PIAO is a national agency dedicated to creating and distributing public service announcements (PSAs) on various topics, including public health, safety, and social issues. Working in collaboration with other government agencies, nonprofits, and community organizations, the PIAO delivers its campaigns via television, radio, print media, and online platforms to reach the widest possible audience. In addition to ensuring that the content of all PSAs is accurate and clear, the PIAO tailors its messages to different demographic groups within the nation. It also conducts continuous evaluations of the effectiveness of its PSAs through a combination of public surveys, focus groups, and digital engagement analytics.

① It handles all aspects of PSA distribution internally.
② It is increasing its use of online platforms to reach a wider audience.
③ It creates PSAs to appeal to various groups of people across the country.
④ It conducts surveys to help choose which topics should be addressed in PSAs.

해석

공공 정보 및 인식 사무소(PIAO)의 책무

공공 정보 및 인식 사무소는 공중 보건, 안전 및 사회 문제를 포함하여, 다양한 주제에 대한 공공 서비스 공지(PSA)를 작성하고 배포하는 데 전념하는 국가 기관입니다. 다른 정부 기관, 비영리 단체 그리고 지역 사회단체와 협력하여 일하면서, 공공 정보 및 인식 사무소는 가능한 한 많은 청중들에 닿을 수 있도록 텔레비전, 라디오, 인쇄 매체 및 온라인 플랫폼을 통해 그것의 캠페인을 전달합니다. 공공 서비스 공지의 모든 내용이 정확하고 명료하도록 보장하는 것 외에도, 공공 정보 및 인식 사무소는 국내의 다양한 인구 집단들에 맞추어 메시지를 제작합니다. 그것은 또한 대중 설문조사, 표적 집단, 디지털 참여 분석을 결합하여 공공 서비스 공지의 효과성에 대한 지속적인 평가를 수행합니다.

① 그것은 공공 서비스 공지 배포의 모든 측면을 내부적으로 처리한다.
② 그것은 더 많은 청중에게 다가가기 위해 온라인 플랫폼 사용을 늘리고 있다.
③ 그것은 전국의 다양한 집단의 사람들에게 호소할 수 있는 공공 서비스 공지를 제작한다.
④ 그것은 공공 서비스 공지에서 다루어져야 할 주제를 선정하는 것을 돕기 위해 설문조사를 실시한다.

포인트 해설

③번의 키워드인 various groups of people(다양한 집단의 사람들)을 바꾸어 표현한 지문의 different demographic groups(다양한 인구 집단들) 주변 내용에서 공공 정보 및 인식 사무소는 국내의 다양한 인구 집단들에 맞추어 메시지를 제작한다고 했으므로, ③ '그것은 전국의 다양한 집단의 사람들에게 호소할 수 있는 공공 서비스 공지를 제작한다'가 지문의 내용과 일치한다.

[오답 분석]
① 공공 정보 및 인식 사무소는 다른 정부 기관, 비영리 단체 그리고 지역 사회단체와 협력하여 공공 서비스 공지를 작성하고 배포한다고 했으므로, 그것이 공공 서비스 공지 배포의 모든 측면을 내부적으로 처리한다는 것은 지문의 내용과 다르다.
② 공공 정보 및 인식 사무소가 가능한 한 많은 청중들에 닿을 수 있도록 온라인 플랫폼을 비롯한 여러 매체를 통해 캠페인을 전달한다고는 했지만, 그것이 더 많은 청중에게 다가가기 위해 온라인 플랫폼 사용을 늘리고 있는지는 알 수 없다.
④ 공공 정보 및 인식 사무소가 공공 서비스 공지의 효과성을 평가하기 위해 대중 설문조사를 한다고는 했지만, 그것이 공공 서비스 공지에서 다루어져야 할 주제를 선정하는 것을 돕기 위해 설문조사를 실시하는지는 알 수 없다.

정답 ③

어휘
awareness 인식 dedicate 전념하다, 헌신하다
distribute 배포하다, 분배하다 announcement 공지
collaboration 협력, 공동 작업 nonprofit 비영리 단체 accurate 정확한
tailor 맞추어 제작하다, 조정하다 demographic 인구 집단의, 인구 통계의
evaluation 평가 effectiveness 효과성 survey 설문조사
engagement 참여, 관여 analytics 분석 (정보) handle 처리하다, 다루다
aspect 측면 appeal 호소하다

08 독해 내용 불일치 파악 난이도 중

다음 글의 내용과 일치하지 않는 것은?

Habitat destruction is often cited as a concern for animal populations, but many overlook the importance of conserving local habitats for human populations. Perhaps nowhere is this more evident than the Pacific territory of Easter Island. Early inhabitants of the island used native trees to make tools for creating agricultural instruments and for carving the massive heads that the civilization is known for. However, their activities eventually deforested most of the island. Without the trees, the entire ecosystem collapsed, and food and freshwater became scarce.

To make matters worse, there was no wood for the inhabitants to build ships to escape the island. Ultimately, this brought about infighting as the Easter Islanders became more desperate and the society failed. While the unique island location magnified the effects of habitat loss, the Easter Island example shows how devastating it can be for humans.

① Many people do not recognize the importance of preserving natural habitats for humans.
② Easter Island's early settlers created wooden tools for farming and carving.
③ The island society collapsed as people fled the island after it was deforested.
④ Easter Island serves as an example of how habitat destruction can affect society.

구문 분석
Perhaps nowhere is this more evident / than the Pacific territory of Easter Island.
: 이처럼 'nowhere 비교급 … than ~' 구문이 최상급을 나타내는 경우, '~보다 더 …한 곳은 없다'라고 해석한다.

09 독해 빈칸 완성 - 구   난이도 중 ●●○

밑줄 친 부분에 들어갈 말로 가장 적절한 것은?

People are always looking for ways to save money, whether it's simply to have more for the future or to be able to make a specific purchase. To do this, many shop around to try to find the cheapest options when they need to make a relatively large purchase, like a piece of furniture or an appliance. However, they should be aware that buying cheaper things _____.
For most items, the price reflects the quality of the product, and the more expensive it is, the more durable it will be. So, if one buys a cheaper sofa or refrigerator, it is likely that it will require more frequent repairs and earlier replacement, both of which can be costly. Moreover, more expensive items often have better warranties, so if they do break down, repairs will not incur an additional payment.

① is not a concern for other shoppers
② results in negative consequences for the economy
③ may take more time and effort than planned
④ can actually end up costing more in the long run

> 포인트 해설

빈칸 뒷부분에서 대부분의 물건 가격이 품질을 반영하기 때문에 더 저렴한 물품을 구매하게 되면 더 잦은 수리와 더 이른 교체를 요구할 가능성이 있어 오히려 더 많은 비용이 들 수 있다고 했으므로, 사람들은 더 저렴한 것들을 구매하는 것이 '사실 장기적으로는 결국 더 많은 비용이 들게 할 수 있다'는 것을 인식해야 한다고 한 ④번이 정답이다.

정답 ④

> 어휘

look for ~을 찾다   specific 특정한   relatively 비교적
appliance 가전제품   reflect 반영하다   durable 내구성이 있는
frequent 잦은   replacement 교체   warranty 품질 보증(서)
break down 고장 나다   incur (비용을) 발생시키다, (좋지 못한 상황을) 초래하다
end up -ing 결국 –하게 하다   in the long run 장기적으로

---

10 독해 문단 순서 배열   난이도 중 ●●○

주어진 문장 다음에 이어질 글의 순서로 가장 적절한 것은?

> After decades of debate, the Clairmont City Council has approved the construction of a bridge across the Tahani River at Whitehaven Avenue.

> (A) Local citizens have been pushing for a new bridge to alleviate traffic congestion around the city's two existing bridges for nearly 40 years, but local officials were unwilling to commit to the project in the past.
> (B) Nevertheless, as the city expanded in recent years, the number of cars on the road increased dramatically and the need for the bridge became undeniable—driving across the city during rush hour now takes over 2 hours.
> (C) Besides worrying about the cost, they did not want to upset Whitehaven Avenue residents, whose homes will have to be removed to make way for the new bridge and expansion of the roadway approaching it.

① (A) – (B) – (C) ② (A) – (C) – (B)
③ (B) – (A) – (C) ④ (B) – (C) – (A)

> 해석

> 수십 년에 걸친 논의 끝에, Clairmont 시의회는 Whitehaven가에 있는 Tahani 강을 가로지르는 교량 건설을 승인했다.

(A) 지역 시민들은 그 도시의 기존의 두 개의 교량 주변의 교통 체증을 완화하기 위해 거의 40년 동안 새 교량을 계속 요구해 오고 있지만, 과거에는 지역 공무원들이 그 사업을 책임지는 것을 꺼렸었다.
(B) 그럼에도 불구하고, 최근 몇 년 동안 그 도시가 확장되었기 때문에, 도로의 차량 수가 극적으로 증가했고 교량의 필요성을 부인할 수 없게 되었는데, 혼잡 시간대에 그 도시를 가로질러 운전하는 것은 현재 두 시간이 넘게 걸린다.
(C) 비용에 대한 우려 외에도, 그들은 Whitehaven가의 주민들을 뒤흔들어 놓고 싶지 않았는데, 그들의 집은 새 교량과 그것에 접근하는 도로의 확장을 위한 길을 만들기 위해 제거되어만 할 것이다.

> 포인트 해설

주어진 문장에서 수십 년에 걸친 논의 끝에 시의회가 Whitehaven가에 있는 Tahani 강을 가로지르는 교량 건설을 승인했다고 한 뒤, (A)에서 지역 시민들이 교통 체증 완화를 위해 거의 40년 동안(for nearly 40 years) 새 교량을 요구해 왔으나 공무원들이 그 사업을 책임지는 것을 꺼렸다고 언급하고 있다. 이어서 (C)에서 비용에 대한 우려 외에도 그들(they)은 교량 건설에 수반되는 주택 철거로 Whitehaven가의 주민들을 당혹스럽게 만들고 싶지 않았다고 하고, (B)에서 그럼에도 불구하고(Nevertheless) 최근 도시의 확장으로 교량의 필요성을 부인할 수 없게 되었다고 설명하고 있다. 따라서 ② (A) – (C) – (B)가 정답이다.

정답 ②

> 어휘

debate 논의   city council 시의회   approve 승인하다
push for ~을 계속 요구하다   alleviate 완화하다
traffic congestion 교통 체증   unwilling 꺼리는, 본의 아닌
commit 책임지다, 저지르다   dramatically 극적으로
undeniable 부인할 수 없는   expansion 확장

DAY 21 하프모의고사 21회

해커스 공무원시험연구소 총평

난이도 일부 문제에 매력적인 오답 보기가 포함되어 있기는 했지만, 유형별 문제풀이 전략을 적용했다면 혼동하지 않고 정답을 고를 수 있었을 것입니다.

어휘·생활영어 영역 업무를 배정하는 내용의 대화는 공무원 직무 관련 대화에서 출제를 예상해 볼 수 있는 주제 중 하나이므로, 4번 문제를 통해 관련 표현들을 확인합니다.

문법 영역 올바른 명사절 접속사가 쓰였는지 확인하는 포인트는 최신 출제경향입니다. 명사절 접속사의 종류의 의미들을 구분하여 알아 두고, 주어진 문장에 대입하는 훈련이 필요합니다.

독해 영역 지문 길이가 짧은 안내문에서는 각각의 문단 또는 각각의 소제목에 대한 내용으로 네 개의 보기가 구성되어 있을 가능성이 높습니다.

정답

01	③	어휘	06	②	독해
02	③	문법	07	④	독해
03	②	문법	08	④	독해
04	④	생활영어	09	③	독해
05	④	독해	10	②	독해

취약영역 분석표

영역	맞힌 답의 개수
어휘	/1
생활영어	/1
문법	/2
독해	/6
TOTAL	/10

---

01 어휘 wane   난이도 중 ●●○

밑줄 친 부분에 들어갈 말로 가장 적절한 것은?

> When the effect of the first dose started to _____, he asked the nurse if he could receive more medicine, since the pain was unbearable.

① activate ② manifest
③ wane   ④ intensify

해석
첫 번째 복용량의 효과가 약해지기 시작했을 때, 그는 간호사에게 자신이 더 많은 약을 받을 수 있는지 물었는데, 고통이 견딜 수 없었기 때문이다.
① 활성화되다 ② 나타나다
③ 약해지다   ④ 심해지다

정답 ③

어휘
dose 복용량 unbearable 견딜 수 없는 activate 활성화되다, 활성화시키다
manifest 나타나다, 증명하다 wane 약해지다 intensify 심해지다, 강화되다

이것도 알면 합격!
'약해지다'의 의미를 갖는 표현
= subside, diminish, wear off

---

02 문법 명사절 | 전치사 | 분사 | 부사   난이도 중 ●●○

밑줄 친 부분 중 어법상 옳지 않은 것은?

> A person's ability to recall general knowledge is ① <u>dependent on</u> brain efficiency, rather than overall intelligence, a new study suggests. Researchers analyzed the brains of 324 participants who answered general knowledge questions ② <u>related</u> to art, history, and science. ③ <u>That</u> researchers found was that the subjects who answered the most questions correctly had the most efficient brain connections, in that they were ④ <u>much</u> shorter and stronger.

해석
일반 상식을 기억해 내는 사람의 능력은 전반적인 지능보다는 두뇌의 능률에 좌우된다고 새로운 연구는 시사한다. 연구진은 예술, 역사, 그리고 과학에 관련된 일반 상식 질문들에 답변한 참가자 324명의 두뇌를 분석했다. 연구원들이 알게 된 것은 가장 많은 질문들에 올바르게 대답한 피실험자들이, 연결이 훨씬 더 간결하고 더 강하다는 점에서 가장 능률적인 두뇌 연결을 가진다는 것이었다.

포인트 해설
③ what vs. that 목적어가 없는 불완전한 절(researchers found)을 이끌면서 문장의 주어 자리에 올 수 있는 것은 명사절 접속사 what이므로, 완전한 절을 이끄는 명사절 접속사 That을 What으로 고쳐야 한다.

[오답 분석]
① 기타 전치사 문맥상 '두뇌의 능률에 좌우되는'이라는 의미가 되어야 자연스러우므로, '~에 좌우되는'을 나타내기 위해 전치사 숙어 표현 dependent on이 올바르게 쓰였다.
② 현재분사 vs. 과거분사 수식받는 명사(general knowledge questions)와 분사가 '일반 상식 질문들이 관련되다'라는 의미의 수동 관계이므로 과거분사 related가 올바르게 쓰였다.
④ 강조 부사 비교급(shorter, stronger) 앞에서 '훨씬'이라는 의미를 더해 수식하는 대상을 강조하는 강조 부사 much가 올바르게 쓰였다.

정답 ③

어휘

recall 기억해 내다, 회상하다 general knowledge 일반 상식
dependent on ~에 좌우되는 efficiency 능률, 효율 overall 전반적인
intelligence 지능 analyze 분석하다

이것도 알면 합격!

한편, 비교급 앞에서 '훨씬'이라는 의미를 더하는 강조 부사는 much 외에도 even/still/far/a lot/by far가 있다는 것을 함께 알아 두자.

03 문법 to 부정사 | 조동사 | 관사 | 비교 구문 난이도 중 ●●○

밑줄 친 부분이 어법상 옳은 것은?

① While we're at the amusement park, we may as well riding the roller coaster.
② Please remember to reply to the email before the end of the day.
③ Manhattan penthouses are known to attract the super wealth.
④ The new office space is twice as larger as the one we had before.

해석

① 놀이공원에 온 김에, 우리는 롤러코스터를 타는 편이 더 낫겠어.
② 오늘이 가기 전에 이메일에 회신하는 것을 기억해 주세요.
③ 맨해튼 펜트하우스는 엄청난 부자들의 마음을 끄는 것으로 알려져 있다.
④ 새로운 사무실 공간은 우리가 이전에 보유했던 것의 두 배만큼 크다.

포인트 해설

② 동명사와 to 부정사 둘 다 목적어로 취하는 동사 문맥상 '회신하는 것을 기억해 주세요'라는 의미가 되어야 자연스러운데, 동사 remember는 '~할 것을 기억하다'라는 미래의 의미를 나타낼 때 to 부정사를 목적어로 취하므로 to 부정사 to reply가 올바르게 쓰였다.

[오답 분석]
① 조동사 관련 표현 조동사처럼 쓰이는 표현 may as well(~하는 편이 낫겠다) 뒤에는 동사원형이 와야 하므로 riding을 동사원형 ride로 고쳐야 한다.
③ 정관사 the 문맥상 '엄청난 부자들의 마음을 끌다'라는 의미가 되어야 자연스러운데, '엄청난 부자들'은 'the + 형용사'(~한 사람들)를 사용하여 나타낼 수 있으므로 명사 wealth(부)를 형용사 wealthy(부자인)로 고쳐야 한다.
④ 원급 '두 배만큼 크다'는 '배수사 + as + 원급 + as'의 형태로 나타낼 수 있으므로 비교급 larger를 원급 large로 고쳐야 한다.

정답 ②

어휘

amusement park 놀이공원 attract ~의 마음을 끌다, 끌어들이다, 매혹하다

이것도 알면 합격!

①번의 may as well(~하는 편이 낫겠다)과 같이 뒤에 동사원형이 와야 하는 조동사 관련 숙어들을 함께 알아 두자.

- would rather 차라리 ~하는 게 낫다
- may well ~하는 게 당연하다
- would like to ~하고 싶다
- cannot ~ too 아무리 ~해도 지나치지 않다
- cannot (help) but ~할 수밖에 없다

04 생활영어 Thank you. I'll make sure to review it once I receive it. 난이도 하 ●○○

밑줄 친 부분에 들어갈 말로 가장 적절한 것은?

Lily Green
I need to discuss temporary job adjustments with you.
14:05

Richard Walker
Of course. What will I be responsible for?
14:05

Lily Green
You will be handling the press conference.
14:06

Richard Walker
Would I be in charge of a full press conference?
14:06

Lily Green
No. All you need to do is send invitations and post the press release.
14:07

Richard Walker
I see. Are there any specific templates?
14:07

Lily Green
I will send you the manual containing the templates and event details.
14:08

DAY 21 하프모의고사 21회

Richard Walker 14:08
_____

Lily Green 14:09
You're welcome. If you have any questions after reading it, feel free to reach out to me.

① When exactly do I need to send out the invitations?
② Are there any key points I need to include in the press release?
③ I will create a manual for the tasks I am responsible for.
④ Thank you. I'll make sure to review it once I receive it.

05~06 다음 글을 읽고 물음에 답하시오.

To	contact@blackwellsigns.com
From	levi.sawyer@culturalaffairs.org
Date	May 5
Subject	Signage Services

To Whom It May Concern:

The City of Cochran will be holding a food festival in mid-July of this year and will require a variety of custom signs in multiple languages, including English, French, Spanish, Mandarin, Korean, and Tagalog. I am writing to request an estimate for your sign production services.

To give you an idea of what we are looking for, we will need welcome signs placed at the main entrances that include a warm greeting in all six languages. Additionally, directional signs should be positioned throughout the event to help guide visitors to the restrooms, the information center, and the first-aid station. The signs should also be weather-resistant as the event will be held outdoors over three days. We do not currently have a finalized design for the signs, so we would be happy to discuss options with your team.

I look forward to hearing from you. Please feel free to reach out if you need any further information.

Sincerely,
Levi Sawyer, Event Coordinator

어휘

signage 표지판, 신호　hold 개최하다, 열다　custom 맞춤형의, 특별한
estimate 견적, 추정; 추정하다　production 제작, 생산
directional 안내의, 방향을 나타내는　position 배치하다, 두다; 위치
restroom 화장실　first-aid 응급 치료
weather-resistant 날씨에 영향받지 않는　finalize 확정하다, 마무리하다
reach out 연락하다　further 추가의, 더 먼　coordinator 관리자, 조정자

05　독해　목적 파악　　　난이도 하 ●○○

위 이메일의 목적으로 가장 적절한 것은?

① 표지판 제작을 위한 직원 채용을 요청하려고
② 기존 표지판들의 불편한 점들을 알리려고
③ 신규 표지판의 디자인 공모의 필요성을 주장하려고
④ 다국어로 된 표지판 제작 비용을 문의하려고

포인트 해설

지문 앞부분에서 시에서 개최할 음식 축제를 위해 여러 언어로 된 다양한 맞춤형 표지판이 필요하다고 이야기하며, 표지판 제작 서비스의 견적을 요청하고 있으므로, ④ '다국어로 된 표지판 제작 비용을 문의하려고'가 이 글의 목적이다.

정답 ④

06　독해　내용 불일치 파악　　　난이도 중 ●●○

위 이메일의 내용과 일치하지 않는 것은?

① Festival attendees will be greeted at the entrance in six languages.
② Signage that guides visitors to parking areas is needed.
③ The signs should be able to withstand being outdoors for three days.
④ The design of the signs has not yet been decided on.

해석

① 축제 참석자들은 입구에서 여섯 가지 언어로 환영받을 것이다.
② 방문객들을 주차 구역으로 안내하는 표지판이 필요하다.
③ 표지판은 3일 동안 야외에 비치되는 것을 견딜 수 있어야 한다.
④ 표지판의 디자인은 아직 결정되지 않았다.

포인트 해설

②번의 키워드인 guides visitors(방문객들을 안내하다)가 그대로 언급된 지문 주변의 내용에서 방문객들을 화장실, 안내 센터, 그리고 응급 치료실로 안내하기 위해 안내 표지판이 필요하다고는 했지만, ② '방문객들을 주차 구역으로 안내하는 표지판이 필요'한지는 알 수 없다.

정답 ②

어휘

attendee 참석자　greet 환영하다, 맞다　withstand 견디다, 참다

07　독해　내용 일치 파악　　　난이도 중 ●●○

National Space Technology Expo에 관한 다음 글의 내용과 일치하는 것은?

> **National Space Technology Expo (NSTE)**
>
> **Weekend Pass for Friday, April 11 – Sunday, April 13**
> • Price: $75.00 (at the gate)
> • Opening hours: 9:00 a.m. – 8 p.m.
>
> Pass is valid for admission to the expo for the entire weekend. Additional costs may be charged for optional events, such as Space Simulation Experiences.
>
> Tickets can be purchased online at a discounted price of $70. An "Early Bird Price" of $60 is available for tickets purchased before March 1.
>
> Please note: The expo is geared to industry professionals. It is intended for adults alone.

① The expo will run for an entire week.
② All events are included in the price of a pass.
③ Discounted tickets can be purchased from March 1.
④ It caters to adults rather than children.

해석

> 전국 우주기술 박람회(NSTE)
>
> 4월 11일 금요일 – 4월 13일 일요일에 대한 주말 입장권
> • 가격: 75달러 (현장 구매 시)
> • 개장 시간: 오전 9시 – 오후 8시
>
> 입장권은 전체 주말 기간의 박람회 입장에 대해 유효합니다. 우주 시뮬레이션 체험과 같은 선택적 행사에는 추가 요금이 부과될 수 있습니다.
>
> 표는 온라인에서 70달러의 할인된 가격으로 구매하실 수 있습니다. 3월 1일 이전에 구매된 표의 경우 60달러의 '얼리버드 가격'을 이용할 수 있습니다.
>
> 참고하세요: 박람회는 업계 전문가들에 적합하도록 맞추어져 있습니다. 성인만을 대상으로 하고 있습니다.

① 박람회는 한 주간 내내 진행될 것이다.
② 모든 행사가 입장권 가격에 포함되어 있다.
③ 할인된 표는 3월 1일부터 구매될 수 있다.
④ 그것은 아이들보다 성인들의 구미에 맞춘다.

포인트 해설

④번의 키워드인 caters to adults(성인들의 구미에 맞춘다)를 바꾸어 표현한 지문의 intended for adults alone(성인만을 대상으로 한) 주변의 내용에서 전국 우주기술 박람회는 성인만을 대상으로 하고 있다고 했으므로, ④ '그것은 아이들보다 성인들의 구미에 맞춘다'가 지문의 내용과 일치한다.

[오답 분석]
① 박람회는 금요일부터 일요일까지 진행된다고 했으므로, 박람회가 한 주간 내내 진행될 것이라는 것은 지문의 내용과 다르다.
② 선택적 행사에는 추가 요금이 부과될 수 있다고 했으므로, 모든 행사

③ 서로 다른 집단들에 의해 공유된 경험으로써
④ 역사적 사실과는 모순되는 방식으로

포인트 해설

빈칸 뒤 문장에 만델라 효과는 만델라가 실제 사망 연도와 다른 해에 사망했다고 장담했던 관련 없는 일부 사람들로부터 유래한다는 내용이 있고, 지문 마지막에서 어떤 사건에 대한 이야기가 타인과 공유될 때 전해 들은 이야기들이 작화되어 실제로 발생한 것에 대한 잘못된 정보의 확산으로 이어질 수 있다고 했으므로, 만델라 효과는 한 집단의 기억이 '역사적 사실과는 모순되는 방식으로' 기억되는 현상이라고 한 ④번이 정답이다.

정답 ④

어휘

refer to ~을 나타내다, 언급하다 phenomenon 현상 collective 집단의
originate 유래하다 swear 장담하다, 맹세하다 pass away 사망하다
to date 지금까지 compile 종합하다, 편집하다 fragment 단편, 부분
recall 회상; 상기하다 distort 왜곡하다 suggestion 암시, 연상(작용), 제안
confabulation 작화(이야기를 지어내는 것) gap 공백
secondhand 전해 들은, 간접의 account 설명, 계좌
misinformation 잘못된 정보 interpretation 해석
contradict 모순되다, 반박하다

이전 페이지 내용

가 입장권 가격에 포함되어 있다는 것은 지문의 내용과 다르다.
③ 3월 1일 이전에 구매된 표의 경우 60달러의 얼리버드 가격을 이용할 수 있다고 했으므로, 할인된 표가 3월 1일부터 구매될 수 있다는 것은 지문의 내용과 다르다.

정답 ④

어휘

valid 유효한 admission 입장, 입학 charge 부과하다; 요금
available 이용할 수 있는 gear A to B A를 B에 적합하도록 맞추다
run 진행하다, 달리다 cater 구미에 맞추다, 음식을 공급하다

---

08 독해 빈칸 완성 - 구   난이도 중 ●●○

밑줄 친 부분에 들어갈 말로 가장 적절한 것은?

The Mandela effect refers to the phenomenon in which a collective memory is remembered _____.
The term originates from a subset of unconnected people who swore that Nelson Mandela died in prison in the 1980s when in fact he passed away in 2013. To date, researchers have compiled several possible explanations for the Mandela effect, with the most common being false memories. These can seem believable because they contain fragments of truth. Results from recall tests have shown how easily memories can be distorted by the influence of a researcher's suggestion. Another possible cause of this effect is confabulation, which is defined as adding imaginary or untrue information to fill in the gaps in a story. When shared with others, secondhand accounts of events can be confabulated and lead to a spread of misinformation about what actually happened.

① based on societal influence
② through personal interpretations
③ as a shared experience by different groups
④ in a way that contradicts historical facts

해석

만델라 효과는 한 집단의 기억이 역사적 사실과는 모순되는 방식으로 기억되는 현상을 나타낸다. 그 용어는 넬슨 만델라가 실제로는 2013년에 사망했지만, 그가 1980년대에 감옥에서 사망했다고 장담했던 관련 없는 일부 사람들로부터 유래한다. 지금까지, 연구자들은 만델라 효과에 대한 몇몇 가능한 설명들을 종합해 왔는데, 가장 보편적인 것은 거짓된 기억이다. 이것들은 진실의 단편들을 포함하기 때문에 믿을 만한 것처럼 보일 수 있다. 회상 검사들의 결과는 기억이 연구원의 암시가 미치는 영향에 의해 얼마나 쉽게 왜곡될 수 있는지 보여 주었다. 이 효과의 또 다른 가능한 원인은 작화인데, 이는 한 이야기 속에 있는 공백들을 메우기 위해 가상의 정보나 사실이 아닌 정보를 추가하는 것으로 정의된다. 다른 사람들과 공유될 때, 사건들에 대해 전해 들은 이야기들은 작화되고 실제로 발생한 것에 대한 잘못된 정보의 확산으로 이어질 수 있다.

① 사회적인 영향에 기반하여
② 개인적인 해석을 통해

---

09 독해 문단 순서 배열   난이도 중 ●●○

주어진 글 다음에 이어질 글의 순서로 가장 적절한 것은?

Today, vending machines can be found nearly everywhere, selling snacks, socks, makeup, and even electronics. The very first vending machine, created by Heron of Alexandria, who is credited with over 80 other inventions, has a unique history.

(A) Despite the success of the initial device, vending machines did not catch on until 1,700 years later when similar technology was used to dispense postcards and stamps in England during the 1800s.

(B) In the first century, temple-goers would pay for holy water. This seemingly simple act, however, required temple workers to spend time collecting money and administering the water, and led to water shortages because some worshippers took more than they paid for.

(C) To solve these problems, Heron invented a machine that accepted coins and dispensed the proper amount of holy water to patrons without needing a worker to oversee the transaction. Heron's first prototype, made with a balancing lever and counterweight, worked as planned.

① (A) – (B) – (C)   ② (B) – (A) – (C)
③ (B) – (C) – (A)   ④ (C) – (A) – (B)

해석

오늘날, 자판기들은 거의 모든 곳에서 발견될 수 있는데, 과자, 양말, 화장품, 그리고 심지어 전자 장치들을 판매한다. 80개가 넘는 발명들의 공이 있는 Alexandria의 Heron에 의해 만들어진 가장 최초의 자판기는 독특한 역사를 가진다.

(A) 그 첫 장치의 성공에도 불구하고, 자판기들은 1800년대에 영국에서 엽서들과 우표들을 분배하기 위해 유사한 기술이 사용되었던 1700년 후가 되어서야 유행했다.

(B) 1세기에, 사원에 가는 사람들은 성수 값을 지불하곤 했다. 하지만, 겉보기에는 간단한 이 행동은 사원에서 일하는 사람들이 돈을 수금하고 그 물(성수)을 관리하는 데 시간을 들일 것을 필요로 했고, 일부 참배자들이 그들이 지불한 것보다 더 많이 가져갔기 때문에 물 부족으로 이어졌다.

(C) 이 문제들을 해결하기 위해, Heron은 거래를 감독할 일꾼 없이 동전을 받고 적절한 양의 성수를 손님들에게 분배해 주는 기계를 발명했다. 균형을 잡아 주는 지렛대와 균형추로 만들어진 Heron의 최초 원형은 계획대로 작동했다.

포인트 해설

주어진 글에서 오늘날 거의 모든 곳에서 발견되는 자판기는 Alexandria의 Heron에 의해 최초로 만들어졌으며 독특한 역사를 가진다고 한 뒤, (B)에서 1세기에 사원에서 지불되던 성수 값은 그 거래를 관리할 인력을 필요로 하는 동시에 일부 참배자들이 지불한 것보다 물을 더 많이 가져가는 문제가 있었다고 설명하고 있다. 이어서 (C)에서 이 문제들(these problems)을 해결하기 위해 Heron은 감독하는 일꾼 없이도 동전을 받고 적절한 양의 성수를 분배하는 기계를 발명했다고 하고, (A)에서 그 첫 장치(the initial device)의 성공에도 불구하고, 자판기들은 1700년 후가 되어서야 유행했음을 알려 주고 있다. 따라서 ③ (B) - (C) - (A)가 정답이다.

정답 ③

어휘

vending machine 자판기 credit A with B A에게 B의 공을 돌리다
initial 첫, 초기의 catch on 유행하다 dispense 분배하다
seemingly 겉보기에는 collect 수금하다, 수집하다 administer 관리하다
shortage 부족 worshipper 참배자 patron 손님, 후원자
oversee 감독하다 transaction 거래 prototype 원형, 시제품
lever 지렛대 counterweight 균형추

구문 분석

(생략), vending machines did not catch on / until 1,700 years later / when similar technology was used / to dispense postcards and stamps / in England / during the 1800s.
: 이처럼 'not A until B' 구문이 나오면, 'B하고 나서야 비로소 A하다(B할 때까지는 A하지 못하다)'라고 해석한다.

---

10 독해 주제 파악   난이도 중 ●●○

다음 글의 주제로 가장 적절한 것은?

Community policing is a law enforcement strategy that encourages police officers to become more integrated in the community by developing relationships with local citizens. In theory, this gives residents a more favorable impression of the officers and makes it easier for the two groups to work together to prevent crime. However, some critics argue that it actually creates more divisions in the community, as such programs benefit certain groups more than others, namely business owners and the wealthy, who may be better positioned to leverage available resources. In addition, research shows that community policing has only a negligible impact on the incidence of violent crime in the community.

① The importance of hiring local police officers
② Differing views on the efficacy of community policing
③ Increasing diversity in neighborhood law enforcement
④ Neighborhood watch dedicated to preventing violent crimes

해석

지역 사회 경찰 활동은 경찰관들이 현지 주민들과의 관계를 발전시킴으로써 지역 사회에 좀 더 통합되도록 장려하는 법 집행 전략이다. 이론적으로, 이것은 주민들에게 경찰관들에 대한 더 호의적인 인상을 주고 두 집단이 범죄를 예방하기 위해 힘을 모으는 것을 더 수월하게 만든다. 그러나, 일부 비판하는 사람들은 그것이 실제로는 지역 사회 내에서 더 많은 분열들을 야기한다고 주장하는데, 이는 그러한 제도들이 다른 집단들보다 특정한 집단들, 즉 이용 가능한 자원을 활용하는 데 더 나은 위치에 있을지 모르는 기업주들과 부유층에게 이익이 되기 때문이다. 게다가, 연구는 지역 사회 경찰 활동이 지역 사회 내에서의 폭력적인 범죄 발생률에 사소한 정도의 영향만을 준다는 것을 보여 준다.

① 현지 경찰관들을 고용하는 것의 중요성
② 지역 사회 경찰 활동의 유효성에 대한 다른 견해들
③ 지역 법 집행에서의 늘어나는 다양성
④ 폭력 범죄 예방에 전념하는 자율 방범대

포인트 해설

지문 전반에 걸쳐 지역 사회 경찰 활동은 이론적으로 주민들과 경찰관들이 범죄를 예방하기 위해 협력하는 것을 수월하게 하기 위해 의도된 전략이지만, 일부 비판하는 사람들은 그것이 특정한 집단들에 더 이익이 되면서 분열을 야기한다고 주장하는 점을 언급하고 있다. 따라서 ② '지역 사회 경찰 활동의 유효성에 대한 다른 견해들'이 이 글의 주제이다.

정답 ②

어휘

community policing 지역 사회 경찰 활동 law enforcement 법 집행
strategy 전략 integrate 통합시키다 favorable 호의적인
impression 인상 work together 힘을 모으다 division 분열
leverage 활용하다; 영향력 negligible 사소한, 무시해도 될 정도의
incidence 발생률 violent 폭력적인 differ (의견이) 다르다
efficacy 유효성 diversity 다양성 neighborhood watch 자율 방범대
dedicated 전념하는, 전용의

DAY 22　하프모의고사 22회

해커스 공무원시험연구소 총평

난이도　생활영어 영역에 표현을 묻는 문제가 출제되기는 했지만, 이를 제외하고는 평이한 공무원 9급 시험의 난이도였습니다.

어휘·생활영어 영역　반드시 암기가 선행되어야 풀 수 있는, 표현의 의미를 묻는 문제의 출제 비율은 줄어드는 추세입니다. 하지만 4번과 같이 실생활에서 자주 쓰는 표현들의 출제 가능성을 아예 배제할 수는 없으므로, 문제풀이를 통해 틈틈이 익혀 둡니다.

문법 영역　가목적어 it과 관련된 문법 포인트를 정확히 짚어내기 위해서는 문장 구조를 확실하게 파악할 줄 알아야 합니다. 3번 문제의 ③번 보기를 통해 가목적어 it 관련 이론을 정리해 둡니다.

독해 영역　내용 일치/불일치 유형에서 길이가 긴 보기들이 등장하더라도, 보기 속 키워드를 파악하여 지문의 내용과 대조함으로써 빠르게 정답을 찾을 수 있습니다.

정답

01	①	어휘	06	②	독해
02	②	문법	07	②	독해
03	③	문법	08	②	독해
04	④	생활영어	09	②	독해
05	①	독해	10	②	독해

취약영역 분석표

영역	맞힌 답의 개수
어휘	/ 1
생활영어	/ 1
문법	/ 2
독해	/ 6
TOTAL	/ 10

01　어휘 complain　난이도 하 ●○○

밑줄 친 부분에 들어갈 말로 가장 적절한 것은?

An argument broke out as soon as the hostile neighbors ＿＿＿＿ about the noise the other was making.

① complained　　② suppressed
③ cooperated　　④ addressed

해석
적대적인 이웃들이 상대편이 만들어 내고 있던 소음에 대해 항의하자마자 말다툼이 발생했다.
① 항의했다　　② 억눌렀다
③ 협력했다　　④ 해결했다

정답 ①

어휘
argument 말다툼, 논쟁　break out 발생하다, 발발하다　hostile 적대적인
complain 항의하다, 불평하다　suppress 억누르다, 진압하다
cooperate 협력하다　address 해결하다, 다루다, 처리하다

이것도 알면 합격!

'항의하다'의 의미를 갖는 유의어
= protest, object, argue

02　문법 분사　난이도 중 ●●○

밑줄 친 부분에 들어갈 말로 가장 적절한 것은?

The laptops ＿＿＿＿ in the factory that had been submerged during last summer's flood contained several defects.

① are manufactured　　② manufactured
③ manufacturing　　④ is manufactured

해석
지난여름 홍수 동안 침수되었었던 그 공장에서 제조된 노트북들은 몇몇 결함을 포함했다.

포인트 해설
② 분사의 역할 | 현재분사 vs. 과거분사　주어(The laptops)와 동사(contained)를 모두 갖춘 완전한 절에 또 다른 동사는 올 수 없으므로, 빈칸은 앞의 명사(The laptops)를 수식할 수 있는 분사 자리이다. 따라서 동사 형태의 ① are manufactured와 ④ is manufactured는 정답이 될 수 없다. 이때 수식받는 명사(The laptops)와 분사가 '노트북들이 제조되다'라는 의미의 수동 관계이므로, 현재분사 ③ manufacturing이 아닌 과거분사 ② manufactured가 정답이다.

정답 ②

어휘
submerge 침수시키다, 잠수하다　flood 홍수; 물에 잠기다　defect 결함
manufacture 제조하다; 제조

22회 정답·해석·해설
해커스공무원 매일 하프모의고사 영어 2

이것도 알면 합격!

한편, 감정을 나타내는 분사가 수식 또는 보충 설명하는 대상이 감정을 일으키는 주체인 경우 현재분사를 쓰고, 감정을 느끼는 대상인 경우 과거분사를 쓴다는 것을 함께 알아 두자.

[현재분사] The interesting news about the new project spread quickly throughout the office.
새 프로젝트에 관한 흥미로운 소식이 사무실 전체에 빠르게 퍼졌다.

[과거분사] Pleased parents smiled as their children surprised them with a thoughtful gift.
아이들이 성의가 담긴 선물로 그들을 놀라게 했을 때 기쁜 부모는 미소를 지었다.

03 문법 목적어|수동태|형용사|어순   난이도 중 ●●○

밑줄 친 부분 중 어법상 옳지 않은 것은?

Organic vegetables ① are believed to be better than their traditionally grown counterparts. People think this for ② several reasons. First, organic vegetables do not contain dangerous pesticides. Also, organic soils are used. While being grown without synthetic chemicals, organic vegetables still have comparable nutritional values, so eating them makes ③ possible to get ④ enough vitamins and nutrients without worrying about consuming hazardous chemicals.

해석

유기농 채소들은 전통적으로 재배된 것들보다 더 낫다고 여겨진다. 사람들은 몇 가지 이유로 인해 이렇게 생각한다. 우선, 유기농 채소들에는 해로운 농약이 들어 있지 않다. 또한, 유기 토양이 사용된다. 합성 화학 물질 없이 재배되었지만, 유기농 채소들은 그럼에도 비슷한 영양가를 가지기에, 그것들을 먹는 것은 위험한 화학 물질들을 먹는 것에 대한 걱정 없이 충분한 비타민과 영양소를 섭취할 수 있게 해 준다.

포인트 해설

③ 목적어 자리 to 부정사구 목적어(to get ~ chemicals)가 목적격 보어(possible)와 함께 오면 '가짜 목적어 it + 목적격 보어 + 진짜 목적어(to 부정사구)'의 형태가 되어야 하므로, possible을 it possible로 고쳐야 한다.

[오답 분석]
① 3형식 동사의 수동태 that절을 목적어로 취하는 3형식 동사(believe)가 수동태가 되어 that절의 주어(Organic vegetables)가 수동태 문장의 주어로 가면 '주어(Organic vegetables) + be p.p.(are believed) + to 부정사(to be)'의 형태로 쓸 수 있으므로 are believed to be가 올바르게 쓰였다.
② 수량 표현 several(몇몇)은 복수 명사(reasons) 앞에 오는 수량 표현이므로 several reasons가 올바르게 쓰였다.
④ 혼동하기 쉬운 어순 enough는 명사(vitamins)를 앞에서 수식하므로 enough vitamins가 올바르게 쓰였다.

정답 ③

어휘

counterpart 상응하는 것, 상대방   synthetic 합성의, 인조의
chemical 화학 물질; 화학의   comparable 비슷한, 비교할 만한
nutritional value 영양가   consume 먹다, 소모하다   hazardous 위험한

이것도 알면 합격!

enough가 형용사나 부사를 수식할 때는 뒤에서 수식한다는 것을 알아 두자.

[형용사/부사 + enough] The soup isn't hot enough.
그 스프는 충분히 뜨겁지 않다.

04 생활영어 I'll have to take a rain check   난이도 중 ●●○

밑줄 친 부분에 들어갈 말로 가장 적절한 것은?

A: Have you had dinner yet, Meghan?
B: No, I'm going to make a sandwich later.
A: Why don't we go to Victorina's for pizza instead?
B: Sorry, _____.
A: Are you worried about the cost? It'll be my treat.
B: It's not that. I don't have time. I need to finish some work tonight.

① they're second to none
② I've got a taste for something else
③ we're bursting at the seams
④ I'll have to take a rain check

해석

A: 아직 저녁 안 먹은 거야, Meghan?
B: 응, 이따가 샌드위치를 만들 생각이야.
A: 그것보다 Victorina 매장에 가서 피자 먹는 건 어때?
B: 미안, 다음을 기약해야 할 것 같아.
A: 비용이 걱정돼서 그래? 내가 한턱낼게.
B: 그런 게 아니야. 나는 시간이 없어. 오늘 밤에 일을 좀 끝내야 해.

① 그것들은 최고야
② 나는 다른 걸 좋아해
③ 우리는 배가 터질 지경이야
④ 다음을 기약해야 할 것 같아

포인트 해설

Victorina 매장에 가서 피자를 먹자는 A의 제안에 B가 거절하자, 빈칸 뒤에서 다시 A가 Are you worried about the cost? It'll be my treat(비용이 걱정돼서 그래? 내가 한턱낼게)이라고 말하고 있으므로, '다음을 기약해야 할 것 같아'라는 의미의 ④ 'I'll have to take a rain check'가 정답이다.

정답 ④

어휘

treat 한턱; 대우하다, 여기다   second to none 최고의
have got a taste for ~을 좋아하다
burst at the seams 배가 터질 지경이다, 터질 만큼 붐비다
take a rain check 다음을 기약하다

DAY 22 하프모의고사 22회

이것도 알면 합격!

약속을 거절하거나 취소할 때 사용하는 표현을 알아 두자.
- I wish I could, but these days I'm too busy.
  저도 그러고 싶지만, 요즘 너무 바빠요.
- Something came up that I have to take care of.
  제가 처리해야 할 일이 생겼어요.
- The meeting was called off. 그 모임은 취소되었어요.
- I'm booked until next month. 저는 다음 달까지 바빠요.

사람이 먼저입니다
- 우리의 자문 위원들은 재정적 필요에 맞는 최고의 프로그램을 찾기 위해 각 가구와 긴밀히 협력합니다.
- 현재, 400만이 넘는 가구가 주택부의 프로그램을 통해 지원을 받고 있습니다.

어휘

afford to do ~할 수 있다, ~할 여유가 되다 **comprehensive** 포괄적인
mortgage 주택 담보 대출 **insurance** 보험 **lender** 대출 기관, 빌려주는 사람
loan 대출 **default** 채무 불이행 **tenant** 세입자
secure 확보하다, 안전하게 하다 **reserve** 확보하다, 예약하다
affordable 저렴한, 구입 가능한 **eligible** 적격의, 자격이 있는
household 가구, 세대 **subsidy** 보조금 **consultant** 자문 위원, 상담가

05~06 다음 글을 읽고 물음에 답하시오.

Department of Housing

Aim

Our goal is to ensure that everyone can afford to live in a home. We mainly achieve this by offering comprehensive mortgage and rental insurance, which protects lenders from loan defaults while enabling tenants to secure housing no matter their financial situation.

Major Programs

We establish partnerships with local governments and developers to construct and reserve affordable housing for eligible families. We also provide rental assistance to low-income households in the form of government subsidies to <u>offset</u> the difference between what tenants can pay and what the rent costs.

People First
- Our consultants work closely with individual families to find the best programs suited to their financial needs.
- Currently, over 4 million families are receiving support through Department of Housing (DOH) programs.

해석

주택부
목표
우리의 목표는 모든 사람이 주택에서 생활할 수 있도록 보장하는 것입니다. 우리는 주로 포괄적인 주택 담보 대출 보험 및 임대 보험을 제공함으로써 이를 달성하는데, 이는 대출 기관을 대출 채무 불이행으로부터 보호하는 동시에 세입자들이 그들의 재정 상황에 상관없이 주거를 확보할 수 있게 합니다.

주요 프로그램
우리는 적격 가구에 제공하기 위한 저렴한 주택을 건설하고 확보해 두기 위해 지방 정부 및 택지 개발업체와 제휴를 맺습니다. 또한 세입자가 지불할 수 있는 비용과 임대에 드는 비용의 차이를 <u>상쇄하기</u> 위해 저소득 가구에 정부 보조금 형태로 임대 지원을 제공합니다.

05 독해 내용 일치 파악 난이도 중 ●●○

윗글에서 Department of Housing에 관한 내용과 일치하는 것은?

① DOH's mission is to provide various financial solutions to meet housing needs.
② DOH prioritizes the protection of lenders over borrowers in housing finance matters.
③ DOH's focus is to convert existing developments for affordable housing.
④ DOH is committed to increasing the funds available for housing subsidies.

해석

① 주택부의 사명은 주택 수요를 충족시키기 위해 다각적인 재정적 해결책을 제공하는 것이다.
② 주택부는 주택 금융 문제에서 대출 기관보다 대출한 사람에 대한 보호를 우선시한다.
③ 주택부의 주안점은 기존의 개발지를 저렴한 주택을 위한 쪽으로 전환하는 것이다.
④ 주택부는 주택 보조금으로 사용할 수 있는 자금을 늘리는 데 전념한다.

포인트 해설

①번의 키워드인 DOH's mission(주택부의 사명)을 바꾸어 표현한 Aim(목표) 항목에서 주택부의 목표는 모든 사람이 주택에서 생활할 수 있도록 보장하는 것이며 포괄적인 주택 담보 대출 보험 및 임대 보험 제공을 통해 그것을 달성한다고 했으므로, ① '주택부의 사명은 주택 수요를 충족시키기 위해 다각적인 재정적 해결책을 제공하는 것이다'가 지문의 내용과 일치한다.

[오답 분석]
② 주택부가 대출 기관을 대출 채무 불이행으로부터 보호하는 동시에 세입자가 재정 상황이 어떻든 주거를 확보할 수 있게 한다고 했으므로, 주택부가 주택 금융 문제에서 대출 기관보다 대출한 사람에 대한 보호를 우선시한다는 것은 지문의 내용과 다르다.
③ 주택부가 저렴한 주택을 건설하고 확보해 두기 위해 지방 정부 및 택지 개발업체와 제휴를 맺는다고는 했지만, 주안점이 기존의 개발지를 저렴한 주택을 위한 쪽으로 전환하는 것인지는 알 수 없다.

④ 주택부가 저소득 가구에 정부 보조금 형태로 임대 지원을 제공한다고는 했지만, 주택 보조금으로 사용할 수 있는 자금을 늘리는 데 전념하는지는 알 수 없다.

정답 ①

어휘

prioritize 우선시하다   convert 전환하다   development 개발(지)

06 독해 유의어 파악   난이도 중 ●●○

밑줄 친 offset의 의미와 가장 가까운 것은?

① compare
② cover
③ deny
④ guess

해석

① 비교하다
② 메우다
③ 부인하다
④ 가능하다

포인트 해설

밑줄 친 부분이 포함된 문장에서 offset은 세입자가 지불할 수 있는 비용과 임대에 드는 비용의 차이를 '상쇄한다'라는 의미로 쓰였으므로, '메우다'라는 의미의 ② cover가 정답이다.

정답 ②

어휘

compare 비교하다, 대조하다   deny 부인하다, 거절하다
guess 가늠하다, 추측하다

07 독해 요지 파악   난이도 중 ●●○

다음 글의 요지로 가장 적절한 것은?

Energy Grid Security
The prevention of security breaches remains the chief matter of concern for the National Energy Regulatory Agency (NERA). A security breakdown could restrict the public's access to electricity and cause significant damage to the economic and health infrastructure of society.

Industry Control Systems
An industry control system (ICS) is a network device used to distribute energy to consumers on the grid and represents the greatest vulnerability to cybersecurity threats, as ICSs can be accessed by attackers via the Internet.
NERA employs a dedicated cybersecurity task force to oversee ICSs to make sure their security measures meet the agency's compliance standards. To help strengthen defenses before they can be exploited, NERA also implements security recommendations put forward by independent agencies that regularly evaluate ICSs for points of weakness.

① NERA is determined to provide equal energy access to the public.
② NERA's priority is stopping security lapses before they occur.
③ NERA individually approves each ICS before installation.
④ NERA's compliance standards extend to other agencies.

해석

에너지 시설망 보안
보안 침해 예방은 국가에너지규제청의 주요 관심사로 남아 있습니다. 보안의 붕괴는 전기에 대한 대중의 접근을 제한하고 사회의 경제 및 보건 기반 시설에 심각한 피해를 초래할 수 있습니다.

산업 제어 시스템
산업 제어 시스템은 시설망에서 소비자에게 에너지를 분배하는 데 사용되는 네트워크 장치이며 사이버 보안 위협에 대한 가장 큰 취약성을 보이는데, 이는 산업 제어 시스템에 인터넷을 통해 공격자가 접근할 수 있기 때문입니다.
국가에너지규제청은 산업 제어 시스템의 보안 조치가 그 기관의 준수 기준에 부합하는지를 확실히 하기 위해 그것을 감독하는 특수 사이버 보안 특별 조사단을 고용합니다. 그것들(산업 제어 시스템)이 부당하게 이용되기 전에 방어를 강화하는 데 도움을 주기 위해, 국가에너지규제청은 또한 산업 제어 시스템의 약점을 정기적으로 평가하는 독립 기관들로부터 제안받은 보안 권고 사항을 이행합니다.

① 국가에너지규제청은 대중에게 동등한 에너지 접근성을 제공하려는 의지가 확고하다.
② 국가에너지규제청의 우선순위는 보안 공백이 발생하기 전에 그것을 막는 것이다.
③ 국가에너지규제청은 설치 전에 각 산업 제어 시스템을 개별적으로 승인한다.
④ 국가에너지규제청의 규정 준수 기준은 다른 기관에까지 확대된다.

포인트 해설

지문 앞부분에서 국가에너지규제청의 주요 관심사는 보안 침해 예방이라고 하고, 지문 뒷부분에서 가장 큰 보안 취약성을 보이는 산업 제어 시스템을 위한 특수 사이버 보안 특별 조사단을 고용하며, 시스템이 부당하게 이용되기 전 방어를 강화할 수 있게 시스템의 약점을 정기적으로 평가하는 독립 기관들로부터 제안받은 보안 권고 사항을 이행한다고 했으므로, ② '국가에너지규제청의 우선순위는 보안 공백이 발생하기 전에 그것을 막는 것이다'가 이 글의 요지이다.

정답 ②

어휘

grid 시설망, 격자판   prevention 예방, 방지   breach 침해, 위반; 침해하다
chief 주요한, 주된   breakdown 붕괴, 실패, 고장
distribute 분배하다, 배포하다   vulnerability 취약성   threat 위협, 협박
attacker 공격자   employ 고용하다, 이용하다   task force 특별 조사단
oversee 감독하다   compliance (규정) 준수, 일치
exploit 부당하게 이용하다, 착취하다   implement 이행하다, 도입하다
put forward ~을 제안하다   independent 독립적인   evaluate 평가하다
lapse 공백, 실수, 경과; 벗어나다, 실수하다

08 독해 빈칸 완성 – 구

밑줄 친 부분에 들어갈 말로 가장 적절한 것은?

The amount of information our brains have to process on any given day is astounding, and it might seem impossible to remember everything. Fortunately, the human brain is very good at memory retrieval. Data that we perceive are processed by our short-term memories and then stored in our long-term memories, much like data are stored on a computer hard drive. When it comes time for the brain to recognize or recall something—a person's face, the name of an acquaintance, the definition of words for a vocabulary test—our brains use tricks like retrieval cues to help us. These prompts _____. Therefore, they allow our brains to efficiently recollect information without overworking.

① process new information in an instant
② trigger our recollections with little effort
③ eliminate stored data for all time
④ promote mental health in innovative ways

해석

우리의 뇌가 어느 날에든 처리해야 하는 정보량은 몹시 놀라우며, 모든 것을 기억하는 것은 불가능해 보일지도 모른다. 다행히도, 사람의 뇌는 기억 복구에 매우 능하다. 우리가 인지하는 정보들은 단기 기억에 의해 처리되고, 그 후 정보들이 컴퓨터 하드 드라이브에 저장되는 것과 상당히 비슷하게 우리의 장기 기억에 저장된다. 뇌가 사람의 얼굴, 지인의 이름, 어휘 시험용 단어의 의미와 같은 무언가를 인지하거나 기억해 낼 때, 우리의 뇌는 우리를 돕기 위해 복구 신호와 같은 수법들을 사용한다. 이러한 자극들은 거의 노력 없이 우리의 기억들을 유발한다. 따라서, 그것들은 우리의 뇌가 과로하지 않고 효과적으로 정보를 기억해 내게 한다.

① 새로운 정보를 즉시 처리한다
② 거의 노력 없이 우리의 기억들을 유발한다
③ 저장된 정보들을 영원히 제거한다
④ 획기적인 방법으로 정신 건강을 증진한다

포인트 해설

빈칸 앞 문장에 뇌는 무언가를 인지하거나 기억해 낼 때 복구 신호와 같은 수법들을 사용한다는 내용이 있고, 빈칸 뒤 문장에 그것들은 우리의 뇌가 과로하지 않고 효과적으로 정보를 기억해 내게 한다는 내용이 있으므로, 이러한 자극들이 '거의 노력 없이 우리의 기억들을 유발한다'고 한 ②번이 정답이다.

정답 ②

어휘

astounding 몹시 놀라운 be good at ~에 능하다 retrieval 복구, 회복
perceive 인지하다 short-term 단기의 long-term 장기의
recognize 인지하다 recall 기억해 내다; 회상 acquaintance 지인
trick 방법, 속임수; 속이다 cue 신호 prompt 자극; 자극하다
recollect 기억해 내다 overwork 과로하다 in an instant 즉시
trigger 유발하다 eliminate 제거하다 for all time 영원히
promote 증진하다, 홍보하다 innovative 획기적인

09 독해 내용 불일치 파악

다음 글의 내용과 일치하지 않는 것은?

Over the last decade, researchers have learned that another animal species uses intentional communication to convey messages. Previously believed to exist uniquely in humans, it has been found that chimpanzees will use a lexicon of 66 different gestures to communicate at least 19 different messages to one another with intention and forethought. While the majority of animals communicate in some form, generally, these signals are unconscious and unintentional. One researcher, Dr. Catherine Hobaiter, likens this communication to yelling when a person touches a hot stove: others would know that the stove was hot, but the message was unintentional and didn't convey specific symbolic information. In contrast, the communication of chimpanzees is symbolic, with specific hand gestures, postures, and facial expressions used to convey particular messages to the recipient.

① Researchers have discovered that chimpanzees use 66 different gestures to communicate.
② Most species of animals are unable to communicate because they lack the cognitive ability to create signals.
③ A person yelling when they are in pain would be an example of unintentional communication.
④ Chimpanzees utilize facial expressions and postures in addition to gestures to communicate.

해석

지난 10년에 걸쳐, 연구진은 또 다른 동물종이 메시지를 전달하기 위해 의도적인 의사소통을 사용한다는 것을 알게 되었다. 이전에는 유례없이 인간들에게만 존재하는 것으로 여겨졌지만, 침팬지들이 의도와 깊은 생각을 가지고 서로에게 최소 19가지의 각각 다른 메시지들을 전달하기 위해 66가지의 각각 다른 몸짓의 어휘를 사용할 수 있다는 것이 확인되었다. 대다수의 동물들이 어떤 형태로든 의사소통하기는 하지만, 일반적으로 이러한 신호들은 무의식적이며 고의가 아니다. 한 연구자인 Catherine Hobaiter 박사는 사람이 뜨거운 난로를 만졌을 때 소리치는 것에 이 의사소통을 비유하는데, 다른 사람들은 그 난로가 뜨겁다는 것을 알게 되겠지만, 그 메시지는 고의가 아니었고 특정한 상징적 정보를 전달하지 않았다. 그에 반해 침팬지들의 의사소통은 상징적인데, 수신자에게 특정한 메시지를 전달하기 위해 명확한 손짓, 자세, 그리고 얼굴 표정이 사용되기 때문이다.

① 연구진은 침팬지들이 의사소통하기 위해 66가지의 각각 다른 몸짓들을 사용한다는 것을 발견했다.
② 대다수의 동물종은 신호를 만들어 내는 인지 능력이 부족하기 때문에 의사소통을 할 수 없다.
③ 고통을 느낄 때 소리치는 사람은 고의가 아닌 의사소통의 한 예시가 될 것이다.
④ 침팬지들은 의사소통하기 위해 몸짓에 더하여 얼굴 표정과 자세를 활용한다.

포인트 해설

②번의 키워드인 Most species of animals(대다수의 동물종)를 바꾸어 표현한 지문의 the majority of animals(대다수의 동물들) 주변의 내용에서 대다수의 동물들이 어떤 형태로든 의사소통을 하기는 한다는 내용이 있으므로, ② '대다수의 동물종은 신호를 만들어 내는 인지 능력이 부족하기 때문에 의사소통을 할 수 없다'는 지문의 내용과 다르다.

정답 ②

어휘

species 종 intentional 의도적인 convey 전달하다
uniquely 유례없이, 독특하게 lexicon 어휘 (목록) gesture 몸짓
communicate 의사소통하다, 전달하다 forethought 깊은 생각, 고려
unconscious 무의식적인 unintentional 고의가 아닌 liken 비유하다
yell 소리치다 stove 난로 specific 특정한, 명확한 posture 자세
recipient 수신자 cognitive 인지의 utilize 활용하다

구문 분석

Over the last decade, / researchers have learned / that another animal species uses intentional communication / to convey messages.
: 이처럼 동사가 'have + p.p.'(have learned) 형태로 쓰여 현재완료의 의미를 가지는 경우, '~해 왔다/했다/해 버렸다/해 본 적이 있다' 중 하나로 해석한다.

---

10 독해 빈칸 완성 – 연결어 난이도 중 ●●○

밑줄 친 (A), (B)에 들어갈 말로 가장 적절한 것은?

Pop-art pioneer Andy Warhol became one of the 20th century's most influential artists by using painting, filmmaking, photography, and screen printing to create works inspired by popular culture and commonplace items, like his famous Campbell soup cans. ___(A)___, the biggest influence on Andy's art was his mother. Julia Warhola was an artist who dabbled in singing and dancing in her native Czechoslovakia, but specialized in drawing, embroidering, flower arrangement, and lettering. When a young Andy was diagnosed with a neurological disorder that left him bedridden for days, his mom gave him art supplies and encouraged him to draw. As an adult, Andy worked with his mother on a variety of projects. ___(B)___, they published a book together that incorporated Julia's fantastical cat drawings and award-winning lettering.

	(A)	(B)
①	Therefore	In addition
②	Meanwhile	For instance
③	Thus	Nevertheless
④	For example	In contrast

해석

팝아트의 선구자 앤디 워홀은 대중문화와, 그의 유명한 캠벨 수프 통조림과 같은 평범한 물품에 의해 영감을 받은 작품들을 만들어내기 위해 그림, 영화 제작, 사진 촬영, 그리고 스크린 인쇄를 이용함으로써 20세기의 가장 영향력 있는 예술가들 중 한 명이 되었다. (A) 한편, 앤디의 예술에 가장 큰 영향을 준 것은 그의 어머니였다. Julia Warhola는 그녀의 출생지인 체코슬로바키아에서 재미 삼아 노래와 춤을 해 본 예술가였지만, 그림, 자수, 꽃꽂이, 그리고 레터링을 전문으로 했다. 어린 앤디가 그를 며칠 동안 병석에 누워 있게 한 신경 질환을 진단받았을 때, 그의 어머니는 그에게 미술용품들을 주고 그림을 그려 볼 것을 권했다. 성인이 되어서, 앤디는 다양한 프로젝트에서 그의 어머니와 함께 작업했다. (B) 예를 들어, 그들은 Julia의 기이한 고양이 그림과 레터링 수상작을 포함한 책 한 권을 함께 출판했다.

	(A)	(B)
①	그러므로	게다가
②	한편	예를 들어
③	따라서	그럼에도 불구하고
④	예를 들어	대조적으로

포인트 해설

(A) 빈칸 앞 문장은 팝아트의 선구자 앤디 워홀이 20세기의 가장 영향력 있는 예술가들 중 한 명이 되었다는 내용이고, 빈칸 뒤 문장은 앤디의 예술에 가장 큰 영향을 준 것이 그의 어머니였다는 전환적인 내용이다. 따라서, 빈칸에는 전환을 나타내는 연결어인 Meanwhile(한편)이 들어가야 한다.

(B) 빈칸 앞 문장은 성인이 되어서 앤디가 다양한 프로젝트에서 그의 어머니와 함께 작업했다는 내용이고, 빈칸 뒤 문장은 그들이 Julia의 기이한 고양이 그림과 레터링 수상작을 포함한 책 한 권을 함께 출판했다는 예시를 드는 내용이다. 따라서, 빈칸에는 예시를 나타내는 연결어 For instance(예를 들어)가 들어가야 한다.

정답 ②

어휘

pioneer 선구자 influential 영향력 있는 inspire 영감을 주다
popular culture 대중문화 commonplace 평범한, 흔한
dabble in 재미 삼아 ~을 해 보다 specialize in ~을 전문으로 하다
embroider 자수를 놓다 flower arrangement 꽃꽂이
diagnose 진단하다 bedridden 병석에 누워 있는
incorporate 포함하다, 결합하다

DAY 23 하프모의고사 23회

▶ 해커스 공무원시험연구소 총평

난이도 신유형에 대한 대비가 확실하게 되어 있었다면, 제한 시간 내 여유롭게 문제풀이를 완료할 수 있는 회차였습니다.

어휘·생활영어 영역 빈칸에 들어갈 어휘에 대한 선택지가 명사로 구성되는 경우, 빈칸 앞뒤로 제시되고 있는 설명/정의/예시 등에서 단서를 찾을 수 있습니다.

문법 영역 최근에는 형용사 자리·부사 자리 등 각 품사의 위치가 올바른지 확인하는 문제가 종종 출제되어 왔습니다.

독해 영역 10번 문제의 정답 보기가 글의 전반적인 맥락에서 크게 벗어나지 않으면서 다른 보기들에도 사용된 키워드들을 포함하고 있어, 답을 찾기가 쉽지 않았을 것입니다. 이런 문제에 대비하여 마지막 문항까지도 집중력을 잃지 않고 문맥을 파악하는 능력을 길러야 합니다.

▶ 정답

01	②	어휘	06	③	독해
02	③	문법	07	①	독해
03	③	문법	08	③	독해
04	②	생활영어	09	②	독해
05	④	독해	10	③	독해

▶ 취약영역 분석표

영역	맞힌 답의 개수
어휘	/ 1
생활영어	/ 1
문법	/ 2
독해	/ 6
TOTAL	/ 10

---

01 어휘 clarity 난이도 중 ●●○

밑줄 친 부분에 들어갈 말로 가장 적절한 것은?

> The new city councilor stood out during the campaign for her willingness to speak about difficult issues facing the city with _____, unlike her competitors, who obscured their views.

① aspiration ② clarity
③ calmness ④ reluctance

[해석]
신임 시 의원은 자신들의 견해를 모호하게 했던 그녀의 경쟁자들과 달리 그 도시가 당면한 어려운 문제들에 대해 명료하게 말하려는 의지로 인해 선거 운동 중에 돋보였다.
① 열망 ② 명료
③ 침착 ④ 꺼림

정답 ②

[어휘]
city councilor 시 의원 stand out 돋보이다
obscure 모호하게 하다, 이해하기 어렵게 하다; 무명의, 모호한 aspiration 열망
clarity 명료 calmness 침착 reluctance 꺼림

[이것도 알면 합격!]

'명료'의 의미를 갖는 유의어
= directness, comprehensibleness

---

02 문법 동명사 난이도 중 ●●○

밑줄 친 부분에 들어갈 말로 가장 적절한 것은?

> Given that the proposal lacks sufficient data to support its claims, and therefore cannot contribute to the project's objectives, the proposal is not worth _____ forward with.

① to move ② move
③ moving ④ moved

[해석]
그 제안에는 주장을 뒷받침하는 충분한 자료가 없고, 그러므로 프로젝트의 목표에 기여할 수 없다는 점을 감안하면, 그 제안은 추진할 가치가 없다.

[포인트 해설]
③ 동명사 관련 표현 문맥상 '추진할 가치가 없다'라는 의미가 되어야 자연스러운데, '~할 가치가 있다'는 동명사구 관용 표현 be worth -ing를 사용하여 나타낼 수 있으므로 동명사 ③ moving이 정답이다.

정답 ③

[어휘]
given that ~을 감안하면 proposal 제안 sufficient 충분한
contribute 기여하다 objective 목표; 객관적인

23회 정답·해석·해설

해커스공무원 매일 하프모의고사 영어 2

이것도 알면 합격!

'동사(구) + 전치사 to + -ing' 형태의 동명사 관련 표현들을 알아 두자.

look forward to -ing –을 고대하다	object to -ing –에 반대하다
be[get] used to -ing –에 익숙하다	be addicted to -ing –에 중독되다
contribute to -ing –에 공헌하다	be exposed to -ing –에 노출되다
be devoted to -ing –에 헌신하다	be opposed to -ing –에 반대하다
be dedicated to -ing –에 헌신하다	
be accustomed to -ing –에 익숙하다	
be attributed to -ing –의 탓이다	
be committed to -ing –에 전념하다	

이것도 알면 합격!

한편, 'the + 형용사' 역시도 '~한 사람들'이라는 뜻으로 쓰일 수 있고, 이때 'the + 형용사' 뒤에는 복수 동사가 온다는 것도 알아 두자.

- **The injured were** taken to the hospital immediately.
  부상자들은 즉시 병원으로 보내졌다.

03 문법 형용사 | 대명사 | 수 일치 | to 부정사   난이도 중 ●●○

밑줄 친 부분 중 어법상 옳지 않은 것은?

① <u>Those</u> who undergo war often have experiences that ② <u>trigger</u> psychological trauma. This is characterized by ③ <u>intensively</u>, disturbing memories that can last for years. The consequences of this debilitating condition include fear, depression, and anger. It can also cause sufferers ④ <u>to have</u> difficulty maintaining relationships, which can intensify their emotional distress.

해석

전쟁을 겪은 사람들은 종종 정신적 충격을 유발하는 경험을 가지고 있다. 이것은 수년 동안 지속될 수 있는 강렬하고, 불안하게 하는 기억들을 특징으로 한다. 이 쇠약하게 만드는 질병의 결과는 두려움, 우울함, 분노를 포함한다. 그것은 환자들이 관계를 유지하는 데 어려움을 겪게 할 수도 있는데, 이는 그들의 감정적 고통을 심화시킬 수 있다.

포인트 해설

③ **형용사 자리** 문맥상 '강렬하고 불안하게 하는 기억'이라는 의미가 되어야 자연스러운데, 명사(memories)를 수식하는 것은 형용사이므로 부사 intensively를 형용사 intensive로 고쳐야 한다.

[오답 분석]
① **지시대명사** 문맥상 '전쟁을 겪은 사람들'이라는 의미가 되어야 자연스러우므로, 뒤에서 수식어구(who undergo war)의 꾸밈을 받아 '~한 사람들'을 나타내는 지시대명사 Those가 올바르게 쓰였다.
② **주격 관계절의 수 일치** 주격 관계절(that ~ trauma)의 동사는 선행사(experiences)에 수 일치시켜야 하는데, 선행사 experiences가 복수 명사이므로 복수 동사 trigger가 올바르게 쓰였다.
④ **to 부정사를 취하는 동사** 동사 cause는 목적격 보어로 to 부정사를 취하므로 cause의 목적격 보어 자리에 to 부정사 to have가 올바르게 쓰였다.

정답 ③

어휘

trigger 유발하다 psychological 정신적인 trauma 정신적 충격
be characterized by ~을 특징으로 하다 disturbing 불안하게 하는
debilitating 쇠약하게 만드는 condition 질병, 상태 sufferer 환자
intensify 심화시키다, 강화하다 distress 고통, 괴로움

04 생활영어 I'll begin training for the new position next week.   난이도 중 ●●○

밑줄 친 부분에 들어갈 말로 가장 적절한 것은?

> Samuel Patric: Congratulations! Jerry told me that you got promoted.
> Victoria Rose: I sure did. I was so relieved to finally hear the news.
> Samuel Patric: I wonder why the decision-making process took so long. You were clearly the best candidate.
> Victoria Rose: Better late than never.
> Samuel Patric: That's true. Have you started working in the new position yet?
> Victoria Rose: _____

① I think the new role will be more challenging.
② I'll begin training for the new position next week.
③ I hope to be transferred to another branch with this opportunity.
④ Susan will take over my old responsibilities.

해석

Samuel Patric: 축하해! Jerry가 내게 네가 승진한다고 말해 줬어.
Victoria Rose: 맞아. 나는 마침내 그 소식을 들었을 때 정말 안도했어.
Samuel Patric: 의사 결정 과정이 왜 그렇게 오래 걸렸는지 궁금하네. 네가 분명 최고의 후보였는데 말이야.
Victoria Rose: 늦더라도 안 하는 것보다는 낫잖아.
Samuel Patric: 그건 맞아. 이미 새로운 직책에서 일하기 시작했어?
Victoria Rose: <u>다음 주부터 새로운 직책에 대해 교육받는 것을 시작할 거야.</u>

① 새로운 역할이 더 어려울 것이라고 생각해.
② 다음 주부터 새로운 직책에 대해 교육받는 것을 시작할 거야.
③ 이 기회에 다른 지사로 전근되기를 바라고 있어.
④ Susan이 나의 이전 책무들을 인계받을 거야.

포인트 해설

의사 결정 과정이 오래 걸리긴 했지만 늦더라도 안 하는 것보다는 낫다는 Victoria의 말에, 빈칸 앞에서 Samuel이 Have you started working in the new position yet?(이미 새로운 직책에서 일하기 시작했어?)이라고 묻고 있으므로, '다음 주부터 새로운 직책에 대해 교육받는 것을 시작할 거야'

DAY 23 하프모의고사 23회

라는 의미의 ② 'I'll begin training for the new position next week'이 정답이다.

정답 ②

어휘

Better late than never. 늦더라도 안 하는 것보다는 낫다.
take over ~을 인계받다, 장악하다

이것도 알면 합격!

일자리를 옮기거나 그만둘 때 쓸 수 있는 표현들을 알아 두자.
- He handed in his resignation. 그가 사직서를 제출했어요.
- That's a pretty bold move you're making. 꽤 대담한 이직이네요.
- She's wrapped up all the handovers.
  그녀는 모든 인수인계를 마쳤어요.
- I'm planning to apply for a transfer next year.
  저는 내년에 전근을 신청할 계획이에요.

05~06 다음 글을 읽고 물음에 답하시오.

_____(A)_____

Asheville is excited to be hosting the upcoming Tri-State Games, a sporting event that brings together athletes from around the region every two years. Come out and cheer on our local athletes during the friendly, exciting competition.

Details
- **Dates:** Thursday, June 2 – Sunday, June 12
- **Times:** 9:00 a.m. – 8 p.m.
- **Location:** Opening & Closing Events: City Square
  Matches: Various venues in Asheville

Highlights
- **Exciting Competition**
Watch the best athletes from the Tri-state area compete in a variety of sports ranging from badminton to wrestling.

- **Educational Programs**
Learn pro-level training fundamentals as well as ways to improve your sporting abilities with seminars hosted by competing athletes and their coaches.

For a full schedule and the location of each game, please visit the city's official website at AshevilleCityHall.com/Games.

해석

(A) 흥미진진한 스포츠를 볼 준비를 하세요

Asheville은 2년마다 주변 지역의 선수들을 한자리에 모으는 스포츠 행사인, 다가오는 3개 주 연합 대회를 개최하게 되어 기쁩니다. 오셔서 친선으로 하는 흥미진진한 시합에서 현지 선수들을 응원해 보세요.

세부 사항
- 날짜: 6월 2일 목요일 – 6월 12일 일요일
- 시간: 오전 9시 – 오후 8시
- 장소: 개막식 및 폐막식: 시 광장
  경기: Asheville 내 여러 장소

가장 흥미로운 부분
- 흥미진진한 경기
3개 주에 걸친 지역에서 온 최고의 선수들이 배드민턴에서 레슬링에 이르는 다양한 스포츠에서 경쟁하는 모습을 지켜보세요.

- 교육 프로그램
경쟁하는 선수들과 그들의 코치들에 의해 주최되는 세미나를 통해 스포츠 능력을 향상시키는 방법뿐만 아니라 프로 수준의 훈련 기본도 배워 보세요.

각 경기의 전체 일정과 장소에 대한 정보를 원하시면, 시의 공식 웹사이트 AshevilleCityHall.com/Games에 방문해 주세요.

어휘

host 개최하다; 주최(측) athlete (운동) 선수 competition 시합, 경쟁
venue 장소 fundamental 기본 (원칙); 근본적인, 핵심적인

05 독해 제목 파악   난이도 하 ●○○

(A)에 들어갈 윗글의 제목으로 가장 적절한 것은?

① Visit Asheville's City Square
② Win a Medal in the Tri-State Games
③ Honor the State's Best Athletes
④ Get Ready to Watch Exciting Sports

해석

① Asheville의 시 광장을 방문하세요
② 3개 주 연합 대회에서 메달을 따 보세요
③ 주의 최고의 선수들에게 영예를 주세요
④ 흥미진진한 스포츠를 볼 준비를 하세요

포인트 해설

지문 앞부분에서 주변 지역의 선수들을 한자리에 모으는 3개 주 연합 스포츠 행사를 개최하게 되어 기쁘며, 와서 선수들을 응원하라고 한 후, 지문 중간에서 가장 흥미로운 부분 중 하나로 배드민턴에서 레슬링에 이르는 다양한 스포츠 관람을 언급하고 있으므로, ④ '흥미진진한 스포츠를 볼 준비를 하세요'가 이 글의 제목이다.

정답 ④

06 독해 내용 불일치 파악 　　　　난이도 하 ●○○

Tri-State Games에 관한 윗글의 내용과 일치하지 않는 것은?

① 행사는 2년마다 개최된다.
② 경기는 다양한 장소에서 열릴 것이다.
③ 프로 선수들이 경기에 참가한다.
④ 공식 일정은 웹사이트에서 확인할 수 있다.

포인트 해설

③번의 키워드인 '프로'가 그대로 언급된 지문 주변의 내용에서 세미나를 통해 프로 수준의 훈련 기본을 배워 보라고는 했지만, ③ '프로 선수들이 경기에 참가'하는지는 알 수 없다.

정답 ③

07 독해 목적 파악 　　　　난이도 중 ●●○

다음 글의 목적으로 가장 적절한 것은?

To	clients@roibank.com
From	clientsupport@roibank.com
Date	January 17
Subject	Overdraft information

Dear Valued Clients,

We understand that managing your finances can be stressful, and going into overdraft or having to deal with any associated fees can add to this stress. To help ease your burden, please keep these simple strategies in mind:

1. Monitor your account balance regularly through online banking or our mobile app.
2. Sign up to receive notifications via text message or email when your balance drops below a certain threshold.
3. Opt in to overdraft coverage. It will allow the bank to cover transactions when your account lacks sufficient funds. There is no ongoing charge for this service and fees when it is used cost less than normal overdraft charges.
4. Connect your primary account to a secondary backup one. This way, if your balance is insufficient, the bank can automatically transfer funds from the linked account.

For more information on overdraft fees or to adjust your overdraft settings, visit www.roibank.com/overdraftsupport or call our customer service line at 1-800-555-9242.

Sincerely,
ROI Bank Client Support Team

① To support clients in managing finances to avoid overdrafts and fees
② To promote the benefits of opting in to overdraft coverage
③ To provide guidance on managing secondary accounts
④ To provide clients with an update on the bank's overdraft policy

해석

수신: clients@roibank.com
발신: clientsupport@roibank.com
날짜: 1월 17일
제목: 초과 인출 관련 정보

고객님들께,

고객님의 재정을 관리하는 것이 스트레스가 될 수 있고, 초과 인출을 하게 되거나 관련된 어떠한 수수료를 처리해야 하는 것이 이러한 스트레스를 가중시킬 수 있음을 저희는 이해하고 있습니다. 고객님의 부담을 더는 것을 도울 수 있도록, 다음의 간단한 전략들을 기억해 두시기 바랍니다.

1. 온라인 뱅킹이나 모바일 앱을 통해 정기적으로 계좌 잔고를 점검하세요.
2. 고객님의 잔고가 특정 기준점 아래로 떨어질 때 문자 메시지나 이메일로 알림을 받을 수 있도록 등록하세요.
3. 초과 인출 보장 서비스에 가입하세요. 이는 고객님의 계좌에 충분한 돈이 없을 때 은행이 거래를 대신하게 할 것입니다. 이 서비스에는 지속적인 요금이 부과되지 않으며, 사용 시 수수료는 일반적인 초과 인출 요금보다 더 저렴합니다.
4. 주 계좌를 부수적인 예비 계좌에 연결하세요. 이 방식으로, 고객님의 잔고가 충분하지 않은 경우, 은행은 연결된 계좌로부터 자동으로 자금을 이체할 수 있습니다.

초과 인출 수수료에 대한 자세한 내용이나 초과 인출 설정을 조정하시려면, www.roibank.com/overdraftsupport를 방문하시거나 고객 서비스 회선인 1-800-555-9242로 전화 주세요.

진심을 담아,
ROI 은행 고객 지원팀

① 초과 인출과 수수료를 피할 수 있도록 고객의 재정 관리를 지원하기 위해
② 초과 인출 보장 서비스 가입에 대한 이점을 홍보하기 위해
③ 부수적인 계좌를 관리하는 것에 대한 지침을 제공하기 위해
④ 고객에게 은행의 초과 인출 정책에 대한 업데이트 사항을 제공하기 위해

포인트 해설

지문 앞부분에서 초과 인출과 관련된 수수료로 인한 스트레스를 더는 것을 도울 수 있도록 다음의 간단한 전략들을 기억해 두라고 한 후, 지문 중간에서 초과 인출과 관련된 수수료를 방지할 수 있는 네 가지 방법들을 알려 주고 있다. 따라서 ① '초과 인출과 수수료를 피할 수 있도록 고객의 재정 관리를 지원하기 위해'가 이 글의 목적이다.

정답 ①

어휘

overdraft 초과 인출　ease 덜다, 완화시키다　account 계좌, 계정
balance 잔고, 균형　notification 알림　threshold 기준점, 한계점
coverage 보장 (범위), 보도　transaction 거래　sufficient 충분한
primary 주요한, 첫째의, 초기의　secondary 부수적인, 이차적인
backup 예비, 대체　transfer 이체하다, 전송하다　adjust 조정하다, 적응하다

DAY 23 하프모의고사 23회

08 독해 내용 일치 파악 | 난이도 상

다음 글의 내용과 일치하는 것은?

Breakfast has long been considered the most important meal because it gives people energy to concentrate throughout the day and is linked with reduced risks of heart disease and high blood pressure. But recently, people who participate in intermittent fasting, which refers to a fast that lasts overnight and into the following day, are skipping breakfast in an attempt to lose weight. A new study conducted by the American Journal of Clinical Nutrition suggests that missing breakfast does indeed help the body burn more calories. But researchers also noticed that the subjects who passed on the first meal of the day were more susceptible to inflammation which, if it becomes chronic, can lead to cardiovascular diseases. While more research is needed, experts recommend that fasting occur in the evening, as the same levels of inflammation were not observed.

*cardiovascular: 심혈관의

① The significance of breakfast has only recently been recognized for its health benefits.
② Intermittent fasting involves not eating anything every other day.
③ Lingering inflammation brought on by missing meals can pose serious health risks.
④ Subjects in the study who skipped dinner tended to suffer from cardiovascular diseases.

해석

아침 식사는 사람들에게 하루 동안 집중할 수 있는 활력을 주고 심장 질환과 고혈압의 위험 감소와 관련되어 있기 때문에 오랫동안 가장 중요한 식사로 여겨져 왔다. 그러나 최근에, 하룻밤 동안 그리고 다음 날까지 지속되는 단식을 일컫는 간헐적 단식에 참여하는 사람들은 살을 빼기 위해 아침을 거르고 있다. 미국 임상 영양 학술지에서 실시된 새로운 연구는 아침을 거르는 것이 실제로 신체가 더 많은 칼로리를 태우도록 돕는다는 것을 시사한다. 그러나 연구원들은 또한 하루의 첫 끼를 거른 피실험자들이 만성화될 경우 심혈관 질환들로 이어질 수 있는 염증에 더 영향받기 쉽다는 점에 주목했다. 더 많은 연구가 필요하기는 하지만, 전문가들은 저녁에 단식할 것을 권고하는데, 이는 동일한 수준의 염증이 관찰되지 않았기 때문이었다.

① 아침 식사의 중요성은 그것의 건강상의 이점 때문에 최근에서야 비로소 인정받았다.
② 간헐적 단식은 격일로 아무것도 먹지 않는 것을 포함한다.
③ 식사를 걸러서 초래된 오래가는 염증은 심각한 건강상의 위험을 일으킬 수 있다.
④ 연구에서 저녁을 거른 피실험자들은 심혈관 질환으로 고통받는 경향이 있었다.

포인트 해설

③번의 키워드인 Lingering inflammation(오래가는 염증)을 바꾸어 표현한 지문의 becomes chronic(만성화되다) 주변의 내용에서 하루의 첫 끼를 거른 피실험자들은 만성화될 경우 심혈관 질환들로 이어질 수 있는 염증에 더 영향받기 쉽다고 했으므로, ③ '식사를 걸러서 초래된 오래가는 염증은 심각한 건강상의 위험을 일으킬 수 있다'가 지문의 내용과 일치한다.

[오답 분석]
① 아침 식사는 오랫동안 가장 중요한 식사로 여겨져 왔다고 했으므로, 아침 식사의 중요성이 그것의 건강상의 이점 때문에 최근에서야 비로소 인정받았다는 것은 지문의 내용과 다르다.
② 간헐적 단식은 하룻밤 동안과 다음 날까지 지속되는 단식을 일컫는다고 했으므로, 간헐적 단식이 격일로 아무것도 먹지 않는 것을 포함한다는 것은 지문의 내용과 다르다.
④ 전문가들은 저녁에 단식하는 것에서는 (아침에 단식하는 것과) 동일한 수준의 염증이 관찰되지 않기 때문에 저녁에 단식할 것을 권고한다고 했으므로, 연구에서 저녁을 거른 피실험자들이 심혈관 질환으로 고통받는 경향이 있었다는 것은 지문의 내용과 다르다.

정답 ③

어휘

concentrate 집중하다 intermittent 간헐적인 fasting 단식, 금식
subject 피실험자 pass on 거르다 susceptible 영향받기 쉬운
inflammation 염증 chronic 만성적인 significance 중요성
lingering 오래가는 bring on ~을 초래하다 pose 일으키다, 제기하다

구문 분석

(생략) it gives people energy / to concentrate throughout the day (생략).
: 이처럼 to 부정사(to concentrate ~)가 명사(energy)를 꾸며 주는 경우, '~할 명사' 또는 '~하는 명사'라고 해석한다.

09 독해 빈칸 완성 - 구 | 난이도 중

밑줄 친 부분에 들어갈 말로 가장 적절한 것은?

Born in 1606, Rembrandt van Rijn, typically referred to exclusively by his first name, was a Dutch painter considered to be the paramount master of the craft and is widely regarded as the greatest practitioner of etching in history. He is best known for his portraits and landscapes. Unlike his contemporaries, his pieces are imbued with a subjective realism, reflecting his own experiences and perceptions of human existence. As a result, his portraits, in particular, lack the exaggeration or flattering embellishment seen in many of his contemporaries' works. His self-portraits present an _____ look at himself exactly as he was, with the same realism that could be seen in his landscapes.

① abstract and difficult to understand
② intimate and authentic
③ ideally represented
④ authoritative and extravagant

해석

1606년에 태어나, 보통 그의 이름으로만 불리는 Rembrandt van Rijn은 그 직업 최고의 대가로 간주되고 역사상 가장 훌륭한 동판화 전문가로 널리 여겨지는 네덜란드 화가였다. 그는 초상화와 풍경화로 가장 잘 알려져 있다. 그의 동시대 작품들과는 달리, 그의 작품들은 자신의 경험과 인간 존재에 대한 인식을 반영하는 주관적인 사실주의가 녹아들어 있다. 그 결과, 특히 그의 초상화들에는 많은 그의 동시대인들의 작품에서 보이는 과장이나 돋보이게 하는 꾸밈이 없다. 그의 자화상은 그의 풍경화들에서 볼 수 있는 동일한 사실주의를 이용하여, 친숙하면서도 진정한 자신의 모습을 있는 그대로 정확히 보여 준다.

① 추상적이고 이해하기 어려운
② 친숙하면서도 진정한
③ 이상적으로 대표되는
④ 권위 있고 사치스러운

포인트 해설

빈칸 앞 문장에 Rembrandt의 초상화들에는 과장이나 돋보이게 하는 꾸밈이 없다는 내용이 있고, 빈칸이 있는 문장에서 Rembrandt의 자화상은 사실주의를 이용하여 자신의 모습을 있는 그대로 보여 준다고 했으므로, '친숙하면서도 진정한' 자신의 모습이라고 한 ②번이 정답이다.

정답 ②

어휘

Dutch 네덜란드의 paramount 최고의, 중요한
craft 직업, 기능; 공들여 만들다 practitioner 전문가, 종사자
etching 동판화 portrait 초상화 landscape 풍경화
contemporary 동시대의 것, 동시대인; 현대의 imbue 물들이다, 고취하다
subjective 주관적인 realism 사실주의 perception 인식, 지각
exaggeration 과장 flattering 돋보이게 하는, 아첨하는
embellishment 꾸밈 self-portrait 자화상 abstract 추상적인
intimate 친숙한 authentic 진정한 ideally 이상적으로
authoritative 권위 있는 extravagant 사치스러운, 낭비하는

---

10 독해 무관한 문장 삭제   난이도 중 ●●○

다음 글의 흐름상 어색한 문장은?

In an effort to modernize and integrate rural communities in the state, the 1921 Louisiana constitution explicitly banned the teaching of French—the first language of many residents—in public schools. ① When the new policy was instituted, new instructors who could teach in English were hired, but they had difficulty communicating with their pupils who simply continued speaking French. ② In order to control the students and force them to speak English, teachers resorted to corporal punishment if they caught their pupils speaking French to one another. ③ Louisiana was greatly influenced by other languages in the region and includes many words borrowed from English, Spanish, and African languages. ④ By the 1960s, these educational policies nearly eradicated the use of French among Louisiana's younger generation. While this effectively "Americanized" the state, it severely damaged its unique cultural heritage.

해석

그 주의 농촌 공동체를 현대화하고 통합하기 위한 노력으로, 1921년 루이지애나 헌법은 많은 주민들의 모국어였던 프랑스어 교육을 공립 학교에서 명시적으로 금지했다. ① 새 정책이 도입되었을 때, 영어로 가르칠 수 있는 새로운 강사들이 고용되었지만, 그들은 그저 계속해서 프랑스어로 말하는 그들의 학생들과 의사소통하는 것에 어려움을 겪었다. ② 그 학생들을 통제하고 그들에게 영어로 말할 것을 강제하기 위해, 교사들은 학생들이 서로 프랑스어로 말하는 것을 목격하면 체벌에 의존했다. ③ 루이지애나는 그 지역에 있는 다른 언어들에 의해 크게 영향을 받았고 영어, 스페인어, 그리고 아프리카어로부터 차용된 많은 단어들을 포함한다. ④ 1960년대까지, 이러한 교육 정책들은 루이지애나의 젊은 세대 사이에서 프랑스어의 사용을 거의 근절했다. 비록 이것이 그 주를 효과적으로 '미국화'하기는 했지만, 그 주의 고유한 문화유산을 심하게 훼손시켰다.

포인트 해설

첫 문장에서 1921년 루이지애나 헌법에 의해 공립 학교에서의 프랑스어 교육이 금지되었다고 하고, ①번은 '새 정책 도입 후 루이지애나의 새로운 강사들이 겪은 어려움', ②번은 '그 어려움을 해결하기 위해 교사들이 선택한 방법', ④번은 '프랑스어 교육을 금지한 정책의 결과'에 대해 설명하고 있다. 그러나 ③번은 '지역 내 다른 언어들에 의해 크게 영향을 받은 루이지애나'에 대한 내용으로, 첫 문장의 내용과 관련이 없다.

정답 ③

어휘

modernize 현대화하다 integrate 통합하다 rural 농업의, 시골의
constitution 헌법 explicitly 명시적으로 ban 금지하다
first language 모국어 institute 도입하다 instructor 강사 pupil 학생
force 강제하다 resort 의존하다, 자주 드나들다
corporal punishment 체벌 eradicate 근절하다 unique 고유한
heritage 유산

DAY 24 하프모의고사 24회

해커스 공무원시험연구소 총평

난이도 평소 논리적 추론 파악 유형이 취약하다고 생각한다면, 앞선 어휘/문법/생활영어 영역을 보다 빠르고 정확하게 완료하는 훈련으로 풀 시간을 확보할 수 있습니다.

어휘·생활영어 영역 빈칸에 적절한 어휘를 보기에서 찾았다면, 해당 어휘를 빈칸에 넣어 전체 문장을 다시 한번 읽어 봄으로써 검토합니다. 빈칸 앞뒤에 쓰인 부정어구 등을 놓치지 않아야 고득점이 가능합니다.

문법 영역 부사절 접속사는 각각의 의미를 정확하게 알아 두는 것이 중요합니다. 시간·조건·양보 등 문맥에 어울리는 부사절 접속사가 사용되었는지 파악할 수 있어야 합니다.

독해 영역 심리나 교육에 대한 지문의 주제 자체는 생소하다고 느낄 수 있었지만, 정답에 대한 단서가 명확하여 정답을 고르기가 까다롭지 않았습니다.

정답

01	②	어휘	06	③	독해
02	②	문법	07	③	독해
03	④	문법	08	②	독해
04	②	생활영어	09	③	독해
05	②	독해	10	③	독해

취약영역 분석표

영역	맞힌 답의 개수
어휘	/ 1
생활영어	/ 1
문법	/ 2
독해	/ 6
TOTAL	/ 10

---

01 어휘 burden 난이도 중 ●●○

밑줄 친 부분에 들어갈 말로 가장 적절한 것은?

> The climber did not wish to _____ his ascent to the mountain's peak, so he brought along only the necessities.

① facilitate
② burden
③ overcome
④ commemorate

해석
그 등반가는 산 정상을 향한 자신의 등반에 부담을 주고 싶지 않아서, 오직 필수품들만 가지고 왔다.

① 촉진하다 ② 부담을 주다
③ 극복하다 ④ 기념하다

정답 ②

어휘
climber 등반자 ascent 등반, 오름 peak 정상, 절정
bring along ~을 가지고 오다 necessity 필수품, 필요 facilitate 촉진하다
burden 부담을 주다; 부담 overcome 극복하다 commemorate 기념하다

이것도 알면 합격!

'부담을 주다'의 의미를 갖는 표현
= weigh down, weigh on, overload

---

02 문법 부사절 난이도 하 ●○○

밑줄 친 부분에 들어갈 말로 가장 적절한 것은?

> We should leave early _____ there is heavy traffic on the way.

① unless
② in case
③ until
④ as for

해석
도중에 교통 혼잡이 있을 경우에 대비해서 우리는 일찍 떠나야 한다.

포인트 해설

② 부사절 접속사 한 문장에 접속사 없이 두 개의 동사(leave, is)가 왔으므로, 빈칸은 부사절을 이끄는 부사절 접속사 자리이다. 문맥상 '도중에 교통 혼잡이 있을 경우에 대비해서 우리는 일찍 떠나야 한다'라는 의미가 되어야 자연스러운데, '교통 혼잡이 있을 경우에 대비해서'는 부사절 접속사 in case(~의 경우에 대비해서)를 사용하여 나타낼 수 있으므로 ②번이 정답이다. 참고로, ① unless는 '만약 ~이 아니라면', ③ until은 '~할 때까지'라는 의미의 부사절 접속사이고, ④ as for는 '~에 관하여'라는 의미의 전치사이다.

정답 ②

어휘
heavy traffic 교통 혼잡

이것도 알면 합격!

조건을 나타내는 부사절 접속사들을 함께 알아 두자.

- if 만약 ~이라면
- provided/providing (that) 오직 ~하는 경우에
- as long as ~하는 한, ~하면
- once 일단 ~하자, 일단 ~하면

이것도 알면 합격!

아래 표현들은 비슷한 형태이지만 의미가 다르다는 것에 유의하자.

- used to + 동사원형 ~하곤 했다
- be used to -ing ~에 익숙하다
- be used to + 동사원형 ~하기 위해 사용되다

03 문법 to 부정사 | 전치사 | 수 일치 | 보어   난이도 중 ●●○

밑줄 친 부분 중 어법상 옳지 않은 것은?

Many experts see the reliance upon oil as a national security risk. The climate problems that occur ① due to the burning of oil, of course, ② cause security issues, but there are other more direct security threats. This is because many top oil exporters are nations that are politically or socially ③ unstable. Payments for oil shipments are used to ④ financing totalitarian governments or terrorist organizations.

[해석]

많은 전문가들이 석유에 대한 의존을 국가 안보 위험으로 간주한다. 석유의 연소로 인해 발생하는 기후 문제들은 물론 안보 문제들을 야기하지만, 다른 더욱 직접적인 안보 위협이 있다. 이는 많은 최대 석유 수출 국가들이 정치적으로나 사회적으로 불안정한 국가들이기 때문이다. 석유 수송에 대해 지불된 금액은 전체주의 정부나 테러 조직에 자금을 대는 데 사용된다.

[포인트 해설]

④ **to 부정사의 역할** 문맥상 '지불된 금액이 자금을 대는 데 사용된다'라는 의미가 되어야 자연스러운데, '~하는 데 사용되다(~하기 위해 사용되다)'는 목적을 나타내는 부사 역할을 하는, to 부정사 'to + 동사원형' 형태로 나타낼 수 있으므로 동명사 financing을 동사원형 finance로 고쳐야 한다.

[오답 분석]

① **전치사** 문맥상 '석유의 연소로 인해'라는 의미가 되어야 자연스러우므로 이유를 나타내는 전치사 due to(~로 인해)가 올바르게 쓰였다.
② **주어와 동사의 수 일치** 주어 자리에 복수 명사(The climate problems)가 왔으므로 복수 동사 cause가 올바르게 쓰였다. 참고로, 주어와 동사 사이의 수식어 거품(that occur ~ course)은 동사의 수 결정에 영향을 주지 않는다.
③ **보어 자리** be 동사(are)의 주격 보어 자리에는 명사나 형용사 역할을 하는 것이 올 수 있으므로, 형용사 unstable이 올바르게 쓰였다.

정답 ④

[어휘]

reliance 의존 burning 연소 threat 위협, 협박
exporter 수출 국가, 수출업자 politically 정치적으로 unstable 불안정한
payment 지불 금액, 지불 shipment 수송 finance 자금을 대다
totalitarian 전체주의의

04 생활영어 It's unclear if a decision has been made.   난이도 하 ●○○

밑줄 친 부분에 들어갈 말로 가장 적절한 것은?

A: You seem a little stressed. Is everything okay?
B: I guess I'm feeling a bit anxious about the plans for the worker training program.
A: Which aspects of the job are you training the workers on?
B: I haven't yet heard, and _____.
A: Maybe management is leaving it up to you.
B: You're probably right. I should think about what to handle in advance.

① they expect me to copy the previous trainer's notes
② it's unclear if a decision has been made
③ they'll be going on a business trip tomorrow
④ I feel that report writing training will be the key focus

[해석]

A: 너 좀 스트레스를 받는 것 같아 보이는데. 괜찮은 거야?
B: 나는 직원 교육 프로그램에 대한 계획으로 약간 불안해하고 있는 것 같아.
A: 업무의 어떤 측면을 직원들에게 교육할 건데?
B: 아직은 전해 들은 게 없고, 결정이 났는지 확실하지가 않아.
A: 아마도 경영진이 그걸 네게 맡기려는 걸 거야.
B: 네 말이 맞을 것 같아. 무엇을 다룰지 미리 생각해 봐야겠어.

① 그들은 내가 이전 교육자의 원고를 따라 하기를 요구해
② 결정이 났는지 확실하지가 않아
③ 그들은 내일 출장 갈 예정이야
④ 보고서 작성 교육이 주안점이 될 듯해

[포인트 해설]

직원 교육 프로그램에서 업무의 어떤 측면을 교육할 건지 묻는 A의 질문에 대해 B가 아직 전해 들은 게 없다고 대답하고, 빈칸 뒤에서 다시 A가 Maybe management is leaving it up to you(아마도 경영진이 그걸 네게 맡기려는 걸 거야)라고 말하고 있으므로, '결정이 났는지 확실하지가 않아'라는 의미의 ② 'it's unclear if a decision has been made'가 정답이다.

정답 ②

DAY 24 하프모의고사 24회

어휘

anxious 불안해하는, 걱정하는   management 경영(진)
leave something up to -을 ~에게 일임하다   copy 따라 하다, 베끼다

이것도 알면 합격!

건강 상태에 대해 말할 때 쓸 수 있는 표현들을 알아 두자.
- I couldn't be better. 제 상태는 최고예요.
- I'm back to normal. 정상으로 돌아왔어요.
- I feel sick as a dog. 몸이 매우 좋지 않아요.
- I ache all over. 온몸이 쑤셔요.

05~06 다음 글을 읽고 물음에 답하시오.

Organ Donation Operations
Overseeing the process for the donation of vital organs is the main task of the Network for Organ Donation (NOD). The successful transplantation of donor organs can improve the health of patients and saves thousands of lives per year.

Living Donor Transplantation
A living donor transplantation (LDT) is an organ transplantation in which the organ, or a portion of an organ, is harvested from a living person instead of a deceased individual and is possible for a variety of organs which regenerate, like the liver and skin, or which we have multiples of, such as the kidney.

The NOD screens willing living donors and uploads their health and biological information into a centralized database. An algorithm evaluates this information and creates _____ with patients in need, connecting their medical teams to the donor to further investigate if the life-saving organ can be donated.

해석

장기 기증 활동
생명에 필수적인 장기의 기증 절차를 감독하는 것은 장기 기증 네트워크(NOD)의 주요 과제입니다. 기증 장기의 성공적인 이식은 환자의 건강을 개선하고 매년 수천 명의 생명을 구할 수 있습니다.

생체 기증자 이식
생체 기증자 이식이란 장기 혹은 장기의 일부가 사망한 사람 대신 살아있는 사람으로부터 채취되는 장기 이식으로, 간과 피부와 같이 재생하거나 신장과 같이 여러 개가 있는 다양한 장기에 가능합니다.

장기 기증 네트워크는 자발적인 생체 기증자를 선별하고 그들의 건강과 생물학적 정보를 중앙된 데이터베이스에 업로드합니다. 알고리즘은 이 정보를 평가하여 도움이 필요한 환자들과 적합한 것을 이끌어 내고, 그들의 의료진을 기증자와 연결하여 생명을 구하는 장기가 기증될 수 있는지 여부를 추가로 살피게 합니다.

어휘

organ 장기   donation 기증   operation 활동, 운영
vital 생명에 필수적인, 매우 중요한   transplantation (장기) 이식
portion 일부, 부분   harvest 채취하다, 수확하다   deceased 사망한
regenerate 재생하다   liver (장기) 간   kidney (장기) 신장
screen 선별하다, 차단하다   willing 자발적인, 기꺼이 하는
biological 생물학적인   centralize 중앙화하다, 집중하다
investigate 살피다, 조사하다

05 독해 요지 파악   난이도 중 ●●○

윗글의 요지로 가장 적절한 것은?

① NOD's main goal is to inform the public of the possibility of LDT.
② NOD is in charge of managing the donation of vital organs.
③ NOD conducts research on organs donated by living and deceased donors.
④ NOD creates connections between patients and transplant surgeons.

해석

① 장기 기증 네트워크의 주요 목표는 대중에게 생체 기증자 이식에 대한 가능성을 알리는 것이다.
② 장기 기증 네트워크는 생명에 필수적인 장기의 기증 관리를 담당한다.
③ 장기 기증 네트워크는 생체 기증자 및 사망한 기증자에 의해 기증된 장기에 대한 연구를 수행한다.
④ 장기 기증 네트워크는 환자들과 이식 외과 의사를 연결시킨다.

포인트 해설

지문 앞부분에서 생명에 필수적인 장기의 기증 절차를 감독하는 것이 장기 기증 네트워크의 주요 과제라고 하고, 지문 뒷부분에서 장기 기증 네트워크는 자발적인 생체 기증자의 선별과 그들의 건강 및 생물학적 정보 관리, 장기 제공 가능 여부 평가 등을 담당한다고 했으므로, ② '장기 기증 네트워크는 생명에 필수적인 장기의 기증 관리를 담당한다'가 이 글의 요지이다.

정답 ②

어휘

in charge of ~을 담당하는, 맡은   surgeon 외과 의사

06 독해 빈칸 완성 - 단어   난이도 중 ●●○

밑줄 친 부분에 들어갈 말로 가장 적절한 것은?

① empathy
② rankings
③ matches
④ consistency

해석

① 공감
② 순위
③ 적합한 것
④ 일관성

포인트 해설

빈칸이 있는 문장에서 알고리즘은 데이터베이스에 업로드된 생체 기증자의 정보를 평가하고 도움이 필요한 환자들의 의료진을 기증자와 연결하여 장기 기증 가능 여부를 추가로 살피게 한다고 했으므로, 장기 기증 네트워크의 알고리즘이 환자들과 '적합한 것'을 이끌어 낸다고 한 ③번이 정답이다.

정답 ③

어휘

empathy 공감   match 적합한 것, 경기, 성냥; 어울리다   consistency 일관성

---

07 독해 내용 불일치 파악   난이도 중 ●●○

eQuake 앱에 관한 다음 글의 내용과 일치하지 않는 것은?

Use the new eQuake application to get warnings about earthquakes before they occur.

Download the new eQuake app to prepare yourself for earthquakes. The most important feature of eQuake is the alert feature that provides instant notification when preliminary signs of an earthquake are detected at any of the 1,000 seismic stations around the country. As part of the government's "Stay Informed, Stay Safe" program, eQuake also provides advice on what to do when an earthquake occurs and how to get help in the aftermath. Future updates will include live maps with the probability of earthquakes for the next week. eQuake can be downloaded today from all major mobile phone app stores or directly from the Emergency Management Agency website.

---

① It gives users a warning about upcoming earthquakes.
② Tips about what to do after an earthquake are provided.
③ A map shows earthquakes as they are happening.
④ The application is available from online app stores and a website.

해석

새로운 eQuake 앱을 사용하여 지진이 일어나기 전에 경고를 받아 보세요.

새로운 eQuake 앱을 다운로드 받아 지진에 대비하세요. eQuake의 가장 중요한 기능은 전국에 있는 천 개의 지진 관측소 중 어느 곳에서든 지진의 예비 징후가 감지되면 즉각적인 알림을 제공하는 경보 기능입니다. 정부의 '꾸준히 정보를 제공받아, 안전히 지내세요' 프로그램의 일환으로, eQuake는 지진이 발생했을 때 무엇을 해야 하는지 그리고 이후에 어떻게 도움을 받을 수 있는지에 대한 조언도 제공합니다. 향후 업데이트는 다음 주의 지진 발생 확률이 표기된 실시간 지도를 포함할 것입니다. eQuake는 오늘 바로 모든 주요 휴대폰 앱 스토어 혹은 재난관리청 웹사이트에서 다운로드하실 수 있습니다.

① 그것은 사용자들에게 다가올 지진에 대한 경고를 제공한다.
② 지진 이후 무엇을 해야 하는지에 대한 조언이 제공된다.
③ 지진이 발생할 때 지도가 그것들을 보여 준다.
④ 앱은 온라인 앱 스토어와 웹사이트에서 이용 가능하다.

포인트 해설

③번의 키워드인 map(지도)이 그대로 언급된 지문 주변의 내용에서 향후 업데이트가 다음 주의 지진 발생 확률이 표기된 실시간 지도를 포함할 것이라고 했지만, ③ '지진이 발생할 때 지도가 그것들을 보여 주'는지는 알 수 없다.

정답 ③

어휘

warning 경고   earthquake 지진   feature 기능, 특징; 특징으로 하다
alert 경보, 알람   instant 즉각적인   notification 알림   preliminary 예비의
detect 감지하다, 발견하다   seismic station 지진 관측소
probability 확률

구문 분석

(생략), eQuake also provides advice on / what to do / when an earthquake occurs / and how to get help / in the aftermath.
: 이처럼 '의문사 + to 부정사' 구문이 명사절 자리에 쓰이는 경우, '의문사 + 주어 + should + 동사원형'의 의미로 해석한다.

---

08 독해 주제 파악   난이도 상 ●●●

다음 글의 주제로 가장 적절한 것은?

Apophenia is the human tendency to generate connections between random stimuli. This often presents as a recognition of a pattern where none exists, such as with the gambler's fallacy. The natural inclination of humans to look for recognizable patterns with which they can order or make sense of a chaotic world can greatly influence our understanding and interpretation of data, leading to a tremendous number of statistical and logical fallacies. However, it can also commonly be seen in the perception of meaning from nebulous inputs, or pareidolia. Humans' recognition of shapes in clouds or faces on the moon are examples of pareidolia. This has provided rich ground for artists to exploit, with artists using the psychological trait to create meaning across a variety of media, including Leonardo da Vinci who wrote extensively about its application to painting.

① the media in which apophenia can be employed by artists
② the ways a desire to create meaning affects humans
③ the vagueness required for humans to engage in apophenia
④ the fallacies that are generated by the search for patterns

해석

'아포페니아'는 임의의 자극들 간의 연관성을 만들어 내려는 인간의 경향이다. 이것은 도박사의 오류로 인한 것과 같이 어느 패턴도 존재하지 않는 곳에서의 패턴에 대한 인식으로 주로 나타난다. 무질서한 세상을 규정하

DAY 24 하프모의고사 24회

고 이해할 수 있게 해 주는 인식 가능한 패턴들을 찾으려는 사람들의 자연적인 경향은 정보에 대한 우리의 이해와 해석에 크게 영향을 주고, 엄청난 수의 통계적이고 논리적인 오류들을 초래할 수 있다. 하지만, 그것은 또한 모호한 정보들에서의 의미 인식, 즉 '변상증'에서 흔히 볼 수 있다. 구름의 모양이나 달의 표면에 대한 사람들의 형태 인식이 변상증의 예시들이다. 이것은 그림에의 변상증 적용에 대해 광범위하게 기록했던 Leonardo da Vinci를 포함한 예술가들이 다양한 매체에 걸쳐 의미를 만들어 내기 위해 심리적 특성을 이용함에 따라 활용할 수 있는 풍부한 기반을 제공해 왔다.

① 아포페니아가 예술가들에 의해 이용될 수 있는 매체
② 의미를 만들어 내려는 욕구가 사람들에게 영향을 미치는 방식
③ 사람들이 아포페니아에 관여하기 위해 요구되는 모호함
④ 패턴들에 대한 탐색에 의해 발생되는 오류

포인트 해설

지문 앞부분에서 임의의 자극들 간의 연관성을 만들어 내려는 인간의 경향인 아포페니아는 정보에 대한 우리의 이해와 해석에 크게 영향을 주고 통계적이고 논리적인 오류들을 초래할 수 있으며, 모호한 정보들에서의 의미를 인식하려는 심리 현상인 변상증에서도 찾아볼 수 있다고 설명하고 있다. 따라서 ② '의미를 만들어 내려는 욕구가 사람들에게 영향을 미치는 방식'이 이 글의 주제이다.

정답 ②

어휘

tendency 경향 random 임의의 stimulus 자극 recognition 인식
gambler's fallacy 도박사의 오류 inclination 경향
order 규정하다, 명령하다; 순서 make sense of ~을 이해하다
chaotic 무질서한 interpretation 해석 tremendous 엄청난
statistical 통계적인 perception 인식, 이해 nebulous 모호한
input 정보 exploit 활용하다, 착취하다 psychological 심리적인
trait 특성 extensively 광범위하게 application 응용
employ 이용하다, 고용하다 vagueness 모호함
engage in ~에 관여하다, 참여하다

해석

예술은 교육의 필수적인 부분이고, 많은 사람들이 과학, 수학, 그리고 물리학과 같은 전통적인 STEM 과목들을 위한 그것(예술)의 후순위화를 애석하게 여겨 왔다. ① STEM 과목들은 혁신의 주요 원천의 동인이자 경제에 있어 중대한 것으로 생각되어 왔지만, 예술에 초점을 두는 것이 비판적인 분석, 창조력, 그리고 문제 해결을 향상시키는 것으로 드러났다. ② 그 결과, 많은 교육자들은 점점 증가하는 STEM 과목들에 대한 집중이 학생들이 균형 잡힌 교육을 받을 수 없게 할까 봐 우려해 왔다. ③ 시각 디자인, 그림 그리기, 그리고 미술사와 같은 과목들은 예술의 범주에 해당된다. ④ 그렇지만, 최근에 교육자들은 예술을 STEM 교육에 통합시키는 새로운 접근법을 추진해 왔다. STEAM이라고 불리는 이 새로운 방법론은 STEM의 개념을 가르치기 위해 예술을 사용하여 역사적으로 이질적인 그 두 학문을 혼합하는 것을 추구한다.

포인트 해설

지문 앞부분에서 예술이 교육의 필수적인 부분임에도 불구하고 STEM 과목들에 비해 예술이 후순위화된 것에 대해 언급하고, ①번은 'STEM 과목들과 예술의 서로 다른 장점', ②번은 'STEM 과목들에 집중되는 교육에 대한 교육자들의 우려', ④번은 '예술을 STEM 교육에 통합시키는 새로운 접근법'에 대해 설명하고 있다. 그러나 ③번은 '예술의 범주에 해당하는 과목들'에 대한 내용으로 지문 앞부분의 내용과 관련이 없다.

정답 ③

어휘

vital 필수적인 lament 애석히 여기다 de-prioritization 후순위화
traditional 전통적인 driver 동인(어떤 사태의 직접적 원인), 운전사
crucial 중대한 analysis 분석 well-rounded 균형 잡힌
fall under ~에 해당되다 push 추진하다, 밀다 integrate 통합시키다
methodology 방법론 hybridize 혼합하다 disparate 이질적인
discipline 학문, 규율

---

09 독해 무관한 문장 삭제 난이도 중 ●●○

다음 글의 흐름상 어색한 문장은?

The arts are a vital part of education, and many have lamented their de-prioritization in favor of traditional STEM subjects such as science, math, and physics. ① While STEM subjects have been thought of as drivers of major sources of innovation and crucial to the economy, focusing on the arts has been shown to improve critical analysis, creativity, and problem solving. ② As a result, many educators have become worried that the increasing focus on STEM subjects is preventing students from receiving a well-rounded education. ③ Subjects such as visual design, painting, and art history fall under the category of the arts. ④ Recently, though, educators have been pushing for a new approach that integrates the arts into STEM education. This new methodology, referred to as STEAM, seeks to hybridize the two historically disparate disciplines, using the arts to teach STEM concepts.

---

10 독해 문장 삽입 난이도 중 ●●○

주어진 문장이 들어갈 위치로 가장 적절한 것은?

This barrier physically cut many Berliners off from employers, friends, and family members virtually overnight.

After the end of World War II, Germany was temporarily controlled by foreign powers. (①) While some parts of the country were returned to autonomous German control, the Soviet Union refused to give up its interests in the region. This resulted in a political and ideological division between democratic West Germany and socialist East Germany. (②) Because so many people defected from East Germany to West Germany in search of a freer existence, East German authorities suddenly began constructing a border wall in 1961, dividing the city of Berlin. (③) Ultimately, however, the wall became ineffective as defectors simply fled through neighboring countries like Czechoslovakia and Hungary. (④) Over time, the wall became a symbol of

24회 정답·해설·해설

oppression, and growing protests against it in West Berlin compelled border guards to open its gates, allowing East Germans to pour in and assist in dismantling the wall that separated them for nearly three decades.

해석

이 장벽은 사실상 하룻밤 사이에 많은 베를린 사람들을 고용주들, 친구들, 그리고 가족 구성원들로부터 물리적으로 차단했다.

2차 세계 대전의 종전 후, 독일은 일시적으로 외세에 의해 지배되었다. ① 그 나라의 일부 지역들은 독일의 자주적인 지배로 반환되었지만, 소련은 그 지역 내에서의 자국의 이권들을 포기하는 것을 거부했다. 이는 민주주의의 서독과 사회주의의 동독 간의 정치적인, 그리고 이념적인 분열을 초래했다. ② 너무나 많은 사람들이 동독에서 서독으로 더 자유로운 생활을 찾아 떠났기 때문에, 동독 정부는 1961년에 급작스럽게 베를린 도시를 나누는 국경 장벽을 건설하기 시작했다. ③ 하지만, 결국 그 장벽은 효과가 없게 되었는데, 이는 망명자들이 체코슬로바키아나 헝가리와 같은 인접한 국가들을 통해 간단히 도망쳤기 때문이다. ④ 시간이 흐르면서, 그 장벽은 억압의 상징이 되었고 서베를린 내에서 그것에 대한 커져 가는 항의들은 국경 수비대들이 장벽의 문을 열지 않을 수 없게 했는데, 이는 동독인들이 쏟아져 나와 거의 30년 동안 그들을 갈라놓았던 장벽을 철거하는 것을 돕게 했다.

포인트 해설

③번 앞 문장에서 많은 사람들이 동독에서 서독으로 자유로운 생활을 찾아 떠나면서 동독 정부는 1961년에 베를린 도시를 나누는 국경 장벽을 건설하기 시작했다고 하고, ③번 뒤 문장에서 결국 그 장벽(the wall)은 효과가 없었다고 했으므로, ③번 자리에 이 장벽(This barrier)이 하룻밤 사이에 많은 베를린 사람들을 고용주들, 친구들, 가족 구성원들로부터 차단했다는 내용, 즉 동독 정부가 의도했지만 효과를 보지 못한 베를린 장벽의 기능에 대해 설명하는 주어진 문장이 나와야 지문이 자연스럽게 연결된다.

정답 ③

어휘

barrier 장벽 cut off ~을 차단하다, 가로막다 virtually 사실상
temporarily 일시적으로 autonomous 자주적인 refuse 거부하다
interest 이권, 이자, 관심 ideological 이념적인 division 분열
democratic 민주주의의 socialist 사회주의의 defect 떠나다, 망명하다
in search of ~을 찾아서 existence 생활, 존재 authorities 정부
border 국경 ultimately 결국 ineffective 효과가 없는 flee 도망치다
neighboring 인접한 oppression 억압 protest 항의; 반대하다
compel ~하지 않을 수 없다 pour 쏟아져 나오다, 붓다 dismantle 철거하다
separate 갈라놓다; 분리된

해커스공무원
매일 하프모의고사
영어 2

개정 4판 1쇄 발행 2025년 1월 31일

지은이	해커스 공무원시험연구소
펴낸곳	해커스패스
펴낸이	해커스공무원 출판팀
주소	서울특별시 강남구 강남대로 428 해커스공무원
고객센터	1588-4055
교재 관련 문의	gosi@hackerspass.com
	해커스공무원 사이트(gosi.Hackers.com) 교재 Q&A 게시판
	카카오톡 플러스 친구 [해커스공무원 노량진캠퍼스]
학원 강의 및 동영상강의	gosi.Hackers.com
ISBN	979-11-7244-775-5 (13740)
Serial Number	04-01-01

저작권자 ⓒ 2025, 해커스공무원

이 책의 모든 내용, 이미지, 디자인, 편집 형태에 대한 저작권은 저자에게 있습니다.
서면에 의한 저자와 출판사의 허락 없이 내용의 일부 혹은 전부를 인용, 발췌하거나 복제, 배포할 수 없습니다.

공무원 교육 1위,
해커스공무원 gosi.Hackers.com

해커스공무원

- **해커스공무원 학원 및 인강**(교재 내 인강 할인쿠폰 수록)
- 공무원 영어 기출 어휘를 언제 어디서나 외우는 **공무원 보카 어플**
- 공무원 시험에 출제될 핵심 어휘를 엄선하여 정리한 **출제예상 핵심 어휘리스트**
- **공무원 매일영어 학습, 합격수기** 등 공무원 시험 합격을 위한 다양한 무료 학습 콘텐츠
- 정확한 성적 분석으로 약점 극복이 가능한 **합격예측 온라인 모의고사**(교재 내 응시권 및 해설강의 수강권 수록)

한경비즈니스 2024 한국품질만족도 교육(온·오프라인 공무원학원) 1위

해커스공무원 **단기 합격생**이 말하는

공무원 합격의 비밀!

해커스공무원과 함께라면
다음 합격의 주인공은 바로 여러분입니다.

대학교 재학 중,
7개월 만에 국가직 합격!

김*석 합격생

영어 단어 암기를 하프모의고사로!

―

하프모의고사의 도움을 많이 얻었습니다. **모의고사의 5일 치 단어를 일주일에 한 번씩 외웠고**, 영어 단어 **100개씩은 하루에** 외우려고 노력했습니다.

가산점 없이
6개월 만에 지방직 합격!

김*영 합격생

국어 고득점 비법은 기출과 오답노트!

―

이론 강의를 두 달간 들으면서 **이론을 제대로 잡고 바로 기출문제로** 들어갔습니다. 문제를 풀어보고 기출강의를 들으며 **틀렸던 부분을 필기하며 머리에 새겼습니다.**

직렬 관련학과 전공,
6개월 만에 서울시 합격!

최*숙 합격생

한국사 공부법은 기출문제 통한 복습!

―

한국사는 휘발성이 큰 과목이기 때문에 **반복 복습이 중요하다고 생각**했습니다. 선생님의 강의를 듣고 나서 바로 **내용에 해당되는 기출문제를 풀면서 복습**했습니다.

해커스공무원 gosi.Hackers.com

더 많은 합격수기가 궁금하다면? ▶